Neunundsechzig Jahre am Preußischen Hofe.

Aus den Erinnerungen der Oberhofmeisterin Sophie Marie Gräfin von Voss

Neunundsechzig Jahre am Preußischen Hofe.

Aus den Erinnerungen der Oberhofmeisterin Sophie Marie Gräfin von Voss

Mit einer Stammtafel,
ergänzt durch eine Zeittafel,
und einem Vorwort von Wieland Giebel.

Reprint der fünften, unveränderten Auflage
Leipzig, Verlag von Duncker & Humblot,
1887.

2. Auflage des Nachdrucks

Die Deutsche Bibliothek-CIP Einheitsaufnahme

Neunundsechzig Jahre am Preußischen Hofe.
Aus den Erinnerungen der Oberhofmeisterin Sophie Marie
Gräfin von Voss
Herausgegeben von Wieland Giebel

ISBN 3-929829-26-6

Nachdruck der fünften unveränderten Ausgabe von 1887,
Verlag von Duncker & Humblot, Leipzig

2. Auflage des Nachdrucks

Berlin, 2005

Unter den Linden 40, 10117 Berlin-Mitte
Tel: (030) 20 45 38 42
Fax: (030) 20 45 38 41
www.BerlinStory.de
E-Mail: Service@BerlinStory.de
www.BerlinStory Shop.de

Gestaltung und Satz: Kathrin Hirthammer
Verlagsassistenz: Adriane Haun
Druck: Prisma Verlagsdruckerei GmbH

Vorwort

Welch ein Glück, daß es diese Erinnerungen gibt! Sophie Marie Gräfin von Voss (11. März 1729 – 31. Dezember 1814), geborene von Pannwitz, lebte neunundsechzig Jahre am preußischen Hof. Sie war über Jahrzehnte Gesprächspartnerin und Beraterin von Königinnen und Königen. Täglich. Und oft nachts. Sie sah vier preußische Herrscher kommen und gehen und neue Epochen anbrechen. In ihren privaten Aufzeichnungen nimmt sie kein Blatt vor den Mund. Gnadenlos kommentiert sie ihre Treffen mit den europäischen Königinnen und Königen, Kaiserinnen und Kaisern, Zarinnen und Zaren.

Als Sophie von Pannwitz geboren wurde, regierte Friedrich Wilhelm I., der Soldatenkönig, der mit den Langen Kerls und dem etwas rüden Tabakskollegium, und Preußen war noch keine europäische Großmacht. Sie erlebte die gesamte Regierungszeit von Friedrich dem Großen (1740–1786) und die seines Neffen und Thronfolgers Friedrich Wilhelm II. (1786–1797). Sie erlebte die Besetzung Berlins durch die Franzosen, die Befreiungskriege gegen Napoleon und die Neuordnung Europas. Die letzte Eintragung in ihrem Tagebuch am 23. Dezember 1814 bezieht sich auf den Wiener Kongress: »Aus Wien nichts Erfreuliches; es scheint, dieser unselige Kongress nimmt kein Ende.« König Friedrich Wilhelm III. hatte ihr das gesamte Vertragswerk zur Durchsicht und Kommentierung geschickt. Die Gräfin von Voss vertrat die Auffassung, die Franzosen seien viel zu gut weggekommen.

Sophie verbrachte ihre Kindheit mit ihrer Mutter am Hof der Gattin des Soldatenkönigs, Königin Sophie Dorothea. 1743, im Alter von 14 Jahren, wurde sie zu ihrer Hof- und Staatsdame. Sieben Jahre lang war sie Sophie Dorothea mit großer Verehrung ergeben. Deren Tochter, die Markgräfin von Bayreuth, Schwester Friedrichs des Großen, berichtet in ihren Memoiren: »Die junge Pannwitz war schön wie ein Engel. Als ihr der König auf der Wendeltreppe begegnete, die zu den Zimmern der Königin führt, und den Versuch wagte, sie zu küssen, erwehrte sie sich seiner mit einer herzhaften Ohrfeige.«

Prinz August Wilhelm, der zehn Jahre jüngere Bruder Friedrichs, war 23, Sophie, die Hofdame seiner Mutter, 17 Jahre alt, als er sich unsterblich in sie verliebte. Er war nicht einfach in sie verliebt, er wurde liebestoll, eifersüchtig, unfähig, sich zu kontrollieren. Erst als Sophie einen ihrer Vetter heiratete, um dem nicht standesgemäßen Werben, ja den Nachstellungen ein Ende zu machen, kühlten die Gefühle August Wilhelms etwas ab. Der Vermählung Sophies wollte der Prinz aber unbedingt beiwohnen – und fiel dabei in Ohnmacht.

Ihr Gatte Graf von Voss war Hofmarschall der Gemahlin Friedrichs des Großen in Schönhausen – dreißig Jahre lang, bis 1793. In den Jahren am Schönhauser Hof wurde Sophie auf dramatische Weise mit der eigenen Vergangenheit konfrontiert: Die Tochter ihres Schwagers, Julie von Voss, wurde von Friedrich Wilhelm II., dem »dicken Lüderjahn«, umworben, zu seiner Geliebten und 1787 in »morganatischer Ehe« zur Nebenfrau gemacht, gebar einen Sohn, starb jedoch bald darauf. Die amourösen Verstrickungen Friedrich Wilhelms erregten immer wieder Sophie von Voss' Mißfallen. »Wir aßen en famille bei der Königin, auch der König und ebenfalls die Lichtenau!« – Friedrich Wilhelm brachte seine Geliebte mit zu Tisch! Die Hofdame über den König: »Er war heiter und überaus liebenswürdig. Ach, wenn er nur nicht so indolent und willensschwach wäre.«

Trotz familiärer Turbulenzen blieb Gräfin von Voss in Schönhausen bis 1786. Nach dem Tod ihres Gatten 1793, im Alter von 64 Jahren, zog sie sich auf ihre Güter zurück. Als die spätere Königin Luise, Gattin Friedrich Wilhelms III., mit ihrer Schwester Friederike zur Doppelhochzeit mit dem Kronprinzen und seinem Bruder in einem für die Stadt bis dato unvorstellbaren Triumphzug nach Berlin einzog, wurde Gräfin von Voss als Oberhofmeisterin der Kronprinzessin zurück nach Berlin geholt. Sie trug den späteren Friedrich Wilhelm IV. zur Taufe. Über Hof und Park in Paretz, wohin sich das Königspaar oft zurückzog, schrieb sie: »Häßlich! Keine Proportionen! Wenn der Garten nicht feucht wäre, könnte er ganz erträglich sein.«

Als Napoleon (»auffallend häßlich, rollt mit den Augen, aufgedunsen, korpulent, die Inkarnation des Erfolgs«) Preußen besetzt hielt und der Hof sich bis nach Memel zurückzog, äußerte sie klare politische Ansichten: »Der König hat den Oberst Kleist zu Napoleon geschickt; das hätte ich nicht getan.« Kleist hielt sie für zu weich. Sie berichtet von ausgedehnten Besuchen beim Zaren und seiner Familie »Dann kam noch ein Ballet in fünf Akten, was alleine drei Stunden dauerte; es war freilich sehr hübsch, aber sehr lang.«

Zu Herzen gehen die Schilderungen der schrecklichen Szenen des mehrere Tage dauernden Todeskampfes von Königin Luise. Luise, die sie verehrte und als »Engel« bezeichnete. Luise, für die sie alles getan hätte. Luise, die noch im Sterbebett Liebenswürdigkeit und Contenance bewahrte. Fast die gesamte königliche Familie hatte sich am Sterbebett versammelt.

Die politische Weitsicht der Hofdame im Alter überrascht. Auf dem Titelbild sehen wir ein Gesicht, in dem sich Lebenserfahrung, Großherzigkeit und weibliches Durchsetzungsvermögen spiegeln. »Unsere Truppen sind gut, aber sie sind nicht wie die Napoleons, an den Krieg gewöhnt und im Krieg geschult. Der Krieg ist sein Handwerk, er versteht ihn, wir nicht. Auch er wird eines Tages untergehen, aber vielleicht zu spät für uns, zu spät für unser geliebtes [– und jetzt kommt nicht Preußen, sondern –] Deutschland.«

Als Sophie Gräfin von Voss im Februar 1811 in ihre Wohnung im Kronprinzenpalais Unter den Linden zurückkehren kann – die Vossische Zeitung läßt zu diesem Anlaß ein Extrablatt drukken –, vertreiben russische Truppen gerade die Franzosen aus der Stadt. »Entsetzlicher Tumult und Spektakel auf der Straße, daß man nicht einmal Whist spielen kann.« Die Völkerschlacht bei Leipzig, die Niederlage Napoleons, verfolgt sie vom Krankenbett aus. »General Stutterheim kam heute früh an mein Bett, um mir den Sieg ohne gleichen zu melden.« Bei der Siegesfeier am 15. August 1814 ist sie dabei: »Die sämmtlichen Truppen, Russen und Preußen zusammen, wurden heute vom König festlich bewirthet; die Tafeln standen dicht gereiht über den ganzen Lustgarten und die Linden entlang bis an das Brandenburger Tor.« Während der Wiener Kongress noch andauert, stirbt Sophie Marie Gräfin von Voss im Alter von 85 Jahren.

Die Erstausgabe dieses Buchs erfuhr mehrere unveränderte Nachdrucke. 1876 erschien die zweite, 1935 die elfte Auflage. Die hier vorgelegte Ausgabe beruht auf der Fassung aus dem Jahr 1887. Die Aufzeichnungen aus den Tagebüchern der Sophie Marie Gräfin von Voss sind eingeleitet und miteinander verbunden von Kommentaren eines namentlich nicht genannten Herausgebers. Die Fakturschrift der Erstausgabe wurde in eine besser lesbare übertragen, bei der Zeichensetzung haben wir um der flüssigeren Lesbarkeit willen behutsam eingegriffen, die Rechtschreibung ist die alte, genau gesagt die uralte, nämlich die von 1887, wobei auch unterschiedliche Schreibweisen belassen wurden. Welch ein Glück, daß wir so oft nach diesen Erinnerungen der Gräfin von Voss gefragt wurden. Das hat es uns leicht gemacht, die Entscheidung für diesen Nachdruck zu treffen.

Wieland Giebel, Dezember 2004

Die Jugend

1729–1751

Sophie Marie Gräfin von Voss, geborne von Pannwitz, Oberhofmeisterin Ihrer Majestät der Königin Louise von Preußen, nach deren Ableben Grande Gouvernante und Ober-Aufseherin der Königlichen Prinzen und Prinzessinnen, dame du portrait Ihrer Majestäten des Königs und der Königin, mit dem Bande des Schwarzen Adler-Ordens [eine Auszeichnung die, soviel wir wissen, weder früher noch später wieder verliehen worden ist, Anm. d. Herausgebers von 1887], des Louisen-Ordens, sowie des Russischen St. Catharinen-Ordens Dame, war zu Schönfließ geboren am 11. März 1729. Ihr Vater, der Königlich Preußische General-Major, Chef des Regiments Gendarmen, Herr Wolff Adolph von Pannwitz, Besitzer des Rittergutes Schönfließ bei Oranienburg, war den 13. März 1679 zu Groß-Gagelow in der Nieder-Lausitz geboren und starb zu Berlin am 30. August 1750. Ihre Mutter, Johanne Marie von Pannwitz, geborne von Jasmund aus dem Hause Trollenhagen in Mecklenburg, war den 17. Juli 1702 geboren und starb den 17. April 1771.

General von Pannwitz war ein alter Kriegsheld, der 1709 bei Malplaquet einen Hieb über den Kopf davongetragen hatte, der ihn durch eine gewaltige Schmarre auf der Stirn zeichnete. Der König, der ihn sehr werth hielt, unterließ nie an dem hochgefeierten Jahrestage dieser Schlacht, ihn mit besonderen Ehren und besonderer Feierlichkeit nach Wusterhausen zu Gast zu laden. Die dienstliche Stellung des Generals machte Berlin zu seinem Aufenthaltsort und hier war es, wo seine einzige Tochter unter den Augen ihrer Mutter eine für die damalige Zeit ungewöhnliche und vielseitige Bildung erhielt, der selten glückliche Anlagen zu Hülfe kamen. Besonders wird des jungen Mädchens hervorragendes Talent für Musik erwähnt, das sie sowohl für den Gesang wie als Pianistin künstlerisch ausbildete und selbst in der Komposition nicht ohne Glück versuchte. Als Wahrzeichen ihrer reichen Begabung sind uns ferner eine Menge Gedichte und Aufsätze des verschiedensten Inhalts geblieben, die Zeugen einer inneren Welt voll warmer Empfindung und ernsten Strebens.

Daneben kamen auch Talente zur Geltung, welche das junge Mädchen zur bewunderten Hauptperson bei dem Liebhaber-Theater und sogar bei den Ballets machten, die nicht selten am Hof aufgeführt wurden, wobei man sich allerdings nicht die wilden Sprünge jetziger Charakter-Tänze vorstellen darf, sondern die graziösen Verschlingungen irgend einer kunstreichen Menuett.

Nur ihre Kindheit fällt noch in die Regierungsjahre Friedrich Wilhelms des Ersten, und scheint sie dieselbe zum Theil schon am Hof der Königin Sophie Dorothee zugebracht zu haben, die ihre Mutter mit einer besonderen Vorliebe beehrte. Ohne eine dienstliche Stellung am Hof dieser Fürstin zu bekleiden, war die damalige Generalin von Pannwitz fast immer in deren Umgebung. Die Tochter sagt darüber in ihren Aufzeichnungen: »Ihre Majestät hatte eine so große Zuneigung für meine Mutter, daß sie dieselbe immer um sich haben wollte und sich gar nicht ohne sie behelfen konnte, so daß zeitenweise meine Mutter fast den ganzen Tag am Hof war.« Frau von Pannwitz aber wollte sich nicht von ihrer kleinen Tochter trennen und nahm dieselbe mit zur Königin, welche bald ihre Zärtlichkeit für die Mutter auch auf das Kind übertrug, dessen merkwürdig frühe Entwickelung es allein erklären kann, daß bei einer so zerstreuenden Lebensweise seine geistige Ausbildung nicht ernstlichen Schaden litt, körperlich wenigstens muss das junge Mädchen mit elf Jahren beinahe erwachsen oder doch so hübsch gewesen sein, daß sie das ganz besondere Wohlgefallen des Königs erregte. Die Markgräfin von Baireuth erwähnt in ihren Memoiren die unverholene Bewunderung des sonst wenig galanten alten Herrn für die kleine Schönheit, der diese sich dringend bemühte zu entfliehen, und die schließlich mit einem Vorfall endete, den die Markgräfin nicht ohne Schadenfreude erzählt. Sie sagt bei dieser Gelegenheit: »Die junge Pannwitz war schön wie ein Engel, aber ebenso entschlossen als reizend, und als ihr der König einstmals auf einer Wendeltreppe begegnete, die zu den Zimmern der Königin führt, auf der sie ihm nicht ausweichen konnte, und den

Versuch wagte, sie zu küssen, erwehrte sie sich seiner mit einer so herzhaften Ohrfeige, daß die am Fuß der Treppe stehenden über deren guten Erfolg nicht in Zweifel bleiben konnten. Der König nahm ihr diese entschlossene Selbstvertheidigung nicht übel und blieb ihr nach wie vor sehr gewogen.« Die nachmalige Gräfin Voss sagt in ihren Aufzeichnungen nur, sie habe Friedrich Wilhelm I. im Jahre 1740, als sie im zwölften Jahre gestanden, zum letzten Mal auf einer großen Assemblée beim Grafen Schulenburg gesehen und gesprochen, nicht sehr lange vor seinem Ableben; auch habe sie eben so wie ihre Mutter die tiefe Trauer in Wolle und Krepp um ihn getragen. Bei Gelegenheit dieser Erinnerung fügt sie hinzu: »Der König war nicht sehr groß, aber er sah gut aus und ganz wie das, was er war: nämlich wie ein König! Er war nicht böse von Gemüth, aber er war jähzornig und behandelte die arme Königin und die Königlichen Kinder zuweilen sehr übel. Trotz seiner gewohnten Sparsamkeit konnte er mitunter doch sehr großmüthig sein und ich erinnere mich sehr gut, wie er einmal erfuhr, daß Kleist und Einsiedel sich beide ohne ihre Schuld in großer Geldverlegenheit befanden, daß er ihnen ungebeten eine ansehnliche Summe schenkte. Er brachte sogar das Geld in seinem Wagen selbst zu ihnen, in einem großmächtigen Sack voll Gold-Thaler (écus d'or).«

Die Königin Sophie Dorothee, bekanntlich die Tochter Georg I., Königs von Großbritannien und Churfürsten von Braunschweig-Lüneburg, war 1687 geboren, vermählt 1706, verwittwet 1740 und starb 1757.

An dem Hofe dieser Fürstin verlebte die junge Sophie Marie von Pannwitz ihre Kindheit und Jugend, von der sie selbst in den vorerwähnten Aufzeichnungen das Folgende sagt:

»Meine erste Erziehung erhielt ich durch eine französische Gouvernante, namens Bonafond, die ich zärtlich liebte. Sie kam in unser Haus, als ich noch nicht sieben Jahre alt war, und bis ich ganz an Hof kam, hat sie mich keinen Tag verlassen. Meine Mutter ließ es sich sehr angelegen sein, mir die besten Lehrer zu geben und sparte weder Mühe, Sorge noch Kosten, um mich in den Wissenschaften so gut als möglich unterrichten zu lassen. Ich hatte nur einen einzigen Bruder, der zehn Jahre älter war als ich und sehr jung schon in die Armee trat. Meine Eltern lebten den Winter in Berlin und den Sommer in Schönfließ, das nur eine Stunde von der Stadt entfernt lag. Im Jahre 1741 begann der Krieg gegen Österreich; mein Vater und mein Bruder, welch letzterer bei den Gardes du Corps stand, mußten ausrücken. Das war ein sehr trauriger Tag für uns alle. Meine Mutter blieb in Berlin, die Königin-Mutter hatte eine große Freundschaft für sie und konnte sie eigentlich gar nicht entbehren, so daß jene täglich zu ihr kommen und zuweilen den ganzen Tag bei ihr bleiben mußte.

Als mein Vater jedoch im Herbst 1741 Winterquartiere in Oberschlesien bezog, verlangte er, daß meine Mutter zu ihm kommen solle und so mußte die Königin sich doch von ihr trennen. Wir reisten im Monat October von Berlin ab und nahmen fast den ganzen Hausstand mit. Zuerst blieben wir mit meinem Vater in einem Ort, namens Tost, der einem Grafen Pottulinsky gehörte. Das Schloß war schön und hatte eine schöne Lage, aber nach einigen Monaten mußten wir weiter. Mein Vater erhielt Marsch-Befehl und mußte gegen den Feind vorrücken, und nun ging meine Mutter mit mir nach Olmütz in Mähren, wo der Gouverneur der Stadt, der Feldmarschall Schwerin und der dortige Bischof Fürst Liechtenstein uns mit Güte überhäuften. Als mein Vater wieder für längere Zeit ins Quartier nach einem Ort namens Sternberg kam, folgten wir ihm dahin und blieben sechs Wochen bei ihm, bis er wieder ins Feld rücken mußte, gingen dann wieder für einige Zeit nach Olmütz zurück, später um näher zu sein nach Neiße und endlich zum Sommer wieder nach Berlin.

Wie freuten wir uns, als endlich der Frieden geschlossen wurde und wir das Glück hatten, meinen Vater und meinen Bruder wieder zu umarmen; auch kam der letztere nun nach Charlottenburg in Garnison, von wo aus er uns öfter besuchen konnte.

Im Jahre 1744 verlangte mein Vater seinen Abschied; er war bereits vorgerückt in Jahren und litt so sehr an der Gicht, daß er in der That nicht mehr dienen konnte. Der König gab ihm 3000 Thaler Pension und der Graf Goltz bekam sein Regiment. Dieser Wechsel änderte jedoch nichts an der Lebensweise meiner

Eltern, wir blieben fortan ebenso wie bisher acht Monate des Jahres in Berlin und die übrige Zeit in Schönfließ. Im Jahre 1743 bekam ich die Pocken, ich war sehr krank, aber die Sorgfalt meiner Mutter rettete mir zu ihrer Freude nicht allein das Leben, sondern auch die Schönheit, da es der Vorsehung gefallen hatte, meine Züge mehr hübsch als häßlich zu bilden. Dies scheint ein Vorzug zu sein, aber ich habe es recht empfunden, daß es nicht die Schönheit ist, die man haben muß, um glücklich zu sein. Schon seit einigen Jahren hatte die Königin wiederholt meine Eltern gebeten, mich ganz an ihren Hof zu geben, und diese hatten endlich auch darein gewilligt. Im Jahre 1743, als ich mein vierzehntes Jahr erreicht hatte, ward ich zur Hof- und Staats-Dame bei der Königin ernannt, wohnte jedoch noch eine Zeit lang bei meinen Eltern und kam erst ganz an Hof zur wirklichen Dienst-Leistung im Jahre 1744, nach der Vermählung der Hofdame Fräulein von Borke mit Herrn von Maupertuis, deren Stelle ich nunmehr einnahm.

Zu Anfang des Jahres 1743 ward ich zur heiligen Communion aufgenommen durch den Pastor Köppe in Berlin, und von dieser Zeit an öfter als bisher zu Redouten, Gesellschaften und Opern mitgenommen. Der König hatte mich sogar im Januar 1743 einmal zu einer Redoute ganz besonders befehlen lassen und mir die Ehre erwiesen, mich anzureden. Er frug mich unter anderem nach der Gesundheit meines Vaters, der leidend war, und ich antwortete:

›Es geht ihm besser durch Gottes Gnade.‹

Der König wandte sich um und sagte: ›Sie ist noch recht unschuldig, daß sie dabei auch vom lieben Gott spricht.‹

Auch als im Jahre 1744 die Vermählung der Prinzessin Ulrike, der Schwester des Königs mit dem Prinzen-Thronfolger von Schweden stattfand, bei der ich, der Hofordnung nach, eigentlich noch nicht zu erscheinen hatte, schickte der König am Vorabend derselben den Grafen Gotter zu meiner Mutter, um ihr zu sagen, sie möchte mich den folgenden Tag jedenfalls mit an Hof bringen. Ihr war das gar nicht recht, weil ich einen reichen Anzug dazu haben mußte und es ihr doppelte Ausgaben verursachte, mir so rasch noch ein Hof-Kleid machen zu lassen, auch sie jedenfalls genöthigt war, ein wachsames Auge auf mich zu haben, da ich noch so jung war und so wenig die Gewohnheit der großen Welt hatte, daß ich leicht in irgend etwas fehlen konnte. Doch nahm sie mich dennoch mit an Hof, was mir die größte Freude machte, wie es wohl natürlich war in meinem Alter.

Bald darauf kam ich jedoch, wie schon gesagt, ganz an den Hof. Es kostete mir einige Thränen, meine Eltern zu verlassen, aber in der That, sie flossen nur einen Augenblick und bald war ich überglücklich in dem neuen Leben, das sich vor mir aufthat. Jetzt war ich fünfzehn Jahre alt, aber ich war noch sehr unerfahren und kindlich in meinen Gedanken und meinem Wesen, weil meine Erzieherin sorgfältig bemüht gewesen war, meine Zeit bis dahin so viel als es möglich mit nützlichen Studien und ernsten Kenntnissen auszufüllen; auch war das eigentliche Treiben der Welt mir noch so fremd und unbekannt, trotz meiner vielen äußeren Bekanntschaft mit derselben, daß ich alle Menschen, Einen wie den Anderen, für fromm und gut hielt, ohne Falsch, noch Schminke, noch irgend eine Bosheit; die Folgezeit hat mich durch bittere Erfahrungen aber bald das Gegenteil gelehrt.

Volle sieben Jahre lang blieb ich am Hof der Königin Sophie Dorothee und war derselben mit großer Verehrung ergeben. Sie war nie schön gewesen, aber sah sehr stattlich und vornehm aus und ihre Haltung blieb dieselbe bis in ihr Alter. Vielleicht hatte sie mehr esprit acquis als esprit inné; aber sie war sehr unterrichtet und sehr gut erzogen, wußte mit allen Menschen zu reden und machte eine sehr angenehme Conversation. Pracht und Geselligkeit liebte sie ungemein, sah alle Mittage und alle Abend Menschen um sich und saß besonders gern lang bei Tische, was uns Hofdamen zuweilen sehr langweilte. Es war schön zu sehen, welche große und achtungsvolle Zärtlichkeit ihr Sohn, der König, für sie hatte. Von ihren Töchtern lebte damals nur noch die jüngste, die Prinzessin Amalie, bei ihr, welche, den 9. November 1723 geboren, erst nach meinem Abgang im Jahre 1755 Äbtissin von Quedlinburg wurde. Damals war sie noch jung, wenn auch sechs Jahre älter als ich; aber trotz ihrer Jugend war sie sehr boshaft und sehr gefürchtet und machte uns allen viel Noth und Unannehmlichkeiten.

Der König und die Prinzen rückten zur Zeit, da ich an Hof kam, eben wieder ins Feld, da der Krieg im Jahre 1744 von Neuem losbrach. Während des ganzen Herbstes 1744 wurden wir durch die Österreicher beunruhigt, welche die Marken und Berlin bedrohten. Aber als am 15. December der Fürst von Dessau die Schlacht bei Kesselsdorf gewonnen hatte, zogen die Österreicher eilends ab, unsere Armee bezog Winter-Quartiere und der König unterzeichnete bereits am 25. December in Dresden den Frieden.

Der Carneval hatte wie gewöhnlich am 1. December begonnen. In jeder Woche waren feststehende Cour-Tage bei meiner Königin, eben solche bei der regierenden Königin; bestimmte Tage für die Redouten, die Oper und die Komödie, dies alles besuchte meine Königin auf das Regelmäßigste und für mich waren es lauter Feste und Freuden.

Die Königin-Mutter hatte vier Hof- oder Staats-Damen, die Fräuleins von Knesebeck, von Kalkstein, von Bredow und mich; die Erste, Fräulein von Knesebeck, war jedoch mit der Prinzessin Ulrike nach Schweden gegangen und kam erst Anfang des Jahres 1746 von dort zurück, und Fräulein von Bredow konnte wegen einer Wunde an der Wange, in Folge eines schlecht ausgezogenen Zahns, diesen ganzen Winter hindurch keinen Dienst thun. Im Sommer verheirathete sich Fräulein von Kalkstein mit dem Adjutanten des Königs, dem General von Willich, und ihr Abgang vom Hofe war für mich ein großer Verlust. Von Kindheit an war sie meine beste Freundin gewesen, obgleich sie mehrere Jahre älter war als ich, sie hatte den besten Charakter von der Welt, war überaus sanft und liebenswürdig und dabei voller Geist und Leben. Ein Fräulein von Viereck, mit der ich ebenfalls befreundet und die ungefähr von meinem Alter oder vielmehr jünger war als ich, ersetzte sie bei der Königin; aber meinem Herzen konnte sie nicht die treue Liebe und den treuen Rath ersetzen, die ich bei Fräulein von Kalkstein immer gefunden hatte, und in der schwierigen Lage, in der ich schon damals war, entbehrte ich beides doppelt. Die Ereignisse, die jetzt auf mich einstürmten, brachten nicht nur den größten Schmerz und den härtesten Kampf meines Lebens über mich, sie führten auch den folgenschwersten und wichtigsten Moment desselben herbei und drängten mich zu Entschließungen, welche dessen Gestaltung verhängnisvoll bestimmten.«

Unter dem Jubel-Geschrei seiner Untertanen war Friedrich II. am 28. December 1745 nach Berlin heimgekehrt. Man holte ihn prachtvoll ein, erleuchtete die Stadt und nirgends wohl war die Freude in diesen festlichen Tagen größer und inniger als an dem Hof der glücklichen Mutter des ruhmgekrönten Königs, die so stolz auf diesen geliebten Sohn war. Die Königin-Wittwe residirte seit dem Tode ihres Gemahls in Berlin und wohnte Winter und Sommer in dem Schlosse Monbijou. Als jetzt der König seinem ältesten Bruder das Schloß Oranienburg schenkte und dieser seinen Hofhalt dorthin verlegte, lud er sogleich seine Mutter dahin ein und sie brachte während der nächstfolgenden Friedensjahre regelmäßig einen Theil des Sommers bei ihm in Oranienburg zu. Dieser Prinz August Wilhelm, vom König feierlich zum Prinzen von Preußen und zum Thron-Erben ernannt, war am 9. August 1722 geboren und auf Befehl seines Vaters schon als Kind verlobt mit einer Tochter des Herzogs von Braunschweig, mit der er sich trotz seiner Abneigung gegen diese Ehe, kaum 20 Jahre alt, im Jahre 1742 vermählen mußte. Er hatte zwei Kinder: einen 1744 geborenen Prinzen, den nachmaligen König Friedrich Wilhelm II., und eine 1751 geborene Prinzessin, Friederike Sophie Wilhelmine, die nachmalige Gemahlin des Fürsten von Nassau und Oranien. Der Prinz von Preußen war zehn Jahre jünger als Friedrich II. und diesem in jeder Beziehung so unähnlich als möglich; aber ohne die feurige Energie und den hochfliegenden Genius seines erhabenen Bruders zu besitzen, war doch auch er in geistiger Beziehung eine glänzend begabte Natur. Thiébault sagt von ihm in seinen Erinnerungen an den Hof Friedrich des Großen (2. Band, S. 85): »Voller Verstand, voller Talente und dabei von unwiderstehlicher Liebenswürdigkeit erhöhte dieser Prinz den Werth der seltensten Eigenschaften noch durch seine ungemeine Bescheidenheit.« Er war der Liebling seines Vaters, der ihn allen seinen anderen Söhnen vorzog, und lange Zeit war er ebenso der Liebling seines Königlichen Bruders, bis sein Unglück im Felde ihn dessen Gunst unwiederbringlich verlieren ließ. Schon seine äußere Erscheinung, deren männliche Schönheit den feinsten Anstand und eine angeborene Würde mit dem jugendlichen Zauber lebensfrischer Heiterkeit verband, war sehr gewinnend. Die edle und anmuthige Weise, mit der er das Leben zu genießen wußte, machte bald seine Hofhaltung in Oranienburg zu einer Stätte sittlich reiner und zugleich fröhlicher und geistvoller Geselligkeit. Das Schloß, das während der sieben und zwanzigjährigen Regierung Friedrich Wilhelm I. unbewohnt geblieben war, erstand jetzt in neuem Glanz und ward nach langer Vernachlässigung auf das sorgfältigste und eleganteste wiederhergestellt. Der große, nach Le Nôtres Plan angelegte Garten hatte sich durch die lange Verwilderung nur verschönt. Die seit 1713 nicht mehr verschnittenen Buchenhecken waren zu dichten buschigen Alleen emporgewachsen und bildeten jetzt Laubgänge, deren üppiges Grün weder Sonne noch Wind eindringen ließ. Nur wenig von Innen gelichtet, boten dieselben auch in heißester Sommer-Hitze schattige Wege voll kühler, lauschiger Dämmerung, und bei den Tanz-Festlichkeiten und Abendtafeln bildeten sie, von Lampen und Kerzen erleuchtet, die hübschesten Salons de verdure. Nach dem Geschmack jener Zeit waren diese Gartenfeste aber nicht bloß Bälle, bei denen man sich mit den damals üblichen Tänzen: rigodons, Sarabanden, passe-pieds und Aimable-Vainqueurs belustigte, sondern eben so häufig wechselten Concerte und Liebhaber-Theater mit denselben ab und tausend Scherze, Verkleidungen, dramatisirte Charaden und kleine Ballets wurden von der munteren Gesellschaft in bunter Reihenfolge improvisirt, wobei die übermüthig heitere Laune und dichterische Erfindungsgabe des Prinzen von Preußen vor allem glänzend zur Geltung kam. Im Herbst reihten sich an diese Feste, die aus dem Park nun in die Säle des Schlosses verlegt waren, noch Reit- und Schießjagden an, bei denen, wie es damals an allen Höfen Sitte war, auch die Damen eifrig Theil nahmen.

Fräulein von Pannwitz muß eine kecke und gute Reiterin gewesen sein und überdem auch eben so geschickt als glücklich mit der Büchse. Im Königlichen Schlosse zu Berlin befindet sich noch jetzt ein lebensgroßes Bild derselben, von Pesne in Oranienburg gemalt, das sie in einem Jagd-Kostüm von rothem Sammet darstellt, den kleinen dreieckigen Hut mit weißen Federn auf dem Kopfe und die Büchse in der Hand, neben ihr ein mächtiger Auerhahn und anderes wildes Geflügel, wohl die Trophäen einer glücklichen Jagd, und auf einem der Güter ihres nachmaligen Gatten, Groß-Giewitz in Mecklenburg, ist ebenfalls ein ganz ähnliches Bild noch vorhanden.

Nicht minder enthalten die nachgelassenen Papiere des damaligen Hof-Fräuleins aus jener Zeit manches Blatt lieber Erinnerung an die schönen Tage einer heiteren Jugend, die sich nur zu bald trüben sollte, auch kleine Huldigungen in dem französischen Geschmack der dort herrschenden Mode, von denen vielleicht Eins als Probe derselben hier seinen Platz finden darf.

A Mademoiselle de Pannewitz.

A peine, hier, eus-je pris votre gant –
Vous prendre un gant hélas! c'est bien peu de chose! –
Surtout pour moi – mais chut encore! – je n'ose
Laisser éclore un désir trop ardent! –
Puis, je le dis en vers ainsi qu'en prose
Tout vaut son prix aux yeux du sentiment.
A peine donc me fus-je rendu maitre
Du gant heureux qui toucha votre main.
Je dis la main – il toucha mieux peut-être? –
Que je courus vite au séjour divin.
Je vous entends: Comment, par quel miracle
Auprès des dieux pouvez-vous être admis? –
Qui peut vous voir, aimable Pannewitz
De votre cour voir le brillant spectacle
Tous les amours en toutes les beautés,
Une déesse, en un mot, accomplie,
Qui sur la terre enfin vous voit, Sophie! –
Peut bien aux cieux voir les divinités! –
Arrivé donc â la voûte étoilée
En méditant le tour le plus mutin,

Tel que celui qu'un diable féminin
Mit en usage aux noces de Pélée,
J'entre en tenant votre gant en main.
A qui le gant? – quelle est la main charmante
Qui de ce gant relève la beauté? –
Dis-je, en feignant un air de verité, –
Car cette main doit être séduisante,
Chef d'œuvre qu'à genoux il faut baiser
Si de la main le gant nous fait juger? –
Tout aussitôt Déesses de répondre
A l'unisson: »C'est moi qui l'ai perdu« –
»Oui, c'est mon gant!« – Il vous sera rendu,
C'est bien justice et j'en fais la promesse.
Allons, sachons qui en est la maitresse,
Vous l'éssayerez, Mesdames, tour â tour,
Pour notre juge ici, prenons l'Amour! –
Dans tous les cœurs soudain siffle l'envie;
Comment vous peindre un semblable débat.
Jamais la pomme avec tout son éclat
N'avait causé une plus grande jalousie,
Junon l'éprouve – elle a les doigts trop gros
Pallas trop longs, – d'Hebé la main d'ivoire
Qui du nectar faisant jaillir les flots
Charme les dieux en leur versant â boire
Au gant fatal voit échouer sa gloire;
Enfin – Venus vient d'un air dédaigneux,
L'essaie en vain et donc en est outrée.
Contentez vous, lui dis-je, de ce prix
Qui vous donna le nom de la plus belle,
Mais croyez moi Dréesse, à Pannewitz
Laissez ce gant, il n'est fait que pour elle!
A Pannewitz cet objet séducteur! –
Je la connais, dit le Dieu de Cithère,
Qu'elle est charmante! mais quelle beauté sévère!
Elle a vraiment toutes les grâces de ma mère,
Mais quel dommage qu'elle n'en ait point le cœur!

Die Schlußzeile, die der Sittsamkeit und abwehrenden Haltung der Empfängerin einen Vorwurf macht, enthält jedenfalls das beste Lob für dieselbe.

Die verhängnisvolle Neigung, die der Prinz von Preußen für die in jenem Sommer von 1746 erst siebzehnjährige Hofdame seiner Mutter gefaßt hatte, blieb leider nicht lange in den Grenzen verstohlener Bewunderung und dichterischer Huldigung. Selbst erst 23 Jahre alt, mit einer Prinzessin vermählt, die ihm zuwider war, die auch ihm nur mit der größten Kälte begegnete und sich möglichst fern von ihm hielt, war es nicht eine vorübergehende Aufwallung, sondern die eine große Liebe seines Lebens, die ihn für dieses reizende Kind erfaßte und bald in ihm zur heißen Flamme wuchs. Es ist gewiß keine Indiskretion, die Aufzeichnungen von der der so lang und treu Geliebten, die diesen Moment ihres Lebens berühren, mitzutheilen, um so mehr, da sie oft entstellte Thatsachen durch die schlichte, anspruchslose Erzählung derselben am Besten berichtigen.

Doch müssen wir etwas zurückgreifen, um die betreffende Stelle in ihrem Zusammenhange zu geben.

»Endlich hatte der Krieg durch Gottes Gnade ein Ende genommen und am 28. December 1745 war der König mit seinen Brüdern und seinen Generälen festlich wieder in Berlin eingezogen. Eine Zeit des Rausches und der allgemeinen Freude trat jetzt nach all den überstandenen Ängsten ein. Der Prinz von Preußen war mit dem König gekommen und war sehr viel in Monbijou bei seiner Mutter, die ihn besonders liebte, und ehe ich noch ahnen konnte, daß er mich nur beachtete, hatte er eine Leidenschaft für mich gefaßt, die für sein und mein ganzes Leben ein großes Unglück geworden ist. Diese Neigung, die fast vom ersten Augenblick an, wo er mich wiedersah, in ihm erwachte, ist nicht rasch vergangen wie sie rasch gekommen war: nur zu treu und standhaft hat er sie mir bewahrt bis zuletzt. Mehr als fünf Jahre lang lebte ich von jener Zeit an noch am Hof mit ihm zusammen, und in Wahrheit, ich habe in dieser Zeit alles gethan, was in meiner Macht stand, um diese Leidenschaft zu bekämpfen und ihn davon zu heilen. Aber mein Widerstand und meine Kälte waren umsonst; nichts hat die Treue seines Gefühls erschüttert; was ich auch that, er blieb für mich immer derselbe.

Im Gegentheil, anstatt mit der Zeit ruhiger zu werden, wurde er nur immer unglücklicher und heftiger. Im Anfang versuchte er, mir sein Gefühl zu verbergen, aber nach einigen Monaten gab er dies Bestreben plötzlich auf und machte mir das leidenschaftliche Geständnis seiner Liebe, und bald fing er an, mich mit Liebeserklärungen und Betheuerungen wahrhaft zu verfolgen. Ich war ganz außer mir und vertraute mich Fräulein von Kalkstein an, die mir dringend rieth, wie es sich ja auch von selbst verstand, dem Prinzen mit Ehrerbietung, aber mit Festigkeit zu erklären: ›er müsse aufhören, mir Ähnliches zu sagen, da er mich durch seine Neigung nur ins Unglück bringen könne.‹ So lange die gute Kalkstein am Hofe war, habe ich ihr immer gefolgt und mich ganz von ihr leiten lassen, aber als sie fort war, hatte ich niemand mehr, den ich um Rath fragen konnte in der täglichen Noth und Bedrängnis und den tausend bangen Augenblicken, in die mich die Aufmerksamkeiten des Prinzen, seine Eifersucht ebenso oft wie sein Kummer und seine Klagen versetzten. Er war sehr liebenswürdig – von schöner Gestalt, auch sein Gesicht war schön, fein und geistvoll; dabei war er voller Sanftmuth und voller Zuvorkommenheit für mich und besonders voll der rührendsten Aufmerksamkeiten. War es nicht natürlich bei meiner großen Unerfahrenheit und Jugend und der Neuheit eines Gefühls, das ich noch nie gekannt hatte, daß ich ihm wohl wollte, und nachdem ich lange widerstanden, endlich diese Empfindung mehr Macht über mich gewann und ich mich ihr hingab? – Von Natur anschmiegend und zärtlich, zur Freundschaft geneigt und gegen alle Menschen offen und zutraulich, war ich vielleicht durch die Art meiner Erziehung etwas verschüchtert und meine angeborene Nachgiebigkeit und Abhängigkeit von Anderen noch vermehrt worden. Trotz ihrer Güte waren meine Eltern doch sehr streng mit mir und ich war in großer Unterwürfigkeit und Furcht erzogen worden. Dadurch behielt ich lange etwas Zaghaftes und Unselbstständiges im Wesen und bin auch im späteren Leben wohl fest gegen mich selbst, aber nie so fest gegen Andere gewesen, als ich es hätte sein sollen. Ich kann in der Wahrheit sagen, daß ich in meinen eigenen Entschlüssen nie schwankend, unsicher oder unbeständig gewesen bin, aber ich war schwach gegen Andere und konnte dem Willen und den Wünschen derer, die ich liebte, schwer widerstehen, und das ist oft mein Unglück gewesen.

Immer von Neuem faßte ich den selben Entschluß, das wachsende Gefühl für den Prinzen aus meinem Herzen zu reißen; ich wollte mich um jeden Preis von seinem Einfluß und seiner zunehmenden Macht über mich befreien; ich wollte um jeden Preis diese Schwäche in mir überwinden – Tage und Tage lang verbannte ich mich selbst in mein Zimmer, um ihn nicht zu sehen; ich vermied, ja ich floh seine Nähe, ich begegnete ihm nie anders als mit Unfreundlichkeit und Härte und suchte ihn mit Willen gegen mich zu erzürnen. Und als dies alles ihn nicht abschreckte, habe ich ihn mit Thränen gebeten und beschworen, mich aufzugeben und mich zu vergessen, es war alles umsonst. Er hat nie aufgehört mich zu lieben bis an sein Ende. Von Natur stürmisch und unvorsichtig war er gar nicht im Stande, seine Gefühle zu verbergen, und fast glaube ich, daß es ihm einen Trost gewährte oder eine Art Reiz für ihn hatte, sie nicht zu verheimlichen. Es war, als setze er einen Stolz darein, sie vor aller Welt zu bekennen, wenigstens verbarg er weder seinen Schmerz noch seine Liebe, und dies Benehmen, das vielleicht aus der Stärke oder der Hoffnungslosigkeit beider entsprang und mich zuweilen unwiderstehlich ergriff und rührte, war leider ganz dazu gemacht, um den guten Ruf eines jungen Mädchens in die größte Gefahr zu bringen. Meine Mutter hätte so leicht mein ganzes Vertrauen haben können, wenn sie mich liebreich behandelt hätte; aber zu jener Zeit war sie sehr streng und unfreundlich gegen mich und flößte mir nur eine knechtische Furcht ein, ja ich zitterte in einem solchen Grade vor ihr, daß ich alles bis auf die unbedeutendsten Kleinigkeiten aus Angst vor ihr zu verbergen suchte. Fräulein von Bredow, der in früherer Zeit der Prinz den Hof gemacht hatte, war sehr eifersüchtig auf mich, und Fräulein von Viereck, der ich thörichterweise mein Vertrauen schenkte, mißbrauchte es und war nicht verschwiegen, so daß diese beiden Gefährtinnen mich gleich sehr in Nöthe und Verlegenheiten aller Art brachten.

Im Sommer 1746 gingen wir zum ersten Mal mit der hochseligen Königin nach Oranienburg, was der Prinz vom König zum Geschenk erhalten hatte, und von dort aus nach Rheinsberg. Aber wo wir auch waren, der Prinz folgte uns überall und war überall derselbe. Jeder Morgen brachte mir einen Brief oder ein Billet von ihm, und nichts konnte ihn von dem einzigen Gedanken zerstreuen, der ihn beherrschte und ihn unglücklich machte.

Im October des Jahres 1747 vermählte sich Fräulein von Viereck mit meinem Bruder, den der König zum Major bei dem Regiment Schorlemer in Preußen ernannt hatte. Es war eine alte Inclination zwischen beiden und anfangs freute ich mich sehr über ihr Glück; aber die Zeit ihres Brautstandes hat mir viele traurige und bittere Stunden gebracht. Mein Bruder, der wie ich schon gesagt habe, zehn Jahre älter war als ich, hatte mit mir nicht den Ton eines Freundes, sondern den eines strengen Mentors angenommen, auch verkannte er den Charakter des Prinzen. Kaum hatte er nach seiner Verheirathung Berlin verlassen, so schrieb er mir, Gott weiß warum, von Preußen aus einen Brief, der mir beinahe das Leben gekostet hätte. Wahrscheinlich hatte seine nunmehrige Frau ihm verraten, daß ich trotz meiner äußeren Zurückhaltung im Grunde meines Herzens dem Prinzen wohlwollte, und auf diesen Grund hin schrieb er mir diesen furchtbaren Brief, der mir eine tödliche Krankheit verursachte. Damals hätte ich dieser ganzen unglücklichen Sache für immer ein Ende machen sollen; aber die dazu nöthige Entschlossenheit fehlte mir und andererseits habe ich mir ja auch nie etwas Anderes darin vorzuwerfen gehabt, als die innigste aber stumme Erwiederung der Gefühle, die der Prinz auf eine so ergreifende und rührende Weise mir bewies, und habe niemals die Gebote der strengsten Sittsamkeit und Tugend auch nur einen Augenblick vergessen. Ich konnte es damals nicht übers Herz bringen, den Hof zu verlassen, wo meine Stellung eine so angenehme und Jedermann so gut für mich war, und doch mußte ich es! Ach, die unselige Leidenschaft des Prinzen hat mein ganzes Leben verdorben und hat es mit Kummer erfüllt! –

Um jene Zeit kam Graf Neipperg, der Sohn des österreichischen Feldmarschalls nach Berlin, faßte eine Neigung für mich und hielt um mich an. Er war nicht schön, aber er war liebenswürdig und angenehm und ich war bereit, ihm mein Jawort zu geben, weil ich durch diese Heirath hoffte Berlin zu verlassen und von meiner Liebe zu genesen. Aber der Prinz wußte es auf eine mir unbegreifliche Weise beim König dahin zu bringen, daß derselbe seine Einwilligung zu dieser Ehe versagte und erklärte, er werde sie nur dann geben, wenn der Graf sich verpflichte, seine Güter in Österreich zu veräußern und sich in den Preußischen Staaten anzukaufen und niederzulassen. Zum Überfluß gelang es dem Prinzen, es so einzurichten, daß diese Bedingung dem Vater des Grafen auf eine sehr unartige Weise mitgeteilt wurde, welche ihn vollends bestimmte, seine Einwilligung zu derselben zu versagen. Anfang des Jahres 1748 sah sich der Graf in Folge dieser unangenehmen Verhandlungen gezwungen, Berlin zu verlassen; da jedoch meine Eltern ihm ihrerseits ihre Einwilligung gegeben hatten, so fuhr er fort, mir zu schreiben. Jedenfalls kann ich der Vorsehung nur danken, daß sie diese Ehe, die mir lange drohte, zu meinem Besten von mir abgewandt hat; denn in der Folge brachte Graf Neipperg sein ganzes Vermögen durch, auch hat er, wie man sagt, seine Frau durchaus nicht glücklich gemacht. Die erste ist bald gestorben und er hat jetzt wieder geheirathet.

Die beiden letzten Jahre 1749 und 1750, die ich noch an Hof zubrachte, vergingen in derselben Weise wie die vorhergehenden. Im Winter und Sommer wohnte die Königin in Monbijou und ging von dort aus bald auf einige Tage nach Potsdam, bald nach Charlottenburg oder zum Prinzen nach Oranienburg. Die Stelle meiner Schwägerin hatte Fräulein von Brand erhalten, und Fräulein von Bredow, welche 1748 Herrn von Schwerin heirathete, ward durch ein Fräulein von Platen ersetzt, ein wunderhübsches junges Mädchen, das aber wenig Geist und eine sehr melancholische Gemüthsart hatte.

Im Jahre 1750 hatte ich das Unglück, meinen Vater zu verlieren, was mich so tief betrübte, daß ich heftig erkrankte und

Mühe hatte, mich wieder zu erholen. In diesem für mich so traurigen Jahre kam auch ein Fürst Lobkowitz nach Berlin, welcher eine Leidenschaft zu mir faßte und um mich anhielt. Aber bald darauf fiel er in eine gefährliche Krankheit, und während derselben wurde er plötzlich so bigott, daß die Verschiedenheit der Religion zwischen ihm und mir ihm als ein unübersteigliches Hindernis erschien, und als er besser wurde, machte er sich so viel Sorgen hierüber und daß eine Ehe mit einer Protestantin ein Unrecht sei, daß auf meine Bitte unsere Verlobung wieder aufgehoben ward.

Der jüngere meiner beiden Vettern Voss, der sich seit vier Jahren als Gesandter in Dresden befand, bat um diese Zeit den König um seine Abberufung, welche ihm auch in Gnaden gewährt wurde. Seine Majestät zeichnete ihn bei seiner Heimkehr auf das Ehrenvollste aus, stellte ihn im auswärtigen Ministerium an und gab ihm eine Pension von 2000 Thalern. Ich sah ihn viel an Hof und begegnete ihm überdem täglich in meinem elterlichen Hause, wo er mir, ebenso wie an Hof, viel Aufmerksamkeit und Wohlwollen zu zeigen pflegte. Auch hielt er bald nach dem Tode meines Vaters um mich an; aber meine Mutter verweigerte aus verschiedenen Gründen ihre Einwilligung.

Meine Lage an Hof war mittlerweile eine sehr schwierige geworden. Der Prinz verlangte immer stürmischer von mir das Versprechen, denselben nicht zu verlassen und wiederholte mir fort und fort seine Anträge. Er wollte Alles auf der Welt für mich thun; aber konnte und durfte ich es annehmen?

Meine eigene Bedrängniß, die täglichen Nöthe und Leiden, die diese unglückliche Sache mir verursachte, vor allem der Wunsch des Königs, den es immer mehr beunruhigte, den Prinzen einer so heftigen Leidenschaft einzig und allein nachhängen zu sehen, zwangen mich, gewaltsam einen Entschluß zu fassen. Der einzige Ausweg, der sich mir bot, war die Heirath mit meinem Vetter; ich schwankte lange, aber der verzweifelten Stimmung des Prinzen gegenüber schien es mir endlich meine gewiesene Pflicht, denselben zu ergreifen. Soll ich verhehlen, daß ich keine Neigung für meinen Vetter hatte? Mein einziges Gefühl für ihn war das der Achtung; aber er wußte ja dies alles und war damit zufrieden. Meine Mutter wünschte, ich solle lieber zu ihr zurückkehren; aber anstatt an Hof nur in der Stadt zu leben, dies allein hätte in meiner Lage dem Prinzen gegenüber nichts geändert; nur indem ich mich verheirathete, machte ich für ihn jeder ferneren Hoffnung ein Ende. Dieser Augenblick meines Lebens war furchtbar; ich kämpfte einen harten Kampf mit mir selbst. Der Gedanke, zugleich den Hof und den Prinzen für immer zu verlassen, war mir ein Kummer, als ob ich sterben sollte; aber was konnte ich thun? Ich hatte keine Wahl; ich durfte nicht vor diesem Schmerz zurückweichen, es mußte sein. Der König selbst bat meine Mutter, in meine Verheirathung zu willigen und wünschte dieselbe dringend, und so ward denn endlich meine Verlobung den 17. Januar feierlich an Hof vollzogen und ebenso meine Vermählung an meinem unglücklichen Geburtstage, den 11. März 1751. Dieser Tag ward in jeder Beziehung einer der entsetzlichsten, die ich erlebt habe. Nicht ohne Wehmuth schied ich von dem Hof, an dem ich einstmals so glücklich gewesen war und den tiefsten Gram im Herzen betrat ich einen neuen Lebensweg, an den ich selbst mich für den ganzen Rest meines Daseins gefesselt hatte. Meine Hochzeit war genau wie alle, die an Hof gefeiert werden. Man hatte eine Unmasse Menschen eingeladen und alles ging äußerst rauschend und festlich vor sich, so daß ich kaum recht zur Besinnung kam. Die Königin hatte mir sehr schöne Spitzen und 1000 Thaler geschenkt, um dafür mein Brautkleid, einen weißen Moor mit silbernen Blättern, zu kaufen. Gleich nach der heiligen Handlung sollte ich mit meinem Mann abreisen, aber leider gab man diesen Plan wieder auf und nichts blieb mir erspart. Der Prinz war in Verzweiflung; er hatte dennoch der Trauung beiwohnen wollen, aber während derselben stürzte er ohnmächtig zu Boden und mußte fortgetragen werden.

Nun war der entscheidende Schritt gethan und ich faßte den festen heiligen Entschluß, hinfort einzig und allein den Pflichten gemäß zu handeln, zu denen das Jawort, das ich gesprochen hatte, mich verband.

Das Geleite sämtlicher Personen, welche der Trauung beigewohnt hatten, brachte mich im festlichen Zuge nach dem Hause meines Mannes, und den andern Morgen kam der Hof und die ganze Welt wiederum zu uns, um uns Glück zu wünschen. Dann folgte ein Diner bei meiner Mutter und folgenden Tages erst reiste mein Mann mit mir von Berlin ab. –

Es ist nicht ohne Interesse auch in den Worten eines Zeitgenossen und wahrscheinlich Augenzeugen jener Vorgänge, des gelehrten Thiébault, dasselbe, was die Heldin dieser traurigen Liebesgeschichte mit eigener Hand in dem Vorhergehenden so einfach und schmucklos erzählt, wiederholt zu finden. In den: »Souvenirs de vingt ans de séjour à Berlin«, par Thiébault heißt es (2. Band, S. 52):

»Die Dame, welche dem Prinzen von Preußen eine so heftige Neigung einflößte, war Fräulein von Pannwitz, und die Welt mußte wenigstens zugestehen, daß sie es ganz werth war, der Gegenstand einer so leidenschaftlichen und so unüberwindlichen Liebe zu sein. Groß und schlank gewachsen, mit der Gestalt einer Diane chasseresse, und zugleich schön und blond wie eine Venus, war sie eben so reizend, so unschuldig und so liebenswürdig, als sie schön war. Der Prinz wollte es mit Gewalt durchsetzen, von seiner Gemahlin geschieden zu werden, um ihr seine Hand anzubieten, und die höchste Autorität selbst ward gezwungen, in dieser Sache einzuschreiten. So gelang es denn zuletzt, aber mit welcher Mühe und nach welchen Kämpfen, durch die geheimen Wege, welche nur die entschlossenste Thätigkeit und die rücksichtsloseste Politik sich nicht scheut einzuschlagen, dem Unglücklichen seine Geliebte zu entreißen! Ja, es gelang Fräulein von Pannwitz selbst, durch einen Sturm von Vorstellungen und Ermahnungen so zu ängstigen und zu überwältigen, ihre hochherzige Natur so mitfortzureißen, daß sie es war, die sich freiwillig opferte, und dies mit einer Tapferkeit und Selbstverleugnung, die edel empfindende Seelen verstehen und bewundern werden. Um dem Prinzen jede fernere Hoffnung unmöglich zu machen, faßte sie plötzlich und zur allgemeinen Überraschung den Entschluß, sich zu vermählen. Von dem Tage ihrer Verheiratung an lebte sie so still und von der Welt zurückgezogen als nur möglich. Sanft und liebenswürdig wie immer schien sie einzig noch mit der Erziehung ihrer Kinder beschäftigt. Gewiß war auch sie von dem Verdienst und der Herzensgüte des Prinzen und von seiner jahrelangen treuen Liebe gerührt worden, und dennoch entsagte sie ihm und machte durch ihre Vermählung selbst jede fernere Annäherung seinerseits für immer unmöglich. Sie that dies mit einer solchen Festigkeit und Charakterstärke, sie bewies einen so hohen und seltenen Muth in der Weise, wie sie dem Widerstreben ihres eigenen Herzens ungeachtet, den gefaßten Entschluß durchführte und der wilden stürmischen Verzweiflung ihres Geliebten widerstand, und sie hat auch in der Folge so treu und beharrlich sich jeder Gelegenheit zu entziehen gewußt, welche die schmerzliche und gefährliche Erinnerung der Vergangenheit hätte in ihm wach erhalten können, daß sie das Erstaunen, die Bewunderung, ja die Ehrerbietung aller derer erweckt hat, welche ihr warmes Herz und die hingebende Innigkeit ihres Gefühls kannten.«

Im Jahre 1753 verließ sie Berlin und es scheint, daß sie den Prinzen von da an bis zu seinem Tode nicht wieder sah. Aber in ihrem Herzen blieb sie ihm treu. Ihren ältesten Sohn nannte sie nach ihm: Wilhelm August, und als dieser ihr durch den Tod entrissen wurde, gab sie auch ihrem einzigen, erst nach dem Tode des Vaters geborenen Enkel wieder denselben Namen. Zwei zierliche, alterthümliche Möbel, ein kleiner Eckschrank und ein niedlicher Schreibtisch, beide von Rosenholz mit Bronze-Beschlägen, Geschenke des Prinzen aus jener heiteren, noch unbefangenem Zeit in Oranienburg, welche die spätere Gräfin Voss besonders werth hielt, stehen als Andenken an sie noch jetzt in dem Groß-Giewitzer Hause aufbewahrt.

Das frühe und tragische Ende des unglücklichen Prinzen von Preußen ist bekannt. Der Wiederbeginn des Krieges hatte auch ihn 1756 zur Armee gerufen und er hatte sich das Vertrauen und die Zufriedenheit des Königs durch seine Umsicht und Tapferkeit in hohem Grade erworben. Als aber nach der Niederlage bei Collin, den 18. Juni 1757, der König das Heer in zwei Armeecorps theilte, und während er selbst die Führung des einen behielt, dem Prinzen den Oberbefehl des andern übertrug, löste er selbst die schwierige Aufgabe, den Feind so lange als möglich in Böhmen zu beschäftigen und sich dann langsam nach Schlesien zurückzuziehen, auf das Glänzendste; aber der Prinz, dem ein ähnlicher Auftrag geworden war und der sich noch eine Zeit lang in Böhmen halten und dann nur allmälig nach Sachsen wenden sollte, hatte nicht so viel Glück. Bald fehlte es ihm an Lebensmitteln, und von den Österreichern gedrängt, verlor er nicht nur seine ganze Bagage, sondern auch sehr viel Leute. Der König, der seinen Maßnahmen allein die Schuld dieses schweren Mißgeschicks zuschrieb, ließ ihn seine Unzufriedenheit auf das Unverholenste empfinden. Bereits entmutigt durch sein Unglück im Felde, empfand der Prinz die Ungnade seines Königlichen Bruders doppelt schmerzlich und verließ das Heer. Von Bautzen aus bat er schriftlich um Erlaubnis, nach Berlin gehen zu dürfen, »da seine Gesundheit durch Gram und Strapazen sehr gelitten habe«, und starb bald darauf in Oranienburg.

Ein merkwürdiger Brief, der über das Ende des Prinzen Einzelheiten enthält, die kaum allgemein bekannt sein dürften, befindet sich unter den nachgelassenen Papieren der nachmaligen Gräfin Voss. Die Schreiberin, Frau von Kleist, ist wahrscheinlich die frühere Hofdame der Königin-Wittwe, geborene von Schwerin, später zum zweiten Mal vermählt an Herrn von Du Trossel. Sie giebt der einst von dem Prinzen so heiß Geliebten, für die sein Gefühl niemals erkaltet war, die Nachricht seines Todes und versucht sie zu trösten. Der Brief ist von Berlin aus geschrieben, datirt vom 20. Juni 1758. Nach der Mittheilung der Trauernachricht selbst und den Ausdrücken ihres Schmerzes und ihrer Teilnahme, fährt die Schreiberin folgendermaßen fort:

»Der Prinz hat sehr gut gewußt, daß er dem Tode entgegen ging, und er wußte es nicht etwa erst in den letzten Tagen. Bereits vier Wochen vor seinem Ende bereitete er seinen alten Regiments-Chirurgus, den er immer bei sich hatte, darauf vor und sagte ihm: daß er *deshalb* Berlin verlasse, um in Oranienburg ruhig sterben zu können. Zugleich untersagte er ihm auf das Strengste, dies an irgend jemand zu verrathen, wem immer es auch sei, da er entschlossen sei, weder einen Arzt vorzulassen, noch Heilmittel zu nehmen; denn eine feste und gewisse Hoffnung sage ihm, daß es bald mit ihm aus sein werde. Dafür erlaube er ihm, zur Belohnung seiner Verschwiegenheit und Treue, nach seinem Tode ihn zu seziren, falls es ihm wichtig sei, den physischen Grund seines Endes zu erfahren. Der unglückliche Chirurgus war in Verzweiflung, doch kam zu seinem Trost nicht lange darauf plötzlich Herr von Forcade, der frühere Oberst von des Prinzen Regiment, in Oranienburg an, um diesen zu besuchen. Forcade nun ist entsetzt über das schlechte Aussehen des Prinzen, der Chirurgus vertraut ihm den Entschluß desselben an und jener schickt sofort eine Staffette an die Prinzessin Amalie, um ihr die Krankheit ihres Bruders zu melden. Die Prinzessin kommt auch unverzüglich mit dem berühmten Doktor Meckel an, aber der Prinz hört nicht auf sie. Trotz ihrer Bitten und Thränen will er Meckel nicht sehen und dieser muß wieder abreisen. Die Prinzessin jedoch läßt sich nicht beschwichtigen und abweisen, sie bleibt standhaft bei dem Kranken und hat ihn nicht verlassen bis zu seinem letzten Augenblick. Wenige Tage, nachdem er Meckel fortgeschickt hatte, war er bereits so krank, daß er das Bewußtsein verlor und nicht mehr das Bett verlassen konnte. Die Prinzessin benutzt diesen Augenblick, läßt eilends nicht nur Meckel, sondern noch drei andere Ärzte aus Berlin rufen, diese erklären den Zustand für eine Art Gehirn-Entzündung und wenden alle Mittel an, des Fiebers Herr zu werden.

Es gelingt ihnen, die Krankheit zu brechen, die Delirien hören auf, der Kranke scheint gerettet, aber kaum kommt er wieder zu sich, so schickt er die Ärzte fort und verweigert hartnäckig, fernerhin irgend ein Mittel zu nehmen. Und so ist es fort und fort gegangen. Wenn das überhandnehmende Fieber ihn betäubte und die heftigen Phantasien zurückkehrten, konnte man allein die Mittel anwenden, die sein Zustand verlangte und die die Entzündung bekämpften. Dann trat jedesmal sofort eine Besserung ein und kaum war diese soweit fortgeschritten, um dem Unglücklichen das Bewußtsein wiederzugeben, so war auch damit jede Möglichkeit genommen, ihn weiter zu pflegen oder ärztlich zu behandeln. Er nahm nichts ein, erlaubte nicht einmal, daß man ihm den Puls fühlte, wies jede Annäherung der Ärzte mit der größten Heftigkeit und Aufregung zurück und that alles, was ihm nur möglich war, um seinen Zustand an einem verzweifelten zu machen. Endlich schien in der That keine Hülfe mehr möglich und er in vollem Ernst verloren; man sagte es ihm und anstatt jeder Antwort faltete er nur die Hände und rief mehrere Male hintereinander mit Inbrunst: Jesus, erbarme dich meiner! Darauf verlangte er nach dem Geistlichen des Ortes und bewies, als dieser kam, und fortan bis zuletzt die größte Andacht und Frömmigkeit. Die Prinzessin Amalie hat ihn treu gepflegt und keinen Augenblick verlassen. Ich glaube, auch der König wird sehr frappirt und ergriffen von der Todesnachricht sein; denn gleich nach dem ersten Brief, den ihm die Prinzessin aus Oranienburg schrieb, um ihm die Krankheit des Prinzen zu melden, dankt er ihr in seiner Antwort auf das Lebhafteste, daß sie zu dem Kranken geeilt sei, um für ihn Sorge zu tragen und wiederholt ihr mehrere Male, daß er jede, auch die geringste Mühe und Sorgfalt, welche sie diesem beweise, und alles, was sie für ihn thue, betrachten werde, als hätte sie es ihm selbst gethan. Er beschwört sie um alles in der Welt, den Prinzen keinen Moment zu verlassen und nichts zu versäumen, was in ihren Kräften stehe, um das Leben eines Bruders zu erhalten, das ihm so unendlich theuer sei. Er fügt hinzu: ›Obgleich der Zustand des Kranken sehr ernst scheint, setze ich dennoch meine ganze Hoffnung auf seine Jugend und seine starke Natur.‹ Auch schließt er mit der Bitte, demselben in seinem Namen tausend Zärtliches: mille tendresses, zu sagen und ihm, dem König, so oft als nur möglich Nachricht von dessen Befinden zu geben.«

»Du siehst«, sagt die Briefstellerin am Schluß, »wenn der Himmel es anders gefügt hätte, so wäre diese Krankheit vielleicht der Anlaß zu einer bleibenden Aussöhnung zwischen beiden Brüdern geworden. Aber der Gram und die Verzweiflung des unglücklichen Prinzen haben ihn getödtet, sie allein haben jede Hoffnung, ihn zu erhalten, vereitelt.«

Diese Todesbotschaft erst sprach das letzte Wort in der Geschichte jener traurigen und unglücklichen Jugendliebe. –

Der Ehestand

1751–1793

Der nunmehrige Gemahl des Hof-Fräuleins von Pannwitz, Johann Ernst von Voss, geboren den 25. Januar 1726, war bereits im Juni des Jahres 1744 in preußische Zivildienste getreten, und Friedrich II. wußte den sehr befähigten jungen Mann, der allerdings für sein Alter Ungewöhnliches leistete, sehr bald zu würdigen. Er ernannte ihn schon im September desselben Jahres, also im Alter von achtzehn Jahren, zum Geheimen-Rath mit Sitz und Stimme im Ober-Appellations-Gerichtshof zu Berlin, in welcher Stellung derselbe bis zum Jahre 1747 blieb, dann in das Ministerium der auswärtigen Angelegenheiten versetzt und im Januar 1748 als Gesandter an den Hof des Königs August von Polen geschickt wurde. Bald verließ er mit diesem dessen damalige Residenz Dresden, ging mit ihm nach Warschau und vertrat auf dem dortigen Reichstage des Sommers 1748 sowie auf dem darauf folgenden außerordentlichen Reichstage 1750 wirksam das Interesse Preußens. Im October des letzteren Jahres auf seine wiederholten Bitten nach Berlin zurückgerufen, hatte er die Genugthuung, vom König mit den ehrenvollsten Ausdrücken der Anerkennung für seine bisherigen Leistungen empfangen zu werden.

Die Vermögensverhältnisse des jungen Gesandten hatten jedoch durch diese Mission nicht eben gewonnen. Bei seiner Abreise nach Dresden war er von Friedrich II. mit den Worten entlassen worden:

»Mache er meine Sachen gut; er weiß, wie die Polen sind und wie man sie nehmen muß und darf in Warschau das Geld nicht sparen, sondern kann ordentlich etwas draufgehen lassen; es soll sein Schade nicht sein.«

Der also Beauftragte, der nach dem 1739 erfolgten Tode seines Vaters bereits sehr früh in den Besitz des Vermögens gekommen war, ließ sich dies nicht zweimal gesagt sein. Er machte in Warschau einen fürstlichen Aufwand, hielt offenes Haus für den polnischen Adel und folgte der ihm gewordenen allerhöchsten Anweisung auf die glänzendste Weise. Bei seiner Heimkehr belohnte ihn der König mit den bei ihm selten gnädigen Worten:

»Ich bin mit ihm zufrieden gewesen, er hat seine Sachen sehr gut gemacht; hat wohl auch große Depensen gehabt und werde ich ihm tausend Dukaten dafür auszahlen lassen.«

Mit diesen waren nun freilich die Warschauer Ausgaben nicht gedeckt und der junge Mann, der wieder Ordnung in seine Finanzen bringen wollte, ging nach Mecklenburg und verkaufte eines seiner besten Güter, Rumpshagen, an die Familie von Gundlach, in deren Besitz dasselbe auch seitdem geblieben ist. Bei seiner Rückkehr nach Berlin ward er vom König zum Gesandten am Wiener Hofe ernannt. Dieser letztere jedoch, eingedenk seiner anti-österreichischen Thätigkeit in Warschau und auch aus anderen politischen Gründen, bat, denselben nicht nach Wien zu schicken, sondern eine andere Wahl zu treffen. Vorerst behielt der König den außer Aktivität gesetzten jungen Diplomaten ruhig bei sich in Potsdam, setzte ihm eine lebenslängliche Pension von zweitausend Thalern aus und nahm ihn während des Karnevals 1751 in seiner persönlichen Umgebung mit nach Berlin, wo Herr von Voss sich mit Fräulein von Pannwitz vermählte. Seine Mutter war, wie die ihrige, eine Tochter des Ober-Landmarschalls von Jasmund, das junge Paar also Geschwister-Kind.

Das Billet des Königs, welches dessen Zustimmung zu dieser Verbindung ertheilt, lautet wie folgt:

Berlin, le 20. Janvier 1751.

C'est avec bien de la satisfaction que je vous accorde mon consentiment, que vous me demandez par votre lettre du 18ième de ce moi, pour votre union avec la fille de la Générale de Pannewitz. J'ai été bien charmé que vos vues se soient si bien accordées avec mes intentions et vous ne pouviez faire un choix plus digne de vous, ni qui me fut plus agréable. Je vous en félicite de bien bon cœur, et vous souhaite toute la satisfaction que vous pouvez désirer de cette union. Sur ce je prie Dieu qu'il vous ait en sa sainte et digne garde.

Frédéric.

Ein zweites Billet des Königs ertheilt Herrn von Voss die erbetene Erlaubnis, sich nur einmal kirchlich aufbieten zu lassen:

Potsdam, le 12. Mars 1751.

Je vous accorde bien volontiers la dispense des formalités ordinaires pour la publication des bans que vous me demandez par votre lettre du 10 de ce mois. Vous recevez ci-joint cette dispense pour vous en servir selon que vous le jugerez nécessaire, Vous souhaitant encore toute la satisfaction imaginable de votre prochain mariage! Sur ce je prie Dieu qu'il vous ait en sa sainte garde.

Fréderic.

Einige Briefe des Verlobten an seine Braut während der kurzen Zeit jenes von beiden gemeinschaftlich in Berlin verlebten Brautstandes zeigen, daß von seiner Seite bereits eine langjährige Zuneigung dieser Ehe vorausging. In einem derselben klagt er über die Schwierigkeiten und Hindernisse, welche er zu besiegen gehabt, um sich ihr zu nähern, und fährt dann fort:

»Mais s'il m'en coutait mille fois davantage et quoiqu'il en arrive, je regarderai tout en bagatelle vis à vis de ce grand bonheur qui me vient de vous, que depuis tant et tant d'annèes j'ai aimée et estimée au dela de l'adoration.«

In einem anderen Briefe sagt er, wahrscheinlich durch ihre Kälte beunruhigt:

»Il est vrai que j'ai journellement le plaisir de vous voir, mais l'agrément que j'en réssens n'est guère complet, vu que je me vois gêné au point de n'oser vous parler qu'en passant. Il m'est impossible d'être tranquil sous ces entrefaites, car vos bonnes grâces m'inquiètent trop pour ne pas être empressé d'en avoir tous les jours des nouvelles. Je crois que j'en prends la fièvre, car sans etre bien sûr de vos sentiments je ne fais qu'admirer tous les jours votre beauté en public.«

Auch mag als Charakteristik der Ausdrucksweise jener Zeit noch ein drittes Billet hier einen Platz finden, welches er ohne

Unterschrift, wie es scheint, von einem Schmuck begleitet, seiner Braut sendet:

Madame,

»Ayez la grâce d'accepter ce bouquet avec l'écrin ci-joint, non comme un présent, car je n'en saurais trouver digne de vous, mais comme une marque de la bonne volonté de celui qui certes et sans contredit vous aime et vous estime le plus dans tout l'univers. Je me flatte que, connaissant si bien les sentiments et le caractère des personnes qui vous entourent vous dévinerez aisément son nom; c'est pourquoi j'ai garde de le nommer. Cependant je ne saurais m'empêcher de vous dire que c'est celui dont vous faites la fortune tout entière et qui par conséquent doit bien être de cœur et d'âme tout à vous!«

Neben jenen alten Briefen findet sich auch das vollständige Inventarium der Aussteuer, welche die Braut ihrem Gemahl zubrachte. Das spezifizirte Verzeichnis erst der Brillanten, dann des übrigen Schmuckes, der Silber-Geräthe, Möbeln, Wäsche und so weiter, ist von dem letzteren als in Empfang genommen bescheinigt und unterschrieben, was sich nach heutigen Begriffen höchst wunderlich ausnimmt.

Der König hatte Herrn von Voss wieder im Ministerium des Auswärtigen angestellt, wo er den Vortrag über die Sächsischen und Polnischen Angelegenheiten erhielt. Zwei Jahre später, 1753, kam er als Chef-Präsident an die Regierung zu Magdeburg, wo er zehn Jahre blieb. Mittlerweile hatte der Landgraf von Hessen-Cassel ihm den Posten als Premier-Minister an seinem Hofe wiederholt angetragen und Herr von Voss, der sich zurückgesetzt und vom König vergessen fühlte, weil man ihn so lange in Magdeburg ließ, hatte zu elf verschiedenen Malen denselben schriftlich um seinen Abschied und um die Erlaubnis gebeten, die ihm in Cassel angebotene Stellung anzunehmen. Der König schlug ihm jedoch beides rund ab und ernannte ihn endlich 1763 zum Hof-Marschall bei seiner Gemahlin, der Königin Elisabeth Christine, und zum Ober-Aufseher ihres sämmtlichen Hof-Staats mit dem Prädikat Excellenz. Einige Jahre später ward er zum Oberst-Hofmeister der Königin ernannt mit dem Rang eines wirklichen Staats-Ministers und der ausdrücklichen Erlaubnis, mehrere Monate jedes Jahres auf seinen Besitzungen zubringen zu dürfen. Diese lagen im Herzogthum Mecklenburg-Schwerin, woselbst in der Erbtheilung, nach dem Tode seines Vaters, ihm die Güter Groß- und Klein-Giewitz, Alt- und Neu-Schönau und Rumpshagen zugefallen waren, seinem Bruder dagegen die Flotower Güter und bei Berlin Buch, Karow und Birkholz. Außer diesem eben genannten Bruder hatte Herr von Voss nur noch eine Schwester, die Herrn von Rochow auf Stülpe heirathete und deren Tochter wiederum die Frau seines einzigen Sohnes ward.

Den Tag nach seiner Verheirathung hatte, wie bereits erwähnt, Herr von Voss Berlin verlassen, was unter den obwaltenden Verhältnissen und bei dem durch dieselbe aufs Äußerste gesteigerten Schmerz und Zorn des Prinzen von Preußen auch das einzig Richtige war, um seiner jungen Frau den schweren Anfang einer unter solchen Umständen geschlossenen Ehe zu erleichtern. Wir können uns nun zu den eigenhändigen Aufzeichnungen derselben zurückwenden und einige Blätter aus diesen folgen lassen.

»Nach meiner Vermählung reiste mein Mann sofort mit mir auf seine Güter nach Mecklenburg, doch war die Jahreszeit noch zu rauh, um dort bleiben zu können, und so brachte er mich vorerst auf einige Tage nach Lübeck, wo eine Tante von mir, Frau von Witzendorf, lebte, und reiste dann über Hamburg mit mir weiter. Ohne uns irgendwo längere Zeit aufzuhalten, blieben wir mehr als drei Monate lang, von Mitte März bis Anfang Juli, unterwegs, und ich brauche wohl nicht zu sagen, wie mir bei diesem langen Umherreisen ums Herz war. Endlich im Juli nach Mecklenburg zurückgekehrt, blieben wir fünf Monate lang auf einem ziemlich einsam gelegenen Landsitze in großer Zurückgezogenheit allein. Dies Gut, das wir bewohnten, gefiel mir an sich sehr gut; das Haus war bequem gebaut, inmitten eines schönen Gartens, den ein See begrenzte, in einer sehr hübschen Lage. Gleich nach unserer Ankunft wurde hier im Juli die Vermählung meiner Schwägerin mit einem Herrn von Rochow gefeiert. Auch blieb meine Schwiegermutter die ganze Zeit unseres Aufenthalts auf dem Lande bei uns, und es war für mich schwer genug, mit ihr zu Leben, denn, obgleich im Grunde gutmüthig, war sie überaus übellaunig und besonders unfreundlich gegen mich.

Von Mitte März bis Ende November, also mehr als acht Monate, hatten wir von Berlin entfernt zugebracht und meine Sehnsucht, dahin zurückzukehren, war zuletzt sehr groß. Mein Mann hatte ein Haus in der Heiligen Geist Straße, wo wir wohnten. Er war im Ministerium angestellt und ging außerdem alle Donnerstage zu den Konferenz-Sitzungen. Ich war in der Hoffnung und lebte sehr still und zurückgezogen. Am 21. Januar 1752 schenkte mir Gott einen Sohn, dessen Geburt meinem Mann große Freude machte. Er war damals sehr viel beim König und dieser gratulirte ihm mit besonders großer Herzlichkeit zu diesem Ereignis, was ihn sehr beglückte. Der ganze Hof wollte in corpore bei meinem Kinde Pathen stehen, und ich freute mich darauf, aber drei Tage vor der Taufe bekam mein Mann die Pocken. Er glaubte sich aus Schrecken angesteckt zu haben, während er mit dem Oberst von Kraut sprach, der beim Prinz Ferdinand war und der sie gerade hatte und damit umherging. Am Tage der Taufe selbst war mein Mann so krank, daß man ihn für verloren hielt. Der Hof schickte Damen und Herren, ihn zu vertreten, aber kam nicht selbst. Meine Lage war unbeschreiblich traurig; erst seit zehn Monaten verheirathet, mit einem Kinde von drei Wochen, dabei in sehr verwickelten Vermögens-Verhältnissen, über die ich nur wenig Bescheid wußte, wäre es schrecklich für mich gewesen, jetzt wieder allein stehen zu müssen. Aber die Vorsehung erbarmte sich meiner und ließ meinen Mann, den man schon sterbend glaubte, dennoch wieder genesen. Meine Schwiegermutter, die herbeigeeilt war, und der Groß-Kanzler Baron von Pieret standen mir in der Pflege treulich bei, besonders der letztere, der täglich kam und einen besonderen Anzug in unserem Hause hatte, um sich beim Fortgehen umziehen zu können und die Pocken nicht anderwärts zu verbreiten. Auch meine Mutter brachte einen Tag um den andern bei uns zu und war sehr aufopfernd bemüht, mir beizustehen. Sobald mein Mann im Stande war abzureisen, verließen wir Berlin und gingen zu meiner Schwägerin Rochow nach Stülpe und dann nach Groß-Giewitz, wo wir wieder den ganzen Sommer und Herbst zubrachten. Auch meine Schwiegermutter kam wieder zu uns und ich ging zuweilen mit ihr auf ein Paar Tage nach Neustrelitz, wo ein alter Herzog und eine äußerst galante alte Herzogin lebten, welch letztere besonders meine Schwiegermutter sehr gern hatte. Auch mein Schwager, der nach Dänemark geschickt worden war, kam um diese Zeit zurück und besuchte uns, und in diesem Sommer verlebte ich zuerst eine etwas glücklichere Zeit in meiner Ehe. Zum Winter kehrten wir nach Berlin zurück; ich ging jetzt wieder an Hof, sah den Prinzen häufig und er begegnete mir noch immer mit derselben Aufmerksamkeit und Auszeichnung wie früher, aber er sah immer gekränkt, vorwurfsvoll und gewissermaßen beleidigt aus, und das schmerzte mich sehr. Es war meinen Feinden, deren man ja immer hat, gelungen, ihn gegen mich zu erbittern und ihm einzureden: ich hätte ihn verrathen, indem ich seiner Liebe und seinen Bitten zum Trotz mich verheirathet hätte, anstatt ihm zu Liebe am Hof zu bleiben; und daß ich meiner Ehre und Tugend unbeschadet auch sehr gut hätte bleiben können und sollen. Er glaubte das auch, und das that mir sehr, sehr wehe! Ich war wiederum in der Hoffnung und ward 1753 am 29. März von meinem zweiten Sohn entbunden. Nur die Frau Prinzessin Heinrich, geborne Prinzessin von Hessen-Cassel, welche ich sehr liebte und verehrte und die sich erst im vergangenen Jahre vermählt hatte, und der Prinz von Preußen waren seine Pathen und er ward nach letzterem Wilhelm August genannt. Um diese Zeit bat mein Mann den König, in die Justiz-Verwaltung versetzt zu werden, weil er im Auswärtigen Amt zu wenig zu thun habe und sich mehr Beschäftigung wünsche. Der König gewährte seine Bitte und ernannte ihn zum Präsidenten in Magdeburg. Ich war untröstlich über diese Versetzung und weiß gewiß, für die Karriere meines Mannes wäre sein Bleiben in Berlin viel besser gewesen; dort würde er nicht so bald vergessen worden sein und böswillige Leute nicht Mittel und Wege gefunden haben, ihn beim Könige anzuschwärzen, ohne daß er sich rechtfertigen konnte. Aber die Eifersucht, die ihn verzehrte und die zu seiner und meiner Qual von Tag zu Tag in ihm wuchs und zunahm, ohne daß ich ihm auch nur den leisesten Anlaß dazu gab, war der eigentliche

Grund, der ihn zu diesem Schritt bestimmte. Ich blieb nach seiner Abreise noch vierzehn Tage länger in Berlin, um mein Haus aufzulösen, aber endlich kam auch für mich der Moment des Abschieds und er war schrecklich genug! Die Trennung von meiner Mutter, von allen meinen Freunden am Hofe, von der hochseligen Königin vor allen, die mich wahrhaft mit Güte und Liebe überhäuft hatte, waren Augenblicke von so unbeschreiblichem Schmerz und Wehe, daß ich bestimmt sagen kann, erst mit diesem erzwungenen Losreißen, das ein so willkürliches und ungerechtes Motiv herbeigeführt hatte, fing für mich das wirkliche Unglück in meiner Ehe an. Alles, alles vereinigte sich, um mir diesen Abschied noch zu erschweren, und unter tausend Thränen riß ich mich von den geliebten Menschen und dem geliebten Ort los, den ich damals fürs ganze Leben zu verlassen glaubte!

Als ich in Magdeburg ankam, fand ich ein schönes Haus zu meinem Empfang eingerichtet, auch die Stadt gefiel mir ganz gut, nur leider ist sie eine Festung und das giebt ihr etwas sehr Trauriges. Mein Mann war mir entgegengefahren, doch verfehlte er mich durch die Schuld meines Postillons, der einen falschen Weg genommen und mich fast in die Elbe gestürzt hatte. Anfangs lebte ich sehr zurückgezogen und sah keinen Menschen bei mir; mein Mann war sehr beschäftigt, ich war immer allein mit meinen Kindern und er mußte seinen ganzen Tag im Regierungs-Gebäude zubringen. Umsonst gab ich mir große Mühe mich an diese mir so fremde Lebensweise zu gewöhnen; ich konnte es nicht. Man gab in Magdeburg nur unglaublich lange große Diners, bei denen man fast den halben Tag bei Tische saß und sich tödtlich langweilte. Nach und nach versuchte ich, der dortigen Welt diese Diners abzugewöhnen, und wie es in der übrigen Welt Sitte ist, dafür Soupers einzuführen. Ich fing an, öfters Leute bei mir zu sehen und alles kam gern und mit Freuden, was mich ebenfalls freute. Ich schloß eine innige Freundschaft mit Fräulein von Bork, der Tochter des Generals von Bork, einem sehr liebenswürdigen und geistreichen Mädchen; aber leider entriß sie mir der Tod im Jahre 1756.

Am 14. December 1755 schenkte mir Gott eine Tochter. Frau von Biedersee pflegte mich in den Wochen; anfangs war ich ziemlich wohl, aber nach den ersten Tagen stellten sich Krämpfe bei mir ein, und diese Nerven-Krämpfe sind mir zu meiner Qual von da an geblieben. Auf den Rath der Ärzte brachte mich mein Mann im nächsten Sommer, 1756, erst in die Bäder von Aachen und dann nach Spaa, während meine Kinder so lange unter guter Pflege in Groß-Giewitz zurückblieben. Es war sehr voll und belebt und viel liebenswürdige Leute an diesen beiden Badeorten und ich machte eine Menge angenehmer Bekanntschaften; unter Anderen die des Sächsischen Feldmarschalls Rutowsky und des Grafen Gollowkine. Mein Mann hatte es selbst veranlaßt, daß mir diese Herren vorgestellt wurden, und mich wiederholt gebeten, ich möchte doch versuchen, mich zu zerstreuen und aufzuheitern; dennoch dauerte es auch hier nicht lange, bis der alte Fehler der Eifersucht ihn von Neuem erfaßte, jedem unbefangenen Umgang ein Ende machte und ihm selbst ebensowohl als mir traurige und schlimme Stunden bereitete. Wir kehrten im Herbst über Groß-Giewitz, um die Kinder abzuholen, nach Magdeburg zurück, und das gesellschaftliche Leben dort fing jetzt an sich angenehmer zu gestalten.

Während unserer Abwesenheit war der General von Bonin gestorben und der Herzog Ferdinand von Braunschweig an seiner Stelle zum Gouverneur der Stadt ernannt worden, und dieser Personen-Wechsel war für die dortige kleine Welt ein sehr günstiger. Der Herzog gab täglich bald größere, bald kleinere Soupers, bei denen wir ein für allemal geladen waren, und wenn er einmal keine Leute bei sich hatte, so kam er mit seinem Adjutanten, bei uns en famille den Abend zuzubringen. Aber auch auf ihn wurde mein Mann leider nur zu bald eifersüchtig, obgleich der Herzog nicht den geringsten Anlaß dazu gab, und nun machte er mir wieder unaufhörliche Scenen. Der Herzog, der viel Ehrgefühl und Charakterfestigkeit besaß, bemerkte dies nach einiger Zeit, nahm nun meinem Mann gegenüber einen sehr ernsten Ton an und in der That gelang es ihm, auf diesen einen solchen Einfluß zu gewinnen, daß er wenigstens für einige Zeit sein Benehmen gegen mich vollkommen änderte.

Im Jahre 1756 kam die Prinzessin Amalie durch Magdeburg auf ihrem Weg nach Quedlinburg, um sich dort als Äbtissin inthronisiren zu lassen. Sie bat mich sehr, sie zu begleiten, und so ging ich mit und blieb die ganze Zeit ihrer Anwesenheit in Quedlinburg mit ihr dort.

Kaum waren wir zurück, so begann der schreckliche Krieg mit Österreich und allen seinen Bundes-Genossen von Neuem; unsere ganze Garnison rückte ins Feld und Magdeburg ward mit einem Mal so still wie eine Einöde.

Im Jahre 1757 starb die Königin-Mutter, die ich so innig geliebt und verehrt hatte, und dieser Verlust war mir ein großer Schmerz; aber noch weit, weit bittrer war mir im folgenden Jahre der Tod des Prinzen von Preußen, über den ich mich ganz unaussprechlich grämte. Er hatte Unglück beim Rückzug aus Böhmen gehabt; die Österreicher hatten ihn hart gedrängt und seinen Truppen großen Schaden zugefügt, was ihm vielen Kummer bereitet und ihm die Ungnade des Königs zugezogen hatte. Er verließ in Verzweiflung hierüber die Armee, ward ganz schwermüthig und endlich auch krank und starb aus Gram in Oranienburg. Um dieselbe Zeit hatte ich das Unglück, meinen ältesten Sohn zu verlieren. Er war sieben Jahr alt und starb fast bei Tische im Verlauf einer Viertelstunde an einem Pflaumenkern, den er verschluckt hatte und der ihn erstickte! – Dieser Verlust, um den ich ewig trauern werde, erschütterte mich so, daß er mich auf das Krankenbett warf und meine Gesundheit für lange Zeit zerstörte. Alle Menschen in Magdeburg, mit denen wir uns befreundet hatten, waren unbeschreiblich gut für mich in dieser Zeit und versuchten alles, um mich zu trösten; aber die Zeit allein kann den Schmerz einer solchen Wunde einigermaßen mildern, wenn man ihn auch nie vergessen lernt.

Auch mein Mann that alles was er konnte, um mich zu zerstreuen und aufzurichten und war in dieser Unglücks-Zeit sehr gut für mich. Ihm zu Liebe versuchte ich auch meinen Schmerz zu bezwingen, so viel es in meiner Macht war, aber ich konnte dies liebe Kind keinen Augenblick vergessen, das von der Wiege an so rührend freundlich, so fromm und gehorsam gewesen war! Doch hat der liebe Gott mir die große Gnade erwiesen, daß ich an den beiden Kindern, die mir geblieben sind, nur Freude und Glück erlebt habe.

Im Jahre 1759, nach dem Unglück bei Kunersdorf, verjagten die Feinde den Königlichen Hof aus Berlin. Er flüchtete sich nach Magdeburg [Bekanntlich schrieb Friedrich II. am 12. August 1759 nach dem Tag bei Kunersdorf an den Minister Finkenstein auf einem Stück Papier, das noch vorhanden ist: Sauvez la famille Royale. Je n'ai plus de ressources et à ne point mentir je crois tout perdu. Je ne survivrai point à la perte de ma patrie! Adieu pour jamais. Anm. d. Herausgebers]. Dasselbe wiederholte sich 1760 und 1761, und in dem letzteren Jahre war der Hof sogar gezwungen, mehrere Monate lang zu bleiben. Wir mußten jedesmal aus unserm Hause ausziehen, um dasselbe der Prinzessin von Preußen zu überlassen, für die keine andere hinreichend große Wohnung zu finden war. Ein Theil der Berliner Gesellschaft war dem Hof gefolgt, aus Angst vor den Feinden; fast alle meine Bekannten und Freunde waren jetzt zeitenweise dort versammelt und nicht nur sie, sondern auch die Höfe waren für mich voller Güte und Freundlichkeit und besonders war mir die Anwesenheit der von mir so innig verehrten Prinzessin Heinrich ein großer Trost.«

Neben diesen Aufzeichnungen über den äußeren Verlauf ihres Lebens findet sich in dem Nachlaß der Gräfin von Voss ein französisch geschriebenes Tagebuch, das mit dem Jahre 1760 beginnt und bis zu ihrem Tode 1814 fortgeht. Leider ist dasselbe zu wortkarg und notizenhaft gehalten, um einen Einblick in ihr inneres Leben thun zu lassen. Zugleich ist es mit großer Vorsicht geschrieben, giebt oft Andeutungen, die nur ihr selbst beim Nachschlagen verständlich sein konnten, oder setzt statt der Namen nur Anfangsbuchstaben, beschränkt sich überhaupt auf die kurzmöglichste Erwähnung der äußeren Ereignisse jedes Tages, meist ohne irgend welche Empfindungen oder Reflexionen daran zu knüpfen. Trotz dieses dürftigen und trockenen Inhalts ist es vielleicht nicht ohne Interesse, wenigstens einen flüchtigen Blick in dasselbe zu werfen; denn für die Signatur der damaligen Lebensgewohnheiten wird es vollkommen genügen, nur die Notizen einiger Monate hier einzuschalten, welche auf eine fast räthselhafte Art zeigen, wie in derselben Zeit, wo der König durch Verluste und Unglück jeder Art gebeugt, nur mit um so größerem Heldenmuthe gegen die Übermacht seiner Feinde rang, man an dem Hof seiner Gemahlin, seiner Schwester und Schwägerinnen sich die Zeit mit kleinen Lustbarkeiten zu vertreiben suchte, kaum ernstlich darum bekümmert, wie viel Gebiete des unglücklichen, vom Krieg erschöpften Landes zur Zeit gerade in der harten Hand der Russen, der Österreicher oder der Franzosen seufzten. Dies frappirt um so mehr, wenn man den damaligen Stand der Ereignisse ins Auge faßt. Allerdings hatte die siegreiche Schlacht bei Liegnitz am 15. August 1760 dem bedrängten König für den Moment Luft geschafft; aber sie war auch der erste Sonnenblick nach einem ganzen Jahr voller Trübsale und Niederlagen. Wie wenig Friedrich II. sich über die fast verzweifelten Schwierigkeiten seiner Lage täuschte, beweist jener Brief, den er am 18. September aus Breslau an den Marquis d'Argens schrieb und in welchem der Held, dessen unerschütterlicher Mannesmuth so harte Proben bestanden hatte, seine Lage mit tiefem Schmerz als eine fast hoffnungslose schildert.

»Die Gefahr«, sagt er darin, »hat nur eine andere Gestalt angenommen, aber noch ist nichts entschieden. Ich verzehre mich langsam; ich bin wie ein Körper, dem täglich einige seiner Glieder entrissen werden. Der Himmel wolle uns beistehen! Es ist uns sehr nöthig. Sie erinnern mich immer an meine Person, aber Sie sollten sich vor allem sagen, daß es nicht nöthig ist, daß ich lebe, wohl aber daß ich meine Schuldigkeit thue und für mein Vaterland kämpfe um es zu retten, wenn dies noch möglich ist. Sie können sich keinen Begriff von den entsetzlichen Mühseligkeiten machen, die wir ertragen; dieser Feldzug übertrifft darin alle unsere früheren, und bisweilen weiß ich nicht, wohin ich mich wenden soll. Meine Heiterkeit ist längst mit all' den lieben theuren Freunden begraben, an denen mein Herz so fest hing. Traurig und voller Schmerz ist das Ende meines Lebens, vergessen Sie Ihren alten Freund nicht, lieber Marquis!«

Und in einem späteren Schreiben an d'Argens vom 28. October, kurz vor der Schlacht bei Torgau, sieht man sogar den Gedanken an eine völlige Vernichtung dem bedrängten Monarchen vor Augen treten.

»Nie«, sagt er in diesem Briefe, »werde ich den Augenblick erleben, der mich zwingt, einen schmachvollen Frieden zu schließen, und kein Beweggrund der Welt wird im Stande sein, mich zu zwingen, meine eigene Schande zu unterzeichnen. Entweder ich komme unter den Trümmern meines Vaterlandes um oder, findet das Geschick, das mich verfolgt, diesen Tod noch zu süß, so werde ich mein Unglück endigen, wenn es nicht mehr möglich ist, es mit Ehren zu ertragen. Ich habe nie anders gehandelt als nach meiner besten Überzeugung und den Geboten der Ehre gemäß, und auch der letzte Schritt meines Lebens soll noch mit diesen Grundsätzen übereinstimmen. Meine Jugend habe ich meinem Vater, mein Mannes-Alter dem Vaterlande geopfert und habe nun wohl das Recht, wenigstens über mein Alter selbst zu bestimmen. Es giebt Leute, die sich allen Schickungen gegenüber beugen und unterwerfen, das ist nicht meine Sache. Ich habe nur für Andere gelebt, für mich aber will ich sterben, werde nicht viel darnach fragen, was die Welt dazu sagen mag, und denke: ich werde dann auch nichts mehr davon hören. Wenn alles uns verläßt, die Hoffnung selbst zerbricht, dann ist das Leben Schmach und Sterben unsere Pflicht!« –

Angesichts einer so schweren Bedrängnis des Vaterlandes und dessen Helden-Königs, deren drohenden Ernst die eben erwähnten Briefe ahnen lassen, kann man sich des befremdlichen Eindruckes nicht erwehren, den das Leben am Hof macht, von dem nachgebende Aufzeichnungen uns ein Bild geben. Es würde sehr ungerecht sein, den einzelnen Personen aus dem einen Vorwurf machen zu wollen, was in der Auffassung und Lebensweise der Zeit lag; nur die Verschiedenheit von Einst und Jetzt tritt uns mit greller Deutlichkeit hierin entgegen.

Zum Verständnis der folgenden Notizen wird es genügen, einige der Personen, welche darin genannt werden, näher zu bezeichnen. Wir begegnen hier natürlich zuvörderst der regierenden Königin Elisabeth Christine, Gemahlin Friedrichs des Großen, Tochter des Herzogs von Braunschweig-Lüneburg-Wolfenbüttel, geboren den 8. November 1715, vermählt den 12. Juni 1733, die erst elf Jahre später als ihr Königlicher Gemahl, im Jahre 1797, starb. Ferner deren Schwester, der Gemahlin und nunmehrigen Wittwe des 1758 verstorbenen Prinzen von Preußen, und deren Sohn, dem zur Zeit sechzehnjährigen Prinzen von Preußen und nachmaligen König Friedrich Wilhelm II. Dann der schon früher erwähnten, 1723 geborenen Prinzessin Amalie, Äbtissin von Quedlinburg, deren einstmalige Leidenschaft für den unglücklichen Trenck nur zu bekannt ist. Ebenso weiß man, wie hart die Strafe des tapferen jungen Offiziers für das Vergehen dieser unerlaubten Neigung war. Jahre lang in der Festung Glatz gefangen gehalten, gelang es ihm nach vielen mißlungenen Versuchen, doch endlich von dort zu entfliehen und zwar in Begleitung eines andern Gefangenen. Aber schon beim ersten Sprung in den Wallgraben hinab brach dieser den Fuß und Trenck, der ihn nicht hülflos verlassen wollte, trug den Gefährten während dieser ganzen gefahrvollen Flucht auf seinen Schultern bis über die böhmische Grenze hinüber. Leider weckte er jetzt den Zorn des Königs durch strafbare Indiskretionen aufs Neue, und von Rußland aus, wohin er gegangen war, wieder ausgeliefert, kam er nun auf die Festung nach Magdeburg. Zehn Jahre lang lag er hier mit sechzig Pfund schweren Ketten belastet, in einem eigens für ihn gegrabenen Kerker, achtzig Fuß tief unter der Erde, und nur eine Riesennatur wie die seinige konnte lebend dies alles überdauern. Zur Steuer der Wahrheit muß hierbei gesagt werden, daß der König von der grausamen Härte dieser Behandlung nichts ahnte. Er hatte nur gesagt, man solle den Gefangenen nicht wiederum entspringen lassen; durch eine Privatrache des Festungskommandanten wurden Kerker und Ketten unter diesem Vorwande zu der verhängten Strafe hinzugefügt. Endlich gelang es dennoch den unermüdlichen Bemühungen seiner Geliebten, der Prinzessin Amalie, den unglücklichen Trenck zu befreien. Am Ende des Siebenjährigen Krieges versuchte sie, die Kaiserin Maria Theresia für den Gefangenen zu gewinnen. Der Preis von 10 000 Dukaten erkaufte einen vertrauten Diener derselben, der es wirklich erreichte, die Kaiserin zu vermögen, Trencks Freilassung als eine der Bedingungen des Friedensschlusses zu fordern; doch ward dieselbe von Friedrich II. nur unter gleichzeitiger Verbannung aus Preußen gewährt. Trenck zog jetzt eine Weile ruhelos umher, verheirathete sich endlich und ließ sich in Aachen nieder, wo sein Haus sich nach und nach mit einem Häuflein von acht Kindern füllte. Nach Friedrichs des Großen Tode erlangte er die Erlaubnis, nach Preußen zurückzukehren und sah die einstmals so heiß geliebte Prinzessin noch einmal wieder, welche ihm versprach, seine älteste Tochter zu sich zu nehmen; doch der Tod, der sie gleich darauf ereilte, ließ dies Versprechen nicht mehr zur Ausführung kommen. Wenigstens gelang es dem lange Verbannten, den noch übrigen Rest seines einstmaligen Erbtheils in Ostpreußen in Besitz zu nehmen und mit diesem sich in Paris niederzulassen, wo er wenige Jahre später unter der Guillotine enden sollte. Die arme Prinzessin, welche für die Befreiung des schönen, tollkühnen Abenteurers so große Treue und Aufopferung bewies, schien ihre ganze Liebesfähigkeit in dieser einzigen Neigung erschöpft zu haben. Von Kummer und einer frühzeitigen Kränklichkeit verdüstert, war sie nach und nach so schroff und bitter geworden, daß sie nach einem Epigramm ihres Bruders Heinrich nur noch »la fée malfaisante« hieß und durch ihre Thorheiten und ihr argwöhnisches Mißtrauen bald der Schrecken des ganzen Hofes ward.

Der hellste Stern und der Glanzpunkt desselben war dagegen die schöne, jugendliche Gemahlin des Prinzen Heinrich, des zweiten Bruders des Königs. Diese wegen ihrer Schönheit viel gefeierte Fürstin, Wilhelmine, Tochter des Prinzen von Hessen-Cassel, war 1726 geboren und 1752 dem Prinzen vermählt worden. Sie hatte keine Kinder, erreichte ein sehr hohes Alter und starb erst im Jahre 1808, während des Aufenthalts des Hofes in Königsberg. In ihrer Jugend scheint jene geistvolle Prinzessin der Liebling des Hofes und der Gesellschaft gewesen und anstatt mit ihrem Namen oder Titel, nur mit einer ganzen Reihe schmeichelhafter Beinamen, als: die Schönheit, la belle fée, la divine oder l'incomparable genannt worden zu sein. Thiébault erwähnt sie in seinen »Souvenirs de vingt ans« immer nur mit Ausdrücken der Bewunderung und sagt unter Anderm über sie:

»Die Gemahlin des Prinzen Heinrich war in der That von großer Schönheit und der frischesten Jugendlichkeit. Nicht ihre Züge allein waren reizend, auch ihre Gestalt, schlank und voll zugleich, war unvergleichlich, und die angeborne Würde ihrer Haltung erhöhte noch den Eindruck ihrer Erscheinung.«

Diese Fürstin beehrte die nachmalige Gräfin Voss mit ihrer besonderen Freundschaft, und selbst noch jung, heiter und lebenslustig, suchte sie auch diese, welche so manchen Kummer nur mit Mühe niederkämpfte, zu erheitern und zu zerstreuen. Sie ist es auch, welche immer gemeint ist, wenn es kurzweg »die Frau Prinzessin« heißt. Von ihrem Hofstaat finden hier nur die Obersthofmeisterin Gräfin Blumenthal und die beiden Hofdamen Frau von Marschall, geborne von Wrech, und deren Tochter, Frau von Tauenzien, Erwähnung, der Hofmarschall Herr von Wrech und der Kammerherr von Knyphausen.

Vom Hofstaat der Königin werden zuweilen die beiden Kammerherren Graf Lehndorff und Baron Müller genannt, sowie die Obersthofmeisterin Gräfin Kannenberg. Von dem Hofstaat des jungen Prinzen von Preußen: sein Gouverneur Graf Borke und der alte Kammerdiener und Vertraute seines verewigten Vaters, Sperandieu; von fremden Gesandten nur der englische, Mitchell, außerdem aber die Namen einer Menge Kriegsgefangener, deren vornehmste der König aus besonderer Rücksichtnahme immer nach Magdeburg zu schicken pflegte, wo sie, durch ihr Ehrenwort gebunden, sich im Übrigen vollkommen frei bewegten und von den Höfen mit Wohlwollen und Höflichkeit behandelt wurden. So die hier öfter genannten Prinzen von Nassau und von Nassau-Usingen, die Grafen Seckendorf, Lamberg und Nugent, welch letzteren man nicht mit dem Nugent verwechseln darf, der kurz vor und nach dem Siebenjährigen Kriege österreichischer Gesandter in Berlin war.

Magdeburg, 1. September **1760**.

Ich schrieb Briefe nach Berlin, aß bei Frau von Kraut, spielte nach Tisch Comet mit dem Prinzen von Usingen, Baron Müller und Kraut und fuhr um fünf Uhr nach Hause. Abends war ich an Hof bei der Prinzessin von Preußen, wo ich Triset spielte mit Herrn von Wolde, Graf Borke und meinem Mann. Beim Souper saß ich zwischen Graf Borke und Frau von Goltz; um ein Uhr nach Hause.

2. September.

Den Morgen über gelesen und gearbeitet. Der Prinz von Nassau und Graf Seckendorf kamen zu mir. Die Frau Prinzessin war eben aus Helmstedt zurückgekehrt, ich ging einen Augenblick zu ihr, dann an Hof, wo ich Triset spielte mit Frau von Bredow, Graf Borke und Herrn von Neumeister. Zum Souper fuhr ich zur Prinzessin und um halb elf Uhr nach Hause.

3. September.

Ich war den ganzen Morgen allein und den Nachmittag mit meinem Mann und meinen Kindern, abends kam Baron von Pöllnitz; wir fuhren mit ihm an Hof, wo ich Triset spielte mit Frau von der Marwitz, Herrn von Schwerin und Graf Lamberg. Beim Souper saß ich zwischen Frau von Goltz und dem Prinzen von Nassau.

4. September.

Den Morgen über las ich in Ciceros Briefen, dann kam die Prinzessin von Preußen mit Frau von Wakenitz und Frau von Maupertuis zu mir und ich ging mit ihnen auf dem Fürsten-Wall spazieren. Um ein Uhr kam Frau von Kraut und ihr Mann, der Prinz von Nassau, General Nugent, Frau von Knesebeck, Podewills, Pöllnitz, Fürst und Bredow, die bei uns aßen; die ganze Gesellschaft war guter Laune, besonders Pöllnitz. Nach Tisch spielten wir alle Comet, später kamen noch Oberst F., Müller, Goltz, Marwitz, Lamberg und Wrede und nach dem Thee um sechs Uhr gingen alle fort und ich zog mich an und fuhr an Hof, wo nur wenig Menschen waren, weil zwei Soupers bei der Prinzessin und bei der Prinzessin von Preußen stattfanden. Ich spielte Triset, beim Souper saß ich zwischen Frau von Kraut und Frau von Fürst. Man sprach nur vom Krieg und um ein Uhr fuhr ich nach Hause.

5. September.

Ich schrieb Briefe, dann kam der Pianist Schaffroth zu mir und ich musizirte mit ihm. Um vier Uhr zog ich mich an und fuhr in die Assemblée, wo ich Triset mit Frau von Kameke, Herrn von Goltz und Graf Lehndorff spielte. Nach der Assemblée fuhr ich zum Souper zur Prinzessin, wo ich mit Forcade, Wrede und Goltz spielte. Außer uns beiden waren keine Frauen da, von

Herren nur noch Fürst, Blumenthal und Lamberg. Man war sehr heiter und lachte viel und um elf Uhr fuhr ich nach Hause.

6. September.

Den Morgen über gelesen, um elf Uhr mit meinem Mann und Frau von Fürst spazieren gefahren. Nach Tisch zog ich mich an und fuhr zum Hof-Concert. Die Musik war recht gut, ich spielte Picket mit Fürst, Knesebeck und Bredow, fuhr zum Thee nach Hause und abends wieder an Hof, wo ich Triset spielte, soupirte und um elf Uhr zurück kam.

7. September.

Ich war in der Kirche, Fürst und Bredow aßen bei uns, nach Tische gingen wir spazieren und nach dem Thee zog ich mich an und fuhr an Hof, wo es sehr voll war. Ich spielte Comet mit Lamberg und dem Prinzen von Nassau, blieb jedoch nicht zum Souper und fuhr früh nach Hause.

8. September.

Wie alle Tage um acht Uhr aufgestanden, Thee getrunken und zu den Kindern gegangen, dann meine Gebete gelesen und dann mit Schaffroth musizirt. Um ein Uhr aß ich mit der Knesebeck und der Kraut bei der Prinzessin in Rothensee, wo nur ihre Damen und Herren waren. Nach Tisch wurde vorgelesen, dann Kegel und später Picket und Triset gespielt. Gegen sieben Uhr fuhren wir zur Stadt zurück; man plauderte ein bißchen, setzte sich wieder zur Parthie und dann zum Souper, das bis elf Uhr dauerte.

9. September.

Mein Sohn war nicht wohl, aber der Arzt versicherte mir, es hätte nichts zu bedeuten. Um elf Uhr fuhr ich zur Blumenthal und von da zum Essen zur Kraut, wo ich die Meyer, Graf und Gräfin Finkenstein, Krenz und Pöllnitz fand. Man war sehr munter bei Tisch, nachmittags kamen noch der Marschall Lamberg, der Prinz von Usingen, Nugent und Wrede; man spielte nicht, wie gewöhnlich, sondern plauderte nur und machte tausend Scherze. Um fünf Uhr fuhr ich nach Hause, fand meinen Mann eben heimgekehrt, der mit Bredow, Goltz, Neumeister und Marwitz auf der Jagd gewesen war, und wir baten diese Herren, mit uns zu soupiren. Es kamen noch einige Damen dazu, man spielte erst Triset, setzte sich dann zu Tische und war sehr heiter und guter Dinge.

10. September.

Um acht Uhr trank ich meinen Thee, dann meinen Kaffee und hernach ging ich zu meinen Kindern. Mein Sohn ist noch immer nicht besser, aber ich hoffe dennoch, da der Arzt es versichert, es hat nichts zu sagen! Schaffroth kam und ich machte Musik mit ihm. Dann fuhr ich mit meinem Mann zur Königin, bei der wir zum Diner befohlen waren. Nach Tische holte ich die Cocceji ab und fuhr mit ihr gut Assemblée bei der Marschallin Schmettau; aber ich hatte ein trauriges und schweres Herz um mein liebes Kind. Ich spielte Picket und soupirte, aber ich konnte es nicht bis zu Ende aushalten, fuhr nach Hause und ging zu den Kindern.

11. September.

Gottlob! mein Sohn ist heute wieder ganz wohl!! – Sobald ich frisirt und angezogen war, ging ich zur Prinzessin, die sehr gnädig für mich war; zu Tische war ich bei Frau von Kraut, deren Geburtstag heute ist, auch die Marschallin, die Knesebeck, Prinz Usingen und Oberst Lilienberg waren dort. Alles war sehr heiterer, übermüthiger Laune und nach dem Kaffee wurde, wie immer, Karten gespielt. Abends war ich bei der Prinzessin von Preußen, wo es sehr voll war. Ich spielte Comet mit dem jungen Prinzen von Preußen, beim Souper saß ich zwischen der Henckel und dem Prinzen Heinrich. Um halb elf Uhr war ich zu Hause und konnte heute doch wieder froh und ruhigen Herzens über mein liebes Kind schlafen gehen.

12. September.

Den Morgen mit Schaffroth bis ein Uhr musizirt, dann hatten wir Leute zu Tische, die Marschallin Schmettau, die Goltz, Herrn und Frau von Bredow, Herrn und Frau von Schwerin, Müller, Goltz und Marwitz. Baron Müller war so übermüthiger Laune, daß er die ganze Gesellschaft in einem Lachen erhielt. Nach dem Kaffee zog ich mich an und dann fuhren wir alle zusammen in die Assemblée beim Graf Lamberg, wo ich mit Kraut und dem Prinzen von Nassau eine Parthie machte. Es war sehr voll; ich fuhr von dort aus einen Augenblick zur Prinzessin und dann an Hof, wo ich eine Parthie mit Kraut und Herrn von

Tulner machte, der erst eben vom Heer eingetroffen ist. Die Königin war verstimmt, sie schalt sehr über die zu großen Aufmerksamkeiten, welche man hier den gefangenen Ausländern erweise; in Folge dessen stockte die Konversation bei Tische und wollte nicht wieder in Gang kommen, und sie hob die Tafel schon um halb elf Uhr auf.

13. September.

Man beunruhigt sich sehr um den Gang des Krieges, besonders wegen der schrecklichen Forderungen des Prinzen von Württemberg, der mit 6000 Mann bei Halle steht. Von der Armee des Königs hört man nichts, man sagt, ein Korps wäre detachirt worden, um die Stadt Colberg zu befreien, die von den Russen belagert wird. Der Prinz Heinrich hat sich mit dem König brouillirt und ist nach Breslau. Heute Nachmittag gingen wir nach dem Werder spazieren, wo Nugent und der Prinz von Nassau uns einholten; als es anfing, kalt zu werden, gingen wir zusammen zur Kraut und spielten Comet. Beim Souper wurde viel von neu erschienenen Büchern gesprochen und die Unterhaltung war sehr lebhaft und interessant.

14. September.

Ich las mit meinem Mann eine Predigt, dann aß ich mit der Prinzessin zu Mittag; nach Tisch wurde Kegel gespielt, dann arbeitete und plauderte ich mit ihr bis sechs Uhr, fuhr nach Hause, um mich anzuziehen und dann an Hof, wo es sehr voll war. Ich spielte Comet mit der Prinzessin, dem jungen Prinzen von Preußen und dem Herzog von Nassau. Die Königin war sehr übler Laune, aber als Finkenstein anfing, alte Geschichten aus Schweden zu erzählen, lächelte sie zuletzt doch und behielt uns bis nach elf Uhr bei Tafel.

15. September.

Ich war den Abend bei der Prinzessin Amalie und litt wie gewöhnlich unter ihrer Laune.

16. September.

Die Prinzessin fuhr nach Rothensee, kam bei mir vor und wollte mich gern mitnehmen, aber ich konnte nicht mit, weil Schaffrotfh bei mir war und so musizirte ich mit ihm von zehn bis ein Uhr. Abends waren wir bei der Prinzessin von Preußen, wo auch die jungen Prinzen mit ihren Gouverneuren waren, außerdem Graf Wartensleben, Graf Biron, der Prinz von Nassau, die Cocceji, die Neumeister, die Bredow und die Geuder. Ich spielte Comet mit dem Prinzen von Preußen, dann wurde Commers gespielt. Ach, seit wie viel Tagen hat man nun schon keine Nachrichten mehr vom König und weiß gar nicht, was vorgeht! Nur der Herzog von Württemberg glänzt in Halle durch die Scheußlichkeiten, die er dort begeht, und die ungeheuren Geld-Kontributionen, die er eintreibt, und man kann wohl sagen, daß er den Krieg führt, wie ein Straßenräuber.

17. September.

Nachmittags in der Assemblée bei der Marschallin, abends bei der Prinzessin. Kaum war ich zu Hause und zu Bett gegangen, als der Wagen der Blumenthal kam, mich abzuholen, mit ihrer Bitte, ihr beizustehen, da sie im Begriff sei, niederzukommen. Ich fuhr gleich zu ihr, das Kind kam schon um ein Uhr, aber ich blieb doch bis zum Morgen, weil sie nicht schlafen konnte; übrigens ging es ihr, Gottlob, ganz gut.

18. September.

Ich blieb bis elf Uhr bei der Wöchnerin, wollte nun zu Hause, um mich umzuziehen, aber begegnete unglücklicherweise unterwegs der Königin, die gerade spazieren fuhr, mir befahl, bei ihr einzusteigen und mich bis nach ein Uhr bei sich behielt. Nun erst konnte ich nach Hause und mich ankleiden, fuhr dann zum Essen zurück zur Blumenthal und blieb bei ihr bis zehn Uhr abends.

19. September.

Ich ging früh um acht Uhr zu der Wöchnerin, wo ich mich auch anziehen und frisiren ließ, um bis zum Augenblick bleiben zu können, wo ich zur Cour der Königin mußte; doch blieb ich nicht zum Souper dort.

29. September.

Vom 21. bis heute ging ich jeden Morgen ebenso wie bisher um acht Uhr zur Blumenthal und blieb den Tag über bei ihr bis zum Abend, wo ich zur Cour der Königin gehen mußte. Heute war die Taufe, bei welcher der ganze Hof in corpore Pathen stand. Die heilige Handlung dauerte von vier bis fünf Uhr, dann servirte man eine sehr schöne Kollation und alle Leute schienen zufrieden. Ich blieb, als alles fort war, noch bis zum Abend und ging dann zur Prinzessin von Preußen, wo Liebhaber-Theater gespielt wurde. Alles war sehr guter Laune und das Souper äußerst heiter und animirt.

3. October.

Ein paar Tage lang war ich unwohl, aber heute geht es besser und ich habe wieder bei der Prinzessin von Preußen gegessen. Nach Tische war ich in der Assemblée und dann an Hof, wo ich beim Souper zwischen Graf Borke und General F. saß, der nur auf einige Tage hergekommen ist. Er war sehr traurig, morgen wieder abreisen zu müssen, und ich war es nicht minder aus demselben Grunde, und auch traurig wegen der schlechten Nachrichten vom Heere und von Hülfen, den die Kaiserlichen und die Württembergischen Truppen, nachdem sie Torgau und Wittenberg genommen, jetzt gezwungen haben, sich bis auf sechs Meilen von hier zurückzuziehen. Alle Welt zittert für Berlin und wir sind mit Recht in tausend Aengsten.

4. October.

Abends war ich an Hof, wo Alles in großer Sorge um Berlin war, denn die Russen nähern sich immer mehr. Beim Souper bekam die Königin einen Brief, welcher ihr meldete: die Russen hätten vorgestern Berlin aufgefordert, sich zu ergeben; auf die erhaltene Weigerung hin von früh Morgens bis sieben Uhr Abends die Stadt bombardirt und dann längs der Stadtmauern Feuer angelegt. Die Königin sagte uns kein Wort von dem allen, aber ich erfuhr es durch ihren Kammerdiener, und Frau von Cocceji schrieb mir gleich darauf ein Billet, um es mir noch genauer zu sagen. Voller Angst und Unruhe um das arme Berlin und seine unglücklichen Einwohner konnte ich keine Ruhe finden.

5. October.

Der Schmerz um Berlin ließ mich nicht schlafen. Früh morgens kam die Marschallin von Schmettau, um mir zu sagen, was auch sie erfahren hatte, auch daß man sehr viel brennende Bomben in die Stadt geworfen, die eine furchtbare Verwüstung angerichtet hätten; aber der Feldmarschall Lehwald und der General Sendlitz thäten Wunder von Tapferkeit und drängten die Feinde noch immer wieder zurück. Abends war ich bei der Prinzessin; die Nachrichten sind dieselben; man spricht von nichts Anderem.

6. October.

Ich hatte am Morgen die Spieltische für die Assemblée in Ordnung gebracht, die heute bei uns stattfinden soll, um vier Uhr kamen die Leute nach und nach an und es wurde sehr voll. Ich habe nur einen Moment selbst gespielt, dann gab ich meine Karten Frau von Wakenitz und ging mich anziehen, und als die Gesellschaft fort war, fuhr ich rasch an Hof, wo ich mit der Schönheit, dem jungen Prinzen von Preußen, und Kraut zusammen Theater spielte. Beim Souper saß ich neben dem Prinzen; man sprach nur von dem geliebten Berlin, eben war die Nachricht gekommen, daß die Russen es wieder verlassen hätten und Alles war ganz toll vor Freude über diese unerwartete Rettung!

7. October.

Wie an jedem Morgen las ich um acht Uhr meine Gebete, trank Thee, besuchte meine guten Kinder, las die Zeitungen und schrieb an meine Mutter. Dann ließ ich mich frisiren und fuhr mit meinem Mann spazieren, zog mich darauf an und empfing die Menschen, die zum Essen kamen, die Marschallin Schmettau, die Kost, die Wakenitz, Bach und Thulmeier, den Prinz von Nassau und Nugent. Nach Tische ging ich zur Prinzessin und dann zur Prinzessin von Preußen, wo die Königin war, die mit dem Grafen von der Mark [Die Grafen von der Mark, eine alte Familie, die bald darauf erlosch, ist nicht zu verwechseln mit den Nachkommen Friedrich Wilhelm II., die diesen Namen erhielten. Anm. d. Herausgebers], Graf Finkenstein und General Goltz Comet spielte. Ich spielte mit dem ältesten Prinzen, der schönen Fee und Lehndorff. Die Königin erzählte uns: die Russen seien wieder abmarschirt; aber ach, man weiß jetzt ganz sicher, daß sie in Köpenick stehen, daß sie Verstärkungen erhalten haben und jetzt 15 000 Mann stark sind. Die Königin hat sie bereits durch Fürstenwalde zurückgehen lassen; sie hat uns mit ihren Geschichten bei Tafel zur Verzweiflung gebracht und ich war ganz todt vor Langeweile und froh, als ich mich um elf endlich zurückziehen durfte.

8. October.

Ich war bei der Assemblée der Marschallin und spielte mit General Gemmingen und dem schwedischen Oberst. Alle Nachrichten, die heute mit der Post kamen, wiederholen, daß die Russen Berlin rings umgeben, daß sie 15 000 Mann stark sind und daß sie bereits die äußeren Alleen verbrannt haben; und leider zählt unsere Besatzung in der Stadt nur 1500 Mann! –

Ich bin in tausend Ängsten um meine Mutter, von der ich gar nichts weiß! Abends war ich an Hof, wo man ganz dasselbe erzählte, aber man hofft noch immer, wenn das Korps von Hülfen weiter vorrückt, daß es die Russen wieder zurückdrängen wird. Mein Herz war so bewegt und voll Kummer, daß ich kaum hörte, was um mich herum gesprochen wurde; als ich zu Hause kam, ging ich wohl zu Bett, aber ich konnte kein Auge zuthun; die Angst und Unruhe hielten mich bis zum Morgen wach.

9. October.

Der Regierungspräsident Alvensleben und Torkelmann kamen zu uns zum Essen. Man erhielt die Nachricht, daß man in Berlin ziemlich ruhig sei, aber eine offene Feldschlacht in der Nähe erwarte.

Abends war ich bei der Prinzessin von Preußen und spielte mit dem jungen Prinzen von Preußen. Man sprach bei Tische von nichts als von unserm armen Berlin und von der Angst, die Jedem auf dem Herzen liegt.

10. October.

Berlin hat kapitulirt! Es hat sich dem Feind ergeben, aber nicht den Österreichern, sondern den Russen, in der Nacht vom 8. zum 9., und diese Unglücksnachricht ist leider nur zu gewiß! Da der Prinz von Württemberg und der General Hülfen in Erfahrung gebracht hatten, daß der General Lasch mit 8000 Mann im Anmarsch sei, um die Österreicher zu verstärken, verließen sie die Stadt mit ihrem geringen Häuflein und zogen sich gegen Spandau zurück. Tottleben und der österreichische General Lasch sind in Berlin eingerückt und haben zuvörderst von den Thoren und den Königlichen Schlössern Besitz ergriffen. Man sagt, daß sie bis jetzt noch gute Ordnung halten. Ich eilte gleich zu der Prinzessin und habe den Mann selbst gesprochen, der von Berlin ankam und diese Nachrichten brachte.

11. October.

Man weiß heute nichts Neueres aus Berlin und allem Anschein nach wird man fürs Erste auch wenig von dort erfahren. Die Russen erlauben gar keinen Verkehr der Stadt nach Außen und lassen keine Post mehr abgehen, und so kann man fernerhin nichts erfahren, als unsichere Gerüchte. Mein Mann sagte, das Gerathenste sei, von hier abzureisen, und ging zu Herrn Köppen, wo er erfuhr, daß heute früh bereits eine Berathung stattgefunden hat, alle Vorsichtsmaßregeln getroffen sind und nach Braunschweig geschrieben worden: ob man im Notfall den Königlichen Schatz dorthin schicken dürfe, auch falls die Lage noch ernster werde: ob der Hof sich nach jener Seite hin flüchten könne. Aber bis jetzt denkt man noch an keinen Aufbruch von hier und wird bleiben, so lange man irgend kann.

Nach Tische kam der Jude Ephraim, der Berlin wenige Stunden vor dem Einmarsch der Russen verlassen hatte. Er versicherte uns, noch sei man hier geborgen; wenn irgend eine Gefahr für Magdeburg möglich wäre, würde er nicht hergekommen, sondern mit seinen Werthsachen außer Landes gegangen sein.

Abends war ich bei der Prinzessin, die böse auf Kraut war, und ganz mit Recht, denn er hat in ihren Vorzimmern aus Sparsamkeit Talglichter anstatt der Wachskerzen brennen wollen, worüber sie sehr beleidigt war.

12. October.

In der Kirche, wo der Pastor Sucrow eine wundervolle Predigt hielt. Er sagte auf das Eindringlichste und Ergreifendste, daß wir in den Trübsalen, die uns treffen und besonders in unserem jetzigen Unglück vor allem unserer Sünden ernstlich gedenken sollten, unsere Hülfe allein bei Gott suchen, uns einzig auf Ihn verlassen, uns in Seinen Willen ergeben, unser Glück und all unseren Trost in Seiner Gnade suchen sollen und sonst nirgends! – Ach, wie glücklich wäre man, wenn man dies Alles wahrhaft zu Herzen nähme und wenn es Einem gelänge, sein Herz von der Welt und ihrer Eitelkeit loszureißen! –

Nachmittags kam ein großer Wirthschaftswagen von unseren Gütern in Mecklenburg an, der Vorräthe, Wild und Küchenbedürfnisse aller Art brachte, auch Briefe dabei, die nur erzählten, welche Menge von Menschen bereits aus Berlin nach Strelitz geflohen seien. Dann kam eine Stafette aus Perleberg mit der Nachricht, die Schweden seien im Vorrücken begriffen, folglich werde der Weg von hier aus nach Mecklenburg sehr bald nicht mehr frei sein. Mein Mann sagte mir, das Vorsichtigste würde sein, mich mit den Kindern augenblicklich dorthin zu schicken, so lange der Weg noch offen sei; aber dieser Plan war mir schrecklich. Abends ging ich an Hof, wo es sehr voll war; alle Prinzessinnen waren gekommen und die Keyserling, die nichts als Thorheiten im Kopfe hat, sprach nur von Putz und Toiletten und machte mich ganz ungeduldig. Die Goltz schien sehr ängstlich und unruhig; ich bot ihr an, zu uns aufs Land zu gehen, im Fall wir hier fort müßten, und sie nahm dies Anerbieten dankbar an. Die Königin sprach unaufhörlich wie immer und wollte immer Recht haben. Sie sagte: »Berlin habe gar nicht kapituliert, Uneinigkeit sei unter unseren Generälen ausgebrochen, der Prinz von Württemberg in Folge derselben plötzlich von Berlin abgereist, und das hätten die Russen benutzt, um in die Stadt einzudringen, und wunderbarerweise hätten sie es in der besten Ordnung gethan.« Das Letztere wäre gewiß nicht der Fall gewesen, wenn keine Kapitulation stattgefunden hätte, um es zur Bedingung zu machen.

Man glaubt jetzt, das Corps von Lasch sei nicht in Berlin selbst, und daß man, um uns zu täuschen, es getheilt habe. Es heißt, Tottleben wohne im Königlichen Schloß, aber da keine Posten von Berlin kommen, sind dies Alles eben nur Gerüchte.

13. October.

Ich war wie immer den Abend an Hof, mein Mann zum Souper bei der Prinzessin Amalie. Während der ganzen Tafel sprach die Königin unausgesetzt und zwar nur über den Krieg, und versicherte uns, sie allein wisse genau Bescheid über die Bewegungen der Heere. Frau von Roeder sagte mir nachher: ein Offizier sei aus Berlin angekommen, der ebenfalls sage, es habe keine Kapitulation stattgefunden, die Russen hielten aber trotz dessen bis jetzt gute Mannszucht. Das Bataillon von Wunsch habe bei dem Rückzuge unserer Truppen nach Spandau sehr gelitten, von dem ganzen Bataillon seien nur sieben Mann am Leben geblieben. Ach, wie viel Blut wird vergossen in diesem schrecklichsten aller Kriege, und wie muß man sein Ende herbeisehnen und es täglich von Gott erflehen! –

14. October.

Ich ging mit der Knesebeck zu der schönen Fee, die uns zum Kaffee eingeladen hatte. Eine alte Französin, eine Kartenlegerin, kam hin und wir ließen uns bereden, uns von ihr wahrsagen zu lassen, was jedoch einzig darin bestand, daß sie tausend Unsinn sprach und uns immerfort versicherte, wir würden sehr bald gute Nachrichten haben. Es wäre zu wünschen, daß sie *darin* wenigstens wahr sagte! –

Dann kam Graf Wartensleben, der wie gewöhnlich den Narren spielte. Zu Hause empfing mich in der That die unerwartet gute Nachricht, daß die Russen am 12. Berlin wieder verlassen haben! – Der Grund ihres plötzlichen Abzuges ist die Furcht vor dem Heranrücken des Königs, der aus Schlesien aufgebrochen sein soll. Diese Nachricht hat sie aufgeschreckt und sie haben nur 17 000 Thaler mitgenommen. Das schreibt Kircheisen aus Berlin durch eine Stafette an Finkenstein. Drei Tage waren sie nur in der Stadt, als das Gerücht, der König ziehe heran, sie wieder verjagte. Lasch und Tottleben sind jeder nach einer anderen Seite fort ins Land hinein. Ich ging an Hof und spielte Comet mit dem Prinzen von Preußen, Bella Fea und Schwerin, obgleich mir das ewige Karten-Spielen heut ganz unerträglich schwer wurde. Man erzählte, daß die Prinzessin Amalie um die Mittagszeit bei der Prinzessin angekommen sei und dieser ihr eigenes Diner mitgebracht habe, um dem Hofmarschall Kraut einen Streich zu spielen, der zwei Speisen von dem bisherigen Küchenzettel der Prinzessin gestrichen hatte.

15. October.

Die Prinzessin ließ mich schon früh um 9 Uhr zu sich holen und behielt mich bis 11 Uhr bei sich. Sie war so glücklich und voller Freuden über den Rückzug der Russen und die Wiederbefreiung Berlins, daß sie mir tausend Zärtlichkeiten und Freundlichkeiten erwies, wie sie es ja im Grunde immer thut. Ich habe niemals eine Prinzessin gesehen, die so ganz und in Wahrheit wie sie die Freundin ihrer Freunde ist und nie ihr Benehmen gegen dieselben ändert. Nach Hause zurückgekehrt, hatte ich noch viel zu schreiben; dann kam das Mittags-Essen für meinen Mann und mich allein, denn die Kinder waren nicht artig gewesen und sollten zur Strafe nicht mit uns essen. Am Ende der Mahlzeit wurden sie heraufgeholt und bekamen noch ihre Ermahnungen. Der Sekretair, den mein Mann kürzlich angenommen hat und der heute aus der Umgegend von Berlin hier ankam, sagte uns, wie Unrecht die Generäle gehabt hätten den, Österreichern auszuweichen, und daß der Rückzug des Prinzen von Württemberg sich sehr kläglich ausgenommen habe, was uns schrecklich leid that. Abends war ich an Hof; die Königin hatte eben eine Stafette erhalten mit der Nachricht: die Österreicher hätten Charlottenburg und Schönhausen vollständig ausgeplündert und alle Leute, die sie in beiden Schlössern gefunden, getödtet oder mißhandelt. Bald nachher traf auch die Post aus Berlin wieder ein und eine Menge Menschen erhielten Briefe, die alle auf das Bitterste über die Österreicher klagten, die ganz furchtbare Verwüstungen angerichtet hätten, während vor ihnen die Russen sich vortrefflich benahmen. Sämmtliche Leute, die in Diensten des Königs stehen, deren die Feinde irgend habhaft werden konnten, haben sie getödtet oder furchtbar mißhandelt, die Möbel, Gemälde, Antiken und Kunstsachen in den Königlichen Schlössern zerschlagen, zu den Fenstern hinausgeworfen und zertrümmert, kurz alles, was sie nicht mit fortnehmen und rauben konnten, haben sie verbrannt oder ruinirt und zerstört, sämmtliche Pferde aus den Königlichen Ställen und sämmtliche Wagen mit fortgeführt, und eben so alles genommen, was dem armen Ober-Stallmeister Schwerin gehörte, der im Marstalle wohnte. Außerdem haben sie alle Schatzkammern, garde-meubles, Speicher und Magazine von Grund und Boden aus verwüstet oder rein ausgeplündert. Diese Nachrichten verbreiteten allenthalben eine solche Betrübnis, daß niemand an etwas Anderes denken konnte. Es schmerzte uns doppelt, daß alle Briefe immer wiederholten: die Russen hätten sich wie ehrliche Leute und ehrliche Feinde, die Österreicher und Sachsen dagegen, welche letztere besonders in Charlottenburg hausten, hätten sich wie Barbaren und wie gemeine Diebe benommen. Mein Gott, welche Unzahl von Menschen sind durch alle diese Gewaltthaten verarmt und unglücklich geworden! Wenn dieser Krieg noch lange dauert, so ist die Zahl der Elenden, die alles verloren haben, bald so groß, daß niemand mehr im Stande sein wird, ihnen beizustehen.

17. October.

Abends war ich bei der Prinzessin, wo die Nachricht eintraf, der König sei von Guben aus im Vorrücken begriffen, habe bereits Sagan erreicht und man erwarte nächstens einen Zusammenstoß mit dem Feinde und eine neue Schlacht. Seit ihrem Rückzug aus Berlin haben sich die Russen auf Frankfurt repliirt, wo man sagt, daß das Gros ihrer Armee steht, und man glaubt, daß sich auch der König dorthin wenden werde, um sie anzugreifen. Der liebe Gott wolle uns den Sieg geben, unseren Waffen den Ruhm und unserem Lande den Frieden! –

Immerfort trafen neue Nachrichten über die Verwüstungen, Unmenschlichkeiten und Grausamkeiten ein, welche die Österreicher rund um Berlin und in der ganzen Umgegend begangen haben, während nur eine Stimme darüber ist, wie gut und menschlich sich die Russen benommen und welche vortreffliche Mannszucht General Tottleben gehalten hat.

19. October.

Ich war in der Kirche, Pastor Sucrow hielt eine sehr schöne Predigt. Dann las ich in der Geschichte Ludwig XIII. Unterwegs hatte ich den Prinzen von Nassau und Nugent begegnet und ihnen erzählt, wie entsetzlich die Österreicher bei uns gehaust hätten. Um Mittag erhielt ich die traurige Nachricht, daß auch Schönfließ von Österreichern besetzt und ausgeplündert worden sei, aber zum Glück war meine arme Mutter nicht mehr dort. Das Gut meines Bruders, Stülpe, ist nicht verwüstet worden; aber man hat eine große Summe Geldes bezahlen müssen, um es von der Plünderung los zu kaufen. Gott weiß, wie sehr diese Verluste und alles Unglück, das meine arme Mutter trifft, mich betrübt. Lasch hat bei seinem Rückzuge das Land furchtbar verwüstet, die Österreicher plünderten alles rein aus, selbst die Leichname in den Erb-Begräbnissen haben sie beraubt. Abends war ich an Hof und spielte mit dem jungen Prinzen von Preußen und Bella Fea, aber mein Herz und meine Gedanken waren nicht dabei.

21. October.

Endlich erhielt ich einen Brief meiner armen Mutter, die glücklicherweise jetzt in Strelitz ist, aber sehr klagt, auch die Kosaken seien zwei Mal in Schönfließ gewesen und sie hätten die Leute recht schlecht behandelt. Zu gleicher Zeit erhielt mein Mann einen Brief seines Bruders, der ihm ein Manifest schickt, das General Werner in Schwerin publiziren läßt, in dem er eine Kontribution ausschreibt, die Mecklenburg aufbringen soll, und sagt, er könne es nunmehr nur wie ein feindliches Land betrachten. Daß der Herzog von Schwerin die Thorheit gehabt hat, sich in Regensburg an die Spitze der Feinde Preußens zu stellen, muß sein Land jetzt mit Kriegssteuern und Naturallieferungen büßen.

Ich schrieb sogleich an die Frau des Administrators unserer Güter nach Groß-Giewitz und mein Mann schickte seinen Privatsecretair dahin ab, dem ich meinen Brief mitgab. Zum Diner und Souper war ich bei der Prinzessin, die, wie immer sehr, sehr gut und gnädig war.

22. October.

Der Leutnant Heinitz, Adjutant des Generals von Stutterheim, kam, um sich zu empfehlen und mir zu sagen, daß der Prinz von Württemberg den Befehl erhalten habe, sofort in Mecklenburg einzurücken, daß der General ihm dahin folge und sie dort Winterquartiere beziehen sollen. Ich fürchte, unsere Güter werden unter den Requisitionen und Lieferungen sehr zu leiden haben!

23. October.

Da ich gestern erfuhr, daß das Corps des Prinzen von Württemberg hier durchmarschiren soll, weil der Herzog seinen Herrn Bruder, der beim Reichsheer ist, aus Sachsen verjagen soll, so stand ich früher auf als gewöhnlich, um die Truppen einrücken zu sehen. Das Regiment Schorlemmer war das erste, das die Stadt passirte; dann kamen Kleists Husaren, sehr schöne Leute, eben so wie die Dragoner, und beide sehr gut beritten. Wir gingen selbst hin, um den Oberst Kleist zu uns zu Tisch einzuladen, er kam auch sogleich mit uns und wir waren ganz glücklich, ihn wieder zu sehen. Unser Diner war sehr animirt, aber wurde mehr als einmal unterbrochen. Erst mußte Schmettau fort, um seinem General entgegen zu reiten, dann kam das Corps von Hülfen durch die Stadt marschirt, und alle Augenblicke mußten wir wieder um des Einen oder des Anderen willen vom Tisch aufstehen. Die armen Soldaten dieses Corps sahen sehr ermüdet aus, hatten aber dennoch eine sehr schöne Haltung und wir sahen nach und nach sämmtliche Regimenter desselben bei uns vorbei defiliren. Auch der General Kleist, der früher hier in Garnison stand, kam zu uns, und später am Tage kam noch ein Theil des Corps des Prinzen von Württemberg, das heißt seine Infanterie, denn seine Cavallerie war zu allererst durch die Stadt marschirt. Der Prinz selbst sah ziemlich wohl aus, aber er ist gealtert und sehr mager geworden. Die letzten Regimenter rückten erst spät am Abend ein und es war mitten in der Nacht, als die Allerletzten in ihre Quartiere kamen, was mir durchs Herz schnitt, nach allem, was diese armen, armen Leute an Anstrengungen und Entbehrungen schon gelitten haben! Endlich kam auch Herr von Buddenbrock und trank mit den Andern noch Thee bei uns. Er ist jetzt Adjutant des Prinzen von Württemberg, und wir baten ihn, sich unserer armen Besitzungen in Mecklenburg etwas wohlwollend anzunehmen.

24. October.

Ich stand um 5 Uhr auf und zog mein Reitkleid an, um die Truppen zu Pferde noch einmal zu sehen und sie ein Stück begleiten zu können. Um halb 6 Uhr kam unser Freund Kleist, der Husar, mit seinem Bruder, von den Gensd'armen. Sie tranken Thee und dann Kaffee mit uns; später kam auch die Marschallin von Schmettau und wir plauderten zusammen bis gegen 8 Uhr; dann mußten leider die Officiere fort. Ich gab der Marschallin zu lieb das Reiten auf und fuhr mit ihr hinaus, um die Regimenter ausrücken zu sehen. Als wir aus dem Stadtthor kamen, sahen wir von fern den Rauch und den Feuerschein eines brennenden

Dorfes. Wir waren bereits in der größten Angst zu spät zu kommen, um die Truppen noch zu sehen, und wirklich waren dieselben auch schon ausgerückt; aber es gelang uns doch, sie noch einzuholen. Kleist kam an unseren Wagen heran gesprengt; auch sein Bruder kam, ließ den Sohn der Marschallin herbeirufen und beredete uns auszusteigen und mit ihnen in eine Mühle zu gehen, die ganz dicht an jenem brennenden Dorf lag; ich glaube, es hieß Dodendorf. Die Dragoner hatten dort über Nacht gelegen und wahrscheinlich hatte einer der Soldaten durch eine Unvorsichtigkeit das Feuer verschuldet. Es war ein trauriger Anblick, Alles stand in Flammen, nur ein paar wenige Häuser und die Kirche konnten gerettet werden. Wir blieben ein Weilchen Alle beisammen in jener Mühle, es waren kurze, aber glückliche, unvergeßliche Augenblicke. Die Marschallin und ich schenkten eine jede Kleist, dem Husaren, ein Medaillon an seine Uhr zum Andenken und ich versprach ihm noch, einen Marsch für sein Regiment zu komponiren und ihm denselben nachzuschicken. Endlich mußten wir uns trennen und nachdem wir unsern Freunden unsere Segenswünsche mitgegeben hatten, verließen wir sie; ach, mit wie schwerem Herzen, sie so der Gefahr und vielleicht dem Tode entgegen gehen zu sehen! –

Welch ein furchtbarer Krieg und wie furchtbar ist es, ruhig dabeizustehen und so viel Menschen in ihr Verderben gehen zu sehen. Der barmherzige Gott wolle meine armen Freunde behüten und sie in seinen allmächtigen Schutz nehmen! – Wir fuhren traurig und muthlos nach Magdeburg zurück, und Nachmittags setzte ich mich hin, den Marsch zu komponiren, den ich versprochen hatte.

25. October.

Ich bereitete mich vor, um zum Abendmahl zu gehen und fuhr schon früh mit meinem Mann in die Kirche. Um 12 Uhr gingen wir zum zweiten Mal hin und Pastor Sucrow hielt ein sehr schönes und erbauliches Gebet. Als ich zu Hause kam, verrichtete ich meine Gebete und blieb den Rest des Tages still in meinem Zimmer.

26. October.

Ich ging um 8 Uhr zur Kirche, wo die Damen der hochseligen Königin, die ebenfalls kommuniziren wollten, auch zu uns in unseren Stand kamen. Als ich wieder nach Hause kam, las ich meine Gebete und verrichtete meine Andachts-Übungen. Nach Tisch gingen wir wieder in die Kirche, wo wir eine sehr schöne erweckliche Predigt hörten.

27. October.

Nachdem ich meine Gebete gelesen hatte, kam Schaffroth zu mir und ich schrieb den vorgestern komponirten Marsch für den Oberst von Kleist ins Reine. Abends war ich an Hof, wo man viel von der Vereinigung des Königs und der des General Hülfen sprach, welche soeben stattgefunden hat, und wie viel Gefangene bereits der Oberst Kleist in Köthen gemacht habe.

29. October.

Ich schrieb an Kleist und schickte ihm den Marsch, den ich für ihn komponirt hatte.

30. October.

Ich schrieb meiner Mutter, um sie zu beschwören, doch hierher zu uns zu kommen. Dann las ich alle Zeitungen, die gekommen waren und blieb den ganzen Tag still zu Hause. Abends ging ich zur Prinzessin, wo sehr viel Menschen waren. Ich spielte mit dem Prinzen von Preußen, Legrand und der Wakenitz Piket; beim Souper saß ich zwischen dem Prinzen und der Gräfin Henckel, aber ich langweilte mich und konnte nicht sprechen.

31. October.

Ich ließ mir von meiner kleinen Caroline, welche ja nun bald sechs Jahr alt wird, die Tragödie Pénélope vorlesen, um ihr von früh an Geschmack für diese Art von Lectüre zu geben, war dann nach Tische in der Assemblée und abends bei der Prinzessin.

1. November.

Ich schrieb an Graf Solms; dann kam ein Leutnant vom Regiment des Oberst Kleist an, der uns Grüße von ihm brachte, was mich sehr freute. Abends war ich bei der Königin und spielte mit ihr, dem Grafen Camore und der Goltz.

2. November.

Ich ging zur Kirche, um Pastor Sucrow zu hören, der eine vortreffliche Predigt hielt. Zum Essen hatten wir den Husaren-

Leutnant eingeladen, der uns viele merkwürdige und rührende Episoden aus dem letzten Kriege erzählte und insonderheit von den Schicksalen und Erlebnissen seines Regiments. Er sagte uns unendlich viel Gutes von seinem Obersten Kleist und scheint ihn sehr zu verehren. Abends war ich an Hof; es war schrecklich voll, alle Prinzessinnen waren da, selbst die kleinen Töchter des Markgrafen Heinrich.

5. November.

Ein Courier brachte um Mittag die Nachricht, daß der König Daun bei Torgau geschlagen habe!! – Wir waren ganz außer uns vor Freude, mein Mann und ich eilten sogleich der Königin Glück zu wünschen, wo wir bereits sämmtliche Prinzessinnen fanden. Ich sprach selbst den Courier; es war ein Feldjäger und er sagte uns, das Gefecht habe am 3., vorgestern, etwa Nachmittags 2 Uhr begonnen und bis tief in die Nacht hinein gedauert; unser Gewinn durch diesen Sieg sei ein unschätzbarer, auch habe der König eine Menge Kanonen und Fahnen genommen und sehr viel Gefangene gemacht. Der König selbst hatte ein paar Zeilen an Finkenstein geschrieben und gesagt, wir würden die genaueren Nachrichten in den nächsten Tagen erhalten. Der allgemeine Jubel war ganz unbeschreiblich; Gott wolle uns geben, daß dieser glänzende Sieg glückliche entscheidende Folgen haben möge. Von Todten hatten wir nur den Grafen Anhalt zu beweinen. Zu gleicher Zeit erfuhren wir auch das Ableben des Königs Georg II. von England, den am 25. des vorigen Monats ein Schlagfluß getroffen hat, als er eben seine Chocolade trank. Er war 77 Jahr alt. Dieser Fürst wird sehr vermißt und beweint werden und ich fürchte, daß sein Hintritt auf unsere Angelegenheiten einen äußerst verderblichen und ungünstigen Einfluß haben wird. Graf Finkenstein sagt zwar: nein; aber er ist ein Minister und ein guter Diplomat, also will das, was er sagt, nicht viel bedeuten und läßt nicht weiter auf das schließen, was er fürchtet und denkt.

7. November.

Der junge Cocceji, der als Courier nach England geht, kam, um Abschied zu nehmen. Er sagte mir, die Schlacht bei Torgau sei für beide Theile, Freund und Feind, äußerst blutig gewesen;

die Österreicher hätten an Todten, Verwundeten und Gefangenen im Ganzen 15 000 Mann verloren und wir nahe an 7000 Mann, was leider ein sehr großer Verlust für uns ist! Die Damen der Prinzessin kamen, um Cocceji noch zu sehen, und er ging mit ihnen zur Königin. Abends ging alles an Hof, um der Königin zu ihrem Geburtstag Glück zu wünschen; die Kaufmannschaft veranstaltete ihr zu Ehren eine Abend-Musik auf den Wällen.

9. November.

Alle Welt ging zur Kirche, wo das Tedeum zu Ehren der gewonnenen Schlacht gesungen ward; abends war großes Feuerwerk. Bei der Prinzessin war Diner zu Ehren des Geburtstages der Prinzessin Amalie.

10. November.

Ich besuchte Gräfin Kannenberg, die eben mit ihrem Mann angekommen war; dann ging ich an Hof, wo die Vermählung Keyserlings mit der Alvensleben gefeiert wurde. Die Braut trug ein weißseidenes Kleid mit Silber broschirt, was weder schön noch reich war, auch fand ich nicht, daß sie gut aussah, sondern nur eben so naseweis und eingebildet wie gewöhnlich. Das Souper war zum Sterben langweilig, nachher tanzte man im Kreis herum zu Ehren des Brautkranzes, den die junge Biedersee und der Prinz von Nassau bekamen. Die Braut nahm vom Hofe Abschied, ohne viel Gefühl oder Rührung dabei zu zeigen; der Graf Wartensleben und der älteste Brand führten sie als Brautführer nach Hause und die ganze Gesellschaft gab ihr das Geleite.

11. November.

Ich ging zu der Neuvermählten, um ihr Glück zu wünschen, und fand eine Menge Menschen dort. Nachmittags war ich in der Assemblée und abends bei der Prinzessin von Preußen, wo es sehr langweilig war. Nur beim Souper traf ich es gut, zwischen Prinz Heinrich und Thulmeier zu sitzen, welcher letztere doch sehr geistreich ist. Man sprach von Freundschaft und Liebe; Thulmeier stellte auf: es sei, abgesehen von dem Glück oder Unglück, das man in Beiden haben könne, an sich selbst eine Wonne und ein Genuß über jeden andern, eine Neigung zu empfinden, und ich behauptete das Gegentheil; denn was bringt Einem auf dieser Welt wohl größere Leiden und Schmerzen, als die Liebe?

13. November.

Mein Mann war auf der Jagd und ich aß bei der Prinzessin allein mit ihr und ihren beiden Damen. Nach Tisch, als sie ihre Damen entlassen hatte, ließ sie meine Kleine holen und als Karolinchen wieder nach Hause geschickt worden, blieben wir beide allein zusammen bis zum Abend. Die Prinzessin las mir aus einem neu erschienenen Buch vor: »Le nouveau Spectateur« und dann hatte sie die Güte, mich ihr Tagebuch lesen zu lassen, das sehr hübsch geschrieben ist und in dem ich eine Menge Dinge fand, die mich sehr interessirten und mich zum Theil auch innig rührten. Wir tranken zusammen Thee und sie überhäufte mich, wie immer, mit Gnade und Güte.

14. November.

Ich war an Hof, aber ich fand dort nur die grausamste Langeweile. Es war wirklich ein schrecklicher Abend für alle Leute; aber ich glaube, fast niemand war so verzweifelt als ich, die nichts auf der Welt so hasst und flieht als die Langeweile.

28. November.

Die Marschallin Schmettau kam Abschied zu nehmen; dann hatten wir Assemblée bei uns und die Prinzessin hatte die Gnade bei derselben zu erscheinen. Meine Freude, sie unerwartet ankommen zu sehen, war sehr groß, um so mehr, da ich gar nicht geahnt hatte, daß sie mir diese Gnade erweisen wollte. Abends war ich an Hof, blieb aber nicht lange.

29. November.

Den Abend, wie immer, an Hof, wo die Gesellschaft ziemlich zahlreich war. Ich spielte Tarok mit der Prinzessin, dem Prinzen von Preußen und dem Prinzen von Nassau und saß beim Souper neben der Königin.

30. November.

Ich ging mit der Prinzessin spazieren und aß dann mit ihr und ihren Damen zu Mittag. Nach Tisch ließ sie meine Kleine holen, deren Munterkeit sie zu unterhalten schien. Dann las sie mir die Tragödie Zaire vor und später musizirten wir zusammen. Zum Souper kamen ihre Damen wieder und wir waren sehr heiter und aufgeräumt, denn die Prinzessin ist wirklich unwiderstehlich heiter und liebenswürdig.

4. December.

Ich las in den Briefen der Königin Christine von Schweden und war abends wie immer an Hof, spielte mit Bella Fea, dem Prinzen von Preußen und Lehndorff. Der englische Gesandte Mr. Mitchell kam hin und die Königin empfing ihn sehr gnädig. Er kommt von Glogau und will wieder zum König gehen, der jetzt nach Sachsen aufgebrochen ist.

5. December.

Abends bei der Prinzessin; ich fand zwei eben angekommene Engländer dort, den Baronet Bute und Lord Hope die Mitchell ihr vorstellte; ich saß bei Tafel zwischen Lord Hope und Humboldt und das Souper war sehr heiter.

6. December.

Diner bei Finkenstein, wo ich zwischen Mitchell und Lord Hope saß, und das bis fünf Uhr dauerte. Um sieben Uhr Soirée bei der Prinzessin von Preußen, wo alle Prinzen und Prinzessinnen waren. Ich spielte mit der Prinzessin und den Engländern und saß beim Souper wieder zwischen Mitchell und Hope.

7. December.

Ich hatte die ganze Gesellschaft bei uns zum Diner, die Engländer und die Übrigen, und man unterhielt sich ziemlich gut.

11. December.

Der junge Finkenstein kam zu mir, der vom Regiment des Prinzen Ferdinand hergeschickt ist, um sich von seinen Wunden zu erholen. Abends bei der Prinzessin von Preußen, wo die Prinzessin Amalie uns durch ihre Taktlosigkeiten, wie so oft, in Verlegenheit setzte. Unter Anderem sagte sie dem Prinzen von Nassau: daß sie Berlin seiner Milde empfehle, falls er einmal als Feind wiederkommen sollte und die Hauptstadt dann wieder von den Österreichern besetzt würde! –

Graf Finkenstein geht morgen nach Leipzig zum König. Cocceji kam eben zurück von England und scheint nicht sehr erbaut von dem Betragen der Damen in London.

15. December.

Heute war wieder Assemblée bei uns, bei der mir drei neu angekommene Kriegsgefangene vorgestellt wurden, der Kapitain du Verger, Graf Graß und Oberst von Raven, alle Dreie sehr angenehme Leute, und dann ein französischer General, St. Iquem, ein schon etwas bejahrter Herr, der die Welt viel gesehen zu haben scheint.

24. December.

Mein Mann ging in die Assemblée, ich blieb zu Hause, um meinen Kindern ihre Christbescherung aufzubauen. Als sie zu Bett waren, ging ich spät abends noch an Hof und fand zum Glück die Prinzessin dort, welche allein das Talent zu haben scheint, die Konversation in jenen Räumen zu animiren und zu erheitern. Alle Prinzen sind gestern nach Leipzig zum König abgereist.

31. December.

Niemals noch ist mir die Zeit so bleiern und langsam vergangen als jetzt. Ich ging in die Assemblée, wo sämmtliche Österreicher waren, und den Abend zur Prinzessin, wo wir ein heiteres Souper hatten. Man zog durchs Lov kleine Billets als Neujahrsprophezeiung, welche die Prinzessin alle selbst geschrieben hatte, eines immer witziger, geistreicher und hübscher als das andere.

1. Januar **1761**.

Mit den Kindern bei den kleinen Prinzessinnen und Abends an Hof.

9. Januar.

Ich brachte den Vormittag am Klavier zu, ging nach Tisch zur Assemblée, wo auch die Divina war, und spielte Pharao; abends bei der Königin spielte ich Tarok. Der Prinz von Nassau sprach mir viel von der Divina, schwärmte für sie, und ich sagte ihm, diese Bewunderung sei die einzige, in der selbst das Übermaß verzeihlich wäre!

12. Januar.

Ich schrieb und bekam einen ganzen Haufen Briefe. Es war Assemblée bei uns, ich spielte mit der Divina, dem Prinzen von Nassau und Baron Kreß. Man stellte eine Menge neu angekommener Gefangener vor. Abends bei Hof; die Prinzen waren wieder da und alle sehr zufrieden und entzückt von ihrem Besuch beim König.

16. Januar.

Ich bekam eine Masse Briefe. Dann kam Graf Schwerin, der von den Österreichern ausgewechselt worden ist gegen Graf Putoff. Er ist ganz der Alte, erzählte mir viel aus Wien, wo er auf der Durchreise fünf Tage war, sehr erbaut von der Kaiserin und sehr wenig erbaut vom Kaiser. Wir gingen zusammen zur Assemblée, wo man nur Pharao spielte, und dann an Hof, wo es sehr voll war. Aus Berlin hörte ich von der Heirath des Grafen Blumenthal mit der jungen Wartensleben, der Tochter des Generals.

25. Januar.

Ich war bei der Divina zum Café coiffé, aber selbst da fand ich es traurig und langweilig. Abends gab der Prinz von Nassau ein großes Souper, wo die Divina war und ich auch. Erst spielte man Pharao und nach dem Souper Blinde Kuh; man war sehr heiter und trennte sich erst um zwei Uhr Morgens.

1. Februar.

Mittags aß ein Offizier von dem Husarenregiment Kleists bei uns. Abends wie immer an Hof; ich sprach viel mit dem Prinzen von Nassau über die Prinzessin und ermahnte ihn zur Vorsicht.

4. Februar.

Abends an Hof. Die arme Königin war von einer furchtbaren Laune und sagte ganz verzweifelte Sachen. Diese Übellaunigkeit ist ein schrecklicher Fehler bei ihr. Immer will sie, daß alle Welt ihr schmeicheln und ihr in allen Dingen Recht geben soll, und das macht jedes Gespräch mit ihr eben so peinlich als unangenehm.

8. Februar.

Die beiden Damen der Divina waren bis zum Essen bei mir, dann fuhren wir alle zum Diner zu Finkenstein, wo sehr viel Menschen waren; auch Gemmingen, Nugent, Humboldt, Geuder und vier neu angekommene Österreicher. Nach Tische kamen noch mehr österreichische Officiere, welche sich uns vorstellen ließen, und dann spielte alles Pharao. Die Königin war auch da und machte bei Tisch einige sehr heftige Äußerungen wegen der ungünstigen Urtheile und Gerüchte, die man über ihren Hof verbreite. Ich weiß nicht, was sie anders meinen kann, als einige alberne Klatschereien hier im Ort, die man gar nicht anhören und noch weniger beachten sollte. Sie hörte jedoch nicht auf zu schelten und zu deklamiren, daß die Leute, welche die meisten Aufmerksamkeiten von ihr empfingen, sich am lautesten über sie lustig machten und mockirten; kurz, sie sagte leider eine Menge Dinge, die uns alle in Verlegenheit setzten und die sich wenig für eine Königin schicken. Ich sprach mit der guten Knesebeck von der Toute-divine und dem Prinzen von Nassau. Er ist zum Todtschießen verliebt in sie und wenn sie sich nicht in Acht nimmt, so kann die Leidenschaft dieses Mannes ihr noch viel Unannehmlichkeiten bereiten. Man kennt den Charakter der Prinzessin Amalie leider hinreichend; wenn diese jemals die Neigung des Prinzen entdecken sollte, so wird sie vor allem es sein, welche der armen Fee Noth und Verlegenheiten ohne Ende schaffen wird. Überdem giebt es auch sonst noch Leute genug, welche die Divina aus Eifersucht nicht lieben, und sie hat allen Grund, noch tausendmal vorsichtiger zu sein als jede andere Frau. Der bloße Gedanke an das, was ihr drohen und was eine einzige Unvorsichtigkeit sie kosten kann, macht mich ganz unglücklich.

13. Februar.

Um zehn Uhr bei der Prinzessin, die mit Graf von Schwerin Schlitten fuhr. Ich fuhr mit der Prinzessin Amalie; die Fahrt war ganz angenehm. Wir stiegen in Rothensee aus, wo Déjeuner war und dann Pharao gespielt wurde. Um zwei Uhr kam man zurück; nach Tisch ging ich zur Assemblée und abends kamen Leute zu uns. Mein Gott, wie glücklich waren sie beide an diesem Abend – ich wünschte ihnen nur, das könnte so bleiben!

16. Februar.

Abends alle an Hof; ich saß neben dem Prinzen von Nassau, der mir heißer verliebt in die belle fée zu sein scheint, als je. Aber dies alles kann glücklicherweise nicht mehr lange dauern, denn man erwartet täglich, daß er ausgewechselt wird und dann muß er fort.

17. Februar.

Ich ging zur Probe des kleinen Schäferspiels, welches am Vorabend des Geburtstages der Divina aufgeführt werden soll und in dem ich versprochen habe zu tanzen. Zum Essen ging ich zur Prinzessin und blieb den Nachmittag allein mit ihr. Wir gingen zusammen spazieren; sie hatte die Gnade, mein kleines Karolinchen dazu abzuholen und behielt sie eine Stunde bei sich. Unter Anderem sprachen wir auch von dem Charakter der Männer, und das Loblied, das sie denselben sang, war nicht schmeichelhaft. Ach, sie ist wirklich eine reizende, anbetungswürdige Frau, man kann sie nicht genug lieben!

Abends waren wir bei der Königin, wo ein sehr hübsches Concert stattfand. Es kamen gute Nachrichten; man sagt, das Corps des Prinzen Xavier von Sachsen sei geschlagen worden.

21. Februar.

Abends an Hof, wo auch die Prinzessin war. Die Königin war ganz auffallend kalt gegen sie; Gott weiß, was sie gegen die Arme aufgebracht haben mag, und das Souper war in Folge dessen eben nicht erfreulich.

22. Februar.

Ich ging früh mit den Kindern zur Meyer, um sie ihre Rollen wiederholen zu lassen. Die Kleine soll die Liebe vorstellen, welche der Prinzessin das Bouquet überreicht, der kleine Junge einen Schäferknaben, der ihr das Buch giebt. Nachmittags ging ich noch einmal mit den Kindern zu den Hofdamen; die ganze Schauspielertruppe versammelte sich und man hielt eine letzte Probe im Kostüm auf der Bühne ab, die aber so schlecht ausfiel, daß sich wenig Gutes von der Aufführung erwarten ließ. Um sechs Uhr ging Kraut zur Prinzessin hinunter und bat sie, die Treppe herauf zu kommen, ohne sie ahnen zu lassen, um was es sich handle. In dem Moment, als sie herauf kam, ging auch schon der Vorhang auf und der Chor fing an zu singen, dann wurde das Ballet getanzt; die Tänzer waren theils als Schäfer und Schäferinnen, theils als Gärtner und Blumenmädchen kostümirt, und auch ich war gekleidet wie eins der Letzteren. Unverzüglich nach dem Ballet begann das Stück; der Prinz von Nassau war Bastien, die Meyer Bastienne, Schwerin war Colas und die Schwerin die Bäuerin; dasselbe wurde durch ein zweites Ballet unterbrochen und ein eben solches machte auch den Schluß.

Die Prinzessin war entzückt von dieser kleinen Aufführung und so gnädig gegen uns alle, wie nur möglich. Nach dem

Souper maskirte man sich und es wurde sehr animirt und heiter bis drei Uhr Morgens getanzt.

23. Februar.

Großes Diner bei der Prinzessin Amalie zu Ehren des Geburtstages der Divina. Von da gingen wir an Hof, doch blieb ich nicht lange und hatte dann noch ein Souper für die Prinzessin bei mir.

1. März.

Es wurde heute in den Kirchen ein Tedeum zu Ehren der siegreichen Gefechte gefeiert, welche unsere Truppen und die der Verbündeten gegen die Franzosen bestanden haben.

Nach Tische kam die Prinzessin zu mir und erwies mir die Ehre, bei mir zu bleiben, bis wir Abends Beide zusammen an Hof fuhren. Diese vielgeliebte, theure Prinzessin ist von einer rührenden Gnade und Güte für mich.

4. März.

Den Nachmittag bei der Prinzessin, wir sprachen viel über Religion, über den Tod und den geringen Grund, den man hat, so sehr an einem Leben zu hängen, das doch zumeist von Schmerzen und Trübsalen erfüllt ist. Abends gingen wir zusammen an Hof; beim Souper saß ich zwischen der Prinzessin von Preußen und der belle fée.

5. März.

Die Prinzessin gab ein kleines Fest, um uns noch einmal in den Kostümen des Schäferspiels zu sehen, das wir für ihren Geburtstag aufgeführt hatten. Wir fuhren um sechs Uhr zu ihr; ich war wieder als Blumenmädchen kostümirt und fand die Prinzessin in einem ganz gleichen Anzuge; und in der That war sie wunderhübsch darin; die Prinzessin Wilhelmine als Tirolerin und die Prinzen in Dominos. Man tanzte und war sehr heiter bis gegen Morgen.

8. März.

Zu Tische bei der Prinzessin; sie war allein mit mir und sprach viel vom Kriege und daß man jetzt endlich hoffen dürfe, daß der Frieden geschlossen werde.

10. März.

Abends war alles bei der Prinzessin von Preußen, auch die arme Königin war da, aber leider wieder von einer furchtbar üblen Laune, die sich ihrer seit einiger Zeit ganz bemächtigt hat; und das Souper war in Folge dessen sehr peinlich für uns Alle.

11. März.

Ich wurde heute geweckt durch die Geschenke, die mir mein Mann zu Ehren meines Geburtstages schickte; es war ein Päckchen mit einer Summe Geldes, eine Spitzengarnitur und ein Kleid von Gros de la Tour. Er hatte außerdem Leute zum Diner eingeladen und Musik dazu kommen lassen, und man war sehr heiter bei Tische. Nachmittags gingen wir alle zur Assemblée und dann zur Prinzessin, welche mir zu Ehren ein reizendes Concert arrangirt hatte. Nach dem Souper kam die ganze Gesellschaft zu uns zurück und man tanzte bis drei Uhr Morgens. Der Prinz von Nassau allein zog sich früher zurück, weil die Angebetete seines Herzens nicht da war.

15. März.

Concert bei der Prinzessin Amalie; ein Mönch, welcher als Geisel hierher geschickt worden ist, spielte sehr schön Violine.

18. März.

Mein armer Mann hatte schlechte Nachrichten aus Groß-Giewitz; man macht in jener Gegend Requisitionen für die Armee; jeder Gutsbesitzer muß liefern, was er an Korn und Feldfrüchten vorräthig hat, und wer den gestellten Forderungen nicht genügen will oder kann, wird mit Exekutionen bedroht.

20. März.

Ich ging in die Kirche und hörte Pastor Küster predigen; dann blieb ich den übrigen Tag zu Hause.

21. März.

Ich verrichtete meine Andachtsübungen und las in einem geistlichen Buche bis um ein Uhr; dann gingen wir beide zur Kirche, um uns für die morgende heilige Communion vorzubereiten. Den Rest des Tages blieb ich allein und las in geistlichen Büchern.

22. März.

Ich ging zur Kirche und zum heiligen Abendmahl, Pastor Sucrow predigte. Den Rest des Tages blieb ich zu Hause, den Abend brachten die Knesebeck und die Bredow bei mir zu, die ebenfalls heute ihre Andacht verrichtet hatten.

27. März.

Ein junger Häfeler kam aus Berlin zu uns. Man spricht in der ganzen Stadt nur von dem Unglück seines Vaters, den der König auf die Festung geschickt hat, weil er nicht hat einen Revers unterzeichnen wollen. Man sagt, die Sache der Alliirten stehe schlecht; die Belagerung von Cassel und die von Marburg sollen aufgehoben sein und man fürchtet sehr, daß die Franzosen wieder vorrücken.

9. April.

Ich wollte gern einmal ruhig den ganzen Tag mit den Kindern zubringen und bat meinen Mann, allein zum Diner der Divina zu gehen, wo die Königin war, und mich zu entschuldigen. Aber nach Tische schickte die Erstere zu mir und ließ mich bitten, doch nur ein bißchen zu ihr zu kommen, und als ich kam, fand ich sie ganz allein und überdem etwas leidend und brachte einen wunderhübschen gemüthlichen Abend mit ihr zu. Ich liebe sie noch viel mehr, wenn sie allein ist, als unter Menschen.

10. April.

Ich las die Nouvelle Héloise, ein Buch, das eben erst erschienen ist und die Gefühle der Freundschaft und die der Liebe mit einer seltenen und eigenthümlichen Beredtsamkeit schildert. Allerdings läßt die Liebe die Heldin des Buches einen unverzeihlichen Fehltritt begehen; aber dennoch ist man geneigt, um ihrer Reue und um der guten Eigenschaften willen, die sie in ihrem späteren Leben zeigt, ihr dies Vergehen zu verzeihen. Einzelne Stellen in dem Buche sind es in der That werth, gelesen und beachtet zu werden.

12. April.

Wir waren im Kloster, um die Einkleidung zweier Nonnen zu sehen, welche den Schleier nahmen. Es war ein sehr rührender Anblick, und die armen Mädchen thaten mir furchtbar leid.

15. April.

Der Graf Finkenstein ist gestern mit dem ganzen Kabinett abgereist, um sich zum König nach Leipzig zu begeben, und man hofft und schließt daraus, daß vielleicht schon Friedensunterhandlungen im Werke sind; auch sagt man, es sollte ein Kongreß in Augsburg stattfinden, um einen allgemeinen Europäischen Frieden zu schließen. Ach Gott, welch ein Glück!

20. April.

Solms und Heß kamen an und kamen zu mir; später auch Spérandieu, der Kammerdiener des verewigten Prinzen von Preußen. Ach, wie schmerzlich und herzzerreißend erinnerte er mich an jene fernen, längst vergangenen und doch so unvergeßlichen Zeiten! Abends waren wir bei der Prinzessin Amalie, die immer die tollsten Ideen hat. Sie will, daß die Herren bei dem nächsten Fest, das sie giebt, als Damen gekleidet erscheinen und hat diese thörichte Maskerade auf den kommenden Mittwoch angesetzt.

21. April.

Ich machte einen langen Spaziergang mit der Divina; sie schlug mir vor, mit ihr nach Helmstädt zu fahren und ich war entzückt von diesem hübschen Plan; dann sprachen wir über die schwierigen Charaktere der Königin und der Prinzessin Amalie. Abends ging ich zur Prinzessin von Braunschweig.

22. April.

Heute war Alles bei der Prinzessin Amalie, welche denn in der That dekretirt hatte, daß die Herren als Damen und die Damen als Herren erscheinen müßten. Sie selbst trug den Anzug eines Geistlichen! Ich hatte ein Reitkleid angezogen und eine runde Männer-Perücke aufgesetzt und die Gräfin Finkenstein dasselbe gethan. Der Prinz von Nassau und Wrede waren wirklich ganz in Damen-Kostüm, aber Beide wüthend über ihre unkleidsame Verkleidung. Geuder kam als Magd, höchst burlesk ausstaffirt. Nach dem Souper erschien Musik und es sollte getanzt werden; aber dies glückte nicht, man gab es bald wieder auf und setzte sich an die Spieltische; und so endete dies thörichte Fest ziemlich früh am Abend.

4. Mai.

Wir hatten Solms und Heß und den neuen Gouverneur der Stadt zu Tische, der mir so ziemlich gefällt. Abends waren wir bei der Divina, wo wir die Prinzessin von Preußen und die Prinzen von Braunschweig fanden.

5. Mai.

Zu Tische hatten wir den General Doltrop, der, wie man sagt, nach Augsburg geschickt wird und deshalb mit Finkenstein sprechen wollte; ferner den Prinzen von Nassau, General Bülow, Finkenstein und noch einen Gefangenen, einen Engländer von der verbündeten Armee, der ebenfalls Nugent heißt.

9. Mai.

Wir hatten ein Diner bei der Divina in Rothensee, bei dem nur der Hof war. Nach Tisch wurde Kommers gespielt, gegen Abend fuhr man zur Stadt zurück und wir blieben zum Souper bei der Divina.

10. Mai.

In der Kirche; zu Tisch bei der Belle fée, von der ich Abschied nahm, da ich nach Groß-Giewitz abreisen muß. Abends an Hof, wo ich nach dem Souper mich bei der Königin verabschiedete. Ich ging nicht zu Bett und um 1 Uhr reisten wir ab, mein Mann und ich, und Schwerin mit uns.

14. Mai.

Obgleich wir Wittstock früh um 5 Uhr verließen und den ganzen Tag ohne Aufenthalt weiter fuhren, erreichten wir dennoch Groß-Giewitz erst spät am Abend. Wir fingen damit an, trotz der späten Stunde, noch den Garten zu durchwandern, den Schwerin reizend fand, und nach dem Souper waren wir alle froh, zu Bett gehen zu können.

15. Mai.

Trotz aller Ermüdung war ich doch schon um 8 Uhr angezogen und draußen. Wir frühstückten gemeinschaftlich und machten einen schönen weiten Spaziergang. Nach Tisch kam die Frau des Geistlichen zu mir und eine Menge Frauen aus den Gütern mit ihren Anliegen. Dann machten wir eine Landparthie und Schwerin unterhielt uns herrlich.

16. Mai.

Den Vormittag hielt ich eine gründliche Inspection in der Wirthschaft; zu Tisch kam der Graf Ysenburg, Schwager des Grafen Lehndorff, welcher das Regiment Lehwald kommandirt. Er erzählte uns alles, was durch Kleist hier Thörichtes angeordnet worden ist, worunter das ganze Land nun zu leiden hat. Abends kamen meine Schwiegermutter und meine Schwägerin Rochow von Stülpe an, und wir freuten uns sehr, Beide nach so langer Zeit einmal wieder zu sehen.

17. Mai.

Nach Tisch wurde ein großer Spaziergang unternommen, dann machte man Conversation bis zum Souper. Oertzen, Maltzahn, Bülow und Klinkgräf waren zum Essen gekommen, fuhren aber zur Nacht wieder fort.

18. Mai.

Man hört, daß der Prinz von Württemberg glücklicherweise Mecklenburg wieder verläßt und mit seinen Truppen nach Pommern geht. Ich nahm spät Abends Abschied von meiner Schwiegermutter, weil sie schon sehr früh am nächsten Morgen wieder aufbrechen wollte und nicht erlaubte, daß ich für sie aufstände.

19. Mai.

Als ich aufwachte, waren meine Schwiegermutter und meine Schwägerin schon längst fort. Wir machten eine Landparthie in die Umgegend und der Tag verging sehr angenehm.

20. Mai.

Das Wetter war herrlich; der Prediger und seine Frau kamen zu Tische; wir aßen im Garten und machten Abends einen schönen langen Spaziergang.

21. Mai.

Bereits mit dem Morgengrauen fuhren wir aus und erreichten trotz dessen Rheinsberg erst abends um 8 Uhr, denn die Wege waren abscheulich. Ungeachtet des Regens gingen wir sogleich das Schloß und den Garten zu besehen, welch letzterer noch immer ganz reizend ist. Herr von Reisewitz, der hier wohnt, lud uns zum Souper zu sich ein und hatte auch die Höflichkeit, uns über Nacht in seinem Hause zu logiren.

22. Mai.

Ich stand früh um 3 Uhr auf, kleidete mich eilend an, und ging im Morgengrauen nach dem Schloß. Nachdem ich lange einsam in diesem geliebten theuern Garten voll unbeschreiblich süßer Erinnerungen umher gestreift war, ging ich zurück, und um 6 Uhr reisten wir weiter und waren um 8 Uhr abends in Havelberg, wo mein Schwager und seine Frau uns sehr herzlich empfingen.

24. Mai.

Früh um 3 Uhr reisten wir weiter. Unterwegs hielten wir in Tangermünde und in Rogätz an, um zu essen, und sind nun endlich wieder glücklich in Magdeburg. Gott sei Dank, die Kinder sind wohl und frisch! Schwerin und Bredow soupirten mit uns und wir hörten zu meiner großen Freude, daß der Graf Schwerin die Garden bekommen hat und Möllendorf General geworden ist.

25. Mai.

Ich ging zur Prinzessin und freute mich, daß ich ihrem Wunsch zufolge schon in einigen Tagen mit ihr nach Helmstädt reisen soll. Dann ging ich mit ihr zur Königin, saß beim Souper neben dem Prinzen von Nassau und unterhielt mich sehr gut mit ihm.

28. Mai.

Um 2 Uhr Morgens fuhr ich zur Prinzessin und reiste mit ihr und ihren Kavalieren und Damen ab. Um 9 Uhr waren wir bereits in Helmstädt; es wurde gemeinschaftlich gefrühstückt und dann zog sich die Prinzessin einen Augenblick in ihr Zimmer zurück. Ihre beiden Hofdamen und ich wohnten alle Dreie zusammen in einem großmächtigen Zimmer. Unser Wirth und Hausherr, der General von Ledebur, wurde der Prinzessin vorgestellt; ein schwerfälliges altes Wesen, das uns gründlich langweilte und viel Stoff zum Lachen gab; dann kam die Prinzessin Charlotte mit ihrer Gouvernante, Frau von Winzingerode, und ihrem Kavalier, Herrn von Frankenberg. Die Schwestern freuten sich sehr, sich wieder zu sehen; die Prinzessin Charlotte ist sehr niedlich geworden, graziös und freundlich. Nach dem Diner ging man in den Garten, wo unter den Bäumen Commers gespielt wurde, um 6 Uhr Thee getrunken und auch Abends spät dort soupirt.

29. Mai.

Déjeuner mit den Prinzessinnen; dann wurden zwei junge Grafen Solms und Platen vorgestellt, die eben angekommen waren; später kam der junge Feldheim aus Braunschweig und ein junger Maltzahn von der Garde des Landgrafen, um der Prinzessin ihre Cour zu machen. Wir gingen, die Voltigir-Übungen der Studenten anzusehen, die mich sehr amüsirten, und Abends kamen sämmtliche Studenten, den beiden Prinzessinnen ein Vivat zu bringen, und brachten uns drei Damen dann ebenfalls auch

Vivats genug! – Es waren über 200 Studenten, die zu Zwei und Zweien hintereinander her defilirten; sie hielten Alle brennende Pechfackeln in den Händen und zum Schluß warfen sie dieselben auf einen kleinen Scheiterhaufen, der vor dem Hause errichtet war. Das gab ein ganz magnifiques Feuer und die Studenten standen im Kreis umher und sangen immerfort ein lateinisches Lied dazu, das sehr hübsch klang.

31. Mai.

Zum Diner kam Herr von Veltheim von Harbke mit seinem Neffen, der eben aus Frankreich zurückkehrt. Der Erstere ist ein würdiger achtungswerther Mann, den ich von früher her kenne und sehr gern habe. Auch ein Graf Görtz von der Garde des Landgrafen kam zu Tische, ein sehr schöner Mensch, der auch liebenswürdig zu sein scheint, und ein Fräulein von Hennitz, eine ganz wunderhübsche Person. Das Diner war, wie alle unsere Diners hier, unendlich heiter und animirt. Der General Ledebur war der Einzige, der dies nicht zu finden schien; aber dafür machte der Ober-Postmeister unser Entzücken aus und schien glückselig über diese Rolle. Dieser Mann ist der lächerlichste Sterbliche, den ich seit lange gesehen habe, spricht ein entsetzliches Französisch und hat sich in den Kopf gesetzt, unter keiner Bedingung ein deutsches Wort zu reden. Abends gaben die Herren Studenten uns ein Concert, das ganz ausgezeichnet gut war. Nachher ward im Garten soupirt und Blinde Kuh gespielt bis um Mitternacht; man sang zum Schluß noch Duette und unterhielt sich herrlich.

1. Juni.

Während des Frühstücks mit den Prinzessinnen brachte man mir einen Brief mit der Unterschrift des Postmeisters; aber trotz des kraftraubenden Französisch, in dem er geschrieben war, merkte ich doch bald, daß einer unserer Cavaliere ihn geschrieben haben mußte. Ich antwortete sogleich, aber auf Deutsch, und von den Prinzessinnen sowohl als uns Anderen gab jede ihren Senf dazu. Nach vieler Mühe entdeckten wir, daß Herr von Frankenberg der glückliche Autor des Postmeisterbriefes war, und diesem ward die Antwort denn auch zugeschickt. Nach dem Diner wurde Commers gespielt und um 5 Uhr fuhren wir nach

Harbke. Auf dem Wege ereilte uns ein furchtbares Gewitter, was uns auch in Harbke noch eine Stunde lang im Hause festhielt. Endlich ließ der Regen nach, wir gingen in den Garten und dann wurde in dem Gartensaal eine große Collation servirt. Man war sehr heiter, fuhr um 8 Uhr nach der Stadt zurück, soupirte, und spielte dann kleine Gesellschaftsspiele bis 1 Uhr nachts. Kaum waren wir in unseren Zimmern, als uns ein wunderhübsches Ständchen überraschte, das ein Student für uns bestellt hatte. Von der Musik angelockt, kamen die Herren zu uns herüber und tranken noch bei uns Thee; die Serenade dauerte bis 3 Uhr morgens und war so reizend, daß niemand daran dachte, zu Bette zu gehen und wir mit Entzücken der Musik zuhörten.

2. Juni.

Während ich mich noch ankleidete, kam schon die Divina zu mir in mein Zimmer, mich zum Frühstück zu holen, und dann fuhren wir nach L., wo die Herzogin von Braunschweig die Prinzessin Charlotte erwartete. Um 12 Uhr waren wir dort, fanden die Herzogin mit einer Dame und drei Herren ihres Gefolges und um 1 Uhr wurde zu Tisch gegangen. Die Herzogin bat die Divina, sie solle doch mit nach Braunschweig kommen, und nach einigem Zögern ließ diese sich wirklich hierzu bereden, aber mit der Bedingung, daß sie nur dort soupiren und in der Nacht oder früh Morgen wieder Abreisen werde. Ich war voller Freuden über diesen Plan, da ich so viel Bekannte in Braunschweig habe; und um 3 Uhr Nachmittags setzten wir uns wieder in den Wagen und waren, trotz der entsetzlichsten Wege, um 6 Uhr Abends glücklich in Braunschweig. Der Herzog, der Landgraf und der ganze Hof freuten sich sehr, uns zu sehen. Die Prinzessinnen zogen sich in ihre Gemächer zurück und wir Anderen gingen mit Allem, was es an heitersten und liebenswürdigsten Leuten am Hofe gab, zusammen den Thee bei der S. zu trinken. Nach 7 Uhr versammelten wir uns wieder bei den Herrschaften; der Landgraf sprach viel mit mir, war sehr liebenswürdig und scheint sehr zu wünschen, daß mein Mann in seine Dienste treten soll; doch konnte ich ihm natürlich keine bestimmte Antwort hierüber geben. Ich hatte die Ehre, mit der Herzogin und den beiden Prinzessinnen zusammen eine Parthie zu machen.

Der Landgraf spielte Casino mit der lächerlichen Frau von Schierstädt, die sich auf die Schönheit spielt und unglaublich albern zu sein scheint. Beim Souper saß ich neben dem Prinzen Wilhelm und dem Herzog; man stand erst um 12 Uhr von Tafel auf, unterhielt sich noch bis gegen 2 Uhr und dann reiste die Prinzessin wieder mit mir ab.

3. Juni.

Wir fuhren die Nacht durch und waren früh um 8 Uhr in Helmstädt, wo zwanzig der jungen Herren Studenten, sämmtlich ganz in Hellgrün gekleidet, uns empfingen. Wir tranken Thee mit ihnen und fuhren dann sogleich weiter; die Studenten gaben uns noch das Geleite bis Errleben, wo wir unser erstes Relais fanden, und Abends 8 Uhr waren wir wieder in Magdeburg.

Im Herbst desselben Jahres 1761, aus welchem die vorstehenden Tagebuch-Blätter datirt sind, war Berlin noch einmal in großer Gefahr. Die Russen unter Butturlin bedrohten die Churmark und die Hauptstadt, und Friedrich II., der Laudon in Schlesien gegenüberstand, konnte nichts thun, um jene zu schützen. In dieser Noth befahl er dem General Platen, mit 8000 Mann in dem Rücken des Feindes in Polen einzubrechen, wo es diesem durch einen kühnen Handstreich gelang, sämmtliche Magazine der Russen zu verbrennen; Butturlin sah sich aus Mangel an Lebensmitteln jetzt genöthigt, zurückzugehen und die Mark war noch einmal gerettet. Sämmtliche Armeen bezogen nun ihre Winterquartiere und der Preußische Hof kehrte sicher vor jeder Gefahr von Magdeburg nach Berlin zurück; aber noch immer hatte der Krieg kein Ende und noch eines vollen Jahres bedurfte es, bis Friedrich alle seine Feinde besiegt hatte und am letzten December 1762 endlich die Friedens-Verhandlungen in Hubertusburg eröffnet werden konnten. Im Februar 1763 kamen dieselben denn auch zum Abschluß, und am 30. März kehrte der ruhmgekrönte König nach Berlin zurück.

Um bei dieser Heimkehr des Königs anwesend zu sein, war auch Frau von Voss auf den Befehl der Königin nach Berlin gekommen und der Wunsch der Letzteren, sie ganz in ihrer Nähe zu behalten, ward für ihr ferneres Bleiben dort entscheidend, indem der König jetzt, wie bereits erwähnt, Herrn von Voss zum Hofmarschall seiner Gemahlin ernannte. Dreißig Jahre hindurch, vom Sommer 1763 bis zum Tode des Hofmarschalls von Voss, 1793, blieb die *äußere* Existenz der Familie von nun an eine ziemlich unveränderte. Der Winter wurde in Berlin zugebracht. Der Frühling und die erste Hälfte des Sommers in der Begleitung der Königin in Schönhausen und der Spätsommer und Herbst, vor allem die Jagdzeit, auf dem Lande in Mecklenburg. Zwischendurch ward Frau von Voss ihrer leidenden Gesundheit halber in Kurorte und Bäder geschickt, besonders häufig nach Pyrmont und dann einige Jahre hintereinander nach Carlsbad, und an dem letztern Orte befreundete sie sich mit einer Fürstin Auersperg, der Schwester ihres früheren Verehrers, des Grafen Neipperg. Diese Freundschaft ward bald eine sehr innige, und bei einem späteren Besuche, den Frau von Voss in Begleitung ihrer Tochter bei der Fürstin in Böhmen machte, lernte diese ihren nachmaligen Gemahl, den Grafen Castell-Rüdenhausen kennen. Das junge Mädchen war damals erst dreizehn Jahre alt; doch muß diese große Jugend in jener Zeit für eine Braut nichts Auffallendes gewesen und Niemand als ein Hindernis erschienen sein, um der gegenseitigen Neigung der beiden jungen Leute die elterliche Zustimmung zu versagen; denn nachdem Graf Castell die Einwilligung seines zukünftigen Schwiegervaters eingeholt hatte, ward bereits im October 1769 die Verlobung gefeiert. Da die Braut noch nicht eingesegnet war, ging ihre Mutter, um sie vor äußerer Zerstreuung zu bewahren, anstatt nach Berlin mit ihr auf das Gut ihrer Großmutter, und erzählt selbst ausführlich, wie hier der hochwürdige Pastor Volmer mit großem Ernst ihre religiöse Unterweisung beendet habe und sie an ihrem 14. Geburtstag im December desselben Jahres dort eingesegnet und zur heiligen Communion aufgenommen worden sei. Dieser Tag wurde als ein Familienfest sehr feierlich begangen und alle Verwandten kamen herbeigereist, um der heiligen Handlung beizuwohnen.

Wenige Wochen später, am 15. Januar 1770, fand in Berlin die Vermählung des jungen Paares statt, das seinen Wohnsitz in Schloß Rüdenhausen in Franken nahm. Doch wurde es der Mutter anfangs sehr schwer, sich von dieser einzigen, zärtlich geliebten Tochter zu trennen, um so mehr, als jene ihrer mütterlichen Pflege und ihres Trostes vielfach bedurfte und alle Kinder, die ihr Gott schenkte, wenige Wochen oder Monate nach der Geburt wieder starben. In Folge dessen brachte Frau von Voss die nachfolgenden Jahre zum größten Theile bei ihrer Tochter und ihrem Schwiegersohne zu, den Sommer meist in Franken auf einer oder der anderen der Besitzungen des Grafen Castell, den Winter in Würzburg, Regensburg, Prag oder Wien. An letzterem Ort blieb sie einer Kur wegen, welche die junge Frau brauchen mußte, einen ganzen Winter. Kaum angelangt, führte man sie in die Augustinerkirche, wo die Aufnahme des Erzherzogs Maximilian in den Deutschen Herren-Orden eben mit einer sehr prachtvollen Feierlichkeit begangen wurde. Nach der kirchlichen Einsegnung des neuen Ritters fand ein festliches Mahl sämtlicher Ordensherren mit großem Prunke statt, bei welchem auch Zuschauer zugelassen wurden. Bei dieser Gelegenheit sah Frau von Voss den Kaiser Joseph II. wieder, den sie bereits in Karlsbad kennen gelernt hatte und der, erfreut, ihr so unerwartet zu begegnen, sie sogleich selbst zu der ebenfalls anwesenden Kaiserin führte und dieser vorstellte, und während ihres ganzen Aufenthaltes in Wien sie mit Einladungen, Aufmerksamkeiten und Auszeichnungen jeder Art überhäufte.

Im Monat April des Jahres 1771 war Frau von Voss durch den Tod ihrer Mutter schwer betroffen worden, welche sie vorher in einer längeren Krankheit treulich gepflegt hatte. Sie sagt darüber in ihrem Tagebuch:

»Dieser Schlag war mir unaussprechlich schmerzlich und der Kummer, den er mir verursachte, ergriff mich so heftig, daß ich ein schleichendes Fieber bekam, das ich durch zwei Monate lang nicht los werden konnte. Meine theure unvergeßliche Mutter, die mich in meiner Kindheit vielleicht weniger ausschließlich als meinen Bruder liebte, begegnete mir mein ganzes übriges Leben hindurch mit einer Freundschaft und Güte ohne Gleichen, und ihr Tod war für mich ein unersetzlicher Verlust. Sie war eine Frau von sehr viel Geist und Einsicht und ihre seltene Heiterkeit und Liebenswürdigkeit blieben ihr bis zu ihrem letzten Augenblick treu.« –

Ein Billet des Königs ist an dieser Stelle eingeschaltet, welches wir hier beifügen:

Madame!

C'est à regret que je vois par votre lettre du 7e de ce mois le décès de Madame votre mère. L'ayant toujours connue comme une femme de beaucoup de mérite je ne saurais me dispenser de vous témoigner la part sincère que je prends à l'affliction, que la perte d'une aussi digne mère vous doit causer! Priant Dieu qu'il vous en console et vous ait en sa sainte et digne garde

Potsdam 20 Avril 1771.

Frédéric.

Der Tod dieser vortrefflichen und so inniggeliebten Mutter und die Trennung von ihren beiden einzigen Kindern brachte eine schmerzliche Vereinsamung in das Leben der Frau von Voss, welche besonders in der Erziehung der letzteren ihr ganzes Glück gefunden hatte. Ihr Sohn war bereits 1766 mit 14 Jahren eingesegnet und zur heiligen Communion aufgenommen worden, darauf mit einem Gouverneur und Dienern auf die Ritter-Akademie nach Lüneburg geschickt, wo er sich nur Lob erwarb, und nach zwei Jahren, 1768, mit demselben Gouverneur die Universität in Frankfurt a. O. bezog. Das Hofleben, das Frau von Voss in ihrer ersten Jugend so sehr liebte, hatte längst seinen Reiz für sie verloren und die große Gunst, mit der die Königin Elisabeth Christine sie bevorzugte, war trotz ihrer Dankbarkeit für dieselbe ihr dennoch nur eine Last. Sie hatte gar keine wirkliche Häuslichkeit mehr; ihr Mann war jeden Mittag und jeden Abend bei Hof und war derselbe überhaupt sehr der Geselligkeit, der Jagd, dem Spiel, dem Theater, kurz einem Leben der äußerlichen Unruhe und des Vergnügens zugethan. Sobald sie selbst in Berlin war, verlangte die Königin mit tyrannischer Vorliebe, daß auch sie nicht nur regelmäßig Mittags und Abends an Hof kam, sondern womöglich den ganzen Tag bei ihr zubrachte. Dies geistlose und fast inhaltslose Leben wurde der Bevorzugten sehr schwer; es mangelte ihr gewiß nicht an Ergebenheit und Verehrung für die Königin; aber bei all den Anerkennung gebietenden

Eigenschaften derselben war der tägliche Verkehr mit ihr schwierig und unerfreulich.

Frau von Voss fand vielleicht im Gegensatz zu dem Leben am Hofe jetzt mehr und mehr Geschmack an einem ruhigen und thätigen Landleben; sie wiederholt dies zu öfteren Malen in ihren Tagebüchern und machte es denn auch möglich, ohne ihren Mann, der diesen Geschmack nicht theilte, oft viele Monate lang, bis tief in den Spätherbst hinein, allein in ihrem geliebten Giewitz zu bleiben. Sie interessierte sich für die Landwirthschaft und nahm vor allem den regsten und herzlichsten Antheil an dem Wohle aller Gutsangehörigen, ja aller Notleidenden der ganzen Umgegend, für die sie immer eine freundliche und leutselige Wohlthäterin war. Aber auch die Freundschaft, welche von jeher einen großen Platz in ihrem Herzen und in ihrem Leben eingenommen hatte, machte zwischendurch ihre Rechte geltend, und vielleicht gab sie denselben um so mehr Gehör, weil ihr eigenes häusliches Leben verödet und einsam geworden war.

Im Jahre 1773 kommt die Königin Ulrike von Schweden zum Besuch in ihre deutsche Heimath und auf die dringende Bitte derselben, die eine besondere Zärtlichkeit für Frau von Voss hatte, bringt diese mehrere Monate bei ihr theils in Schwerin, theils in Stralsund zu. Dann sehen wir sie in Prag bei einer Freundin, Gräfin Clam-Martinitz, bald darauf an dem Hofe in Coburg; später zwei Monate lang bei dem Markgrafen und der Markgräfin von Anspach; zu einer anderen Zeit wieder abwechselnd in Meiningen, in Böhmen bei der Fürstin Auersperg und in Hanau bei dem Erbprinzen und der Erbprinzessin von Hessen-Cassel, überall nicht wie ein Besuch, sondern wie eine geliebte, lang erbetene Freundin, überall geehrt, gefeiert und auf Händen getragen. Doch auch diese Zeiten, die noch so manches Gute und Erfreuende in sich trugen, sollten ein Ende nehmen und der größte Schmerz ihres Lebens dasselbe für lange, lange Jahre hinaus mit Dunkel und Trauer bedecken.

Nach Beendigung seiner Studien ward ihr Sohn, den der Vater dem Civildienst bestimmt hatte, zuerst in Berlin angestellt und die glückliche Mutter begrüßte diese Gunst mit unbeschreiblicher Freude. Sie sagt an dieser Stelle ihres Tagebuches von ihm:

»Er hat sich bei seinen raschen Studien sehr angestrengt, aber auch sehr ausgezeichnet, und ich kann mit Stolz sagen: er hat einen selten edlen, durch und durch männlichen Charakter! – Aber er ist sehr lebendig und gerade jetzt in den Jahren, wo die Leidenschaften am ungestümsten und heftigsten sind und es am nöthigsten ist, denselben mit Sanftmuth entgegen zu treten, was der Liebe einer Mutter zuweilen besser gelingt, als der strengen Autorität des Vaters.«

Die Freude, den geliebten Sohn bei sich zu haben, war nur von kurzer Dauer; bald wurde er, bereits mit 21 Jahren, als Rath an die Regierung in Königsberg versetzt. Auch ihre Tochter sah sie jetzt nur selten und sie sagt mit Trauer hierüber in ihrem Tagebuch:

»Es scheint, daß die Vorsehung, die mir das größte Glück geschenkt hat, so selten wohlgeratene und liebevolle Kinder zu besitzen, mir nicht das Glück schenken will, mit ihnen vereint zu sein.«

Ihre Schwiegermutter hatte ihre Enkelin, das Kind ihrer Tochter Rochow, welches sie ganz besonders liebte, sich einige Zeit vor ihrem Tode von dieser erbeten und das junge Mädchen hatte die Großmutter nicht wieder verlassen. Nach deren Ableben erbat sich nun Frau von Voss diese geliebte Nichte auch ihrerseits von der Mutter, und behielt sie bei sich, und als bald darauf ihr Sohn eine Urlaubszeit im elterlichen Hause in Groß-Giewitz zubrachte, erwachte eine Neigung zwischen beiden jungen Leuten, welche zur großen Freude der Beide zärtlich liebenden Tante und Mutter mit deren Verlöbnis schloß. Am 19. Februar 1779 wurde die Vermählung gefeiert; aber schon im October desselben Jahres raffte eine Unterleibsentzündung den jungen Mann nach kaum dreitägiger Krankheit hin. Die unglückliche Mutter erfuhr den Tod, ohne die Krankheit geahnt zu haben. Sofort brach sie auf, ihre arme Schwiegertochter selbst von Königsberg abzuholen, traf dieselbe bereits unterwegs, brachte sie, einzig dem Mitleid und der Besorgnis um diese gewidmet, nach Groß-Giewitz, wo die junge Wittwe am 23. December von einem Knaben entbunden ward, der, am zweiten Weihnachts-Feiertage getauft, wiederum den geliebten Namen August erhielt.

Diesen Winter von 1779 auf 1780 verlebte die tief gebeugte und ihres liebsten Kindes beraubte Mutter in der Einsamkeit ihres Landaufenthaltes, einzig bedacht, den Kummer der Schwiegertochter zu lindern und sie und ihr Kindchen mit Sorgfalt und Liebe zu umgeben. Doch enthält ihr Tagebuch aus jener Zeit nur Worte des tiefsten Schmerzes, die uns sagen, wie unheilbar ihr Herz getroffen war. An einer Stelle desselben sagt sie: »Meinen Gram und meine Verzweiflung kann ich mit Worten nicht aussprechen; ohne den Beistand des allbarmherzigen Gottes könnte ich die Last dieses Schmerzes, der jeden andern Schmerz übersteigt, nicht ertragen.«

Eine ganze Reihe von Trauerfällen folgte einander in der Familie; der Tod der Schwester ihres Mannes, Frau von Rochow; dann der Frau ihres Bruders, endlich der des einzigen noch lebenden Sohnes ihrer Tochter, der Gräfin Castell, eines heißgeliebten Kindes, das allein noch von all ihren Kindern ihr geblieben war! –

Im Jahre 1783 starb der Obersthofmeister der Königin, Graf Wartensleben, und Herr von Voss erhielt dessen Stelle mit dem Rang eines Staatsministers. Von dieser Zeit an betrachtete die Königin es immer mehr als ein Recht, die neue Obersthofmeisterin ganz an ihren Hof und ihre Person zu fesseln und diese versuchte nicht mehr, sich dieser Pflicht auch nur vorübergehend zu entziehen. Auf den Wunsch der Königin brachten beide Gatten fernerhin auch die Sommermonate mit ihr zusammen in Schönhausen zu und gingen nur noch der Geschäfte halber im Frühjahr oder im Herbst auf einige Wochen nach Groß-Giewitz. Auch der Tod des großen Königs im Jahre 1786 änderte nichts in ihrer äußeren Existenz. Der bisherige Prinz von Preußen, der Sohn jenes Prinzen August, den die junge Hofdame einst geliebt hatte, bestieg den Thron unter dem Namen Friedrich Wilhelm des Zweiten. Die rührende Geschichte von der unüberwindlichen Liebe seines armen Vaters für jene reizende Hofdame war auch ihm nicht verborgen geblieben und gerade, weil dieser vielgeliebte Vater so früh und so verzweifelnd geendet hatte, bis zum Tode ungetröstet auch über die ihm entrissene Geliebte, war diese selbst dem Sohne doppelt theuer. Auch er hatte sie noch in dem Glanze ihrer ungewöhnlichen Schönheit gekannt, als er, ein sechszehnjähriger Jüngling, mit dem Hof in Magdeburg täglich mit ihr verkehrt, mit ihr geritten, mit ihr getanzt, mit ihr Theater gespielt hatte. Sie war damals 31 Jahre alt und gewiß für ihn freundlicher, gütiger, liebenswürdiger, als für jeden Anderen. Ist es ein Wunder, daß der Prinz nicht nur von seiner frühesten Jugend an eine besondere Verehrung für diese Frau faßte, sondern dieselbe auch sein ganzes Leben lang festhielt und sie noch in ihrem hohen Alter mit Aufmerksamkeiten und Gnadenbezeigungen jeder Art auszeichnete? Ist es nicht begreiflich, daß auch sie den Sohn des so schmerzlich beweinten Freundes mit besonderem Antheil und wärmerem Interesse betrachtete, daß sie nachsichtiger für seine Fehler war, als Andere, und den Kummer, ihn noch im besten Mannesalter sterben zu sehen, tiefer empfand, als die Menge, die nur den schwachen, untüchtigen Regenten in ihm sah? Wir werden später noch von ihr selbst hören, wie die letzten Tage dieser eigenthümlichen Freundschaft zwischen dem König und seiner alten Jugendbekanntin abschlossen; vorerst aber sollte er ihr einen großen Kummer bereiten, der nach dem Verlust ihres Sohnes ihr Herz noch einmal mit bitterem Schmerz traf; und es gehörte die ganze oben geschilderte Schwäche und Vorliebe, die sie für diesen Monarchen empfand, dazu, um ihm denselben zu verzeihen.

Friedrich Wilhelm II. war 1744 geboren und 1765 vermählt mit einer Prinzessin von Braunschweig, von welcher er auf Befehl Friedrich II. 1769 wieder geschieden ward. Er vermählte sich zum zweiten Mal 1769 mit einer Tochter des Landgrafen von Hessen-Darmstadt; doch leider war auch diese Ehe keine glückliche; das fernerhin wenig korrekte Leben des Königs und seine zahlreichen Liebesabenteuer sind kein Geheimnis geblieben. Die erste Geliebte des damaligen Prinzen von Preußen war die später zur Gräfin Lichtenau erhobene Tochter eines armen Berliner Musikers, Fräulein Enke, die sich mit dem Kämmerer Rietz verheirathet hatte. Diese Frau, der es gelang, bis zum Tode Friedrich Wilhelms II. den fast ungetheilten und leider verderblichen Einfluß auf ihn zu behalten, war zu der Zeit, als er den Thron bestieg, längst nicht mehr die Geliebte, sondern nur noch die

Freundin des Prinzen, wie er selbst sie nannte. Er hielt die Gewohnheit fest, womöglich jeden Abend bei ihr zu soupiren; er sprach mit ihr über Alles, frug sie bei Allem um Rath und hatte ein so blindes Vertrauen zu ihr, daß es nie gelungen ist, dasselbe zu erschüttern. Ja, es war dieser ebenso entschlossenen als intriganten Person gelungen, sich dem König im buchstäblichen Sinne des Wortes unentbehrlich zu machen und keine seiner späteren Neigungen schwächte jemals selbst nur vorübergehend ihre beklagenswerte Herrschaft über ihn. Im Jahre 1783 hatte der Bruder des Obersthofmeisters von Voss auf den Wunsch der Königin Elisabeth Christine seine Tochter an ihren Hof gegeben. Dasselbe, was 1745 sich zugetragen hatte, wiederholte sich 1783; der Prinz von Preußen faßte eine Neigung für die Hofdame der Königin. Fräulein von Voss, deren unglückliches Schicksal eben so sehr wie ihre Schuld das größte Mitleid verdient, hatte gleich bei ihrem ersten Erscheinen an Hof die Aufmerksamkeit und Bewunderung des Prinzen erregt und fast drei Jahre lang verfolgte er sie mit seiner Neigung. Im Jahre 1786 schreibt Graf Mirabeau, der damalige französische Agent in Berlin, in seiner bekannten Geschichte des Preußischen Hofes: »Der König beharrt noch immer in derselben respectvollen Leidenschaft für Fräulein von Voss. Sie widersteht ihm standhaft, aber er giebt ihr täglich neue Beweise seiner Neigung und zeichnet sie durch die größten Aufmerksamkeiten aus.« Übrigens stand die junge Hofdame bei den französischen Memoiren-Schriftstellern jener Zeit nicht in Gnaden, weil sie eine Abneigung gegen alles französische Wesen hatte, mit Vorliebe Deutsch und Englisch sprach und die damals allgemein übliche französische Sprache so viel als möglich vermied. Jene machten ihr auch in Folge dessen den Vorwurf der Anglomanie, der vollkommen ungerecht war. Die Zeitgenossen schildern sie als eine Schönheit im Genre Tizians, schlank und voll zugleich, von schönen Formen und feinen Zügen, blendend weiß, aber ganz ohne Farben, von einer Marmor ähnlichen Blässe, gehoben durch ein überaus reiches röthlich blondes Haar. Am Hofe hatte sie den Beinamen Ceres wegen dieses üppigen goldenen Haares, in dessen Schmuck die Bilder sie auch darstellen, die noch von ihr erhalten sind und die sie alle in der

Blühte der ersten Jugend zeigen, die es ihr Schicksal nicht sein sollte zu überleben. Nur in vereinzelten, hier und da in ihren Tagebüchern zerstreuten Andeutungen erwähnt Frau von Voss in den ersten Jahren die Neigung des Prinzen von Preußen für ihre Nichte Julie, die anfangs harmlos schien, ihr aber bald Kummer genug verursachte. Im Januar 1784 heißt es in den vorerwähnten Blättern bereits nicht ohne den Ausdruck der Besorgnis:

»Julie gefällt dem Prinzen mehr als mir lieb ist. Er spricht viel mit ihr: ich fürchte, sie ist nicht unempfindlich für seine Bewunderung, und sie wird durch ein solches Gefühl nur sich selbst unglücklich machen.« Einige Zeit später: »Die Prinzessin von Preußen ist eifersüchtig auf Julie«; endlich im December: »Ich hatte eine lange Unterredung unter vier Augen mit dem Prinzen; ich hielt ihm sein Unrecht vor, Julie mit seiner Leidenschaft zu verfolgen; ich sagte ihm, daß er sie dadurch nur unglücklich machen werde, ja, ich sagte ihm meine ganze Meinung und die ganze Wahrheit mit allem Ernst. Er versprach mir, sein Benehmen zu ändern und alles zu thun, was ich wollte. Er hatte später noch eine Explikation mit Julie und ich weiß, daß sie ihm Vorwürfe gemacht hat und mit Recht, daß er ihrem Rufe auf eine unverzeihliche Weise schade. Auch kam er sehr traurig und niedergeschlagen von ihr zurück; ich sagte ihm noch einmal ernstlich, er müsse dieser Sache ein Ende machen, und er gelobte es mir.« Eine Zeit lang scheint der Prinz sein Versprechen gehalten zu haben; denn im Januar des Jahres 1785 ist nur noch die Rede von Heirathsanträgen für die junge Hofdame; schließlich soll sie einen Grafen Dohna heirathen; doch diese Verbindung kommt nicht zu Stande und man meinte, daß der Prinz sie zu hintertreiben gewußt habe.

Die Tagebücher lassen übrigens auch den unliebenswürdigen Charakter der Prinzessin von Preußen nicht unerwähnt; es heißt wiederholt mit einem Ausdruck des Mitleids: »Der Prinz habe ein sehr unangenehmes Leben in seiner Häuslichkeit, die Prinzessin sei sehr unartig mit ihm.« Dann tritt die alte Leidenschaft desselben mit einem Male wieder heftiger hervor und er scheint seine Vorsätze und Versprechungen zu vergessen. Die Oberst-hofmeisterin sagt beunruhigt hierüber: »Der Prinz spricht wieder mehr mit Julie, das muß aufhören. Im Grunde fürchte ich vor allem, daß sie selbst sich innerlich nicht recht von ihm frei machen kann«; und später: »Der Prinz kommt ewig zur alten Königin nach Schönhausen und ich weiß, das Alles geschieht doch nur wegen Julie. Ich besorge, er giebt sie noch immer nicht ganz auf und sinnt nur darüber nach, ob es gar keine Hoffnung für ihn gebe. Wenn nur trotz all seiner Versprechungen diese Sache nicht doch noch sich zum Unheil wendet! Man müßte Julie durchaus ganz vom Hofe entfernen.«

Im Januar 1786 schreibt die Obersthofmeisterin in ihrem Tagebuche: »Die Leidenschaft des Prinzen ist immer dieselbe; er versucht nur mehr als früher sie zu verbergen und ist sehr vorsichtig, aber mich täuscht er nicht. Meine geliebte Julie dagegen benimmt sich ganz vortrefflich.« Und einige Wochen später: »Der Prinz wollte heute Abend nicht spielen; ich sah, es geschah nur, um einen Moment zu erhaschen, mit meiner Nichte zu sprechen. Gott weiß, was er ihr sagte, sie schien sehr ergriffen und unglücklich darüber zu sein und plötzlich verlor auch er die Fassung und gerieth ganz außer sich; doch standen sie zu entfernt, als daß ich hätte verstehen können, was er sagte.«

Im März: »Der Prinz thut mir leid; aber trotz seiner Leidenschaft für Julie macht er sich doch von der Liaison mit seiner sogenannten Freundin nicht los. Heute war er besonders verstimmt und gedrückt, ich glaube in Folge einiger ernsten Worte, die Julie ihm gesagt hatte.«

Während dieser Zeit drang die Obersthofmeisterin fort und fort darauf, die junge Hofdame von Berlin zu entfernen; aber es scheint, daß weder ihr Mann noch die eigene Familie des jungen Mädchens die Gefahr einsehen wollten, die ihr augenscheinlich mehr und mehr nahte; gewiß ist, daß alle ihre Bemühungen dafür vergebens waren und sie es nicht durchsetzen konnte, sie vom Hofe weg zu bringen. Zuweilen erschien auch ihr die Sache weniger bedrohlich, aber dazwischen wird ihre Sorge und Angst immer wieder wach, was Äußerungen wie die nachfolgenden beweisen:

8. März 1786.

Der Prinz ist unglaublich zerstreut, seine Neigung nimmt seine Gedanken ganz gefangen.

18. März.

Der Prinz kam zum Diner nach Schönhausen, blieb den ganzen Nachmittag und Abend und schien nichts zu sehen als Julie.

25. März.

Der Prinz fängt wieder an, mehr mit Julie zu sprechen, wo er nur irgend kann, und diese ewigen Gespräche und Erörterungen sind nicht gut für sie. Ich habe das Gefühl, als finge die Sache nach und nach wieder da an, wo sie mit Mühe zum Abschluß gekommen war.

2. April.

Der Prinz kam zu Tische, nachher machte er es möglich, mit ihr zu sprechen; nach einigen Worten verlor sie die Fassung und brach in Thränen aus; ich verstehe das alles nicht mehr.

14. April.

Der Prinz weiß sich nicht recht zu beherrschen, er ist eifersüchtig und aufgeregt, sobald Julie einmal nicht da ist oder sich ihr jemand nähert.

5. Mai.

Ich habe den Prinzen an das erinnert, was er seit einiger Zeit zu vergessen scheint, und er versprach es von Neuem. Er ist doch sehr gut! Gott gebe, daß er so bleibt, wenn er erst König ist.

8. Mai.

Der arme Prinz, er ist schrecklich unglücklich! Heute kam er wieder und als er Julie sah, schien er so glücklich!

11. Mai.

Der Prinz kommt ewig zur Königin, was soll man thun? Es wird immer schlimmer mit ihm und Julie dauert mich furchtbar.

12. Mai.

Mir scheint seine Leidenschaft täglich zu steigen. Er kommt jetzt oft für den ganzen Tag nach Schönhausen und hat nur das Einzige im Kopf.

Jetzt setzt die Obersthofmeisterin es endlich durch, daß ihre Nichte auf drei Monate Urlaub erhält und nach Hause reist. Sie sagt darüber:

15. Mai.

Der Prinz ist schrecklich unglücklich, aber ich hoffe, diese Abwesenheit soll der Sache ein Ende machen und ihn zur Besinnung bringen.

Anfang Juli.

Es scheint zu meinem Schrecken, daß der Prinz an Julie schreibt und sie ihm antwortet!

15. Juli.

Er war heute sehr sanft und gut und sprach vernünftig und ergeben und mit den besten Vorsätzen von meiner armen Nichte und von seiner Pflicht gegen sie!

21. Juli.

Der Prinz ist sehr still und in sich gekehrt; er sprach mir heute viel von ihr und scheint ernster gesonnen denn je, seine Pflicht zu thun.

15. August.

Heute kam Julie zurück und bereits am Abend kam der Prinz an und hat ganz die alte Geschichte wieder angefangen, – das ist zu unrecht! –

Um diese Zeit beginnt das Befinden des großen Königs ernstere Besorgnisse zu erregen. Es folgen nun wiederholt beunruhigende Nachrichten über seine Gesundheit, endlich am 17. August die Trauerkunde seines Ablebens. Obgleich er so ganz zurückgezogen und von den Höfen getrennt in Potsdam und Sanssouci lebte, scheint der Schmerz bei seinem Abscheiden doch ein sehr tiefgehender zu sein; auch die Aufzeichnungen der Obersthofmeisterin sprechen nur von dem allgemeinen Kummer, wie sehr sie selbst den Verstorbenen beweine, und erwähnen mit Rührung dabei, wie überaus gnädig und gütig er seit ihrer ersten Jugend immer für sie gewesen sei. Über den nunmehrigen König hören wir sie selbst sprechen.

18. August.

Der König kam mit seinen beiden ältesten Söhnen von Potsdam, stieg in Schöneberg zu Pferde und ritt so in die Stadt ein, unter dem Zujauchzen und Vivatrufen der Menge bis ans Schloß.

Im weißen Saal waren alle Officiere versammelt; er dankte den Generälen für die Treue, die sie dem hochseligen König bewiesen, und sprach die Hoffnung aus, sie würden auch ihm dieselbe Treue bewahren.

22. August.

Das Testament ist ganz wunderschön, wir weinten Alle sehr, als es vorgelesen wurde. Der neue König thut nur Gutes, giebt mit vollen Händen den Armen; es ist unglaublich, wie sehr man ihn liebt.

23. August.

Er kam heute zum ersten Mal als König wieder nach Schönhausen, aber leider war sein Benehmen gegen meine Nichte wie früher.

25. August.

Der König kommt, so oft er kann und dann geht er mit Julie im Garten spazieren; aber sie ist so still und zurückhaltend mit ihm, als möglich, was mich freut und etwas beruhigt.

30. August.

Die Prinzessinnen thun dem König einen sehr unerlaubten Gefallen, indem sie ihn immer mit Julie zusammen bringen. Sie führen die Königin voraus und eilen, wenn spazieren gegangen wird, und beschäftigen sie, um daß er mit meiner Nichte gehen und sie sprechen kann; das ist ein schlechtes Spiel.

31. August.

Der König hat der Prinzessin Friederike eine Zulage und ihr die kleine Viereck zur Hofdame gegeben, ich glaube einzig, um Julie Freude zu machen, deren Freundin sie ist.

1. Oktober.

Der König kam und wollte mit mir sprechen; aber er ist so ganz voll von dem einzigen Gedanken, daß er nichts weiter hört und sieht. Ich gestehe, daß ich jetzt alle Geduld mit ihm verliere und diesen Zustand unerlaubt und unverzeihlich finde.

18. Oktober.

Die Königin will gern aus Schönhausen in die Stadt zurück, der König will, sie soll noch hier bleiben; wegen seiner geliebten Spaziergänge mit Julie. Ich bin ganz rathlos und unglücklich über dies immer erneute Anknüpfen einer ganz unmöglichen Sache!

1. November.

Alles bemächtigt sich dieser unglücklichen Sache; man möchte Julie zum Schein verheirathen; es ist schrecklich, wie *Alles* bemüht ist, sie zu ihrem Verderben zu drängen; sie thut mir furchtbar leid.

8. November.

Ich sehe es jetzt deutlich, sie liebt den König, trotz all ihres Leugnens; sie kann nicht mehr von ihm lassen und ist, was auch geschehen mag, nicht mehr von ihm loszureißen. Es grämt mich schrecklich.

10. November.

Heute kam er en surprise zum Essen; er verfolgt seinen Zweck ohne Rast und Ruh.

12. November.

Ich fürchte den Einfluß dieser ewigen Gespräche des Königs mit ihr; er will und will sie bestricken; immer setzt er sich an ihren Tisch, das mißfällt mir ganz unbeschreiblich von ihm.

20. November.

Meine arme Nichte hat mir ihr Herz ausgeschüttet; ach, ich fürchte, es ist eine unaufhaltsame Sache!

25. November.

Der König geht heute nach Potsdam; er kam vorher zu uns und war unruhig, weil er Julie nicht zu sehen bekam; er liebt sie toller und leidenschaftlicher als je.

2. December.

Nach Tisch sprach der König lange mit meiner Nichte; ach, ich fürchte, es nimmt ein trauriges Ende für sie und für die Ehre der Familie! Ich habe es immer und immer gesagt: man hätte sie nicht an Hof lassen sollen!

8. December.

Der König kompromittirt sich fürchterlich. Um seiner selbst willen möchte ich, er könnte ein Mann sein und sich besinnen.

10. December.

Wie immer setzt der König sich beim Thee neben Julie; könnte dies ewige Zusammensein doch abgewendet werden.

11. December.

Mit dem König in der Kirche. Die Predigt von Spalding war so schön, ganz wie für meine Nichte gemacht. Aber es scheint, sie will nichts mehr hören, das sie zur Pflicht zurückruft; ich habe keinen Einfluß mehr auf sie; die Kannenberg läßt sie gewähren, die ihr am Nächsten steht, und ich habe leider nicht das Recht und die Macht einzugreifen.

14. December.

Julie scheint sehr traurig; ihr Bruder ist angekommen und hat wohl noch einen letzten Versuch gemacht, ihr ins Gewissen zu reden.

17. December.

Der König scheint nur glücklich zu sein, wenn er sie sieht. Wo sie ist, sieht er niemand, als sie, spricht nur mit ihr und hat nichts Anderes mehr im Kopf, als seine Leidenschaft. Ich sehe die Sache dem schlimmsten Ende mit Gewalt zugehen, muß dabei stehen und kann sie nicht aufhalten.

20. December.

Auch die Prinzessin Friederike scheint jetzt das nahende Unglück zu ahnen und ist sehr traurig. Sie ist jetzt 20 Jahre alt und steht dem Vater am Nächsten; sie fühlt ganz, wie seine und unsere Ehre bedroht ist.

22. December.

Der König klagte mir, meine Nichte behandle ihn schlecht; er sei fast mit ihr brouillirt; aber dennoch spricht er leider immerfort mit ihr.

23. December.

Er saß allein mit ihr im Kabinett der alten Königin; sie scheint in Wahrheit nicht mehr sehr grausam zu sein; das empört mich und Gott allein weiß, wie unglücklich und trostlos ich über diese Sache bin!

24. December.

Sack predigte heute schön, aber schwermüthig; die Sache mit Julie, und die Wendung, die sie nimmt, zehrt an ihm.

25. December.

Heute war Hofconcert; der König verließ alles, um zur kranken Prinzessin zu gehen, weil meine Nichte dort war. Diese Leidenschaft läßt ihn alles andere vergessen und jede Rücksicht verlieren.

26. December.

Das Benehmen des Königs ist unverzeihlich; immer verfolgt er sie mit den Augen und spricht nur mit ihr. Es wäre besser, sie verließe auch jetzt noch den Hof.

27. December.

Gott weiß, bis zu welchem Grade es mich bekümmert und grämt, den König auf dem directen Wege zu sehen, ein solches Unrecht zu thun, daß unsere Familie überdem so entehrt! –

30. December.

Heute kam endlich, was ich lange gefürchtet hatte: meine Nichte warf sich in meine Arme, um mir zu sagen, daß ihr Schicksal entschieden sei; sie wolle dem König angehören aus Pflicht für ihn und aus Liebe zu ihm! – Ich gestehe, ich finde sie so furchtbar zu beklagen, daß ich kein Wort mehr habe, sie zu verdammen; sie wird bald genug namenlos unglücklich sein; denn ihr Gewissen wird sie nie mehr Ruhe und Frieden finden lassen.

1. Januar **1787**.

Immer setzt der König sich wegen Julie an den Hofdamentisch, was so unpassend ist. Übrigens scheint mir fast, sie hat jetzt eine größere Leidenschaft für ihn, als er für sie.

21. Januar.

Augenscheinlich hat die große Leidenschaft des Königs sich abgekühlt; er wird sichtlich gleichgültiger gegen die arme Seele und wenn das so endet, so geht sie einem traurigen Geschick entgegen.

27. Januar.

Die arme Julie war in Verzweiflung heute Abend; sie liebt den König und ihre Gewissensscrupel haben ihn auf die Länge ermüdet und verstimmt. Sie sagte mir, sie sei zu schwach, um ihm jetzt noch zu entsagen, und er wolle in die Bedingungen, die sie gestellt habe, nicht willigen. Mir scheint, Andere intrigiren gegen sie; das ist der Grund von dem Allen. Der König kam zum Souper; er war still und verstimmt, die arme Julie unruhig und unglücklich. Als er sie mit seiner Leidenschaft verfolgte, war sie stark und standhaft; nun er gegen sie erkaltet ist, kann sie es nicht aushalten und kann nicht von ihm lassen.

30. Januar.

Die Viereck gefällt dem König; er kältet sich sichtlich ab gegen Julie und die Ärmste ist ganz trostlos über sein verändertes Wesen. Im Übrigen ist er jetzt so liebenswürdig mit allen Menschen, wie noch nie; selbst Frau und Kinder, alle beten ihn an und sind entzückt von seiner Freundlichkeit und Güte.

Die Bedingungen, welche Fräulein von Voss dem König gestellt hatte, und die oben von der Obersthofmeisterin erwähnt wurden, waren folgende: daß die regierende Königin ihre schriftliche Einwilligung zu ihrer Verbindung gebe; daß sie dem König feierlich zur linken Hand angetraut werde, und daß die Rietz mit ihren Kindern für immer Berlin verlasse. In die beiden ersten Punkte willigte der König sogleich ein, aber den dritten wollte er nicht zugestehen. Und doch drängten verschiedene einflußreiche Persönlichkeiten, besonders der Schwiegervater ihres Bruders, der Minister Finkenstein, Fräulein von Voss zur Nachgiebigkeit und redeten ihr vor, sie opfere sich selbst dem Glück des Landes und dem wahren Wohl des Königs, indem sie den Einfluß eigennütziger und gefährlicher Personen aus seiner Nähe verbanne; ja die Königin selbst that es, in der Hoffnung, die gefürchtete Rietz durch sie zu beseitigen. Sie hatte von jeher eine große Vorliebe für Fräulein von Voss und ließ ihr jetzt sagen: sie sei froh, den König in so edlen und guten Händen zu wissen. Allerdings hatte sie ihn schon in viel verderblicheren Fesseln gesehen; aber das sanfte, zurücktretende, zaghafte junge Mädchen, das diese jetzt vollends zerbrechen sollte, war nicht im Stande, es zu thun. Der König war damals fast 43 Jahre alt; aber er war persönlich noch immer wohl dazu geeignet, eine Neigung einzuflößen. Er war ein großer schöner Mann von sehr gewinnendem Äußern, einer seltenen Wärme des Gefühls und von herzbestrikkender Liebenswürdigkeit im näheren Verkehr. Und doch hatten die seltene Treue und Beharrlichkeit einer drei Jahre lang dauernden Neigung die junge Hofdame nicht so erschüttert, als der Beginn einer Kälte, die sie empfinden ließ, was es heiße, eine Liebe zu verlieren, die ihr Herz sich gewöhnt hatte als sein Eigentum zu betrachten! –

So fand denn endlich die Trauung zur linken Hand, wie es scheint durch den Hofprediger Zöllner, in der Schloßkirche zu Charlottenburg statt. Das Consistorium erklärte eine solche für zulässig unter Berufung auf die von Melanchthon erlaubte Doppelehe Philipp des Großmütigen von Hessen. Vorläufig sollte dieselbe jedoch ein Geheimnis bleiben und Fräulein von Voss in ihrer bisherigen Stellung ruhig verharren. Nur der Obersthofmeisterin von Voss erlaubte ihr der König das Geschehene mitzutheilen, und diese erwähnt in ihrem Tagebuch das Geständnis derselben. Offenbar dadurch in einen harten Kampf mit ihrem eigenen Herzen versetzt, zwischen der Entrüstung über die Handlung und dem Mitleid mit der Handelnden, schreibt sie am 2. Juni 1787:

»Meine Nichte sagte mir heute unter Thränen, seit acht Tagen sei sie mit dem König heimlich getraut, bat mich aber, es zu verschweigen. Es betrübt mich tief, und ich kann mich mit dem besten Willen eines Gefühls von Abscheu und Widerwillen gegen eine Sache nicht erwehren, die so unerlaubt ist, man mag an Scheingründen dafür angeben, was man will. Ihr Gewissen wird es ihr schon genugsam sagen und wird nicht wieder ruhig werden.«

Wie groß aber auch der Schmerz war, mit dem die Obersthofmeisterin den tiefen Fall ihrer Nichte empfand, so hat sie doch auch in den intimsten Selbstgesprächen dieser Blätter kein Wort der Anklage gegen sie, sondern sagt wenige Seiten weiter sogar zu ihrer Entschuldigung:

»Sie hat lange widerstanden; aber sie liebte den König leidenschaftlich, und nachdem sie ihm ihr Herz gegeben hatte, ließ sie sich vollends von ihm überreden. Trotz ihres schweren Fehltritts bleibt sie dennoch ein edler, der Achtung nicht unwerther Charakter, und ich weiß wohl, sie ist zu rechtschaffen, als daß sie nach einem solchen Fall jemals wieder glücklich sein könnte.«

Anfang August schreibt sie weiter: »Der König ist nach Schlesien abgereist und Julie sagt mir, sie wolle morgen nach Berlin, um zu kommuniziren, dann zu ihren Verwandten aufs Land gehen, von dort aus um ihre Entlassung bitten und nicht wieder kommen; sie könne es nicht länger aushalten, auf diese Art weiter zu leben. Sie hat soeben dasselbe dem König geschrieben. Ach ich fürchte, was sie auch thun mag, sie wird nur immer unglücklicher werden.«

17. August.

Julie reiste heute ab, was mich sehr ergriff.

20. August.

Sie schreibt, daß sie sich eine Stiftstelle kaufen wolle und bittet um 14 Tage Nachurlaub. Die alte Königin weiß nicht, was sie davon denken soll; trotz allem Vorgefallenen ahnt sie nichts.

23. August.

Ich sah heute Julie in Berlin; sie hatte Antwort vom König, der sehr zufrieden damit ist, daß sie den Hof verlassen hat. Aber das Ganze bleibt doch schrecklich traurig und das arme Kind jammert mich sehr.

30. August.

Ich fürchte, die Enke wird Julie noch viel Kummer bereiten. Julie ist heute mit ihren Verwandten aufs Land abgereist. An Hof ahnt man nicht, daß sie nicht wieder kommt.

1. September.

Ein heute eingetroffener Brief meiner armen Nichte an die Königin-Wittwe bittet um ihren Abschied und sagt: sie habe eine Stelle im Stift Wolmirstädt gekauft. Die Königin gewährte die Entlassung sogleich und nahm es sehr gut auf. Julie hat auch an die Kannenberg geschrieben [Diese war die fungirende Obersthofmeisterin, während Frau von Voss nur als Frau des Obersthofmeisters den Titel führte, Anm. d. Herausgebers]. Gräfin Kannenberg las mir den Brief meiner Nichte vor, in dem sie zu verstehen giebt, warum sie geht. Die Kannenberg ist ihre Tante und jammert jetzt sehr um sie, aber ich wiederhole nur das Eine: man hätte sie retten *können*, wenn man es zur rechten Zeit gewollt hätte, aber all mein Reden damals war umsonst. Julie ist noch immer in Brandenburg bei ihren Verwandten. Der König ist wieder hier, hat sie in Potsdam etabliren wollen und thut es nun doch nicht; ach, wie unglücklich wird sie werden!

4. September.

Meine Nichte schreibt mir aus Brandenburg: sie geht den 9. nach Potsdam und bäte Gott, ihr beizustehen in dem neuen Leben, das sie erwarte. Gott wolle sich ihrer annehmen; es ist ein schwerer Schritt, den sie jetzt thun muß, die Sache vor der Welt zu braviren.

28. September.

Prinzessin Friederike war auf der Jagd in Wusterhausen; der König war auch dort und zum ersten Male meine Nichte mit ihm. Man sagt mir zu meinem Trost, sie scheine glücklich zu sein.

1. October.

Julie schreibt mir, sie gehe mit dem König nach Wörlitz und scheint glücklich und heiter.

6. November.

Julie hat den Namen einer Gräfin Ingenheim bekommen. Die Arme schreibt mir: Sie fühle sich sehr unglücklich; wie schrecklich leid thut sie mir! Die Enke thut ihr tausend Herzeleid an und hat immer noch ganz denselben Einfluß wie früher auf den König.

1. December.

Die Prinzessin Friederike will Julie nicht sehen, der König hat es ihr befohlen; er hat unrecht, finde ich, sie zu zwingen.

7. December

Der König hat Julie persönlich zur Prinzessin Friederike geführt und diese sich gefügt.

20. December.

Julie ist unwohl und kann das Bett nicht verlassen, die Prinzessin Friederike und die Prinzessin von Braunschweig haben mit dem König in ihrem Zimmer an ihrem Bett gegessen; das ist doch stark!

11. Januar **1788**.

Ball beim König, wo der Kronprinz Julie zum ersten Mal als Gräfin Ingenheim sah, was für beide ein sehr unangenehmer Augenblick war. Die Unglückliche, welche peinliche Stellung für sie!

20. Januar.

Alle Höfe sehen sie und sie ist überall; ich begreife das nicht!

22. Februar.

Die alte Königin hatte ein großes Diner und frug den König, ob sie die Ingenheim einladen solle; natürlich sagte er ja, und so kam sie zum Diner. Ich finde es höchst unrecht von der Königin, sie einzuladen, um dem König damit zu schmeicheln. Abends spielte sie doch nicht Lotto mit den Herrschaften, sondern spielte mit dem Hofstaat im vordern Zimmer. Bei Tafel wurde sie dem König gegenüber gesetzt.

29. Februar.

Die alte Königin lud wieder die Ingenheim ein; ich finde, sie benimmt sich in dieser Sache so unwürdig und schwach wie möglich dem König gegenüber.

4. März.

Großes Diner beim Minister Arnheim [Die Obersthofmeisterin schreibt immer Arnheim für Arnim, Anm. d. Herausgebers], wo der König und die Ingenheim auch waren. Aber trotz alledem ist sie traurig; denn der König soupirt nach wie vor täglich bei der Rietz und das ist freilich betrübend für sie.

19. März.

Der König ist mit der Ingenheim nach Potsdam.

1. Juni.

Die Ingenheim ist heute mit dem König nach Charlottenburg übergesiedelt.

21. December.

Die Ingenheim bat mich sehr, in der nahen Stunde ihr beizustehen; auch der König bat mich den folgenden Tag darum, und ich brachte es nicht übers Herz, nein zu sagen.

2. Januar **1789**.

Julie bekam heute einen Sohn; der König war da und freute sich sehr.

4. Januar.

Das Kind wurde getauft; der König hielt es selbst über die Taufe, es heißt Gustav Adolph Wilhelm. Julies Bruder, der Minister Bischofswerder und ich waren die Pathen. Der König selbst war fast den ganzen Tag bei der Kranken.

Es ist wahr, er ist wirklich der beste Fürst, den man auf der ganzen Welt finden kann; leider nur, daß er so willensschwach, so ohne Energie und zuweilen so heftig ist.

Im Anfang ging alles gut mit der jungen Wöchnerin; aber das Unglück wollte, daß sich der König durch einen Fehltritt den

Fuß verletzte. Er konnte sein Zimmer in Folge dessen nicht verlassen, die Gräfin Ingenheim nicht sehen, und war sehr unglücklich über diese Trennung. Jene, die ihn über Alles liebte und ihrer selbst nicht achtete, hörte nicht auf die Ermahnungen ihrer Pflegerin und das Verbot der Ärzte, und verließ täglich ihr Zimmer, um den König zu besuchen, zu einer Zeit, wo sie noch kaum ihr Bett hätte verlassen sollen. Die Strenge der Jahreszeit, über dies die Kälte der Treppen und Gänge im Schloß schadeten der armen jungen Frau; vielleicht mehr noch der erste Schrecken bei dem Unfall des Königs.

20. Januar.

Die arme Julie ängstigt und beunruhigt sich schrecklich um den König, was ihr nicht gut ist.

22. Januar.

Julie ist ernstlich unwohl, sie hat sich furchtbar erkältet; aber vor allem hat die Aufregung und die Angst um den König ihr so geschadet. Sie mußte heute das Kind entwöhnen und man brachte eine Amme.

25. Januar.

Der König konnte heute wieder unten bei ihr sein; er kann zur Noth ein paar Schritte gehen, auch waren ein paar Leute zu Tische da und man spielte am Abend.

27. Januar.

Ich aß bei Julie, die sehr bewegt war und augenscheinlich einen Kummer hat, aber ihn vor mir verbergen will.

29. Januar.

Obgleich der König fast den ganzen Tag bei ihr ist, so beruhigt sie das doch nicht; so sehr fürchtet sie sich vor dem feindlichen Einfluß der Rietz, der ihr sein Herz wieder entreißen könnte.

5. Februar.

Heute war große Cour und auch Julie ging zum ersten mal wieder hin, obgleich sie seit jenem Schrecken um den König noch nicht wohl ist. Sie will sich nicht nachgeben, aber ich fürchte, sie schadet sich. Der König hat ihr ein kleines Etui geschenkt, in dem 50 000 Thaler waren und sein Portrait mit Brillanten besetzt; die Steine sind überaus schön.

24. Februar.

Julie hat Fieber und Husten, sie ist auf und geht aus, aber sie gefällt mir nicht.

5. März.

Man fürchtet die galopirende Schwindsucht für die arme Julie. Ich kann nicht sagen, wie weh es mir thut. Der König ist außer sich; er weiß nicht die Gefahr, aber er ängstigt sich sehr um sie.

25. März.

Welch ein Tag des Unglücks! Ganz plötzlich heute Abend um 8 Uhr verschied die arme Julie; es kam über sie, wie ein Anfall von Erstickung. Kein Mensch ahnte die nahe Gefahr; der König fuhr am Nachmittag nach Potsdam, ich ging gegen Abend zu ihr, aber die Prinzessin Friederike, die bei ihr war, redete mir ab, zu ihr hineinzugehen, weil sie angegriffen sei, und so habe ich sie nicht mehr gesehen. Ich beweine sie recht von Herzen und alle beweinen sie mit mir. Es ist furchtbar rasch gegangen, ich kann es noch gar nicht fassen. Sie starb im Schloß in demselben Zimmer, in dem ihr Kind geboren wurde.

Dem Bruder Juliens, dem Minister von Voss, ward das Kind zur Erziehung übergeben; die Leiche der Verstorbenen brachte man nach Buch, wo sie in der Kirche beigesetzt wurde. Der König war in Verzweiflung und konnte sich nicht trösten und nicht beruhigen. Auch die allgemeine Theilnahme, wurde trotz ihres strafbaren Verhältnisses zu ihm, dennoch für die Unglückliche laut, deren große Jugend und trauriges Schicksal unwillkürlich die Verdammenden entwaffnete und alle Gemüther rührte. Die Ansicht gewann Raum, sie sei mit einem Glas Limonade vergiftet worden, und die Menge wollte sich diesen Verdacht nicht ausreden lassen. Selbst die Königin beweinte die Verstorbene und wiederholte immerfort: »Ich habe meine beste Freundin in ihr verloren.«

Die Obersthofmeisterin sagt in ihren Aufzeichnungen: »Der König erfuhr den Verdacht einer Vergiftung und befahl die Obduction der Leiche. Diese bewies dessen Grundlosigkeit, die Lunge allein war krank, das hat sie getödtet.

Der König hat unglaublich großmüthig für alle ihre Leute gesorgt, ihren Kammerdiener hat er zu seinem persönlichen Dienst zu sich genommen.«

Fast ein Jahr lang lebte der König in dem Schmerz um die verlorene Geliebte und in dem Andenken an sie fort, und jedes Bemühen war vergeblich, ihn von demselben zu zerstreuen. Er konnte es nicht über sich gewinnen, die Obersthofmeisterin wieder zu sehen, deren Anblick ihn zu schmerzlich an das Glück, das vergangen, und an die letzten schönen Tage desselben erinnerte. Wenn er ihr bei der Königin in Schönhausen nur einmal flüchtig begegnete, verlor er alle Fassung und konnte seine Thränen nicht beherrschen. Aber im Laufe des folgenden Winters fand er eine Trösterin. Eine junge Gräfin Dönhoff, eine auffallend hübsche Person, die Hofdame bei der regierenden Königin war, wußte sein Herz zu rühren; er verliebte sich in dieselbe, und sehr bald verließ auch sie den Hof, um die Stelle der Verstorbenen einzunehmen. Es ist nur zu begreiflich, wie schmerzlich dieser zweite Roman, den das unbeständige Herz des Königs angesichts seiner Gemahlin, seiner heranwachsenden Kinder und des ganzen Hofes in Scene setzte, für das verwundete Gefühl der Obersthofmeisterin war. Sie litt dabei eben so sehr in ihrer Liebe zu dem Könige, als auch in ihrer Liebe zu der unglücklichen Gräfin Ingenheim, die sie ungeachtet ihres Fehltrittes mit mütterlicher Treue noch immer beweinte. Von den wenigen Einzelheiten, welche sich über den Verlauf dieser Angelegenheit in ihren Tagebüchern finden, wollen wir als fernere Kennzeichnung der damaligen Sittenzustände einige entnehmen, obgleich sie alle nur sehr lakonisch und ungenügend über das sich Ereignende Nachricht geben. Gerade am Tage der feierlichen Beisetzung der Gräfin Ingenheim in der Kirche zu Buch am 4. April 1789 heißt es darin:

»Heute kam die bereits ernannte neue Hofdame der regierenden Königin, Gräfin Sophie Dönhoff, hier an und ward an Hof präsentirt.«

Sie erwähnt dieselbe darauf nicht wieder, bis viele Monate später, am 27. Januar 1790, wo sie sagt:

»Ich kam von Rüdenhausen, wo ich bei meiner Tochter war, heute wieder in Berlin an und ging abends an Hof zur Königin-Wittwe. König und Königin waren dort; die Herrschaften überhäuften mich mit Güte, besonders der König war rührend gnädig und freundlich gegen mich; aber es frappirte mich, daß er die neue Hofdame Dönhoff sehr zu beachten scheint.«

Sie erfährt darauf wohl von Anderen, daß jenes »Beachten« bereits die Aufmerksamkeit des Hofes erregt hat. Wir wollen uns nun darauf beschränken, die Tagesnotizen, wie wir sie finden, wörtlich wieder zu geben.

30. Januar **1790**.

Man sagt hier, daß die Intimität zwischen dem König und der Dönhoff rasch entstanden und bereits weit gediehen sei. Daß er sehr verliebt in sie ist, sehe ich; aber eine solche erneute Schuld wäre doch zu schrecklich; ich kann nicht glauben, daß es dahin kommt.

31. Januar.

Der König sprach heute viel mit mir und ich sah dabei wohl, wie er seine Schöne nicht aus den Augen läßt.

14. Februar.

Man sagt, daß es einen schlimmen Auftritt in Monbijou gegeben hat wegen der Dönhoff, und daß die Königin indignirt ist über das Vorgefallene.

18. Februar.

Die Königin hat sich entschließen müssen, der Dönhoff Entschuldigungen zu machen. Die arme Königin!

20. Februar.

Ich spielte Whist mit dem König; er war heiter und überaus liebenswürdig. Ach, wenn er nur nicht so indolent und so willensschwach wäre, welches Glück wäre das für uns und für ihn selbst!

6. März.

Es war Soirée bei der Gräfin Eickstädt, der König war auch dort und ganz beschäftigt mit seiner Schönen, deren Benehmen mir nicht gefällt. Sie ist sehr hübsch, aber ich glaube, sie hat keinen guten Charakter.

13. März.

Ich war beim König, wo auch die beiden ältesten Prinzessinnen Friederike und Wilhelmine waren und der Markgraf von Anspach mit seiner Geliebten Lady Craven, die er dem König vorstellte. Sie ist verblüht, soll Verstand haben, aber ist äußerst dünkelhaft, kümmert sich um niemand, läßt sich keinem Menschen vorstellen und spricht nur mit ihrem Landgrafen, der ganz entzückt von ihr zu sein scheint. Es ist wahrhaft unglaublich, daß man eine solche Person an Hof sieht und mit ihr spricht.

14. März.

Der König gab ein großes Concert, bei dem auch der Markgraf mit seiner Craven war.

4. April.

Herr von Langermann, der Onkel der Dönhoff, kam zu mir und sagte, seine Nichte werde den Hof verlassen, im Übrigen aber wisse sie selbst nicht recht, was sie wolle.

10. April.

Die Dönhoff hat ihre Entlassung und ist plötzlich fort. Einige Leute sagen, sie sei zum König nach Potsdam, Andere, sie sei mit ihrer Mutter abgereist, die ich wenig kenne und die eine geborene von Langermann ist.

11. April.

Die Kameke sagte mir, der König habe sich mit der Dönhoff trauen lassen; Zöllner soll die Trauung verrichtet haben in der Wohnung ihrer Tante, der Solms, und dann sind sie nach Potsdam.

13. April.

Man spricht von nichts, als von der Dönhoff. Sie ist beim König in Potsdam und er giebt Soiréen und Concerte ihr zu Ehren. Ach, der arme König – wie soll man dies Alles entschuldigen?

15. Mai.

Vengersky ist in Ungnade; dasselbe droht Lindenau und Bischofswerder durch den Einfluß der Dönhoff, die sie nicht mag. Sie ist noch in Potsdam, der König soll sie öffentlich »Meine liebe Frau« nennen.

14. August.

Der König ist seit 8 Tagen in Breslau, wo eine gewisse Fräulein von Mitzlaff eine Rolle bei ihm spielen soll. Die Dönhoff scheint dies erfahren zu haben und ist ihm nachgereist.

1. December.

Der König ist heute zum ersten Mal mit der Gräfin Dönhoff nach Berlin gekommen.

8. December.

Die Dönhoff, die bei ihrer Tante Solms abgestiegen war, ist heute zum König aufs Schloß gezogen; auch war sie Abends in der großen Loge mit der Lindenau und der Heinitz zusammen.

10. December.

Gestern ist die Gräfin zum ersten Mal in einer kleinen Soirée beim König erschienen, bei der auch die Prinzessin Friederike, der Minister Heinitz und seine Frau waren.

4. Januar **1791**.

Heute brachte der König die Dönhoff zum Souper zur Prinzessin Friederike mit.

12. Januar.

Ball beim König, wo seine Gräfin auch erschien, aber in Folge dessen keine der beiden Königinnen gekommen war.

25. Januar.

Die Dönhoff gab ein Concert mit Souper; der König hatte dem Kronprinzen befehlen lassen, bei demselben zu erscheinen. Nachher kam er mit der Gräfin auf die Redoute im Schauspielhaus; letztere war als Zauberin kostümirt.

6. Februar.

Die alte Königin will sich nicht recht in die neue Passion des Königs finden; sie hat ihn zu morgen eingeladen, aber die Dönhoff nicht.

9. Februar.

Die alte Königin hat nachgegeben; sie hat die Dönhoff eingeladen und dann sich zu Bett gelegt und gesagt, sie wäre krank, um bei ihrem eignen Fest nicht zu erscheinen.

14. Februar.

Heute kam es nun doch so weit; die alte Königin lud die Gräfin mit dem König ein und sah sie wirklich; diese spielte mit den Herrschaften Lotto, blieb aber nicht zum Souper.

16. Februar.

Souper bei der alten Königin. Der König und die regierende Königin waren da, aber nicht die Schöne, die wieder brouillirt mit dem König ist, denn sie zanken sich jetzt fortwährend.

19. Februar.

Man sagt, es sei alles zu Ende zwischen dem König und der Gräfin; sie will nicht wieder mit nach Potsdam, sondern will fort; macht dem König Vorwürfe, daß er noch immer unter dem Einfluß der Rietz steht.

24. Februar.

Der König hat sich mit seiner Gräfin wieder ausgesöhnt. Ich sah sie heute; sie ist schrecklich verändert, leichenblaß wie eine Todte, geht aber doch Sonnabend zu ihm nach Potsdam.

27. Februar.

Die Dönhoff kam heute, um sich bei der alten Königin zu empfehlen. Sie sah elend aus und that mir leid. Sie kann gegen die Rietz und gegen Bischofswerder nicht aufkommen; morgen geht sie zwar nach Potsdam, aber ich glaube, sie wird nicht lange Einfluß auf den König behalten. Es fehlt ihr durchaus nicht an Verstand, aber sie ist zu launisch, und der König ist schon sehr kühl gegen sie.

24. Januar **1792**.

Die Dönhoff wurde heute in ihrem Zimmer im Schloß von einem Sohn entbunden; die Solms und die Puttkammer pflegen sie.

4. Februar.

Ich machte der Dönhoff einen Wochenbesuch; sie war sehr liebenswürdig, das Kind ist überaus groß und stark.

13. Februar.

Heute war die Taufe bei der Dönhoff. Der Kleine hat vom König den Namen eines Grafen von Brandenburg erhalten und heißt Friedrich Wilhelm.

Die Gräfin Dönhoff sieht sehr schlecht aus, aber der König ist jetzt sehr gut und zärtlich mit ihr und sie hat süperbe Perlen von ihm bekommen.

13. März.

Es war heute ein Souper bei der Dönhoff; sie ist immer ausgesucht höflich gegen mich.

19. März.

Die Dönhoff ist mit dem König nach Potsdam und hat ihr Kind mit. Sie hat dort das Haus von Verdi für 40 000 Thaler gekauft und ihr bisheriges für 30 000 Thaler an Heinitz verkauft.

20. Juni.

Die Dönhoff ist plötzlich abgereist, und man sagt, für immer.

24. Juni.

Ich höre, die arme Dönhoff ist in die unglückselige Bielefeld'sche Intrige verwickelt gewesen, und nun begreife ich wohl, daß sie nicht wiederkommen kann. Der König ging heute zur Armee ab. Alles weinte, und der Abschied von ihm war sehr rührend; er wird trotz seiner großen Fehler doch sehr geliebt. Gott wolle ihn zurückführen.

18. Januar **1793**.

Ich höre, daß die Dönhoff am 4. dieses Monats in Neufchatel von einer Tochter entbunden worden ist.

Nach der wohl durch die Intrigen der Madame Rietz so früh wieder getrennten Verbindung des Königs mit der Gräfin Dönhoff ließ er bekanntlich die beiden Kinder derselben, die den Namen eines Grafen und einer Gräfin von Brandenburg erhalten hatten, bei dem Hofmarschall von Massow erziehen. Die Gräfin selbst lebte nach ihrer Rückkehr aus der Schweiz anfänglich in Angermünde, erhielt erst später unter der Regierung Friedrich Wilhelms des Dritten die Erlaubnis, nach Berlin zurückzukehren und ihre Kinder wiederzusehen, und hielt sich dann auf ihren Besitzungen bei Werneuchen in der Mark auf, wo sie 1834 starb. Die Rietz, spätere Gräfin Lichtenau, erlangte, nachdem es ihr gelungen war, die Gräfin Dönhoff zu verdrängen, den unumschränktesten Einfluß aus das Gemüth des Königs, den sie auf das Gewissenloseste mißbrauchte. Ihre beiden Kinder hatten den gräflichen Namen von der Mark erhalten; das ältere derselben, ein Sohn, starb im Alter von 9 Jahren; die Tochter, Gräfin Marianne von der Mark, heirathete 1797 den Erbgrafen Friedrich von Stolberg-Stolberg, ward nach einigen Jahren von ihm geschieden und heirathete in zweiter Ehe einen Polen von Miaskowski, und in dritter einen Franzosen von Thierry. Ihre Tochter aus erster Ehe heirathete wieder einen Grafen Stolberg, und ihre Tochter aus dritter Ehe verheirathete sich mit ihrem Oheim, dem Grafen Ingenheim. Nachdem das Trauerspiel, dessen Heldin ihre unglückliche Nichte Ingenheim gewesen, zu Ende war, enthalten die Tagebücher der Obersthofmeisterin nur selten noch Äußerungen über die Hofereignisse und die Lebensweise des Königs.

Ihre Aufzeichnungen zeigen uns mehr und mehr nur noch den Wiederschein tiefen Schreckens über die immer drohender werdenden Vorgänge in Frankreich. Als 1792 der König mit dem Kronprinzen und Prinz Louis ins Feld rückte und später der traurige Ausgang jener kriegerischen Unternehmung allen Hoffnungen, Ludwig XVI. und die Königin zu befreien, ein Ende machte, als die Schrecknisse in Paris von Tag zu Tag stiegen und endlich das tragische Geschick der königlichen Märtyrer sich vollendete, ergriffen auch die Schreiberin jener Blätter der tiefe Schmerz und das Entsetzen, das alle Gemüther erschütterte. Doch nicht allein das wachsende Verderben des Nachbarlandes, nicht allein die Trauer über die Demüthigung der Preußischen Waffen und die durch Strapazen nutzlos und ruhmlos geopferten Krieger bewegten das Herz der Obersthofmeisterin, wovon die Seiten ihres Tagebuches Zeugnis geben – Schon seit dem Anfange des Jahres 1792 war die Schreiberin durch eine lange und leidensvolle Krankheit ihres Mannes und durch die Pflege und Sorge für ihn ganz in Anspruch genommen. Der Kranke hatte, wie sonst, den Winter in Berlin zugebracht; aber trotz seiner Schmerzen und seiner zunehmenden Schwäche ließ ihm die Sehnsucht nach dem heimathlichen Landaufenthalt mit dem wiederkehrenden Frühling keine Ruhe. Der Gefahr der anstrengenden Reise und dem ernsten Bedenken der Ärzte ungeachtet, war er von Berlin aufgebrochen, und wirklich war es ihm vergönnt, noch das ersehnte Ziel zu erreichen, aber auch nur, um dort zu enden; und so starb er wenige Tage nach seiner Ankunft in Groß-Giewitz am 26. Mai 1793.

Der Wittwenstand.

1793–1814.

Frau von Voss blieb nach dem Tode ihres Mannes allein in ihrer ländlichen Zurückgezogenheit und schien fest entschlossen, dieselbe nicht wieder zu verlassen. Ihre Schwiegertochter hatte sich zum zweiten Mal vermählt mit einem Herrn von Schack, und die Großeltern hatten die Erziehung des einzigen ihnen geblicbenen Enkels übernommen. Aber dieser, damals bereits dreizehn Jahre alt, ein schöner und begabter Knabe und die ganze Freude seiner Großmutter, war auf der Ritterakademie in Brandenburg und konnte sie daher nur während seiner Ferien besuchen. Sie war jetzt vierundsechzig Jahre alt; das äußere Leben lag abgeschlossen hinter ihr und vor ihr der trübe Abend eines vereinsamten Alters, den es ihr bestimmt schien in der Erinnerung an das Vergangene und Verlorene hier langsam verrinnen zu sehen. Doch es sollte nicht so sein. Am 24. April dieses Jahres 1793 hatte die Verlobung des Kronprinzen von Preußen mit der am 10. März 1776 geborenen Prinzessin Louise von Mecklenburg-Strelitz stattgefunden und der König, getreu seiner nie erkaltenden Verehrung für die Freundin seines Vaters, hatte sogleich den Wunsch gefaßt, diese möchte die Stellung als Oberhofmeisterin bei seiner zukünftigen Schwiegertochter übernehmen. Bei der großen Jugend der fürstlichen Braut schien es doppelt wünschenswerth, eine ältere Frau an die Spitze ihres Hofstaates zu setzen, und wer konnte mehr durch die genaue Kenntnis aller Sitten und Pflichten, aller äußeren Formen und Traditionen des Königlichen Hofes, und zugleich durch ihre seltenen Herzenseigenschaften das unbedingte Vertrauen des Königs rechtfertigen, als Frau von Voss? Noch in der Trauer um ihren Mann und mit Geschäften zur Regelung der Vermögensverhältnisse und der Neueinrichtung der Administration der Güter überhäuft, lehnte Frau von Voss zwar anfangs die Berufung des Königs auf das Entschiedenste ab; Friedrich Wilhelm II. jedoch ließ sich nicht abweisen, er verfolgte seinen Willen der verwittweten Obersthofmeisterin gegenüber mit einer Art huldvollen Eigensinnes, redete ihr zu, entkräftete ihre Gegengründe, und nach längerem Hin- und Herschreiben bestimmte er sie endlich doch, sich seinem Wunsche zu fügen und die in Rede stehende Stellung anzunehmen. Ein Brief des Königs, der sich noch vorfindet, behandelt diese Sache als eine nunmehr abgeschlossene. Er datirt denselben aus dem Hauptquartier Türkheim vom 6. August 1793:

Madame,

J'ai reçu avec votre lettre du 27 Juillet les marques de l'ordre de l'aigle rouge dont j'avais décoré votre défunt mari. Je regrette sincèrement qu'il n'ait pu porter plus longtemps cette marque de mon éstime, et ma façon de penser à son égard vous était trop connue pour que vous doutiez de la part que j'ai prise à votre affliction. Du reste vous ferez très bien, comme vous le dites, d'écrire à la future princesse Royale et de lui faire part vous même du choix que j'ai fait de vous pour remplir auprès d'elle la place de grande-maitresse. Cette attention ne pourra que lui faire plaisir et la préparer d'avance à l'amitié que, je ne doute pas, elle vous porte bientôt! – Je prie Dieu qu'il vous ait, Madame de Voss, en sa sainte et digne garde.

Frédéric Guillaume.

Folgender Brief des Kronprinzen dankt ihr für ihre Glückwünsche zu seinem Geburtstag:

Quartier général Türkheim 13 Août 1793.

Madame,

Je suis sensible à l'attachement que vous avez bien voulu me marquer par votre obligeante lettre du 30 de Juillet, à l'occasion du jour de ma naissance. Soyez persuadée, Madame, que je fais également les vœux les plus sincères pour votre bien-être et que je saisirai toutes les occasions de vous prouver l'éstime parfaite avec la-quelle je ne cesserai d'être Madame,

Votre bien affectionné ami

Frédéric Guillaume.

Den Sommer und Herbst über blieb Frau von Voss noch auf ihren Gütern, machte von dort aus einen Besuch beim Neustrelitzer Hofe, der zur Zeit in Neu-Brandenburg residirte, wo die nachmalige Kronprinzessin ebenfalls mit ihrer Großmutter anwesend war, und ging im December nach Berlin. Sie ward sogleich in dem für die Kronprinzlichen Herrschaften neu hergerichteten Palais logirt, demselben, das auch jetzt der Kronprinz des Deutschen Reiches und von Preußen bewohnt, und erhielt die Parterre-Zimmer, links vom Eingang, welche sie fortan bis zu ihrem Ableben inne hatte. Ein Blatt von ihrer Hand, mit der Überschrift: *»Eine Obersthofmeisterin wie sie sein soll«* stammt wahrscheinlich aus dieser Zeit; als eine Art Selbst-Instruktion ist es immerhin merkwürdig und darf wohl hier einen Platz finden.

»Was die äußere Haltung anbetrifft, so soll eine Obersthofmeisterin ihren Kopf aufrecht halten, grade gehen, ein leutseliges, aber würdiges Wesen haben und sich anständig verbeugen, nicht, wie man jetzt thut, mit dem Kopfe, sondern mit den Knien sich ehrbar und feierlich herabsenken und langsam und stattlich wieder erheben.

Sie muß höflich gegen Jedermann und ehrerbietig gegen ihre Herrschaften sein, es mag geschehen was da will, und muß sich nie vergessen. Gegen ihre Untergebenen und ihre Dienstleute freundlich und ohne Hochmuth, nicht zu streng gegen die Jugend, ihr aufrichtig und herzlich die Wahrheit sagen, aber nicht vergessen, daß auch sie einst jung war und auch die Macht der Liebe gefühlt hat. Wohl ist es ihre Pflicht, sich Achtung und Vertrauen zu erwerben; aber dennoch muß sie nicht zu vertraut und familiär mit Anderen sein und muß in der Welt und an Hof auf gute Sitten und die hergebrachten Regeln der Etikette sehen; aber im häuslichen und täglichen Verkehr darf sie dieselben bei Seite setzen und nur trachten, Allen das Leben angenehm zu machen. So viel als möglich soll sie sich befleißigen, eine recht gleichmäßige heitere Stimmung zu haben, denn weil die Jugend eine Obersthofmeisterin gemeiniglich nicht mehr zu drücken pflegt und sie deren Reize entbehrt, muß sie dieselben durch jene Liebenswürdigkeit ersetzen, die eine immer gute Laune und heitere

Unterhaltung mit sich bringt, und auch die langen Erzählungen
und Wiederholungen vermeiden, die Jedermann ermüden. Vor
allem darf sie sich in nichts mischen, was ihr Amt nicht von ihr
fordert: sollte aber Jemand ihren Rath begehren oder ihre Mei-
nung in einer Sache wissen wollen, dann muß sie unverzagt und
ohne Scheu sagen, was sie für recht hält. Ferner sei es ihr eine Re-
gel, über Kleinigkeiten nicht viele Worte zu machen und nicht
leicht etwas übel zu nehmen; denn wenige Menschen in der Welt
bereiten oder sagen Einem mit *Absicht* Unannehmlichkeiten; wenn
uns indes einmal solche begegnen, so muß man ihr Thun oder
Lassen verachten und vergessen, oder es gar nicht beachten.

Mit ganzem Herzen und ganzer Seele muß sie der Fürstin
ergeben und zugetan sein, bei der sie ist. Ist dieselbe jung, so
muß sie mit Sorgfalt ihre Jugend und Unerfahrenheit behüten,
ihr ohne Strenge und mit Ehrerbietung allzeit die Wahrheit sagen
und sie erinnern, daß ihr Beispiel in Betreff der Moral und der
Sitten sicher ist, nachgeahmt zu werden. Sie muß gegen ihre Ge-
bieterin höflich, artig und ehrfurchtsvoll sein, nicht vorgreifend
noch anmaßend, aber auch wissen, was sie sich selbst schuldig
ist. Zurückhaltend, nicht viel sprechend, sich keine unpassende,
ausgelassene Heiterkeit erlauben oder gedankenlose triviale Be-
merkungen, aber bemüht sein, wenn es der Augenblick verlangt,
eine angenehme Conversation zu machen. Und auch bei dieser
muß sie immer bedacht sein, den Respekt gegen die Fürstin nicht
zu vergessen, den sie ihr schuldig ist, und sich ganz ebenso ge-
gen Untergebene weder Mangel an Rücksicht noch eine zu gro-
ße Vertraulichkeit gestatten.«

Der zweite Sohn des Königs, Prinz Louis, hatte sich bekannt-
lich zu gleicher Zeit wie der Kronprinz mit der Schwester der zu-
künftigen Kronprinzessin verlobt. Am 21. December sollten die
beiden Fürstlichen Bräute mit ihrer Großmutter, der verwittwe-
ten Land-Gräfin von Hessen-Darmstadt, von Hildburghausen aus
in Potsdam eintreffen. Die Prinzen waren denselben bis Potsdam
entgegengefahren und ebenso der Hofstaat beider Fürstinnen.
Derjenige der zukünftigen Kronprinzessin bestand außer der
Obersthofmeisterin nur aus den beiden Hofdamen von Viereck

und dem Kammerherrn von Schilden, welche sämmtlich bis zum Tode ihrer Herrin in diesen Ämtern geblieben sind. Nachdem die Prinzessinnen bereits in Baumgartenbrück von berittenen Bürgern Potsdams im Schmuck der Mecklenburgischen Farben begrüßt worden waren und 18 Postillone ihnen das erste Willkommen geblasen hatten, fuhren sie durch eine prachtvolle Ehrenpforte und wurden im Königlichen Schloß von den beiden Prinzen, ihren Verlobten, empfangen. Andern Tages eilten diese den Prinzessinnen voraus nach Berlin, um sie auch dort im Schlosse wieder zu erwarten. Es war dies der 22. December, ein sehr milder, kaum winterlicher Sonnen-Tag, und der ganze Weg von Potsdam bis Berlin war von der Bevölkerung der Umgegend und den entgegen gezogenen Berlinern dicht umdrängt. Besonders in Schöneberg, wo der Zug der fürstlichen Wagen gegen ein Uhr eintraf, empfing ihn der Jubel einer unübersehbaren fröhlichen Menge; auch wurde hier dem Wagen der beiden Prinzessinnen ein neues Gespann von acht Pferden vorgelegt und die berittenen Gilden, sowie die hier aufgestellte Militair-Eskorte defilirten an demselben vorbei und gaben ihm von nun an das Geleite. Sechs und vierzig blasende Postillone eröffneten den Zug; an diese reihte sich die Gilde der Frachtfuhrleute, das Schlächter-Gewerk, die Schützen-Corporation, ein Fähnlein junger Berliner Bürger in altdeutscher Ritter-Tracht, die vereinigte Brauer- und Brenner-Gilde, zwei Züge berittener junger Kaufleute und zum Beschluß die Kaufherren von den drei großen Zünften der Kaufmannschaft, außerdem ein Theil des Regiments Garde du Corps in der großen Uniform als Eskorte. Am Potsdamer Thor war der Magistrat zum Empfang namens der Stadt aufgestellt; die Leipzigerstraße entlang bis zur Wilhelmstraße und diese entlang bis zu den Linden stand die Berliner Bürgerwehr in Spalier. Wo jetzt das Standbild Friedrichs des Großen steht, war eine riesenhafte Ehrenpforte errichtet, eine Art Siegesthor, das alle bis dahin auf dem Festwege befindlichen Ehren-Pforten an Pracht übertraf, und wo 80 weißgekleidete Kinder die Blumengewinde hielten und Blumen und Gedichte darbrachten. Hier war es auch, wo bekanntlich die jugendliche Kronprinzessin die liebliche kleine Sprecherin zum allgemeinen

Entzücken des sie umwogenden Volkes, von der eignen Rührung übermannt, in die Arme schloß und küßte. Bis zum Königlichen Schloß waren wiederum Gewerke aufgestellt, und dicht gedrängt um dies alles jauchzte die Menge. In dem großen goldenen Gala-Wagen fuhren die beiden fürstlichen Bräute, und ihnen gegenüber deren Obersthofmeisterinnen Frau von Voss und Gräfin Brühl; in zwei darauf folgenden Wagen die Großmutter, der Vater und der Bruder der Prinzessinnen und dann deren Gefolge. Im Schloß empfing der König mit den Prinzen die Gefeierten, führte sie zu der regierenden Königin und der Königin-Wittwe und stellte selbst ihnen dann alle übrigen Fürstlichkeiten und den ganzen Hof vor. Am Weihnachts-Abend des 24. December 1793 um 6 Uhr fand die Vermählung des Kronprinzen statt, und zwei Tage darauf die des Prinzen Louis. Die Trauung beider war im weißen Saal, wo der Altar unter einem großen Thronhimmel von goldgesticktem rothen Sammt an derselben Stelle stand, wo zwei Jahre vorher die Doppel-Vermählung der Prinzessin Friederike mit dem Herzog von York und der Prinzessin Wilhelmine mit dem Erb-Prinzen von Oranien stattgefunden hatte. Das Schönste an dem Allen war aber die allgemeine Freude; denn der hinreißende Liebreiz, die Anmuth und Freundlichkeit der jungen erst siebzehnjährigen Kronprinzessin machte durch das Entzücken und die Bewunderung, die ihre Erscheinung hervorrief, ihren Einzug zu einem wahren Triumphzug und überstrahlte auch alle Festlichkeiten, die demselben folgten. Wie Fouqué sagt: »Die Ankunft dieser engelschönen Fürstin verbreitete über jene Tage einen erhabenen Licht-Glanz. Alle Herzen flogen ihr entgegen; und ihre Anmuth und Herzens-Güte ließ keinen unbeglückt.« Auch die durch alle schmerzlichen Führungen ihres Lebens ernst gestimmte Obersthofmeisterin blieb von dem Zauber ihrer jungen Gebieterin nicht unberührt. Anfangs wurden der bereits sehr bejahrten Frau die Ermüdung, der Rausch und Glanz des neu belebten Hoflebens schwer; doch dauerte es nicht lange, bis ihre Liebe und Hingebung für die bezaubernde junge Fürstin ihr auch dies leicht machte. Wir wollen hier einige Blätter mit den kurzen Notizen ihres Tagebuchs aus jener Zeit folgen lassen.

21. December **1793**.

Ich fuhr mit den beiden Hofdamen von Viereck und den Herren des Gefolges ganz früh Morgens nach Potsdam. Auch die Prinzen fuhren eben so früh hin, um die Prinzessinnen zu erwarten, die jedoch erst Abends um 6 Uhr ankamen, begleitet von ihrer Großmutter und dem Prinzen George von Darmstadt. Sie scheinen Beide nicht bloß schön, sondern auch im Wesen reizend zu sein. Man soupirte und trennte sich bald.

22. December.

Wir fuhren mit den beiden Prinzessinnen zusammen, die Brühl und ich, durch zahllose Triumphbögen bis Berlin. Der Einzug in die Stadt war süperb, aber dauerte sehr lang; um 1 Uhr waren wir in Schöneberg und kamen erst um 3 Uhr im Königlichen Schlosse an. Dann war Diner beim König mit der ganzen Königlichen Familie, abends Cour und Souper bei der regierenden Königin.

23. December.

Diner bei der Königin, abends Ball beim König.

24. December.

Vermählungstag der Kronprinzessin. Sie dinirte mit ihrer Großmutter und uns Damen; dann zog sie sich an, fuhr um 6 Uhr Abends zur Königin, um die Krone aufzusetzen; die Trauung war im weißen Saal und nachher die hergebrachten Feierlichkeiten, der Fackeltanz u.s.w. Ich stand 6 Stunden lang von 6 bis 12 Uhr auf meinen Füßen, ohne mich zu setzen, und war todtmüde, als ich endlich um 1 Uhr Nachts nach Hause kam.

25. December.

Erster Weihnachtsfeiertag. Das junge Paar fuhr vom Schloß aus in den Dom zur Kirche und kam in großem Pomp von dort aus in das Palais, wo sie nun ihre Wohnung bezogen und wo großes Diner war. Nachher war Cour bei uns und dann Souper beim König.

26. December.

Hochzeitstag des Prinzen Louis, der ganz so verlief wie der des Kronprinzen.

28. December.

Erste Vorstellung der Oper Armide, die zu Ehren der Prinzessinnen einstudirt worden war.

29. December.

Cour bei der regierenden Königin und großer Maskenball. Mein geliebter Enkelsohn August Voss ist seit dem 21. hier, wohnt bei Bevilles und ist so viel bei mir, als ich nur Zeit habe, ihn zu sehen.

30. December.

Operette, dann Souper beim König.

31. December.

Großes Fest bei der Königin-Wittwe. Mittags sind wir jetzt immer unter uns im Palais. Die Prinzessin ist wirklich anbetungswürdig, so gut und so reizend zugleich, und der Kronprinz ist ein so redlicher, vortrefflicher Mann, daß man ihm das seltene Glück einer solchen Ehe, den Besitz eines solchen Engels, innig gönnt!

1. Januar **1794**.

Gott wolle mich all mein Unglück verschmerzen und mich erkennen lassen, wie voll Seiner Gnaden dennoch mein ganzes Leben war! Er wolle mir helfen, meine Pflichten zu erfüllen und dabei stets und allezeit an Ihn zu denken.

Wir waren zum Diner bei der alten Königin, wo alle Höfe versammelt waren. Abends fand die zweite Gala-Oper statt und mit dieser schlossen die Festlichkeiten zu Ehren der Vermählung.

2. Januar.

Mittags bei uns, Abends beim König.

3. Januar.

Fest bei der regierenden Königin.

4. Januar.

Großer Ball beim Prinzen Ferdinand, der bis 6 Uhr Morgens dauerte.

5. Januar.

Sonntag. Niemand ging zur Kirche. Nach Tisch erste große Cour bei der regierenden Königin.

6. Januar.

Heute beginnt der Carneval. Große Oper.

7. Januar.

Mittags sind wir immer allein bei uns mit den Herrschaften, nur manchmal ist noch die Großmama aus Strelitz dabei. Gestern reiste der alte Herzog von Strelitz wieder ab.

8. Januar.

Operette und Souper beim König.

9. Januar.

Die Kronprinzessin war unwohl und so blieben wir den ganzen Tag zu Hause und gingen nicht zur Cour der Königin. So allein mit unseren Herrschaften war es sehr gemüthlich und hübsch und wir waren sehr glücklich, einmal unter uns zu sein.

10. Januar.

Wir blieben auch heute noch zu Hause. Massow liest Abends vor; das nenne ich ein glückliches Leben. – Mein August ist leider abgereist.

11. Januar.

Die Kronprinzessin wieder wohl; wir gingen zur Assemblée bei Möllendorf, wo eine furchtbare Hitze war.

12. Januar.

Die Kronprinzessin leider wieder unwohl, mußte das Zimmer hüten.

13. Januar.

Wir fuhren spazieren. Abends in der Oper, dann Souper bei Prinzessin Louis. Seit einiger Zeit sind die Nachrichten vom Rhein sehr schlecht, Wurmser ist geschlagen worden, alles geht rückwärts. Der Herzog von Braunschweig hat seine Abberufung verlangt und der Marschall Möllendorf geht statt seiner zum Heere. Gott weiß, daß man ein gutes Ende von diesem Krieg nicht mehr absehen kann.

14. Januar.

Diner bei der regierenden Königin, Abends bei Arnims und von da auf die Redoute, welche letztere für mich etwas Schreckliches ist; um 1 Uhr zurück.

15. Januar.

Zu Tisch unter uns und sehr heiter. Großer Ball beim König. Er war sehr gnädig für mich. Die französische Dame namens Dumoulin, die es mit angesehen hat, grade jetzt vor zwei Jahren, wie man ihren Mann massakrirte, war auch da, aber mir gefällt sie nicht. Der Ball dauerte bis 3 Uhr.

16. Januar.

Zu Tisch zu Hause mit Prinz Carl und Prinz George von Strelitz; man war sehr guter Dinge; Abends Cour bei der Königin-Wittwe.

17. Januar.

Meine Hoheiten aßen beim Prinzen Louis, waren dann in der Oper und zum Souper beim König.

18. Januar.

Zu Tisch zu Hause; Assemblée beim Minister Heynitz dann Souper beim Prinzen Louis.

19. Januar.

Zu Tisch nur die Brüder des Königs und die jungen Prinzen, Abends Cour bei der regierenden Königin.

20. Januar.

Déjeuner bei Graf Vengersky. Dann bei uns großes Diner mit vielen Generälen, auch Möllendorf war da, der morgen abreist. Einen Moment bei Prinzessin Louis, die krank ist. Abends Oper, dann Redoute und Souper bei uns.

21. Januar.

Ich versuche, mich des Morgens ein wenig für mich zu beschäftigen, aber es geht schwer. Zu Tisch bei der regierenden Königin, Abends bei Arnim, dann Redoute.

22. Januar.

Zu Tisch zu Hause, Abends Ball beim König, der sehr voll war; der König sprach viel mit mir, frug mich, ob ich in dieser Stellung auch glücklich sei und war wirklich unendlich gnädig.

23. Januar.

Früh schrieb ich an den König. Dann war Déjeuner in Monbijou bei der Königin, wo man immer vor Kälte fast umkommt; man ging auch in den Garten, und es dauerte bis 3 Uhr. Zu Tische unter uns. Abends nur kurz aus der Cour mit der Kronprinzessin, die früh nach Hause zurückkam, weil der Prinz erkältet war; man trank bei ihr noch Thee und wir waren Alle recht zufrieden, unter uns zu sein.

24. Januar.

Zu Tisch allein. Der Prinz noch erkältet. Der König kam nach der Oper und spielte Karten mit Prinz Carl und seinen beiden Schwiegertöchtern; es dauerte bis Mitternacht und der König war sehr heiter.

25. Januar.

Ich gehe jeden Morgen auf eine Stunde zu meiner Prinzessin hinauf; zu Tisch sind wir meistens mit den Herrschaften allein unter uns. Abends waren wir heute auf der Assemblée der Fürstin Sacken, wo die Prinzessin fast zu viel tanzte, so daß ich unzufrieden damit war. Von da aus zum Souper bei Gräfin Eickstädt.

26. Januar.

Früh kam der Prinz Louis Ferdinand, der wegen Maskenkostümen mit der Prinzessin sich verabreden wollte; ich kann die Freundschaft mit ihm nicht gutheißen; Cour bei der regierenden Königin.

27. Januar.

Großes Diner bei uns, auch die Königin-Wittwe und Prinzessin Louis mit ihren Höfen waren da. Es war Alles sehr gut und ordentlich und konnte nicht besser sein. Nachher Alles in der Oper. Souper beim König, wo man spielte; er war sehr wohl und heiter.

28. Januar.

Diner bei der regierenden Königin, wo der König auch war. Abends Ball bei Arnim, dann Redoute. Die vier Prinzessinnen, die Viereck und die Knobelsdorf waren als Nonnen maskirt und sahen sehr hübsch aus. Ich machte Verse für sie, die sehr gefielen. Es war ein entsetzliches Gedränge und dauerte bis nach 1 Uhr.

29. Januar.

Ball beim König bis 3 Uhr, die Kronprinzessin tanzte sehr hübsch.

30. Januar.

Cour bei der Königin-Wittwe.

31. Januar.

Wir hatten die Prinzen George und die ganze Königliche Familie zu Tische; dann Oper, und die regierende Königin bei uns zum Souper.

In dieser Weise ging das Hofleben während des Carnevals in Berlin fort; ein Fest reihte sich an das andere. Am 10. März 1794, dem ersten Geburtstag, den die Kronprinzessin in ihrer neuen Heimath feierte, schenkte ihr der König das Schloß in Oranienburg als Sommer-Aufenthalt, das er zur Aufnahme der gefeierten Schwiegertochter neu hatte einrichten lassen. Herren und Damen der Gesellschaft erschienen als ländliche Einwohner von Oranienburg gekleidet, um der Kronprinzessin die Schlüssel des Schlosses mit Geschenken und Versen zu überreichen. Als am Abend dieses frohen Tages der König seine von Freude strahlende Schwiegertochter frug, ob sie nicht noch *einen* Wunsch habe, den er erfüllen könne, wünschte sie sich noch »eine Hand voll Gold für die Armen«, und der gutherzige König gab ihr eine recht reichliche Hand voll, die sie mit der ihr eignen innigen Freude am Wohlthun bald auszutheilen wußte. –

Wir schalten hier noch eine Seite aus den Aufzeichnungen der Obersthofmeisterin über jenen ersten Winter 1794 ein.

»Die Kronprinzessin hatte einen wunderschönen Wuchs, ihre Erscheinung war zugleich edel und lieblich, jeder, der sie sah, fühlte sich unwiderstehlich angezogen und gefesselt.

Als die Zeit der großen Hof-Feste vorbei war, gestaltete sich das Leben an unserem Hof so gemüthlich, wie der Kronprinz es liebte, selbst während des Carnevals wurden nur die Courtage bei den beiden Königinnen eingehalten, im Übrigen lebten die jungen Herrschaften häuslich und glücklich für sich. Der Prinz Louis und seine Gemahlin wohnten in dem kleinen Palais, neben dem unsrigen, und lebten im zärtlichsten Verein mit ihren älteren Geschwistern, bald waren wir drüben bei ihnen, oder sie bei uns, aber immer war man beisammen. Nur einmal schien ein fremder, unheiliger Einfluß sich Eingang in das heitere, unschuldsvolle Familien-Leben zu verschaffen. Es war im Februar und März jenes ersten Winters, als das stürmische Gemüth des Prinzen Louis Ferdinand einen Augenblick Einfluß auf den frommen, edlen Sinn der Kronprinzessin zu gewinnen versuchte. Da sie es ihm unmöglich machte, sich ihr zu nähern, so trachtete er, dies auf einem Umweg zu erreichen. Er begann damit, die junge

Prinzessin Louis für sich zu gewinnen und das wurde ihm leicht. Erst 15 Jahre alt und in keiner Weise ihrer fürstlichen Schwester ähnlich, entbehrte ihr Wesen den Ernst, die Tiefe und das strenge Pflichtgefühl, das jene erfüllte, vor allem war sie der Schmeichelei sehr zugänglich; auch war ihr Gemahl vielleicht selbst zu jung, um ein rechter Führer für sie zu sein. Der Kronprinz dagegen war ein wahrer Freund seiner Gemahlin, und das von Anfang an; er selbst so streng und untadelhaft in jeder seiner Handlungen, von einer ernsten religiösen Denkungsweise, war ihrer jungen Seele eine feste Stütze, während er ihr nie anders als mit der innigsten Verehrung und Liebe begegnete. Ich konnte in jenen ersten Monaten ihrer Ehe nicht erwarten, daß die junge Fürstin mir sogleich ihr volles Vertrauen schenken würde. Der Unterschied der Jahre war zu groß zwischen ihr und mir; auch hatte sie etwas Verschlossenes in ihrem Charakter, und ich muß sagen, zum Glück und mit Recht eine große Zurückhaltung, die sie abhielt, sich gegen Personen, die sie nicht näher kannte, offen auszusprechen. Aber dies alles war dennoch schwer für mich und ich hatte damals eine trübe Zeit zu bestehen, ehe es mir endlich gelang, das Vertrauen meiner Prinzessin in Wahrheit zu erwerben und ihr näher zu treten. Dem Kronprinzen allein gebührt das Verdienst, sie in dem Augenblick der Gefahr, wo fremde Einflüsse sich zwischen ihn und sie einzudrängen drohten, durch seine Treue, seine Wahrhaftigkeit und seine Festigkeit vor denselben bewahrt zu haben. Auch war damals mein einziges Bestreben, die edle junge Frau, so oft ich durfte, darauf hinzuweisen, daß niemand ihr volles Vertrauen besitzen, niemand ihr Rathgeber sein dürfe als ihr Gemahl.

Den 1. April gingen die Herrschaften für einige Monate nach Potsdam, und das machte den Bestrebungen verderblicher Menschen mit einem Mal ein Ende. Die Prinzessin folgte mit liebender Zuversicht ganz der Leitung ihres Gemahls; er führte sie in sich selbst zurück und ihre im wahren Sinne des Wortes erhabene Seele fand sich wieder in dem ungetrübten Einklang mit sich selbst und ihrem eignen reinen Wollen und Streben. Jedes störende Element war verschwunden und nun begann für sie an der Hand des besten Gatten ein zufriedenes glückseliges Leben der Häuslichkeit und Liebe, wie man es sich nicht schöner denken kann.

Je genauer man die Prinzessin kennen lernte, um desto mehr wurde man von dem inneren Adel und der Reinheit ihrer Natur und von der engelgleichen Güte ihres Herzens ergriffen. Vor allem erfüllte die tiefste innigste Religiosität ihr ganzes Wesen und schmückte sie mit allen lieblichsten Tugenden der Frau, die Gott gefallen. Bereits im Mai mußte der Kronprinz mit den anderen königlichen Prinzen ins Feld rücken zur Unterdrückung des Polnischen Aufstandes, und wir brachten mit der Kronprinzessin den Sommer in Sanssouci zu. Erst im September kam der Prinz nach Berlin zurück und 14 Tage später, am 7. October 1794, ward die Kronprinzessin in Folge eines unglücklichen Falles von einer todten Prinzessin entbunden. In diesen Unglückstagen habe ich recht mit Bewunderung erfahren, wie ganz ihr frommes Herz sich dem Willen des Allerhöchsten übergab. Ohne Murren bei der bittern Versagung ihres größten Wunsches bewies sie eine Stille und Fassung im Schmerz, wie nur eine starke Seele sie zu zeigen vermag. Dabei litt sie unbeschreiblich; aber auch in den größten Schmerzen war sie den Ärzten so gehorsam und so geduldig, daß dadurch vor allem es gelang, ihre Gesundheit vor jeder üblen Folge dieses Unglücks zu bewahren. Um so größer war die Freude, als im folgenden Jahre am 15. October 1795 sie ihr zweites Kind, einen Prinzen, bekam, der den Namen Friedrich Wilhelm erhielt. Das Glück an dem Hofe unserer geliebten jungen Herrschaften erreichte nun die schönste Vollendung, und friedevoll und heiter wurde das Leben Aller um sie her von ihrem Glück miterfüllt und für Jeden wohlthuend, der ihnen nahe trat. Ich war so froh und glücklich, wie man es überhaupt an Hof nur sein kann; Winter und Sommer wurde in Berlin, Frühjahr und Herbst in Potsdam verlebt und die Jahre folgten sich ruhig und zufrieden.«

Im Sommer 1794 und 1795 hatten die Kronprinzlichen Herrschaften einige Monate in Oranienburg zugebracht; jetzt kaufte der Kronprinz für 30 000 Thaler das Landgut Paretz bei Potsdam, wo man später, als das Haus umgebaut worden war, in der anspruchslosesten ländlichen Abgeschiedenheit immer einen Theil der schönen Jahreszeit zubrachte. Im Juli 1796 machten die Herrschaften einen Besuch in Neu-Strelitz und kamen von dort aus auch auf ein Nachtquartier nach Groß-Giewitz, um den Landsitz ihrer geliebten alten Obersthofmeisterin kennen zu lernen. Wir wollen das Tagebuchblatt einschalten, das den Bericht dieser kleinen Reise enthält.

15. Juli **1796**.

Wir trafen unsere kleinen Vorbereitungen für die Strelitzer Reise. Der König war vorgestern nach Pyrmont aufgebrochen, eine unglückselige Reise, ganz allein mit der Lichtenau. Die Ärzte hatten sie endlich zugegeben, aber sie wollten doch nicht, daß er nach Rheinsberg ginge. Er reiste den 13. ab und wir heute Nachmittag; die Herrschaften im ersten und ich mit den Kammerfrauen im zweiten Wagen. In Oranienburg hatten wir ein sehr frugales Souper, übernachteten und fuhren den 16. um 5 Uhr früh von da weiter. Nachmittags 5 Uhr in Hohenzieritz angelangt.

Der Herzog, der überrascht werden sollte, und nichts von unserem Kommen ahnte, war grade abwesend bei seinem Bruder, und bei seiner Heimkehr war natürlich große gegenseitige Freude.

17. Juli.

Diner mit den Herrschaften, die aus Strelitz hinaus nach Zieritz kamen, abends blieben wir allein mit dem Herzog.

18. Juli.

Unter uns; man machte einen großen Spaziergang. Abends ombres chinoises.

19. Juli.

Nach Strelitz Diner und Thee im Garten, es war allerliebst. Leider, leider haben die Franzosen von Neuem wieder die Österreicher geschlagen und sind überall!

20. Juli.

Großes Diner; Plessen, Hahn und Moltke kamen und blieben bis 6 Uhr Abends.

21. Juli.

Nach Pieversdorf zum Prinz Ernst; ich schickte nach Giewietz, weil die Herrschaften mir sagten, daß sie gern hingehen möchten.

24. Juli.

Sonntag. Großes Diner, Abends allein, ombres chinoises.

25. Juli.

Nach Ivenack, eine Masse Menschen dort.

26. Juli.

Ruhig in Neustrelitz.

27. Juli.

Nach Miltzow, was der Lage nach süperb ist.

28. Juli.

Ruhiger Tag. Gegen Abend fuhr ich allein nach Groß-Giewitz.

29. Juli.

Ich arrangirte die Fremdenzimmer hier ein bißchen für die Herrschaften, welche bei mir über Nacht bleiben wollten. Sie kamen bereits früh um 10 Uhr an, nahmen hier frische Relais-Pferde und ich fuhr mit ihnen weiter nach Remplin. Das Etablissement dort ist sehr schön, aber unglaublich schlecht eingerichtet. Abends sechs Uhr fuhren wir nach Groß-Giewietz zurück. Ich hatte den Garten und besonders die große Kastanien-Allee, die nach dem See führt, mit einer Masse bunter Lampen illuminiren lassen; es war ein schöner Abend; der erleuchtete Garten war sehr hübsch und das Souper sehr ordentlich. Ich hatte noch einen Koch aus Strelitz zur Hülfe kommen lassen und alles war so gut wie möglich. Prinz Ernst war nicht gekommen, nur der alte Herzog, meine beiden Herrschaften, Schulenburg, Bülow, Hobe und Graefe, die Alle hier über Nacht blieben, und das Gefolge.

30. Juli.

Wir hatten ein Déjeuner dinatoire und dann fuhren Alle direkt nach Hohenzieritz zurück; nur der Kronprinz machte einen Umweg über Rothmannshagen und ich fuhr eine Stunde später nach. Abends war ein kleiner Ball, der ziemlich früh, gleich nach dem Souper, zu Ende war.

1. August.

Um 5 Uhr früh reisten wir ab und waren, vermöge zahlloser Relais, nachmittags 4 Uhr wieder in Berlin.

Der Rest des Sommers wurde in Paretz zugebracht und der Herbst in Potsdam, bis der Winter die Kronprinzlichen Herrschaften wieder nach Berlin zurückrief. Bis hierher war der ungetrübte Himmel ihres jungen Glückes ein so selten schöner und heiterer gewesen, daß der erste Schmerz, der sie in dem Verlust des Prinzen Louis ereilte, sie doppelt überraschend und erschütternd traf. Der Kronprinz liebte diesen Bruder sehr, der ihm im Alter so nahe stand. Wie schnell und unerwartet sein Tod über Alle hereinbrach, zeigt am Besten ein Blatt aus den täglichen Notizen der Obersthofmeisterin.

18. December 1796.

Sonntag. Niemand ging zur Kirche wegen der argen Kälte. Abends Cour bei der regierenden Königin in Volants. Graf Narischkin wurde vorgestellt, der gesandt ist, die Thronbesteigung des Kaisers Paul I. zu notifiziren.

19. December.

Unter uns, nur die Prinzessin Louis, die Brühl und die Brandis zu Tische. Es wurde Theater bei der Lichtenau gespielt, sie hatte Billets für uns Alle geschickt; unsere Hofdamen und Cavaliere gingen hin, aber ich nicht. Sie gab sich große Airs bei diesem Fest, wie man uns hernach erzählte; der König war auch dort. Gott weiß, wie mich dies Alles für ihn bekümmert und betrübt! – Wir nahmen den Thee und das Souper beim Prinzen Louis ein, weil die Prinzessin Taxis morgen abreist.

20. December.

Unsere Herrschaften begleiteten die Prinzessin Taxis bis Potsdam; sie fuhren früh 7 Uhr fort und kamen gegen 2 Uhr Mittags zurück. Den Abend unter uns, wo es immer am Hübschesten ist.

21. December.

Wir aßen mit allen Höfen beim König. Prinzessin Louis ging früher weg; sie ängstigte sich, weil der Prinz etwas Fieber hatte.

22. December.

Zu Tisch bei der regierenden Königin, wo der König auch war. Den Abend die Prinzessin von Oranien und Prinzessin Heinrich bei uns.

23. December.

Die Herrschaften gingen viel auf dem Christmarkt umher; wir aßen unter uns. Der Prinz Louis ist recht krank, er hat viel Schmerzen und man fürchtet eine Art Gallenfieber.

24. December.

Diner bei den Oraniern, Abends auf dem Christmarkt. Ich bekam vom Kronprinzen eine hübsche goldene Dose zum Geschenk. Der Prinz Louis ist so ernstlich krank, daß man sehr besorgt um ihn ist, und dies war heute ein schmerzlicher Dämpfer auf die allgemeine Weihnachts-Freude. Die ganze Königliche Familie war beisammen bei uns und man hatte auf lauter kleinen hübsch geschmückten Tischen einbeschert, auf denen die Prinzen und die Prinzessinnen jedes einzeln seine Geschenke erhielt.

25. December.

Der Prinz Louis ist heute etwas ruhiger; ich war dort, um die Prinzessin zu sehen; Gott Lob, es geht ihm erträglich. Unsere Prinzen und der Prinz von Zweibrücken kamen zum Thee zu uns. Dann war Cour bei der regierenden Königin, bei der auch der König einen Moment erschien.

26. December.

Ach, unser armer Prinz Louis ist hoffnungslos! Wir gingen schon früh zur Prinzessin hinüber, dann ließ man Selle holen, aber auch er sagte dasselbe! – Ich ging einen Moment zur alten Prinzessin Heinrich, und nach Tisch wieder hinüber zur Prinzessin Louis, bei der die Herrschaften schon den ganzen Tag über waren; der König kam auch hin und schenkte meiner Tochter ein Stück süperben ganz schweren Stoff zu einer Schleppe.

27. December.

Wir waren den ganzen Tag sehr traurig und in Ängsten um unsern armen Prinzen. Zu Tische unter uns, den Abend bei Prinzessin Louis.

28. December.

Ein schwerer, unglückvoller Tag! – Der arme Prinz Louis verschied Abends um drei Viertel auf elf Uhr! – Wir waren zu Tisch unter uns gewesen, dann ging ich hinüber ins Louis'sche Palais und sah gleich an Selles Gesicht, daß es mit dem armen geliebten Prinzen zu Ende gehe. Der König und die Königin waren beide lange bei ihm und die Abschiedsscene an seinem Sterbebett war herzzerreißend; der Kronprinz und die andern Geschwister weinten laut. Die arme Prinzessin kam noch Nachts ein Uhr zu uns herüber und blieb mit der Brühl die Nacht in unserem Palais.

29. December.

Traurigster Tag! Alle Herrschaften kamen zu uns; die arme Wittwe war ganz außer sich vor Schmerz und wir alle weinten mit ihr. Der Kronprinz war fiebrig und unwohl, man gab ihm Medicin; es ist der Schmerz, der ihn krank macht. Die Herrschaften aßen unter sich; zum Souper kam auch die Prinzessin von Oranien.

30. December.

Die Königliche Familie aß allein unter sich; der König und die Königin kamen Abends zu uns, und die letztere blieb zum Souper. Die Trauer für die Stadt ist auf drei Monate festgesetzt.

31. December.

Der Tag verging wie gestern; die Königin blieb nur bis gegen Abend. Prinz Louis wurde ganz einfach und in der Stille beigesetzt; sechzehn Lieutenants trugen den Sarg bis zum Leichenwagen und hoben ihn von diesem dann wieder herab. Die Prinzessin weinte viel, war aber heute doch schon ruhiger und gefasster als gestern. Der arme Kronprinz ist sehr erschüttert.

1. Januar **1797**.

So beginnt ein neues Jahr, das uns der liebe Gott wolle mit weniger Sünden als das vergangene durchleben lassen!

Es war Familiendiner, aber nur ganz unter uns, weil der Kronprinz unwohl war und sehr arges Halsweh hatte. Abends kam der König und die regierende Königin, sie blieben aber nicht zum Souper. Der König war sehr rosiger Laune trotz unseres Unglücks.

2. Januar.

Ich war bei der Königin-Wittwe, welche das Fieber hat. Der Kronprinz war am Morgen besser, aber Abends hatte er wieder Fieber und sehr arge Halsschmerzen. Der König und die regierende Königin kamen. Gott allein kann uns beistehen; unsere Angst um unseren Prinzen ist unbeschreiblich! –

3. Januar.

Der Kronprinz ist sehr schlecht und seit heute in großer Gefahr. Er kann nicht athmen, nicht sprechen und nicht schlucken der Arzt sagt, es ist eine entzündliche Bräune. Wir sind Alle in einem Zustand von Angst, der sich nicht aussprechen läßt! Gegen Abend hatte er ein bißchen Linderung. Der König kam noch spät und blieb über zwei Stunden an seinem Bett; dann kam auch die Königin. Um neun Uhr wurde der Kronprinz etwas ruhiger. Die Kinder waren alle hier, auch die Prinzessin Auguste.

4. Januar.

Es geht besser! Nachmittags sehr viele Besuche bei der Kronprinzessin, Abends kam der König, dann die Königin. Die alte Königin ist sehr krank, der Kronprinz aber, Gott sei gelobt, entschieden in der Besserung. Der Minister Voss war bei mir, sehr traurig, daß man ihm den kleinen Ingenheim genommen hat, den er so liebt.

5. Januar.

Wie gestern. Die Herrschaften unter sich bei Tische und auch zum Souper. Der König kommt jeden Abend, ging auch ins Krankenzimmer zu dem Kronprinzen, der ziemlich wohl war; er ist immer ganz besonders gnädig für mich. Die alte Königin ist sehr schlecht und ich fürchte sehr für sie.

6. Januar.

Der Kronprinz heute wieder sehr krank, es ist ein Rückfall der Bräune. Er hat die heftigsten Kopfschmerzen, Halsschmerzen und Ohrenschmerzen und Braun war ganz außer sich, doch kam nachmittags etwas Besserung. Die alte Königin ist sehr schlecht; sie phantasirt, ich war zwei Mal bei ihr. Der König kam, ging aber nicht zum Prinzen hinein; doch ging es Gottlob etwas besser mit ihm am Abend. Die Kronprinzessin verläßt ihren Gemahl, seit er krank ist, nicht einen Augenblick.

7. Januar.

Wie gestern. Der König kommt jeden Abend. Die alte Königin schrecklich krank, ich gehe täglich zweimal zu ihr.

8. Januar.

Die Herrschaften mittags und abends unter sich, der König kommt wie immer Abends. Die alte Königin noch kränker als gestern.

9. Januar.

Der Prinz ist heute viel besser, darf aber noch nicht sein Zimmer verlassen. Gott hat unser Gebet erhört und schenkt ihn uns wieder! Morgen ist die Trauer-Feierlichkeit für unsern armen Prinzen Louis. Man machte einen furchtbaren Lärm mit den Vorbereitungen; ich ging mit der Kronprinzessin den Katafalk zu sehen, der schauerlich schön war. Die Prinzessin Louis ist ziemlich wohl, aber erschütternd traurig. Prinz Heinrich war auch bei ihr. Die Rougemont und die Münchhausen sind immer hier.

10. Januar.

Der Tag der Begräbnisfeier des guten, geliebten Prinzen Louis, die um 10 Uhr anfing und bis 12 Uhr dauerte. Der Sarg, mit Silber-Brokat überzogen, wurde von Offizieren getragen. Die Staatsminister und die Johanniter-Ritter folgten; es war sehr feierlich und schön. Der Kronprinz war mit der Kronprinzessin in das Eckzimmer hinaufgegangen, um den Zug mitanzusehen, und auch die Prinzessin Louis sah ihn von dort aus mit an, mit der Brühl und mir; beide Prinzessinnen weinten sehr. Abends kam der König und blieb zwei Stunden. Er ist sehr erkältet; der Prinz Heinrich ist auch krank und die Königin-Wittwe wird immer schwächer, mit einem Wort, es ist schrecklich. Die Prinzessin von Oranien und Prinzessin Auguste waren während der Trauerfeier in Bellevue.

13. Januar.

Die Königin-Wittwe war heute noch kränker; man kam uns zu sagen, sie sei todt, aber es war nicht wahr; der Kronprinz wünschte, ich solle zu ihr gehen, ich blieb bis 8 Uhr bei ihr und gerade im Augenblick, in dem ich fortgehen wollte, verschied sie. Ich ging noch einmal zu ihr hinein, um sie zu sehen und weinte lange mit ihren Damen; dann fuhr ich nach Hause. Der Kronprinz war sehr ergriffen von der Nachricht. Der Obersthofmeister d'Orville zeigte es dem regierenden König und dem Kronprinzen an. Trotz ihres hohen Alters ist ihr Tod mir dennoch ein großer Verlust. Die Trauer wird bereits morgen angelegt; es heißt, drei Monate tiefe Trauer in Wolle mit Krepp-Schleiern, und drei Monate in Seide.

15. Januar.

Heute fanden die Obsequien für den Prinzen Louis statt. Ich war im Dom mit der Prinzessin Auguste, der Einzigen von den Herrschaften. Für alle Anderen war es wirklich unmöglich hinzugehen. Wir waren Alle in der tiefen Trauer um die gute Königin und trugen zwei schwarze Schleier, von denen der eine vorn herabfällt; man erkennt sich kaum.

28. Januar.

Die Prinzessin von Oranien kam spät, weil sie zum Thee bei der Knesebeck war, wo auch der König und die Lichtenau waren; der König ist wieder wohler.

29. Januar.

Der König kam auf eine Stunde, er war sehr gnädig und liebenswürdig. Nach 6 Uhr ging ich zu den Damen der verewigten Königin; sie ward von den Kammerherren bis auf den Trauer-Wagen getragen in einem schwarzen Sammt-Sarge mit silbernen Griffen; so wurde sie ohne Pomp nach dem Dom gebracht. Die Damen, die Herren und der ganze Hof folgten und ebenso die Damen, die früher bei ihr gewesen waren, aber alles ganz in der Stille. Reuß als Hofmarschall stieg mit dem Sarg in die Gruft hinab.

30. Januar.

Der König war heute Morgen hier, ich sah ihn, er sieht sehr übel aus. Er bot Schönhausen unseren Herrschaften an, aber sie wollten es nicht annehmen. Ich hörte, er habe es dann der Prinzessin Heinrich angeboten; aber für sie ist ein Etablissement dort zu kostspielig und auch sie lehnte es ab.

1. Februar.

Der Kronprinz erhielt das Vermächtnis, das die Königin-Wittwe für ihn bestimmt hatte und das aus Gemälden bestand.

5. Februar.

Der Minister Buch kam, um die Diamanten der verewigten Königin-Mutter im Namen des Königs der Kronprinzessin zu ihrem Gebrauch zu übergeben.

11. Februar.

Wir aßen zu Mittag mit der Kronprinzessin, der Prinz aß beim König. Abends war großes Souper beim König; ich spielte mit dem König, und alle Fürstlichkeiten waren auch da.

12. Februar.

Fest beim König, das bis spät dauerte.

13. Februar.

Heute war der Hochzeitstag der Prinzessin Auguste und des Kurprinzen von Hessen. Der König war anwesend. Es war ein Lotto arrangirt worden und das Gedränge war schrecklich; doch dauerte es nur bis kurz nach 11 Uhr. Der Landgraf war Feldmarschall geworden und der Prinz bekam den großen Orden in Brillanten.

14. Februar.

Cour beim König.

15. Februar.

Das Diner war heute bei uns. Abends kam die Königin, um den Kronprinzen zu besuchen, der etwas unwohl war; dann ging sie mit der Erbprinzessin von Cassel und mit unserer Prinzessin in die Oper; ich ging mit und auch die Gaudy, man gab Atalante, die Dekoration von Weißenstein war wunderschön, das Ganze sehr gelungen. Der Landgraf war voller Dankbarkeit, der Erbprinz, wie immer, wie ein Stock.

16. Februar.

Heute Abend war Cour bei der Prinzessin von Cassel und dann bei der Königin. Der König kam dazu, aber spielte nicht und soupirte nicht mit.

17. Februar.

Beim Diner unter uns; Abends Ball beim König. Unser Prinz durfte noch nicht ausgehen. Es war eine Unmasse Menschen an Hof, auch viele Fremde; der König war augenscheinlich wohler, er sprach viel mit mir, aber blieb nicht zum Souper und auch wir blieben nur bis 11 Uhr.

18. Februar.

Der Erbprinz von Schwerin, unser Prinz und die Kronprinzessin frühstückten bei mir, Abends war Oper Semiramis von Himmel, die sehr schön ist. Das Ballet, das darauf folgte: Raoul de Créqui, ist hübsch, aber das Ganze dauert so lang, daß man es kaum aushalten kann. Der König kam in die große Loge beim Beginn des Ballets und sprach wie gewöhnlich sehr viel mit mir.

19. Februar.

Wir waren zum Diner, wie gewöhnlich, unter uns, abends war Ball bei der Königin, wo man aber nur bis zum Souper tanzte; Alles war um 11 Uhr zu Ende; der König machte seine Parthie.

20. Februar.

Ball bei uns. Die ganze Stadt war da, nur die Königin kam nicht und Prinz und Prinzessin Ferdinand, die krank waren. Der König kam, blieb aber nicht zum Souper, er sprach lange mit mir. Der Ball dauerte nur bis nach Mitternacht.

21. Februar.

Der Prinz von Schwerin aß bei uns, abends war die Oper Armide, die über vier Stunden dauerte, mit einem langen Ballet hinterher, dann soupirten die Herrschaften unter sich.

22. Februar.

Der kleine Prinz von Neuwied kam zum Diner, Abends war Ball bei dem Prinzen Ferdinand, der aber nicht erschien, weil er noch krank war. Der König kam, blieb aber nicht zum Souper, und die Königin auch nicht. Die kleine Solms und die kleine Arenberg waren weiß kostümirt, die Eine als Gerechtigkeit, die Andere als Freigebigkeit; die kleine Schwerin war der Gott Hymen, der kleine Satory war Amor. Man sang: God save the king, dann streuten die Kinder Blumen. Bis zum Souper wurde gespielt, dann zwei kleine Operetten aufgeführt, schließlich war noch ein Feuerwerk.

23. Februar.

Geburtstag der Prinzessin Heinrich, der einstmaligen divina oder belle fee! Diner beim König, der aber nicht erschien, weil er unwohl war. Man ging erst zu ihr, dann zu den Majestäten, hernach zum Thee zu Radziwills, wo die Prinzessin Louise sich verkleidet hatte und Verse sagte; die Königin und alle Prinzen waren da. Dann kamen wir nach Hause und nach dem Souper fuhren wir zur Redoute, wo man bis gegen 1 Uhr blieb und wo es sehr langweilig war.

24. Februar.

Großes Diner bei der Königin. Der Landgraf reiste ab, der Kronprinz begleitete ihn bis Potsdam.

28. Februar.

Der Graf Byland weckte mich gegen 7 Uhr; die Prinzessin von Oranien war um 5 Uhr früh von einem Prinzen entbunden worden. Ich ließ es dem Kronprinzen und der Kronprinzessin sagen, nachher gingen wir alle hin, um zu gratuliren. Zum Diner bei der Prinzessin von Cassel, wo der König und die Prinzessin Louis waren und der Casseler Hofstaat. Den Abend unter uns und dann gingen wir um 10 Uhr auf die Redoute, wo eine Quadrille von Genien getanzt wurde, die nicht im Geringsten genienhaft oder genial war. Wir blieben bis um 1 Uhr. Das ist die letzte Festlichkeit zu Ehren der Vermählung der Prinzessin Auguste und morgen wird die tiefe Trauer wieder angelegt.

1. März.

Die erlauchte Frau Großmutter kam um 12 Uhr von Neustrelitz und dann hatten wir zu Tische den Herzog von Holstein, den Prinzen von Meiningen, die Großherzogin, und Abends die jungen Prinzen und den Prinzen von Neuwied, unsern ganzen Hofstaat und den der Prinzessin Louis; das war sehr lärmend und gar nicht angenehm.

2. März.

Geburtstag der Prinzessin Louis. Man legte die Trauer nicht ab. Sie hatte gebeten, die Prinzessinnen möchten nicht zu ihr kommen: nur die Prinzessin von Cassel und ihr Gemahl und der König kamen, der ihr eine sehr schöne Uhr schenkte. Ich schenkte ihr einen blühenden großen Rosenstrauch. Der Kronprinz war spazieren gegangen, während sein Vater noch zum Besuch anwesend war, was ich sehr mißbilligte.

4. März.

Der Kronprinz war nicht recht wohl und kam nicht herauf, die Prinzessin aß unten allein mit ihm. Abends kam der Prinz von Schwerin und der Prinz von Neuwied; die Kronprinzessin kam aber nur auf einen Moment herauf und ging dann gleich wieder zum Prinzen hinunter. Sie ist eine wundervolle Frau, die dabei alle ihre Pflichten so treu erfüllt!

10. März.

Der Geburtstag meiner Prinzessin. Es kamen alle Prinzen, aber die Ferdinand und die Landgräfin waren krank. Der König kam und schenkte ihr vielerlei schöne Sachen; ich schenkte ihr eine Tasse mit der Silhouette des kleinen Prinzen darauf. Zum Diner waren wir beim König, dann bei der Prinzessin von Oranien, wo die Taufe stattfand; Abends waren wir unter uns und nur der Prinz von Schwerin da.

11. März.

Mein Geburtstag; 68 Jahre hat mich die Vorsehung durchleben lassen, sie wolle mir für die Zeit, die sie mit gewähren will, nur die eine Gnade verleihen, daß es mit gelingen möge, meine Fehler immer mehr zu bekämpfen und abzulegen! Ich ging zur Prinzessin, und sie und der Kronprinz schenkten mir einen schönen Kronleuchter und ein Stück indischen feinen Mouslin. Meine Tochter gab mir ein reizendes Armband von ihren Haaren.

14. März.

Wir waren zum Diner beim König, wo auch die Landgräfin von Cassel war. Dann waren wir bei der Prinzessin von Oranien, und Abends war eine Oper bei der Lichtenau, wo sämmtliche Höfe waren. Die Vorstellung war recht schön, aber wenn man Alles bedenkt, wer diese Frau ist und wie verwerflich ihr Verhältnis, so ist es schrecklich, sie sehen zu müssen. Zuletzt war Familien-Souper bei der Königin, wo man nichts that als weinen, weil die arme Prinzessin Auguste von Cassel morgen abreist.

15. März.

Der Erbprinz von Cassel und seine Gemahlin reisten heute wirklich ab, der König war sehr bewegt, der Kronprinz und seine Brüder begleiteten sie bis Magdeburg. Um 7 Uhr Abends kam der König und blieb zwei Stunden bei uns. Himmel spielte Clavier vor, der König war sehr traurig.

16. März.

Geburtstag des Prinzen George, für den ich das Déjeuner in meinen Zimmern gab, was mir schließlich sehr unbequem war.

Die Prinzen kamen Alle, auch der Prinz Heinrich und der Prinz von Oranien; es war ein schrecklicher Lärm.

21. März.

Der König kam gegen 6 Uhr, blieb bis 7 Uhr und nahm Abschied, weil er ganz nach Potsdam geht.

22. März.

Die Kronprinzessin war schon während der Nacht leidend; als ich zu ihr hinauf kam, war ich überzeugt, daß sie heute niederkommen würde, aber sie lachte und wollte es mir nicht glauben, und um drei Viertel auf zwei Uhr war das Kind schon glücklich da! – Es ist ein prächtiger kleiner Prinz! – Überall war große, große Freude. Der König war bereits abgereist nach Potsdam; Köckritz fuhr sogleich hin, es ihm zu melden und kam sehr befriedigt und beschenkt zurück. Die Königin kam gleich zu uns.

26. März.

Sonntag. Die Großmama ging in die Gensd'armen-Kirche. Der König kam und aß en famille bei uns. Der Tag der Taufe ward auf den 3. April festgesetzt. Die Prinzessin und der kleine Prinz sind ganz munter.

Nachmittags war die Großmama bei der Königin und die Prinzessin Louis bei der Radziwill. Die Prinzessin ließ sich ins Eckzimmer tragen, der Kronprinz machte nur leider sehr viel Lärm, was nicht gut für die Wöchnerin ist.

29. März.

Die Prinzessin und der kleine Prinz waren Gottlob sehr wohl und munter. Wir waren Mittags und Abends unter uns. Der Kronprinz ging zu einem Picknick in der Stadt Paris.

30. März.

Die Kronprinzessin befand sich Gottlob ganz wohl und stand zum ersten Mal auf, da es der neunte Tag war. Der Kronprinz war voll Freuden, aber machte unerlaubt viel Lärm und machte sogar ein Fenster auf; – aber man darf ja nichts sagen. Die Königin, die sehr leidend war, kam während wir bei Tische waren, und die jungen Prinzen kamen zum Abend. Nachmittags kamen auch die Prinzessin Heinrich und die Prinzessin Ferdinand und die vielen Besuche haben die Kronprinzessin sehr angegriffen.

2. April, Sonntag.

Die Großmutter und Prinzessin Louis gingen in die Kirche. Wir blieben still unter uns. Die unglücklichen Österreicher sind zweimal in Italien geschlagen worden; es geht sehr schlecht, leider, leider.

3. April.

Tag der Taufe. Der Kronprinz kam um 12 Uhr von Potsdam, die Königin, die Prinzen und Prinzessinnen aßen Alle hier, ebenso alle Minister und Generäle. Der König kam ebenfalls zur Stadt, aber kam nicht zum Diner. Gleich nach Tische ging alles zu der hohen Wöchnerin und von da in den Audienz-Saal, und als Alle versammelt waren, kam ich mit den Hofdamen; ich trug das Königliche Kind und brachte es dem König. Sack vollzog die Taufhandlung. Die Namen waren Friedrich Wilhelm Ludwig, aber Wilhelm wird er genannt werden. Nach der Handlung gab mir der König den kleinen Prinzen wieder und war überaus gnädig mit mir. Wir gingen zur Kronprinzessin zurück und der König fuhr fort. Die Übrigen blieben bei der Großmama. Abends ging alles zur Königin; wir blieben unter uns und der Kronprinz allein bei der Kronprinzessin.

4. April.

Die Kronprinzessin aß zum ersten Mal wieder mit dem Kronprinzen. Nach Tisch ging alles zu Radziwills, wo der neugeborene kleine Prinz katholisch getauft wurde. Die Radziwill hat vom König einen Solitair zum Geschenk bekommen. Ich war nur einen Augenblick da und blieb dann allein bei der Kronprinzessin. Abends kam der König zu uns zum Souper und kehrte um 9 Uhr nach Potsdam zurück, was mir sehr lieb war, denn die Kronprinzessin war doch von all den Besuchen sehr angegriffen.

5. April.

Großmama und die Prinzessin Louis aßen bei der Königin und waren den Abend bei Ferdinands, und das war ein großes Glück. Ich hatte sehr viel Visiten zu empfangen, und war den übrigen Tag bei der Kronprinzessin.

9. April.

Sonntag. Die Prinzessin von Oranien hielt ihren Kirchgang nach ihren Wochen. Der Kronprinz kam mit Köckritz aus

Potsdam und aß allein mit der Kronprinzessin; wir aßen mit Prinzessin Louis, die dann zu Radziwills ging, und der Kronprinz reiste um 9 Uhr wieder ab. Der König ist unwohl; die Lichtenau war bei mir und sprach mir viel von ihm. Diese Person sagt mehr, als sie wahr machen kann, sie ist schrecklich.

10. April.

Um 1 Uhr kam der Ober-Kastellan mit einem freundlichen, kleinen Briefchen des Königs und einem Medaillon von Krystall, in großen Diamanten eingefaßt, das er mir zum Geschenk schickte. Ich war außer mir vor Freude über so viel Güte von seiner Seite und ging zu der Prinzessin und zu allen im Palais, um das Medaillon zu zeigen. Dann schrieb ich an den König in Antwort auf das von ihm erhaltene Billet, welches ich hier beilege:

Je sais, Madame, qu'il suffit de votre attachement pour conserver présent à votre souvenir le moment où au baptême vous me présentâtes le plus jeune de mes petits fils! Je me suis flatté cependant de vous le rappeler mieux encore en vous prouvant que je ne l'oublie pas davantage et vous prie d'accepter en mémoire de ce jour, la faible preuve d'estime dont j'accompagne cette lettre, étant, Madame, votre très affectionné

Potsdam, 9. Avril 1797.

Frédéric Guillaume.

17. April.

Die Kronprinzessin war schon am 15. zum ersten Mal an der Luft, weil es gerade so sehr schön war, und da es der Arzt wollte, so ging sie auch heute Morgen mit mir etwas aus und Nachmittags nochmals mit dem Kronprinzen.

18. April.

Ich fuhr mit der Kronprinzessin spazieren; sie ist Gottlob sehr wohl. Man sagt, daß die Österreicher die Franzosen wirklich geschlagen haben; welches Glück!

29. April.

Heute Abend war Gratulations-Cour bei uns für die hohe Wöchnerin.

30. April.

Die Kronprinzessin hielt ihren Kirchgang im Dom. Es bewegte und ergriff sie sehr. Dann ging sie mit mir spazieren, und zum Essen waren wir mit der Prinzessin Louis bei der Königin. Nach Tisch kamen viele Besuche und dann die Ferdinands zum Thee und die Oranier zum Souper. Der zweite Prinz von Mecklenburg-Schwerin, Prinz Gustav, war angekommen; er ist Major geworden und gefällt mir besser als der ältere.

1. Mai.

Ich fuhr mit der Kronprinzessin nach Potsdam, wo seit acht Tagen schon der Kronprinz ist, der sehr gnädig und gut für mich beim Wiedersehen war. Abends war eine Operette im Theater. Der König war nicht darin, wir waren ihm begegnet, er war der Gräfin Lichtenau bis zum halben Weg nach Berlin entgegengefahren; also muß er doch wieder wohler sein.

4. Mai.

Den Morgen über langweilte ich mich. Dann kam die Kronprinzessin, um bei mir zu frühstücken. Die Zastrow und Officiere vom Generalstab kamen zum Diner; nach Tisch fuhr ich mit der Kronprinzessin und den Prinzen nach Sanssouci; wir gingen in das Gehölz, aus dem man den Säulengang fortnimmt, um ihn nach dem neuen Garten zu verlegen.

5. Mai.

Wir hatten Officiere vom Regiment des Kronprinzen zum Essen, das Diner dauerte sehr lang und als ich endlich um 2 Uhr wieder allein bei mir war, kamen die Vierecks. Abends waren die Herrschaften im Garten; man geht um 7 Uhr zu ihnen hinauf zum Thee, und um 10 Uhr ist alles aus und man geht zu Bette.

6. Mai.

Mittags kam der Graf Dönhoff und zwei Officiere, Viereck und Lindenau. Abends kam der Prinz von Neuwied.

7. Mai.

Zum Diner waren wir beim König in seinem Garten. Ach, leider nimmt er sehr ab; ich bin in Verzweiflung zu sehen, wie sichtlich er sich verändert. Nach 5 Uhr ging man in die Operette, auch der König war incognito dort und die Königin kam en surprise von Berlin mit Wittgenstein und der Gaudy herüber, soupirte hernach mit diesen Beiden bei uns und fuhr später zurück.

14. Mai.

Heute Nachmittag gingen wir mit den Herrschaften nach dem neuen Garten zum König, es geht ihm besser. wir hatten eine große Kollation dort; die Königin war auch da und die Lichtenau und alle Kinder des Königs; dann ging man zur Operette und die Königin kam noch zum Souper zu uns.

15. Mai.

Wir waren in Paretz, um es anzusehen, ich war sehr enttäuscht, denn es ist nicht im geringsten hübsch; auch das Haus, das noch gebaut wird, bekommt gar keine richtigen Proportionen; der Ort selbst ist geradezu häßlich und nur der Garten etwa erträglich. Wir kamen um 8 Uhr nach Hause zurück.

16. Mai.

Die Prinzen aßen in Sanssouci und fanden den König etwas wohler, der aber nicht bei Tisch erschien. Dennoch war er zu Pferde gewesen, um die Revue anzusehen. Nachmittags hatte meine Prinzessin Damen-Empfang.

17. Mai.

Es war der erste Tag der Frühlings-Manöver. Die Kronprinzessin und ihre Hofdamen waren dazu hingefahren, und zu Mittag hatten wir viele Officiere; der Kronprinz aß beim König in Sanssouci, der König war allein mit dem Grafen Wartensleben. Nach Tisch kam die Königin; Abends ging man ins Theater, was endlos lang dauerte und wo man vor Hitze umkam. Zum Souper hatten wir alle Generäle und den Prinzen von Mecklenburg-Schwerin.

18. Mai.

Die Kronprinzessin aß beim König in Sanssouci und gegen Abend fuhren wir nach Berlin zurück und besuchten auf dem Wege das Lager bei Müncheberg und das Grenadier-Regiment, bei dem die Kronprinzessin anhalten ließ und sehr hübsch zu den Soldaten sprach, die ihr Vivats gebracht hatten.

24. Mai.

Ich hatte schrecklich viel Menschen den ganzen Morgen, zu Tisch waren wir in Schönhausen mit Köckritz, den jungen Prinzen, dem Prinzen von Braunschweig und den Oraniern. Ich war bei der Brühl, man trank den Thee im Garten. Der Anblick dieses alten Gartens, für mich so voller Erinnerungen, bewegte mich sehr. Nach dem Souper balgte sich der Prinz von Braunschweig mit dem Prinzen Wilhelm, fiel dabei und that sich sehr weh am Knie; das ist die Strafe solcher Kindereien.

28. Mai.

Vor Tisch waren wir in Monbijou, dann ging ich zur Prinzessin Heinrich, ihr zu sagen, daß morgen der Vater der Kronprinzessin hier durchkommen würde, der nach Hildburghausen geht. Abends waren wir in Schönhausen, wir fanden den König dort, er ist sehr mager geworden, aber wohler.

29. Mai.

Der Herzog kam um 1 Uhr, Prinzessin Louis und ihre Damen kamen herüber, aber der Kronprinz mußte zu einem kleinen Diner des Königs nach Potsdam. Um 7 Uhr reiste der Herzog weiter, der Kronprinz und die Kronprinzessin begleiteten ihn eine Stunde weit und kamen erst nach 9 Uhr zurück. Nach dem Souper brachte mir der Graf Vengersky eine sehr hübsche Abendmusik als Ständchen.

2. Juni.

Wie gewöhnlich allein zu Tische. Abends die Herrschaften bei Dewitz, wo Thé dansant war, und dann kamen die Oranier zum Souper zu uns.

4. Juni.

Erster Pfingstfeiertag. Alles in der Kirche. Zu Tisch kam der Prinz Heinrich, um 4 Uhr waren wir in der Operette, die der König geben ließ, wo auch der ganze Hof, die Lichtenau und eine Masse Menschen waren. Der König ist wieder leidender, soll nach Pyrmont. Gott gebe, daß er von dort zurückkehrt. Er war sehr heiter, trotz seiner Schmerzen, sprach viel mit mir, und blieb beim Souper bis 11 Uhr.

5. Juni.

Zweiter Pfingstfeiertag. Ich ging in die Marienkirche und hatte eine ganz wundervolle Predigt. Meine Tochter und Schilden aßen bei mir, die Herrschaften waren den ganzen Tag in Schönhausen en famille. Der türkische Gesandte ist am 4. angekommen, aber noch nicht empfangen worden.

6. Juni.

Wir hatten ein großes Diner; auch die Prinzessin Heinrich und ihr Hof der Graf Nikitoff, der Gesandte des Kaisers Paul u.s.w. waren da. Es war sehr gut und gelungen. Den Abend waren wir beim König in Charlottenburg, der uns seine neuen Stuben zeigte. Es war Concert und dann Souper. Der König war sehr sanft und freundlich, sprach und lachte viel; Gott wolle ihn uns erhalten.

7. Juni.

Wir aßen unter uns; den Morgen geht man jetzt immer zum Hofjäger, den Abend waren wir in Schönhausen bei den Oraniern, der Minister Alvensleben war auch da. Die Prinzessin Louis soll mit uns nach Pyrmont gehen, der König wünscht es, und es freut mich sehr für sie.

11. Juni.

Die jungen Prinzen aßen mit uns; Abends waren wir in der Operette beim König, er war sehr schwach, sprach lange mit mir, blieb aber nicht zum Souper. Der Prinz von Oranien blieb in Berlin, um die Prinzessin von England zu empfangen, die den Prinzen von Württemberg geheirathet hat und heut ankommt.

12. Juni.

Der General Rüchel kam zu Tisch mit seinem Adjutanten Graf Moritz Brühl und dem Seckendorf, der beim Prinzen Louis war. Die Herrschaften fuhren den Nachmittag zum Hofjäger, wo die aus Schönhausen auch waren, und alles kam dann zum Souper zu uns.

15. Juni.

Der türkische Gesandte hatte seine Audienz beim König, er heißt Azis Effendi. Vorher waren wir beim König zum Déjeuner mit den Schönhausern, und ich fand den König wieder viel wohler. Gegen 12 Uhr also kam der Gesandte in einem Gala-Hofwagen mit 6 Pferden, der Graf R. fuhr mit ihm; hinter diesem wurde ein Paradepferd des Königs geführt, dann kamen noch ein Hofwagen mit 6 Pferden und einige zweispännige Wagen mit seinem Gefolge. Der Graf Podewills führte den Botschafter ein, alle Minister und Generäle standen neben dem Thron im Rittersaal; der König mit dem Hut auf dem Kopfe unter dem Thronhimmel, und die Prinzen ihm zur Seite. Der Türke hielt seine Anrede, die der Dolmetscher übersetzte und auf die der Graf Finkenstein antwortete; dann machte er zwei tiefe Verbeugungen, übergab seine Creditive und entfernte sich wieder. Wir aßen en famille bei der Königin, auch der König und ebenfalls die Lichtenau! Abends war Alles beim Hofjäger und dann bei uns zum Souper.

16. Juni.

Jeden Morgen gehen wir mit der Kronprinzessin zu Fuß zum Hofjäger und bleiben dort bis zu Tische. Abends war heute ein kleines Concert beim König und ich fand ihn viel besser als gestern, sehr guter Laune und sehr beschäftigt mit seiner Reise. Er sprach viel mit mir davon, die Prinzessin Louis soll mit ihm reisen und ich wollte, wir gingen auch mit ihm zugleich, um daß er nicht so allein mit der Lichtenau ist.

17. Juni.

Wir aßen allein. Nach Tische hatte der Türke seine Audienz erst bei dem Kronprinzen, dann bei der Kronprinzessin, aber nicht im schönen Zimmer, der Prinz wollte es nicht. Er hatte nur seinen Dragoman bei sich. Abends waren wir in Schönhausen.

21. Juni.

Der König war gestern sehr schlecht, trotz dessen ist er heute abgereist. Gott wolle, daß diese Reise ihm gut thun möge! – Wir blieben den Abend mit den jungen Prinzen allein, die recht nach Herzenslust lärmten.

22. Juni.

Schilden ist nach Carlsbad. Zu Tisch waren wir in Bellevue, wo auch der Prinz Heinrich war, der mir unerträglich ist. Abends war Thee und Ball bei Reck in seinem Garten, wo die Königin ebenfalls war. Der Türke unterhielt sich herrlich, alles amüsirte ihn. Wir erhielten die Nachricht, daß der König eine gute Nacht gehabt habe, aber sehr matt sei. Abends war der Schönhäuser Hof bei uns zum Souper. Die Prinzessin Louis reiste mit der Brühl, der Knobelsdorff und einer Kammerfrau allein nach Pyrmont ab.

4. Juli.

Wir waren bei den Kunst-Reitern, auch die Herrschaften aus Schönhausen waren da; es ist wahr, es ist erstaunlich, was sie für

Kunststücke machen; es sind die Ersten, die ich sehe, früher kannte man dergleichen nicht.

7. Juli.

Wir hatten den Grafen Goltz, den Erbland-Marschall von Hahn und Bode zu Tische. Nachmittags Alles im Theater, von da bei Radziwills, wo auch der Schönhäuser Hof war. Die Herrschaften spielten kleine Spiele, ich machte eine Parthie und es dauerte bis nach 1 Uhr. Am Morgen war ich wie immer zu Fuß mit der Kronprinzessin beim Hofjäger.

8. Juli.

Um 6 Uhr bei der Fürstin Sacken thé dansant, von da aus zur Königin nach Monbijou zum Souper, wo es wie immer nicht sehr angenehm war.

9. Juli.

Den Abend in Schönhausen, wo auch die Königin war. Man aß das Goûter in dem schönen Gehölz, wo viele vergangene Zeiten mir lebendig und schmerzlich vor Augen traten. So ist die Welt!

12. Juli.

Abends beim Hofjäger; die Kronprinzessin begab sich zu Pferde hin, nach einem längeren Ritt, es war sehr schönes Wetter und man soupirte draußen im Freien mit Windlichtern.

14. Juli.

Pastor Zöllner kam, der unser Seelsorger und Beicht-Vater ist, und blieb lange bei der Kronprinzessin.

15. Juli.

Um 1 Uhr waren wir zur Vorbereitung bei Pastor Zöllner in der Nicolaikirche. Wir aßen erst um 4 Uhr und gingen erst abends spät ein wenig spazieren wegen der Hitze.

16. Juli.

Ich stand sehr früh auf, um mit der Kronprinzessin allein zum heiligen Abendmahl zu gehen in der Nicolaikirche. Wir kamen sehr zeitig nach Hause zurück und gingen dann später nochmals zur Kirche; die Predigt von Zöllner war ganz herrlich. Köckritz begleitete uns. Zu Tische kam der Prinz Heinrich, um 6 Uhr fuhren wir nach Pankow, wo der Prinz Wilhelm Thee und Souper in seinem Garten gab und es sehr hübsch war. Alle aus Schönhausen waren auch da, wir kamen erst um 11 Uhr zurück. Ich hatte schlechte Briefe aus Pyrmont; der König ist nicht mehr so wohl wie anfangs, vor allem ist er sehr schwach. Ich zittre für ihn.

17. Juli.

Den Abend Ball in Bellevue bei einer gräßlichen Hitze. Ich spielte, blieb nur bis zum Souper und fuhr dann allein nach Hause.

18. Juli.

Gottlob, gute Nachrichten vom König; er will gern, daß meine Herrschaften nach Pyrmont kommen und daß ich mitkomme; das macht mir die größte Freude. Abends Souper im Thiergarten mit denen aus Schönhausen.

19. Juli.

Nachmittags im Theater, dann bei der Prinzessin Heinrich, von da aus bei der Großmama, Abends wieder im Theater und dann Souper unter den Zelten.

20. Juli.

Der Hof von Schönhausen aß heute bei uns, der Kronprinz war früh Morgens schon nach Paretz abgereist, wir folgten ihm Nachmittags, haben dort übernachtet und fuhren

22. Juli.

weiter bis Hannover, wo wir erst um Mitternacht ankamen. Den

23. Juli.

um 5 Uhr morgens weiter, und nachmittags 2 Uhr in Pyrmont eingetroffen und beim König dinirt, den ich leider viel schlechter fand, als ich erwartete. Nachmittags französisches Theater, das sehr hübsch war, dann Ball und zum Schluß Souper beim König, bei dem niemand war als er, meine Herrschaften, die Gräfin Lichtenau und ich.

24. Juli.

Déjeuner bei Meierfeld, dann ging man in den Läden umher. Diner beim König, um 6 Uhr Alles in dem Kursaal, wo getanzt wurde, und dann Souper beim König, der heute ziemlich wohl war.

25. Juli.

Déjeuner beim König, der Gottlob wieder besser ist. Dann wurde getanzt und wieder beim König dinirt. Darauf Theater und Souper beim König, bei dem er jedoch nicht mehr selbst erschien.

26. Juli.

Déjeuner bei Dewitz. Diner beim König. Nachmittags bin ich viel herumgegangen, war auch am Morgen mit Wittgenstein auf dem Königsberg, der sehr hübsch ist. Abends Theater.

27. Juli.

Déjeuner bei Herrn von Witzleben. Theater. Die Kielmannsegges mit ihren Frauen, der Herzog von Holstein, der Prinz von Württemberg und der Fürst Suboff bei mir, alle sehr angenehme Leute.

28. Juli.

Déjeuner bei Herrn von Gunterberg, einem Holländer, der eine wunderhübsche Frau hat. Nachmittags nach der Saline gefahren, dann Thee bei den Kielmannsegges, wo Pharao gespielt wurde. Zum Diner und Souper wie immer beim König.

1. August.

Déjeuner beim Adjutanten des Fürsten Suboff. Diner beim König, bei dem er jedoch nicht erschien. Theater und Souper wieder bei ihm.

2. August.

Déjeuner bei Bronikowsky. Diner, Theater wie immer.

3. August.

Déjeuner beim König. Geburtstag des Kronprinzen. Theater und Ball vor dem Diner, dann abends Souper im Kursaal, wieder Ball bis nach Mitternacht und große Illumination.

4. August.

Déjeuner bei der Prinzessin Louis. Diner beim König. Der Landgraf, der Herzog, die Prinzen Ernst und Adolph reisten ab. Nach Tisch Theater, abends wie immer.

5. August.

Déjeuner bei zwei Polen Worowsky. Ich fuhr mit Graf Wittgenstein in die Berge spazieren. Diner beim König. Nach Tisch ein großes Goûter oder eine Art ländlichen Festes, von Herrn von Holm aus dem Königsberg gegeben. Den Schluß bildete eine Illumination des ganzen Berges und ein Feuerwerk, und dann eine Serenade für den König. Alles ging bis spät in der großen Allee auf und nieder, auch der König war recht wohl.

7. August.

Déjeuner bei einer Gräfin Landsberg. Mittag und Abend wie immer.

8. August.

Déjeuner bei Wittgenstein, und dann reisten wir Alle in bester und heiterster Laune ab, die Prinzessin Louis mit uns; in Hannover soupirten wir beim Prinzen Ernst und blieben bis spät im Garten bei ihm.

9. August.

Déjeuner beim Prinzen Ernst. Diner bei Hof, den Abend in Monbrillant, ich bin ganz entzückt von dem reizenden Garten.

10. August.

Große Parade. Déjeuner beim Prinzen Ernst in Herrenhausen, dann kam der König an und kam zum Diner nach Monbrillant. Abscheuliches Theater, Souper in Monbrillant. Mein Enkel August kam von Göttingen, wo er studirt, um mich zu sehen, was mich sehr freute.

11. August.

Um 11 Uhr Déjeuner beim Prinzen Adolph. Mein Enkelsohn war mit mir dort. Um 1 Uhr nach Braunschweig abgereist, abends um 10 Uhr dort angekommen und bei dem Herzog soupirt.

12. August.

Um 7 Uhr aufgestanden, auf den großen Jahrmarkt gegangen, wo ich im Gedränge ohnmächtig wurde, aber es ging vorüber und ich blieb doch dort. Nachmittags bei der Erbprinzessin, Abends auf der Redoute.

13. August.

Wir gingen in das Museum, waren zu Tisch bei der regierenden Herzogin und Nachmittags bei der Hertefeld. Abends Ball, nach dem Souper nahmen wir Abschied und waren um 1 Uhr zu Hause.

14. August.

Um 7 Uhr nach Magdeburg abgereist, wo wir im Regierungsgebäude abstiegen. Das war für mich in Erinnerung an alte Zeiten eine große Freude. Wir soupirten, die Kalksteins waren auch dabei; dann besahen wir den Dom und Abends wurde den Herrschaften eine Serenade gebracht.

15. August.

Ich ging zum General Rohr und dann mit der Kronprinzessin auf den Fürsten-Wall. Großes Diner bei Kalkstein, dann Theater, das wirklich ganz erträglich war; auch wurde ein schönes Festgedicht für meine Herrschaften gesprochen; nachher Souper und Ball im Saale der Freimaurer-Loge.

16. August.

Abgereist, Abends um 11 Uhr in Potsdam angekommen und unterwegs in Brandenburg bei Rochows zu Mittag gegessen.

17. August.

Um 12 Uhr von Potsdam nach Charlottenburg gefahren, überall waren Empfangs-Festlichkeiten; in Potsdam und in Charlottenburg hatte man den Herrschaften Ehrenpforten gebaut. Ich sah Köckritz und Schilden wieder, was mich sehr freute: Abends kam der Schönhäuser Hof und blieb zum Souper.

20. August.

Der Kronprinz erhielt einen Brief vom König, der ihm schrieb, der König von Schweden werde heut Abend incognito ankommen. Derselbe habe bei ihm in Potsdam gespeist und der Kronprinz solle ihn morgen mit der Königlichen Familie zusammen einladen. Derselbe kam denn auch richtig um 10 Uhr an, Herr von Schilden ging zu ihm, um ihn einzuladen, und er wird kommen, aber nur unter dem Namen eines Grafen von Hoyer.

21. August.

Wir hatten die ganze Königliche Familie zu Tische und den König von Schweden mit dem Grafen Taube. Der letztere gefällt mir gar nicht, der König hat ein hübsches Gesicht, ist sehr blond, sieht frisch und entschlossen aus und animirt sich beim Sprechen auf eine sehr einnehmende Weise. Er wollte nicht zum Abend bleiben, war sehr höflich und reiste ab, nachdem er alle seine Visiten gewissenhaft abgemacht hatte.

27. August.

Die Kronprinzessin ging in die Kirche, ich konnte nicht mit, weil ich etwas unwohl war und die Kronprinzessin besuchte mich zweimal im Laufe des Tages.

28. August.

Die Herrschaften fuhren früh 6 Uhr nach Freienwalde, die Viereck war mit. Ich war etwas besser; meine Tochter, Keyserling und Schilden waren Mittags und Abends bei mir.

29. August.

Der Kronprinz und die Kronprinzessin wurden auf dem Rückweg von Freienwalde von den Pferden der Kronprinzessin umgeworfen, die Viereck verstauchte sich den Arm, sonst war niemand verletzt. Den Abend waren wir mit den jungen Prinzen beim Hofjäger.

30. August.

Wir fuhren in den Thiergarten. Meine Prinzessin ritt lange spazieren, zum Souper kamen die jungen Prinzen.

31. August.

Nachmittags hatten Borghese und der Russe Abschieds-Audienzen; dann fuhren wir nach Schönhausen und blieben zum Souper dort.

2. September.

Wir reisten endlich heute nach diesem berühmten Paretz ab, das jetzt fertig ist und wo man zum ersten Mal sich häuslich einrichten soll. In Potsdam hielten wir uns auf, um Köckritz mitzunehmen, und kamen um 2 Uhr an. Der Garten ist nicht übel und wenn er nicht so feucht wäre, könnte er ganz erträglich sein. Zu Tisch kamen mehrere Officiere und man soupirte um 9 Uhr.

3. September.

Wir gingen zum Gottesdienst, der in einer Scheune gehalten wurde, weil die Kirche noch nicht fertig ist. Der Pastor predigt recht gut. Zu Tische hatten wir wieder Officiere, es regnete den ganzen Tag. Nachmittags und Abends spielte ich mit dem Kronprinzen Billard.

4. September.

Ich war den ganzen Tag allein. Die Herrschaften machten vor Tische einen weiten Spaziergang und ritten den ganzen Nachmittag bis Abends spät.

5. September.

Auch heute den ganzen Tag allein; die Herrschaften waren den Vormittag zu Pferde aus und Abends wurde gemeinschaftlich ein Spaziergang gemacht.

7. September.

Die Officiere vom ersten Bataillon kamen zu Tische. Die Kronprinzessin ritt auf die Jagd mit ihrem Gemahl und kam erst spät abends wieder.

8. September.

General Rüchel kam zu Tische. Er erzählte recht interessant von Petersburg. Dann kam eine wandernde Menagerie, die wir ansahen.

9. September.

Die Prinzessin von Oranien, der Prinz und Graf Bylandt kamen gegen 12 Uhr, später Graf Blumenthal und Graf Néale. Die Ersteren blieben über Nacht, die letzteren nur zum Diner und Souper. Nach Tisch kamen die Lindenaus und blieben zum Thee; sie hatten den König gesehen, der sehr abnehmen und sehr schwach werden soll – ach wie traurig für uns Alle!

10. September.

Die Bredows kamen, der Major Ploetz und die jungen Prinzen mit Schlieffen und Geoffroy. Nachmittags war Erntekranz und Tanz für die Leute und wir Alle tanzten ein bißchen mit. Graf Dönhoff, Frankenberg und der Prinz von Neuwied kamen später, aber Alle fuhren nach dem Thee wieder fort, nur die Prinzen blieben zum Souper.

11. September.

Officiere zum Essen. Der Prinz George und Gräfe kamen von Wiesbaden zurück; zu Tische kam auch noch der Hauptmann Kleist mit einer Musikbande; es waren die Officiere des ersten Garde-Regiments, welche, als Bergleute verkleidet, sehr hübsch spielten; das Ganze war allerliebst; sie blieben bis spät Abends und dann reiste auch Prinz George nach Strelitz weiter. Die Oranier sind noch immer hier.

12. September.

Der Prinz Wilhelm v. Br. kam ganz früh Morgens unerwartet an. Er ist nicht mein Liebling, hat etwas Rohes und einen Anstrich von schlechter Gesellschaft. Er kommt, um seine Aufwartung zu machen, aber hauptsächlich wohl wegen der Prinzessin Louis, jeder will sie haben, wer sie sieht, ist in sie verliebt! – Die Herren gingen auf die Jagd, Abends machten wir eine Landparthie auf großen Leiter-Wagen mit Säcken darauf, es war ganz hübsch. Es waren zu viel Personen für unsere Wagen, man hätte nicht für Alle Platz gehabt. Nach der Rückkehr wurde Pharao gespielt; der Prinz v. Br. blieb über Nacht.

13. September.

Auch heute eine Menge Officiere zu Tische, sowie der General Röder und Graf Ingersleben; der Prinz von Br. blieb noch immer. Abends Ball im Amts-Hause für die Kammerfrauen und dergleichen, Alles tanzte mit und auch ich tanzte mit vielem Vergnügen ein paar Menuetts; wir blieben bis 10 Uhr und gingen dann zum Souper; der Ball dauerte bis 3 Uhr früh.

14. September.

Officiere zu Tische; der Prinz und die Prinzessin von Oranien und der Prinz von Br. reisten heute ab. Dagegen kamen Gualtieri und der Prinz von Neuwied und blieben zum Souper, und dann Graf Brühl, der eben in Petersburg war.

15. September.

Wir packten ein, um nach Berlin zurückzugehen, worüber ich im Grunde nicht böse bin. Graf Brühl blieb zu Tische und um 3 Uhr fuhren wir fort, der Kronprinz ritt bis Potsdam.

16. September.

Ich hatte sehr viel zu thun; die Kronprinzessin fuhr hinaus zu den Manövern, nach Tisch ging man ins Theater, Abends kamen die Prinzen und ein Prinz Solms von den Husaren, der mir sehr windig zu sein scheint und mir gar nicht gefällt.

17. September.

Ich ging in die Kirche zu Zöllner, der sehr schön predigte. Zu Tisch kam der Erbprinz von Darmstadt, ein großer, schöner Mann, aber mit einer schlechten Haltung; auch sein Gesicht ist eigentlich schön, aber dumm und ausdruckslos; er hat einen Herrn von Baumbach bei sich. Außer ihm kamen der Prinz Solms, der General Kleist, einige russische Officiere und die Oranier, die in Bellevue waren. Dann gingen Alle ins Theater, die beiden fremden Prinzen blieben zum Souper.

18. September.

Dieselben Prinzen zu Tische. Nach Tisch wurden Graf P. und Frau von Kolischeff präsentirt; sie ist die Frau des russischen

Gesandten in Kopenhagen; abends waren wir bei der Königin. Der König ist immer elend, niemand kann die Wahrheit über ihn erfahren, noch ihn sehen. In Paris waren am 4. und 5. wieder Emeuten, es wird dort immer schlimmer, Gott allein weiß, was daraus noch Schreckliches werden kann. Man schickt alle Verhafteten auf die Amerikanischen Inseln, wo es am kältesten ist.

19. September.

Meine Kronprinzessin war ein bißchen unwohl, aber fuhr doch den Abend nach Schönhausen.

21. September.

Der Prinz von Darmstadt war nach Potsdam zum König, Haugwitz ebenfalls, um den spanischen Gesandten Marchetti zu präsentiren. Der König ist zu Pferde auf der Parade erschienen. Gott gebe, daß diese Besserung fortdauert.

24. September.

In der Kirche bei Zöllner; zu Tische die Prinzessin Louis und ihr Hof, die jungen Prinzen und die Fremden. Die Herrschaften fuhren im Whisky spazieren, die Prinzessin Louis und die Prinzen blieben zum Souper.

25. September.

Der Geburtstag unseres geliebten Königs; Gott wolle ihm die Gesundheit wiedergeben. Die Kronprinzessin schrieb ihm und schickte ihm einen Stuhl in Rosa, den sie soi-disant für ihn gestickt hatte und einen Tisch von vieux laque. Er kam von Potsdam herüber und die Prinzen gingen zu ihm. Wir hatten ein Diner in Schleppen, dann die Audienz des spanischen Gesandten Marchetti. Der König ist sehr abgemagert, aber doch etwas kräftiger. Das Diner war sehr lang, alle Excellenzen waren eingeladen. Nach Tisch sprach der König lange mit mir. Abends war Ball in Monbijou, wo die Königin einen sehr hübschen Winter-Garten hat bauen lassen. Der König erschien, sprach mit den Gesandten und sprach dann auch viel mit mir; er erzählte mir auch von seinem Portrait, das er der Kronprinzessin geben wollte und hat es mir gleich nach Tisch zugeschickt. Ich bewunderte eine kleine Dose in Porzellan, die er jetzt führt, und er zwang mich, sie von ihm anzunehmen! Gott wolle ihn segnen. Er war unendlich weich und herzlich mit mir! Leider blieb er nicht zum

Souper, sondern soupirte bei sich mit der Gräfin, was für ihn ausruhender ist. Ich ängstige mich doch sehr um ihn. Zu Hause erzählte ich alles, was er gesagt hatte, meinen Herrschaften, die sich sehr darüber freuten.

26. September.

Dieselben Prinzen wie immer zu Tische. Mittags gingen wir Alle in die Akademie, um die Kunstsachen zu sehen, die dort aufgestellt sind, dann in den Thiergarten spazieren und von da ins Theater.

27. September.

Um 6 Uhr fuhren die Höfe und die ganze Stadt, um die Artillerie-Übungen anzusehen, die mit einem Feuerwerk schlossen.

28. September.

In Schönhausen zum Diner. Abends bei der Königin in Monbijou, welche die Prinzessin von Baden erwartete, die aber zu spät in Potsdam angekommen war, um noch herüber zu kommen. Die zukünftige Königin von Schweden kommt mit ihr, sie bringt sie bis Stralsund.

29. September.

Um 11 Uhr kam die Prinzessin von Baden mit ihren Töchtern an und ging sogleich nach Monbijou. Der König kam auch und war vorher schon bei Prinzessin Louis gewesen. Alle Höfe und alle Excellenzen waren zum Diner in Monbijou, auch die Prittwitz, die Hordts und die Heinitz. Der König sah wohler aus, aber war sehr kurzatmig und schlief bei Tische ein.

Die Prinzessin von Baden ist eben so hochmüthig wie immer, die künftige Königin von Schweden hat sehr schöne Augen, aber sie ist zu mager und hat keine Manieren, die jüngere Prinzessin ist hübscher; die Edelsheim unverändert; ein Herr von Wöllwarth ist mit ihnen. Nach Tisch machten wir der Prinzessin unseren Besuch, Abends en famille bei der Königin; morgen reisen sie wieder ab.

30.September.

Wir gingen noch mit der Kronprinzessin, um Abschied von den Badenern zu nehmen, trafen sie aber schon auf der Treppe; sie gingen mit der Königin nach Schönhausen zum Déjeuner.

Die fremden Prinzen zu Tisch und Abends bei uns, Prinzessin Louis hatte ihre tiefe Trauer abgelegt und war heut zum ersten Mal wieder im Theater. Sie weiß sich nur zu gut zu trösten.

1. October.

Wir hatten die Höfe von Oranien und Prinzessin Heinrich, Prinzessin Louis und die fremden Prinzen zu Tische. Zum Thee waren wir bei der Königin, wo Prinzessin Louis Abschied nahm, wofür ich dem Himmel dankte; dann gingen wir ins Theater und nachher kam alles zum Souper zu uns.

2. October.

Prinzessin Louis reiste nach Strelitz ab, wir hatten die fremden Prinzen zu Tische, nach Tisch Theater, wo die Königin auch war; man gab ein neues Stück von Iffland: »die Erinnerung«, das er für den Geburtstag des Königs gemacht hat. Die Königin lud zum Souper bei sich ein, wo alles hinging.

3. October.

Mit der Kronprinzessin zu Fuß in den Thiergarten, um 12 Uhr kamen wir wieder, gingen zum Déjeuner nach Monbijou und hatten zu Tisch die fremden Prinzen. Der Prinz von Darmstadt reist morgen nach Neustrelitz. Den Abend waren wir in Bellevue bis Mitternacht; man spielte kleine Spiele und ich machte mit der alten Prinzessin eine Parthie.

5. October.

Zu Tisch immer dieser ewige Prinz Solms.

Man sagt, der König sei sehr schlecht; ich hoffe und glaube, es ist nicht wahr. Wir sind zu morgen bei ihm befohlen zu Thee, Theater und Souper.

6. October.

Der Kronprinz ging früh Morgens mit dem Prinzen Solms und seinem Adjutanten nach Potsdam, die Kronprinzessin und ich folgten ihm nachmittags nach, begegneten bei Zehlendorf der Königin und fuhren nach dem neuen Garten. Barmherziger Gott, welch ein Anblick! Der König ist schwächer und abgemagerter als je, seine Stimme ist so schwach, daß man ihn kaum verstehen kann, wenn er spricht. Trotz dessen ging er ins Theater, aber ach, er hat gar keinen Athem, immer den Mund offen und ist in einem wahrhaft schrecklichen Zustand! Vom Theater aus ging er in seine Gemächer und soupirte mit der Gräfin, welche nicht beim Thee erschien. Wir soupirten im Schloß und fuhren gegen 11 Uhr weg, der Weg war nicht gut, doch kamen wir um 1 Uhr an.

8. October.

Man sagt, der König sei unverändert, eher ein bißchen besser, aber was will das sagen!

9. October.

Haugwitz sagte mir, daß er bessere Nachrichten vom König habe. Gott wolle ihn behüten.

11. October.

Sehr schlechte Nachrichten vom König; ach, ich bin außer mir vor Angst um ihn! Er erkennt kaum mehr seine Umgebungen. Die Gräfin ist immer bei ihm und keins seiner Kinder darf zu ihm kommen; ist das nicht furchtbar! Der kleine Prinz Wilhelm hat sehr starkes Fieber in Folge der Pocken, die man ihm eingeimpft hat. Die Oranier kamen zum Souper, aber Alles ist voll Sorge und Trauer um den König.

12. October.

Ich bin in tödtlicher Angst um unsern armen theuren König, der ganz ohne Besinnung und furchtbar krank sein soll. Man hat Braun und Sell noch zugezogen. Mein Zimmer wird den ganzen Tag nicht mehr leer von Anfragenden, was mir schrecklich ist. Abends waren wir bei der Königin, weil die Prinzessin von Baden wieder von Stralsund angekommen war, doch war nur die Königliche Familie da.

Braun kam vom König, und sagte, er sei ohne Hoffnung, aber es werde nicht rasch zu Ende gehen. Ach Gott, das ist zu schrecklich, ich kann heute nicht schlafen gehen vor Unruhe und Kummer.

13. October.

Er ist noch immer sehr krank, weiß nicht, was er sagt. Die beiden Ärzte glauben, daß dieser traurige Zustand lange fortdauern kann, ohne ein nahes Ende herbeizuführen. Mein Gott, wie furchtbar! Meine Herrschaften mit ihrer Ruhe zerreißen mir das Herz. Wir aßen zu Hause trotz dessen, daß die Königin uns zum Diner befohlen hatte; am Abend aber mußten wir doch zu ihr gehen wegen dieser Prinzessin von Baden; es war ein großes Souper und viele Leute da. Das finde ich zu stark, in diesem schrecklichen Augenblick!

14. October.

Wir bekamen Nachricht, der König sei etwas besser, alles war voller Freuden, aber Haugwitz sagte mir, es sei nicht wahr.

Wir waren allein zu Tisch, Abends en famille bei der Königin.

15. October.

Im Dom zur Kirche gegangen. Immer dieselben traurigen Nachrichten aus Potsdam. Die jungen Prinzen zu Tisch. Die Prinzessin von Baden hatte ein Diner bei dem schwedischen Gesandten. Mein Zimmer wird nicht mehr leer von Anfragenden wegen des Königs. Die Königin war in Potsdam bei ihm und hat ihn gesehen, er liegt immer auf seiner Chaise longue, spricht sehr undeutlich, aber freute sich, sie zu sehen. Die Kinder werden heute auch hinfahren. Wenn die Gräfin, die immer um ihn ist, es litte, so würde er seine Familie gern und viel sehen.

16. October.

Geburtstag der Königin. Sie aß bei uns mit allen jungen Höfen, zum Goûter hatten wir auch die fremden Herrschaften, die Bischöfe und die Kabinetts-Minister. Haugwitz war nach Potsdam gegangen. Abends waren wir in Monbijou. Die Nachrichten sind immer dieselben.

17. October.

Wir hatten noch ein großes Diner in Monbijou, wo die Prinzessin von Baden, Prinz Ferdinand und die Radziwills waren. Nach Tisch kam Haugwitz zurück, er hatte den König gesehen, der sehr schwach, aber ganz bei sich war. Abends mußten wir wieder nach Monbijou, um uns zu langweilen. Braun kam von Potsdam und sagte, er fände die Schwäche im Zunehmen.

18. October.

Der Kronprinz kam mit uns um 11 Uhr zum Déjeuner nach Monbijou und fuhr von dort aus mit der Königin zusammen nach Potsdam, welche die Prinzessin von Baden bis dorthin begleiten wollte. Prinzessin Louis ist von Neustrelitz zurück und war mit den Anderen mittags und abends bei uns; alle diese Kinder machen einen unglaublichen Lärm. Der Kronprinz kam um 8 Uhr zurück und sagte, er hätte seinen Vater besser gefunden, als er es erwartet habe. Der König hat ihn verstanden und es hat geschienen, als wünsche er die Kronprinzessin zu sehen; aber die Gräfin war die ganze Zeit im Zimmer.

20. October.

Der Kronprinz, die Kronprinzessin und Prinzessin Louis aßen ein bißchen zu Mittag und fuhren gleich nach 1 Uhr nach Potsdam. Die Königin fuhr auch hin mit der Prinzessin von Oranien, alle ohne Hofdamen. Bei ihrer Rückkehr sagten mir die Herrschaften, sie hätten den König ganz bei Besinnung gefunden und ziemlich wohl, aber sehr matt.

27. October.

Haugwitz brachte sehr gute Nachrichten aus Potsdam, der König war wieder bei sich und war es seit gestern unausgesetzt gewesen; das macht mich ganz glücklich!

28. October.

Der Darmstädter kam zu Tisch, nach Tisch stellte ich der Kronprinzessin die Frau von Massenbach, geborne Seckendorf vor, eine sehr hübsche Frau. Nachher Theater, abends bei Prinzessin Louis. Ich ging nicht mit, blieb allein zu Hause und spielte den ganzen Abend Klavier.

30. October.

Ich versuche mir meine Vormittage etwas frei zu erhalten, um mich zu beschäftigen und in Ruhe lesen und schreiben zu können, wenn mich nicht Besuche in Anspruch nehmen, aber ich erreiche es nur selten.

Der König hat Graf Neuhaus, Maltitz und Haugwitz gesehen, man sagt, er sei etwas besser.

31. October.

Abends kamen die jungen Höfe zu uns, die beiden Massows und die Schrötter. Ich spielte Whist mit der Massow, Köckritz und Schlieffen.

3. November.

Haugwitz kam zu mir, ehe er zum Kronprinzen ging, er hatte den König gesehen und ihn bei voller Besinnung gefunden, aber die Geschwulst ist im Steigen. Ich kann nicht sagen, wie mich das grämt.

Lützow kam aus Baden zurück, wo die Vermählung der jüngeren Prinzessin mit dem Erb-Prinzen von Gotha am 21. stattgefunden hat. Er soll sehr häßlich, aber gescheit sein, und ich glaube, sie wird glücklicher werden als die Königin von Schweden.

8. November.

Sell kam zu mir, er hatte den König etwas erleichtert gefunden und sagte, es sei wenig Hoffnung, daß er noch einmal gerettet werden könne, doch sei keine Regel ohne Ausnahmen. Gott wolle sich seiner erbarmen!

9. November.

Fürst Souboff kam an, ich sah ihn vorbeifahren, er wohnt bei Markgraf. Später kam er zu meiner Toilette, dann kamen Graf Schulenburg und Schilden dazu, die ihn sehr liebenswürdig fanden. Zu Tische Schulenburg, dann zum Thee Alle bei der Königin; ich blieb zu Hause und Souboff kam zu mir. Nach dem Thee wurde ich abgeholt, um mit bei der Prinzessin von Oranien zu soupiren.

11. November.

Großes Diner in Monbijou, die Russen und andere Fremden waren da, auch einige Engländer.

13. November.

Man hat die Ärzte heute früh um 5 Uhr nach Potsdam geholt, die Königin war auch drüben, der arme König ist sehr schwach und leider furchtbar. Abends waren wir bei Prinzessin Louis, die Kronprinzessin war eine halbe Stunde im Theater, dann kam Souboff zu mir.

14. November.

Der Prinz von Oranien war aus Wien eingetroffen. Er kam zu mir, und dann aßen wir alle in Monbijou. Der König ist sehr krank, aber trotz dessen ging man ins Theater. Ich hatte entsetzlich viel Anfrage-Besuche; abends waren alle Höfe bei uns.

15. November.

Die Königin fuhr mit dem Kronprinzen nach Potsdam, welcher letztere sehr traurig von da zurückkam. Er hatte den König sehr schlecht gefunden und ging, um sich zu zerstreuen, ins Theater, kam aber sehr bald zurück und betrübt blieb er mit uns allein.

16. November.

Ein Feldjäger kam mit der Nachricht, daß der König im Sterben sei. Der Kronprinz wollte gleich fort, aber er zögerte dann und fuhr erst gegen Mittag. Um 1 Uhr kam die schreckliche Nachricht, daß der König bereits um 9 Uhr gestorben sei. Ich ging hinauf im Puder-Mantel, wie ich war, es der jetzigen Königin anzuzeigen. Die Radziwills waren bei ihr, wir weinten Alle vereint um ihn! – Ich war halb todt vor Schmerz, konnte nicht essen und fuhr nachmittags nach Potsdam. Dort fand ich den jetzigen König und wünschte ihm Glück und Segen! – Der Verewigte wurde von dem ersten Bataillon bereits nach dem Schloß getragen.

17. November.

Ich habe nicht geschlafen. Ich ging zweimal zu dem theuren Verstorbenen, um ihn zu sehen, er ist sehr mager, aber gar nicht verändert, nur etwas geschwollen. Wir fuhren nach Berlin zurück und tranken Thee bei der Königin-Mutter, die wirklich betrübt ist. Meine Königin ist ganz betäubt und ergriffen, und der König ist es ebenfalls. Beide sind in Wahrheit sehr traurig und der junge König, nach seiner edlen Denkungsart, hätte gerne die Krone noch entbehrt, um seinen Vater länger zu haben. Der theure Verstorbene wurde in der Nacht um zwei Uhr hierher in den Dom gebracht, natürlich auf einem Leichenwagen; die erste Garde und seine Adjutanten begleiteten ihn; Bischofswerder, der das große Band bekommen hat, ist mit ihm in die Gruft hinabgestiegen.

18. November.

Der Geburtstag der Prinzessin von Oranien, wir gingen hin, ihr Glück zu wünschen. Die Trauer soll auf Wunsch des hochseligen Königs nur sechs Wochen dauern.

20. November.

Vor Tisch bei der Prittwitz, um zu sagen, daß die jüngste Gräfin Moltke zur Hofdame ernannt sei, eben so zu der Heinitz, wegen ihrer jüngsten Nichte. Zu Tische die Generäle Rüchel und Kleist, welch letzterer nach Petersburg, Tauenzien, der nach London, und der Kammerherr von der Recke, der nach Wien geht. Der Graf Henckel ist schon fort nach Rheinsberg und Strelitz und ein Herr von Wintzingerode an alle deutschen verwandten Höfe. Nach Tische kommen immer so viele Leute zu mir, daß es eine wahre Qual ist.

22. November.

Ein sehr großes Diner, alle Minister und Generäle, der Fürst Souboff und Lord Falkland, Prinz Ferdinand und die Brüder und Schwestern des Königs.

24. November.

Die Adjutanten zu Tisch, der Landgraf von Hessen-Cassel, der mit Herrn von Schlotheim angekommen war, der Graf Henckel, der augenblicklich den Dienst hat und der Prinz Wilhelm von Braunschweig.

25. November.

Meine Vormittage sind jetzt schrecklich. In der Wehmuth und Trauer um meinen unvergeßlichen König wird die Unruhe und die Besorgnis, nichts zu vergessen oder zu versäumen, was bedacht sein müßte, mir schwer, dazu kommen Anfragen und Briefe ohne Zahl. Heute kamen Deputirte vom Danziger Magistrat zur Königin, dann die Gesandten der deutschen Staaten und Frankreichs; es waren wirklich Massen von Briefen zu beantworten, der Landgraf, der Fürst von Kur-Baden, der Graf Schulenburg, Rüchel, die Herzöge von Sachsen, der Prinz von Braunschweig, Prinz von Dessau, Radziwills und der ganze Hof kamen zum Diner. Prinz Ferdinand ging zum heiligen Abendmahl, die Prinzessin Heinrich ist krank und eben so die drei Prinzen von Curland. Nach Tisch hatte ich ein Heer von Visiten. Abends war man bei der Prinzessin Louis, nur ich, wie jetzt immer, den Abend allein bei mir, und von Herzen traurig.

26. November.

Die junge Gräfin Moltke kam an und trat sofort in ihren Dienst ein; sie ist ein liebenswürdiges angenehmes Mädchen.

27. November.

Großes Diner, noch immer dieselben Fürstlichkeiten, der Graf Fereck, der Herzog von Curland mit den Prinzessinnen. Nachmittags Schaaren von Visiten; Abends kam der alte Herzog von Neustrelitz an, der im Schloß in den Zimmern der hochseligen Königin wohnt.

28. November.

Ich hatte viel zu schreiben und viele Leute zu sprechen während des ganzen Vormittags. Zu Tische dieselben Fürstlichkeiten wie immer, nachmittags eine Masse Visiten, auch die Königin und der Herzog kamen zu mir, Abends kam die Prinzessin Louis, die Oranier, die Brüder des Königs und die anderen Förmlichkeiten, alle, außer Prinz Heinrich. Man machte Handarbeiten und klebte Bilder auf.

29. November.

Wieder großes Diner, dann eine Deputation der Juden, Abends Visiten gefahren mit den neuen Hofdamen, der Moltke und der Heinitz.

30. November.

Auch heute noch großes Diner. Der Herzog von Braunschweig war angekommen. Die katholische Geistlichkeit hatte eine feierliche Audienz, dann der Graf Grote, der nach Schweden geht, und Nachmittags Herr von Jacobi. Dann hatte ich wieder ein Heer von Visiten und ging spät noch auf eine Stunde zur Rosencranz und machte eine Parthie Whist mit ihr, dem Bischof und Souboff.

2. December.

Wieder großes Diner, wo auch die Herzogin von Curland erschien, auch Souboff und Falkland. Nach Tisch Visiten, Abends alle bei Prinzessin Louis. Ich blieb zu Hause, schrieb den ganzen Abend und soupirte mit der Viereck und der Moltke, die mir sehr gefällt.

5. December.

Ich ging ins Schloß, den Katafalk ansehen, der recht schön ist, aber nicht ernst und düster gehalten. Mein armer Souboff ist krank.

6. December.

Großes Diner, Herr von Steinberg hatte vor Tisch eine Audienz, nach Tisch der sächsische Gesandte Graf Zinzendorf. Die Königin war unter dem Thronhimmel, ihr Hof hinter ihr. Abends nur die Brüder und Schwestern des Königs bei uns; dazwischen waren wir noch in der Probe für die Kirchenmusik zur Beisetzung unsers geliebten Königs, die wirklich sehr schön ist. Die Königin sah Frau von Steinberg bei mir.

7. December.

Wieder ein ganz großes Diner. Da der König und die Königin nicht wohl waren, aßen sie beide eine Hühnersuppe vor dem Diner in meiner Stube und dann nichts bei Tische. Mein armer Freund Souboff ist noch immer krank.

10. December.

Die Garde ritt in Berlin ein; die Königin und die Prinzessinnen fuhren ihr entgegen; dann stellte sich dieselbe vor dem Palais auf und brachte die Fahnen. Wir hatten 56 Personen zu Tische, alle Prinzen und Prinzessinnen und viele Officiere von der Garde.

11. December.

Tag der Beisetzung. Ich stand schon um 5 Uhr auf, um meine Familie selbst auf das Schloß zu bringen, um daß sie Alles gut sehen könnten. Dann fuhr ich mit der Königin, der Prinzessin Louis und dem kleinen Prinzen Carl von Strelitz mit acht Pferden nach dem Dom. Den Schluß der ganzen Feierlichkeit bildeten die Trauer-Ceremonien in der Gruft. An der Königlichen Tafel aß nur die Königliche Familie; ich saß an der zweiten Tafel neben dem Marschall von Möllendorf mit den Gouverneuren und Kabinett-Ministern; im Ganzen wurde an neun Tafeln gespeist. Nach Tische kam ich endlich nach Hause zurück, ganz vernichtet von Schmerz und Traurigkeit, und doch kamen wieder Visiten und Abends alle diese Princillons zu uns.

12. December.

Déjeuner bei der Königin-Mutter, dann Diner bei uns. Nach Tisch kam mein guter Souboff wieder zu mir, Abends großes Souper, weil der Landgraf morgen abreist.

14. December.

Wieder großes Diner. Der Herzog von Braunschweig war abgereist. Prinz Heinrich und die Curlands waren da, Falkland und Graf Rasumowsky.

15. December.

Prinz Heinrich ist Gottlob endlich wieder abgereist. Die Herzogin von Curland kam mit ihrer Tochter zu mir; der Herzog erklärt ja immer, sie gehöre nur ihr und nicht ihm. Von der Lichtenau hört man nichts, sie ist noch immer verhaftet im neuen Palais, und man kann sie noch keiner der gegen sie erhobenen schweren Anklagen rechtskräftig überführen. Der König ist noch ganz und gar der Kronprinz; über Alles Ausrufungen, so wenig Etiquette als nur immer möglich und große Sparsamkeit; wenn es nur so bleibt und dies alles nicht überhand nimmt mit der Zeit, dann ist es ja ganz schön und gut!

17. December.

Die Königin fuhr achtspännig nach dem Dom zur Gedenkpredigt, die Sack hielt und die sehr rührend und erschütternd war. »Ehre dem Ehre gebührt«, gesungen war ziemlich schlecht. Alle Höfe waren da. Um 5 Uhr Nachmittags fuhren wir ins Schloß, nachdem wir vorher großes Diner gehabt hatten, bei dem der König an Stolberg den schwarzen Adler gab. Die Tanten kamen in das Zimmer der Königin, ehe die Cour anfing, ebenso die Prinzessin von Oranien und Prinzessin Louis, und gingen dann hinter der Königin hinaus, ich ging zuletzt. Massow hatte auch die Curlands dazu gelassen. Die Königin gab erst noch Adams, dem amerikanischen Gesandten, eine kurze Audienz, dann setzte sie sich mit ihrer Schwester und Schwägerin. Die Cour war feierlich und gut, aber sehr viele Menschen kamen zu spät; Alles natürlich in der allertiefsten Trauer. Der kleine Prinz Wilhelm war recht krank seit gestern an einem Brustfieber, und wir waren in großer Besorgnis um ihn.

18. December.

Der kleine Prinz Wilhelm ist seit heute Morgen um 5 Uhr Gottlob etwas besser! Wir waren alle in großer Angst um dies geliebte gute Kind, das Gott uns erhalten wolle! Die ganze Stadt kam zu fragen, wie es ihm ging, und alle Menschen ängstigten sich um ihn, aber nun scheint die Krankheit überwunden.

20. December.

Rosencranz geht nach Rastadt, wo Graf Goerz und Jacobi bereits sind; das arme deutsche Reich ist zu beklagen!

21. December.

Der König fuhr mit seinen Brüdern und Adjutanten nach Potsdam, wo er die Garden sah und großes Diner gab. Wir hatten indes hier ein Diner von 60 Personen, die Excellenzen, die Frauen der Gesandten und die Fremden. Abends bei den Oraniern und vorher auf dem Christmarkt.

24. December.

Um 7 Uhr begann die Cour, die äußerst zahlreich war. Alle Menschen kamen vorher zu mir. Man präsentirte eine Menge von Ausländern, dann spielte die Königin mit der Fürstin Sacken, dem österreichischen Gesandten Prinzen Reuß und dem Minister von Heinitz. Ich spielte mit der Prinzessin Louis. Das Spiel dauerte nur kurz und man soupirte an einer langen Tafel in der Bilder-Galerie.

25. December.

Erster Feiertag. Die Königin ging in die Kirche zu Zöllner mit Prinzessin Louis und der Moltke. Abends bescherten der König und seine Brüder und Schwestern sich untereinander ein; wir Andern und der Hofstaat bekamen keine Bescherung. Die Königin erhielt wundervolle Kleider, und ich bekam von Schilden und Jagow zusammen eine Taube, anstatt meines verstorbenen Papageien, was viel zu lachen gab!

26. December.

Der Prinz Carl von Nassau-Weilburg kam zu Tische, und alle die Gesandten der kleinen Höfe, auch einer aus Homburg: von Kirchbach. Dieser Prinz von Nassau ist fabelhaft dick.

27. December.

Ich war zu fiebrig und unwohl, um ausgehen zu können. Die Königin kam mehrere Male während des Tages zu mir herunter, eben so wie die Hofdamen. Alle bezeigen mir so viel Liebe und Güte, daß ich es nicht genug danken kann.

28. December.

Der König und die Königin kamen des Morgens zu mir; ich ging nicht hinauf zur Tafel, aber nach Tisch ging ich mit den Majestäten zur Condolenz-Cour bei der Königin-Mutter, welche in den Zimmern der hochseligen Königin abgehalten wurde. Es war sehr wehmüthig und traurig, um so mehr, weil es heute grade ein Jahr ist, daß der arme Prinz Louis starb. Den Abend brachten die Majestäten bei der Prinzessin von Oranien zu und ich in meinem Zimmer mit der Viereck und der Moltke und dem Fürsten Souboff, der mit seinem Kavalier Graf Stackelberg drei Stunden bei mir blieb und sehr liebenswürdig war.

31. December.

Abends große Cour. Der Graf Sternberg wurde vorgestellt, den der Kaiser zur Gratulation geschickt hat, und zwei Deputirte der Schlesischen Ritterschaft. Souper an zwei Tafeln. Man blieb zusammen bis Mitternacht, um das neue Jahr zu erwarten. Die Prinzen von Weilburg, von Schwerin und von Oranien verkleideten sich als Krämerinnen, sahen scheußlich aus, machten aber ganz hübsche Scherze.

1. Januar **1798**,

den Gott mich noch hat erleben lassen! Möge er mir Kräfte zum Guten geben und mich mehr und mehr bereiten für das Ende meiner irdischen Laufbahn!

Wir hatten großes Déjeuner, wo die Prinzessin Heinrich war und sämmtliche Prinzen. Die Königlichen Brüder und Schwestern blieben zu Tische. Der Prinz von Oranien ist zum Generallieutenant ernannt, der Prinz Heinrich zum Hauptmann. Abends waren wir en famille in Monbijou. Wie viel dachte ich an meinen armen verewigten König. Ach, ich beweine ihn aufrichtig! Aber die jetzige Regierung ist gut und anerkennenswerth und wird bei der edlen, redlichen Sinnesweise unseres theuren jungen Königs sicher immer eine Achtung gebietende sein.

2. Januar.

Nie mehr ein bißchen ruhige Zeit für mich des Morgens! Zu Tisch unter uns, Abends die ganze Königliche Familie. Spät kam noch der Graf Fereck, der einen Brief der Kaiserin an die Königin brachte, um ihr für ihre Zusendung zu danken.

4. Januar.

Dönhoff und Gualtieri sind zu Majors ernannt, der Letztere wird im auswärtigen Amt beschäftigt. Lindenau ist Adjutant, bleibt aber im Marstall mit seiner früheren Uniform, und ist wüthend darüber.

5. Januar.

Thé dansant beim Minister Heinitz, der sehr lange dauerte. Der Kammerherr Reck ist von Wien zurück und sehr zufrieden.

6. Januar.

Sehr großes Diner von Deputirten des Schlesischen Adels, dazu die beiden Vengerskys und der General Mylius, der nach

Petersburg geht, sowie alle fremden Prinzen. Abends Thé dansant bei Alvensleben. Es war sehr heiß und wir kamen sehr spät nach Hause.

7. Januar.

Zu Tische die Prinzen, Abends große Cour; Souper an zwei Tafeln; es waren sehr viel Leute.

10. Januar.

Ball und Thee bei Arnim. Es war sehr zahlreich, aber wir kamen schon um 10 Uhr zurück. Nach Tisch hatte Herr von Beltheim Audienz, der von Cassel hergeschickt worden ist zum Gratuliren, ebenso wie der Baron Friesen aus Sachsen.

11. Januar.

Ich war nicht wohl; die Königin kam sehr oft im Laufe des Tages zu mir; Abends hatten wir die jungen Prinzen, die Prinzessin von Oranien und die Prinzessin Louis; man ging ins Theater und soupirte nachher.

12. Januar.

Wir hatten ein großes Diner, dabei auch die beiden Grafen Sternberg, die Prinzessin von Oranien und Prinzessin Louis. Abends waren wir allein unter uns, was mich immer ganz glücklich macht. Mein Souboff war nach Tisch gekommen und blieb lange; die Königin kam herunter und sang Compositionen von Himmel, was ihn entzückte.

13. Januar.

Die fremden Prinzen zu Tische, Abends Thé dansant bei Alvensleben.

14. Januar.

Cour und Ball, letzterer war sehr animirt und voll und dauerte bis 6 Uhr morgens. Der König ging schon um 1 Uhr zu Bett, aber die Königin blieb.

15. Januar.

Graf Schuwaloff und ein Herr von Saroff kamen mit Pareck zu Tisch.

16. Januar.

Des Morgens versuche ich jetzt wieder, mich ein wenig zu beschäftigen, aber noch habe ich fast immer Leute bei mir. Die Königin war heute lange bei mir und sah auch Fräulein von

Schacht, die eine hübsche Uhr von der Königin zum Geschenk erhielt. Rüchel ist Commandant geworden und hat das Garde-Regiment bekommen. Der alte Roeder ist Generallieutenant geworden und hat das rothe Band bekommen. Souboff kam Morgens auf einen Moment zu mir; nach Tisch hatte ich viele Besuche, dann fuhr ich zur Rosencranz und blieb bis 9 Uhr und den Rest des Abends bei Prinzessin Louis, wo ich mich immer ärgere und langweile.

17. Januar.

Thé dansant bei Podewils. Man erwartete die Großmama aus Neustrelitz, aber sie kam erst nach 8 Uhr, man holte mich vom Ball um sie zu empfangen und ich fuhr eilends ins Palais und fand sie noch ganz die Alte. Der König und die Königin kamen nach 10 Uhr zurück und man ging erst sehr spät schlafen.

19. Januar.

Zu Tische in Monbijou, ich war wie gewöhnlich allein mit, da die Königin-Mutter weder Hofdamen noch Herren bei sich sieht.

20. Januar.

Zu Tisch die Prinzen. Abends Thee und Ball bei Alvensleben, der bis nach 10 Uhr dauerte.

21. Januar.

Der König war unwohl, bei Tisch nur die Königlichen Brüder. Es war Sonntag, wo leider, ich sage es mit Reue, jetzt meist niemand von uns zur Kirche geht! Abends Cour und vorher die Vorstellung der Adelsdeputation aus Preußen, Graf Lehndorff und Dönhoff, dann aus Warschau Graf Lubinsky, dann Pareck und der Graf Kutusoff, der die Glückwünsche aus Petersburg für den König und die Königin bringt.

22. Januar.

Der König hatte die Nacht starkes Fieber, stand spät auf, aß allein mit der Königin, die Alte und Prinzessin Louis mit uns und dem Hof.

23. Januar.

Der König weniger wohl. Blieb zu Tisch und Abends allein mit der Königin. Die Prinzessin von Oranien hat das Scharlachfieber.

24. Januar.

Der König hat die Masern. Die Königin kam Abend herunter und trank den Thee bei mir. Sie ist auch unwohl, aber denkt nicht an sich und ist wie immer in allem und allem ein Engel!

Wir überspringen die Monate Februar, März und April und fahren in den täglichen Notizen der Obersthofmeisterin am 25. Mai fort, wo die Majestäten die Reise nach Königsberg zur Huldigung antreten. Es muß bemerkt werden, daß eben in jenen Monaten, auf deren Erlebnisse wir nicht näher eingehen, die Wieder-Vermählung der verwittweten Prinzessin Louis mit dem Prinzen von Solms-Braunfels stattfand unter Umständen, welche für das Herz der jungen Königin, die diese Schwester so sehr liebte, besonders schmerzlich waren. Die nunmehrige Prinzessin Solms hatte sich bereits früher im Geheimen trauen lassen und verließ nun Berlin, um fortan mit ihrem Gemahl in Anspach zu leben.

Die Obersthofmeisterin sagt in ihrem Schmerz über den Kummer, den dies alles der jungen Königin verursachte: »Diese Entdeckung und alle Nebenumstände haben der Gesundheit meiner armen Königin sehr geschadet. Ihre tugendhafte, engelsreine Seele hat dabei mehr gelitten, als sich aussprechen läßt, und das Gefühl, so lange getäuscht worden zu sein, war auch hart für sie. Man konnte sie nicht ohne inniges Mitleid ansehen; ihr tiefer Gram über das Geschehene war ergreifend und dennoch hatte sie eine solche Herrschaft über sich selbst, daß sie denselben der Welt niemals zeigte. Sie verlor in dieser Schwester eine zärtlich geliebte Gefährtin, die sie seit ihrer ersten Kindheit nie verlassen hatte. Aber vielleicht war dieser Verlust dennoch ein Gewinn für die Königin, und es war besser für sie, die Prinzessin zu entbehren, als wenn dieselbe immer neben ihr geblieben wäre.«

25. Mai 1798.

Um 6 Uhr früh reisten wir von Berlin ab. Prinz Ernst von Strelitz und Dewitz fuhren mit uns; wir fanden jede Meile ein Relais und jedesmal auch Blumen, Früchte und Erfrischungen aller Art. Alles ging gut von Statten und um 3 Uhr kamen wir glücklich in Stargard an, wo wir das Gefolge des Königs fanden. Man trank Kaffee und ich schrieb Briefe. Der König kam um 6 Uhr an; er wohnt in einem andern Hause als wir; wir soupirten; er war sehr guter Laune und die Königin quartirte sich ihm zu Liebe zu ihm in sein Haus. Um 9 Uhr verließen wir sie, die Viereck und ich, und gingen in unser Häuschen.

26. Mai.

Die Königin mit der Viereck zur Revue gefahren. Ich schrieb Briefe. Großes Militär-Diner; nach Tisch Alle zum Kaffee bei mir, um 5 Uhr fuhren wir ins Lager. Die Regimenter sind sehr schön und die Musik des Regiments Württemberg spielt wundervoll. Abends war Thé dansant beim General Pirch und eine Masse von Menschen da.

27. Mai.

Die Königin mit der Viereck zum Manöver gefahren. Ich empfing Visiten. Militär-Diner. Nach Tisch waren die Majestäten allein zusammen und die Musik-Chöre der Regimenter Württemberg und Pirch brachten ihnen eine Abendmusik. Andern Tags um 5 Uhr früh reisten wir ab, kamen in Plathe bei Ostens an und fanden dort Deputationen der Bauern, der Schlächter, Schneider und Schuster, von deren letzteren der Führer sich sehr niedlich zu machen versuchte und den Angenehmen spielte! Die Ostens hatten alles Erdenkliche aufgeboten, um die Königin so gut als nur möglich aufzunehmen und wir blieben über Nacht da.

28. Mai.

Um 8 Uhr früh weiter; bei jedem Relais fanden wir Deputationen geputzter Bauern aufgestellt, überall wurden Erfrischungen in den Wagen gereicht oder zierliche Kollationen unter Bäumen oder Zelten servirt; eine von einem Herrn von Wreczowecz, eine andere von einer Gräfin Münchow, überall Hochrufen, Tücherschwenken und Vivats ohne Ende! In Cörlin nahmen wir ein warmes Frühstück ein und fuhren dann weiter nach Cöslin, wo wir eine sehr gute Wohnung fanden. Hier hatten wir ein großes Souper; ich stellte der Königin alle Damen und Herren vor und um 9 Uhr gingen wir schlafen; wir waren 9½ Meilen gefahren. In Schlawe flog mir ein aufgeschrecktes Huhn mit aller Gewalt an den Kopf, was ich noch spüre.

29. Mai.

Um 6 Uhr weiter gereist; wieder überall aufs Festlichste empfangen und begleitet von einer unglaublichen Menschenmenge, überall Gedränge, Ehrenpforten, Blumenkränze und Erfrischungen. Wir aßen zu Mittag in Stolpe, wo die Königin auch einige Stunden blieb und ich ihr eine Menge Damen präsentiren mußte. Man überreichte ihr ein schönes Geschenk, das Portrait des Königs in Bernstein gefaßt, an einer Bernsteinkette. Um 3 Uhr ging es weiter, um 6 Uhr waren wir in Lauenburg; der Graf Kurowsky, der ein bißchen wunderlich scheint, wollte die Majestät bereden, bei ihm zu wohnen; aber es roch zu schlecht in dem Hause, und so wurde die Königin beim Burgemeister einquartirt und die Viereck und ich jede in einem anderen Häuschen.

30. Mai.

Um 9 Uhr von Lauenburg weiter, die Stadt ist nicht hübsch. Wir reisen immerwährend, begleitet von einer Masse Menschen, die sich überall erneut; es wurde heute unterwegs angehalten, um Toilette zu machen, und durch das Gehöft von Brünneck durchgefahren, was sehr hübsch ist. Eine Meile vor Danzig war ein Zelt aufgeschlagen, in dem eine Deputation uns erwartete; auch Massow und der Minister Schrötter waren dabei. Als wir in Danzig einfuhren, donnerten die Kanonen und die Schiffe hatten alle geflaggt, die im Hafen lagen. Die Stadt ist groß und reinlich, in den Straßen wogte eine dichtgedrängte Menschenmenge, die mit Jubelrufen die Königin empfing. Wir wohnen im Haus des Gouverneurs General Kalkreuth, der uns entgegen geritten kam; seine Frau empfing uns im Hause und war ganz unerträglich. Der König kam erst um 8 Uhr herein, ein bißchen übler Laune von dem unaufhörlichen Vivat-Schreien, und gleich nach dem Souper ging Alles zu Bett.

31. Mai.

Gegen 2 Uhr fuhren wir nach Oliva, nachdem wir vorher die Revue der Truppen mit angesehen hatten. In Oliva großes Diner; die Baulichkeiten sind wundervoll; nach Tisch präsentirte ich viele Damen. Spaziergang im Garten, dann im offenen Wagen nach dem Carlsberg gefahren, wo man die schönste Aussicht der Welt hat und weithinaus die Stadt und das Meer übersieht.

Abends wieder in der Stadt großes Damen-Souper, dann Illumination und Herumfahren in den Straßen; wir kamen schließlich sehr spät zurück, worüber der König ganz ungehalten war.

1. Juni.

Um 11 Uhr an den Strand gefahren, wo die Königin von der Kaufmannschaft feierlich empfangen wurde. Eine unabsehbare Menschenmasse war hier versammelt; wir wurden auf eine Art Balkon geführt, der auf dem Deck eines Schiffes errichtet war und von dem aus man zwei Schiffe vom Stapel laufen sah. Auf dem einen war das Bild der Königin, das andere soll den Namen des Kronprinzen führen. Es war in der That schön mitanzusehen, wie die Schiffe flott wurden. Dann fuhren auch wir in einer Gondel ins Meer hinaus und schließlich bestiegen wir ein großmächtiges Schiff, das einem der Kaufherren namens Frantzius gehörte, der mitten darin einen Eßsaal hatte erbauen lassen, wo wir Mittag aßen. Dreie der Kaufherren aßen mit uns, dieser Frantzius und zwei Andere; es war sehr schön; in meinem ganzen Leben habe ich keinen so schönen Anblick gehabt, als den dieses Hafens. Nach dem Essen ließen wir uns in den unteren Theil des Schiffes führen; auch König und Königin gingen unten herum und sahen alles an; und nachher fuhren wir in einer Schaluppe noch einmal ganz weit hinaus in die sonnengoldene Ostsee! Es war ganz wundervoll, über das leuchtende Meer hinzusehen, belebt von der Masse der Fahrzeuge, die dem unsrigen folgten und es umschwärmten, dabei die ganze Luft zitternd von den Hurrahs und Freudenrufen für König und Königin; das machte ihnen Beiden eine große Freude! – Um 9 Uhr stießen wir ans Land und zogen uns nun eiligst an, um auf den Ball der Kaufmannschaft zu gehen. Die ganze Stadt war noch schöner als gestern illuminirt, in der Börse, wo der Ball stattfand, waren viel frohe, glückliche Menschen beisammen und das ganze Fest war sehr glänzend! Ich kam erst lange nach Mittemacht zu Hause und stand vor 7 Uhr wieder auf, denn um 8 Uhr reisten wir schon nach Frauenburg weiter. Wir hielten zwei Mal unterwegs bei Bauern an, und dann beim Übergang über die Nogat in Clemensfähre, wo wir unter einem Zelt, das die Elbinger Kaufmannschaft hier errichtet hatte, Mittag aßen. Aber wir waren halb todt von der

Hitze, den vielen Bauern und dem schrecklichen Menschengedränge dort. Später hielten wir noch einmal in Dorbeck, weil die arme Königin eine schreckliche Migräne hatte, so daß wir erst um 8 Uhr weiter fahren konnten und nach 11 Uhr in Frauenburg eintrafen. Die Königin konnte nichts essen, die Viereck und ich blieben lange bei ihr und gingen erst um 1 Uhr in unser Zimmer.

3. Juni.

Die Königin war heute etwas wohler und wir konnten am Morgen weiter, nachdem wir noch die Gräfin Schwerin gesehen hatten. Der Ort ist klein, aber seine Lage am Haff macht ihn interessant. Gegen 9 Uhr fuhren wir weiter, mußten aber in jedem frischen Relais uns eine Weile aufhalten wegen der überall versammelten Bauern und Deputationen; doch verließen wir wenigstens nicht die Wagen, außer in Brandenberg, wo die Deputirten des Adels waren und ich Herrn von Korff wiedersah. Um 1 Uhr ging es von hier weiter und vom letzten Relais vor Königsberg an bis zur Stadt selbst war die Hitze, der Staub und das Menschengetümmel so arg, daß man buchstäblich nicht mehr sehen und athmen konnte. Alle Häuser der Stadt waren mit Fahnen, Kränzen und Flaggen bedeckt, überall war Musik; am Thor eine Menge weiß gekleideter junger Mädchen, die der Königin einen großen Korb voll der schönsten Blumen brachten. Wir fuhren quer durch die Stadt an den Strand, wo unzählige beflaggte und bekränzte Schiffe an den Quais entlang lagen, alle Matrosen weiß angezogen, die uns mit Hurrah-Rufen begrüßten und ihre Hüte schwenkten. Vor dem Schloß standen alle Generäle und höheren Officiere und außerdem eine solche Masse Menschen, daß es sich nicht beschreiben läßt! Die beiden Kammerherren Graf Keyserling und Graf Sacken wurden vorgestellt; die Gräfinnen Dönhoff, Groeben und Osten, die Herzogin von Holstein und noch einige andere Damen empfingen die Königin im Schloß. Sie hielt dieselben jedoch nicht lange bei sich fest und zog sich bald zurück. Das Schloß ist groß aber häßlich, ich wohne in den Kinderzimmern des Grafen Brünneck, König und Königin in seinen eigenen Zimmern.

4. Juni.

Domhardt, die Dönhoffs und die Dohnas kamen zu mir. Wir hatten ein Diner von 60 Personen, die gestrigen Damen wieder und außerdem die Frauen aller Generäle. Nach Tisch hatte ich Visiten bis 7 Uhr, dann fing die Cour an und die Präsentationen waren ohne Ende. Spät abends ging ich noch zu Dönhoffs auf eine halbe Stunde, kam aber zum Souper wieder ins Schloß und fand den König nicht gerade sehr glänzender Laune nach all dem Spektakel.

5. Juni.

Tag der Huldigung. Ich war erkältet und fiebernd, hatte eine abscheuliche Nacht und konnte kaum aufstehen, mußte aber doch um 6 Uhr heraus und mich putzen und um 8 Uhr in der Kirche sein. Die Predigt war erträglich; danach wurde das Tedeum gesungen und wir gingen wieder in die Zimmer der Königin, wo der Minister Haugwitz zwei Reden vorlas, eine lateinische an die Bischöfe und eine deutsche an die Minister, und diese dann in Gegenwart des Königs den Eid leisteten. Jetzt stellte sich der König unter den Thron-Himmel, der Graf Bronikowsky hielt eine sehr schöne Rede auf polnisch und der Präsident Wagner eine auf deutsch. Alles war tief gerührt. Die Fremden und die Beamten aßen im Moskowiter-Saal, der unglaublich groß ist; die Tafel des Königs war in seinen Zimmern. Nach Tisch zog man sich eine Stunde zurück. Abends gingen die Majestäten zum Minister Groeben.

Die Studenten brachten einen Fackelzug, eine Serenade und ihre Huldigungen dar, aber ich war zu Bett gegangen und sah sie nicht mehr.

6. Juni.

Großes Diner an zwei Tafeln. Ich hatte sehr viel zu schreiben und sehr viel Visiten zu empfangen, auch die Familie des Prinzen Lubinsky kam. Abends war ein großes Fest im Moskowiter-Saal, der von einer fabelhaften Größe ist. Alles, was nur möglich war, hatte man eingeladen, und doch war noch viel Platz übrig, außer in dem Theil des Saales, in dem die arme Königin sich befand und wo das Gedräng ganz furchtbar war. Man erstickte beinahe; der König tanzte einen Contretanz mit der jungen

Prinzessin von Holstein, die Königin blieb bis 11 Uhr. Das Fest war in der That sehr schön und alle Erfrischungen wurden umhergereicht durch Mädchen im National-Costüm der Polinnen und der Dünenbewohner, was allerliebst aussah.

7. Juni.

Die Königin dinirte im Lager, die Viereck war mit ihr. Ich blieb zurück und aß am Marschallstisch, ging in die Kirche, dann zu einem Lieutenant Hahnenfeld vom Regiment Werder und Abends mit den Majestäten auf die Assemblée der Ostens.

8. Juni.

Die Königin fuhr zu den Manövern, wir holten sie um 4 Uhr von Kalthoff wieder ab, wo sie mit dem König unter einem Zelt gegessen hatte. Dann fuhr ich mit ihr zum Minister Groeben, wo alle vornehmsten Leute versammelt waren. Wir mußten noch einmal andere Toilette machen, und fuhren dann in einen herrlichen Garten, in dem die Stände ein wunderschönes Fest gaben. Der Fluß fließt an demselben vorbei und theilt die Stadt in zwei Theile und dieser Garten, eben so wie die Gärten auf dem jenseitigen Ufer, waren reizend illuminirt. Es waren über 3000 Menschen zu diesem Fest eingeladen, die Handwerker und kleinen Bürger hatten für sich allein einen der Gärten erleuchtet und über demselben in der Luft schwebte ein großes Transparent: »Heil dem König und der Königin«, was sehr gut aussah; auch fuhren wir auf einer Schaluppe das Ufer entlang und die Majestäten stiegen in diesem vorerwähnten Garten aus und gingen darin umher. Auf dem Wasser waren allenthalben große Boote mit Musik-Chören darauf und als wir in den Garten der Stände zurückkehrten, wurde hier ein prächtiges Feuerwerk abgebrannt. Man tanzte in dem dazu gehörigen Gebäude, zu gleicher Zeit in drei Sälen; die Königin tanzte eine Polonaise mit dem Minister Graf Groeben und eine zweite mit dem Grafen Bronikowsky. Das ganze Fest war wundervoll und wir kamen erst lange nach Mitternacht wieder nach Hause.

9. Juni.

Der König reiste um 10 Uhr nach Warschau ab. Die Königin aß allein mit uns und ging Abends auf den Thé dansant der Dönhoffs, der sehr hübsch war.

10. Juni.

Abreise von Königsberg. Der Abschied wurde uns allen recht schwer; der ganze Adel war bei der Abfahrt der Königin zugegen, Keyserling und Sacken erwarteten sie bei dem ersten Relais an einem Ort namens Buxdorf, wo Graf Dönhoff uns noch ein schönes Déjeuner gab. Von da kamen wir nach Domnau zu einem Herrn von Witt, dem Schwiegersohn von Osten, wo wir spät Mittag aßen. Wir blieben zwei Stunden hier; es war eine Masse Kinder in dem Hause, große und kleine ohne Zahl. Von da nach Br., wo wir unter einem Zelt essen sollten, aber statt dessen aßen wir bei dem Grafen Calnein. Der Ort ist nicht hübsch, aber sehr alterthümlich; wir tranken noch Kaffee dort und der Major Woronowsky begleitete uns zu Pferde bis zum nächsten Relais, obgleich der Weg sehr weit war. Durch die Ungeschicklichkeit unseres Postillons wurden wir unterwegs umgeworfen; der Schrecken war groß, aber Gott sei gepriesen, die Königin blieb ganz unverletzt und wir Andern auch. Wir kamen um 5 Uhr bei der Gräfin Eulenburg an; die Königin, die sehr angegriffen war, ruhte sich etwas aus und soupirte allein in ihrem Zimmer, wir Andern mit der Familie Eulenburg, die äußerst liebenswürdig ist.

11. Juni.

Die Königin war heut wieder ganz erholt und wir reisten um 9 Uhr weiter. Unterwegs an einem Ort, ich glaube namens Mokainen, wo der Minister Schroetter seinen Koch hingeschickt hatte, um alles aufs Beste zu besorgen, aßen wir Mittag. Auf dem ganzen Wege wurden uns auch heute überall die schönsten Blumenkränze in den Wagen geworfen; überhaupt Blumenspenden erfreuten uns allerwärts ohne Ende. Gegen Mittag warf der zweite Wagen auf eine gräßliche Weise um; die arme Schulz war ganz zerschlagen, aber hatte glücklicherweise doch nichts zerbrochen. Wir ruhten uns einige Stunden aus und fuhren dann weiter bis Ortelsburg, wo wir bei einem Grafen Goltz wohnten. Die Königin soupirte allein; es ging hier schon etwas polnisch zu; ein Offizier von den Füsilieren von Bülow war hier postirt mit 30 Mann zu unserer Bedeckung.

12. Juni.

Um 8 Uhr weiter, immer begleitet von einer Eskorte berittener Jäger, von den Behörden aller Ortschaften, die wir berührten, und einer Unmasse anderer Leute zu Pferde. Wir kamen durch ein Städtchen namens Willenberg, wo wir Kaffee tranken, und aßen Mittag an einem Orte, wo wieder Schroetter seinen Koch und alles Nöthige hingeschickt hatte. Um 3 Uhr weiter durch ein abscheuliches Städtchen Chorzele bis nach Makow, wo die Damen vom Regiment Bninsky uns empfingen. Dann weiter nach Rogalla auf das Gut eines Herrn von Wribidoff, der jedoch nicht anwesend war und wo wir übernachteten. Das Haus war sehr hübsch, aber entsetzlich unreinlich. Ein Landrath Neffelersky, mit seinem Neffen, der ein großer Schwätzer war, machten die Honneurs.

13. Juni.

Um 8 Uhr weiter, reich beschenkt mit vielen hübschen Blumen. Frühstück in Pultusk, wo der Bischof uns empfing. Weiter nach Sternice, wo ein alter Graf Coroninsky uns mit Obst bewirthete, endlich nach Jablona, einem reizenden Schloß, das dem Fürsten Poniatowsky gehört. Leider fing es hier an zu regnen. Der König kam von einer anderen Seite ebenfalls an; wir fuhren nun mit ihm zusammen weiter und erreichten abends 6 Uhr ganz durchgeregnet endlich Warschau. Wir fuhren durch Praga, dessen Anblick herzzerreißend ist; man sieht nur Trümmer dort. Warschau selbst scheint recht stattlich und schön zu sein, das Schloß ist besonders groß und ungemein gut eingerichtet und möblirt. Nachdem die Herren, die uns hier empfingen, der Königin vorgestellt worden waren, zog sie sich zurück. Die Radziwill kam zu mir; ihr Sohn, der Prinz von Oranien, Voss und Hoym sind auch hier; man soupirte um 8 Uhr und ward um 10 Uhr entlassen.

14. Juni.

Den Morgen viele Visiten, Diner von 72 Personen, dem auch die Prinzessin von Württemberg, die Radziwill, die Ostrowa und noch 5 Damen beiwohnten, deren Namen ich nicht mehr weiß. Nach 5 Uhr Cour zur allgemeinen Präsentation. Nicht nur die Herren, sondern auch die Damen mußten beiden, dem König und der Königin vorgestellt, werden, was sehr ermüdend war. Um 7 Uhr ein großer magnifiker Ball beim Grafen Hoym, der den Palast Prima bewohnt. Es war in der That ein selten glänzendes Fest. Die Königin tanzte eine Polonaise mit dem Fürsten Radziwill. Man betet sie hier förmlich an, aber auch der König ist sehr freundlich und liebenswürdig. Der Garten des Palastes war taghell illuminirt, aber da die Königin sehr ermüdet war, gingen wir schon um 10 Uhr nach Hause. Hier war nichts zum Souper für die Königin bestellt, und man machte nur rasch ein bißchen Suppe für sie.

15. Juni.

Großes Diner mit Damen, Abends großer Ball bei uns, der bis ein Uhr dauerte und wirklich sehr schön war.

16. Juni.

Herren-Diner, bei dem die Königin nicht erschien, weil sie sehr angegriffen und erschöpft war. Nach Tische Visiten, Abends ein wundervolles Fest im Schloß des verstorbenen Königs, das wieder Hoym gab. Man spielte Theater, aber polnisch; alles, Garten und Umgegend, war wundervoll illuminirt, vor und nach dem Souper wurde getanzt, kurz, es war ein prachtvolles Fest und wir kamen erst um zwei Uhr früh nach Hause.

17. Juni.

Großes Manöver, Abends im sächsischen Garten Souper. Dieser Garten bildet hier den öffentlichen Spaziergang und ist sehr groß und hübsch, aber das entsetzliche Gedränge der Menschen, welche gern alle die Majestäten sehen wollten, war hier über alle Begriffe! Der König reiste Abends nach Neisse ab, und den 18. früh acht Uhr reiste auch die Königin ab. Wir hatten kein Diner unterwegs, aber frühstückten unter einem Zelt beim Grafen Lubinsky, wo auch alle seine Verwandten waren, deren Namen ich nicht mehr weiß. Von da an fuhren wir den ganzen Tag immer weiter, überall auf unserem Wege festlich begrüßt, mit Erfrischungen, mit Ehrenpforten, Deputationen und Blumenspenden erfreut und empfangen. Bei Radziwills angelangt, der uns mit seinen vier Söhnen schon weithin entgegen gekommen war, fanden wir eine schöne Collation. Nach dem Essen fuhr man nach Arkadien, einem entzückenden Aufenthalt, wo ein Tempel von Krystall für die Königin erbaut worden war. Mitten im See war eine reizende kleine verzauberte Insel, an seinen Ufern ein Gehölz voller Spazierwege, Monumente, Wasserfälle, Grotten und Überraschungen ohne Ende. Wir soupirten spät und reisten den

19. Juni

um neun Uhr früh weiter nach Petrikau. Auch heute überall unterwegs empfangen von Deputationen, Musik, Fahnen und Blumen im Überfluß. Das Städtchen Petrikau ist nicht übel; wir soupirten früh und blieben hier über Nacht.

20. Juni.

Um neun Uhr wieder in den Wagen und erst um acht Uhr abends in Celtitscheff bei einem polnischen Starosten namens Bettri angelangt. Hier sprach fast niemand deutsch, es war langweilig und unreinlich.

21. Juni.

Dem Himmel gedankt, als wir um neun Uhr weiter konnten. Diner in Kempen, wo die Juden, die hier überall die Hauptrolle spielen, eine hübsche Tafelmusik besorgt hatten; auch spielte man sehr schöne polnische Volkslieder. Um zwei Uhr weiter und wieder überall setirt und mit tausend Attentionen und Überraschungen an jedem Ort von Neuem festlich empfangen. Um sieben Uhr abends waren wir in Oels. Der Herzog erwartete uns schon eine Meile vor der Stadt; wir mußten in seinen Wagen einsteigen, der mit acht sehr schönen Pferden bespannt war, die aber unter einem Triumphbogen vor der Stadt, wo Empfang war und sie still halten sollten, einen Heidenlärm machten. Mit Mühe wieder zur Ruhe gebracht und gebändigt, brachten sie uns glücklich bis zum Schloß, wo sie denselben Spektakel anfingen, sobald sie anhalten sollten und man Hals über Kopf nur eilends aussteigen mußte. Hier war großes Souper beim Herzog; das Schloß ist schön; das Fest dauerte bis Mitternacht.

22. Juni.

Ein ziemlich ruhiger Morgen; die arme Königin war sehr erschöpft. Die Prinzessin von Württemberg, die hier ist, und der Herzog von Oels waren den Vormittag über bei ihr; das Diner dauerte von drei bis fünf Uhr; dann war Theater mit einem

Festprolog für die Königin; die Musik des Stückes war charmant, aber es dauerte bis elf Uhr und man kam erst um ein Uhr zur Ruhe.

23. Juni.

Um acht Uhr, Gott sei Dank, von diesem fatiganten Ort weiter gereist und auch heute auf dem ganzen Wege reichlich mit Blumen beworfen und gefeiert. Um zwölf Uhr in Breslau; eine Meile vor der Stadt fingen bereits das Vivatrufen und Freudengeschrei, die Ehrenpforten, das Blumenwerfen und das Getümmel der Menschenmenge an, das nicht mehr aufhörte, bis wir im Palais ausstiegen. Diese Stadt scheint ganz furchtbar stark bevölkert. Vor den Thoren kamen die Söhne und Töchter der Kräuter, d. h. der Gemüsegärtner, die meilenweit um dieselbe alles Land inne haben, in ihrer sehr reichen Tracht, streuten Blumen und überreichten der Königin ein wunderhübsches Gedicht, im dortigen Volksdialekt geschrieben und hergesagt. Vor dem Königlichen Schloß waren alle Vornehmen und alle Behörden zum Empfang versammelt, Graf Maltzahn hatte den Dienst als Kammerherr. Die Königin nahm nur ein bißchen Suppe und wartete mit dem Diner auf den König, der erst um sieben Uhr kam. Abends war großes Fest der Kaufmannschaft im Zwinger-Saal, wo eine wahrhafte Unmasse von Menschen versammelt war. Die Kaufmannschaft machte der Königin eine wundervolle Cassette zum Geschenk; darin lag ein vollständiges, wirklich prachtvolles Kinderzeug, mehrere Stücke einer feenhaft feinen, schönen Leinewand, ein reizendes Wiegenband und ein Kunstwerk von einer Kinderklapper von Silber mit kleinen Medaillen behangen und an einer goldenen Kette befestigt.

24. Juni.

Grandissimes Diner von Herren und Damen, nach Tische Cour, abends Ball und eine Illumination, wie man noch nie eine gesehen hat; auch in dem Garten des Fürsten Hohenlohe, in dem wir bis zehn Uhr blieben, war es tageshell, dann war Souper im Palais; das ganze Fest war über alle Beschreibung glänzend und prachtvoll.

25. Juni.

Wiederum ein sehr großes Diner mit Damen. Am Morgen besuchte ich den Fürstbischof, Abends war großer Ball beim

Grafen Hoym im Hatzfeld'schen Palais, einem superben Gebäude. Beide Majestäten tanzten mehrere Polonaisen; eine reizende Illumination der ganzen Stadt, aller Gärten der weitläufigen Vorstädte und vor allem der Kirchen und der schönen malerischen Oderufer beschloß das Fest.

26. Juni.

Beim Fürstbischof, dann ein großes Militär-Diner ohne Damen. Die Hoym und die Maltzahn kamen noch zum Abschiednehmen und die Königin reiste bald nach drei Uhr ab. Sie schenkte der Maltzahn ein Medaillon mit ihren Haaren zum Andenken. Wir waren alle ganz gerührt und traurig, Breslau zu verlassen, wo es so schön war! Die Gemüthlichkeit und Wärme, mit der sie hier aufgenommen worden, entzückte die Königin und uns Alle! – Der König blieb noch zu einem großen Bürger-Picknick-Ball. Wir fuhren bis Crossen, hatten in Grünberg eine schöne Collation und wurden auch vor Crossen festlich eingeholt; Baron Larisch und Prinz Ferdinand empfingen uns hier und wir hatten eine sehr gute Wohnung zum Nachtquartier. Den

27. Juni.

fuhren wir bis Polkwitz, wo wir spät ankamen und über Nacht blieben. Den

28. Juni

bis Frankfurt, stiegen im Zollgebäude ab, wo der Bürgermeister uns ein großes Déjeuner gab mit allen Generälen und Offizieren der Garnison. Dann weiter und zu Mittag in Steinhövel, wo der König wieder mit uns zusammentraf und man bei Massow sehr gut dinirte. Nach Tische wurde ein hübscher Spaziergang gemacht, dann war großes Souper und Illumination des Gartens.

29. Juni.

Wir fuhren über Pankow, aber nicht durch die Stadt, sondern um Berlin herum und kamen endlich glücklich in Charlottenburg an. Große Freude. Die Brüder des Königs hatten schon in Steinhövel uns empfangen, die Königlichen Schwestern empfingen uns hier und außerdem eine Masse Menschen.

30. Juni.

Die Königin fuhr nach Monbijou, dann war Diner in Charlottenburg; Abends waren wir allein.

1. Juli.

Die Königin-Mutter kam zu Tische und war sehr guter Laune. Den ganzen Tag Visiten. Ich richte mich hier ganz ein. Den Abend sind wir jetzt immer allein, was ich sehr genieße. Rauch ist auch hier. Viel Noth und Zänkereien wegen der Vorbereitungen zur Huldigung, die den 6. sein soll, besonders wegen der Tribünen. Man hat sie zum Theil wieder einreißen lassen und ich glaube, Herr von Massow hat sehr Unrecht daran getan.

3. Juli.

Geburtstag des Prinzen Wilhelm, Bruder des Königs. Déjeuner bei der Königin-Mutter, dann der Hof von Schönhausen bei uns.

4. Juli.

Mit der Königin in der Stadt, wo wir beide zu thun hatten. Wir besahen im Schloß den weißen Saal, der wundervoll decorirt ist für die Huldigung; die Hofdamen gingen zu einem Fest, das der Fürst Repnin in dem Hause der Lichtenau gab, welches im Thiergarten liegt. Ich blieb allein mit den Majestäten und Köckritz.

6. Juli.

Um sieben Uhr schon fuhr ich mit der Königin zur Stadt, wir zogen uns à la Romaine an für die Huldigung. Dann fuhr die Königin mit acht Pferden in Gala zur Kirche und ich mit ihr. Der König und alle Prinzen erwarteten sie dort in den langen Mänteln des Ordens. Nach der Kirche wurde sie auf den Balkon des weißen Saales geführt, um von diesem aus der Huldigung der Stände beizuwohnen. Die Huldigung der Prinzen hatte bereits im Rittersaal stattgehabt. Es war wundervoll! Im Baldachin-Zimmer hatte man einen Thron errichtet, vom großen Saal aus. Das ganze Volk leistete den Eid, dicht gedrängt, Kopf an Kopf, auf dem weiten Raume, und der Anblick des Platzes war großartig und ergreifend, das ganze Schauspiel über alle Worte hinaus rührend und erhaben! Die Kanonen donnerten die ganze Zeit über, die Glocken läuteten und die Vivats der Volksmenge, besonders für die Königin, die mit Segenswünschen und Jubelrufen die Luft erfüllten, nahmen kein Ende. Diner an elf Tafeln, und dann waren noch acht und zwanzig Tafeln für die Deputationen der Bürgerschaften. Abends zurück nach Charlottenburg.

7. Juli.

Um zwölf Uhr Diner; um zwei Uhr fuhr ich mit der Königin zur Stadt, wo wir uns anzogen und um sechs Uhr ins Schloß fuhren. Die Königin empfing hier erst Caillard, den französischen Gesandten, der abreist. Der verabscheuungswürdige Sieyès kommt an seine Stelle. Dann sah sie Schall, den Baiern, Adams und Maisonneuve; hernach war großes Fest im weißen Saal, Ball und Souper für den ganzen Adel.

8. Juli.

Zu Tisch unter uns. Gegen Abend mit den Majestäten ins Opernhaus, wo Himmel ein großes Concert gab.

9. Juli.

Allein; man ging spazieren und beschäftigte sich; die Maltzahns und Gräfin Magnis waren bei mir, und alles genoß das herrliche Wetter.

10. Juli.

Diner von einigen fünfzig Personen, meist Deputationen, nur zwei Damen dabei, Gräfin Pückler und Gräfin Magnis; es dauerte sehr lange.

11. Juli.

Die Schönhäuser kamen zu Tische. Der Prinz Wilhelm von Braunschweig ist immer bei uns und ist ein Jemand, den ich gar nicht leiden kann! Im Übrigen muß man sich schon mit all den jungen Prinzen auf einen guten Fuß setzen und Nachsicht üben. Man soupirt immer jetzt im Garten.

13. Juli.

Die Königin ließ mich früh um vier Uhr zu sich rufen, sie hatte sehr viel Schmerzen und das dauerte bis nach sechs Uhr, wo sie glücklich von einer Prinzessin entbunden wurde. Das Kind ist gesund und hübsch, aber die arme Königin war äußerst schwach. Die Schönhäuser kamen; der König ließ sich in seiner Freude nicht abhalten, alle Prinzen und Prinzessinnen in das Zimmer der Königin zu führen, aber sie schlief trotz alledem ruhig weiter, wir hatten alle Prinzen zu Tische, auch den Braunschweiger und den von Weimar, der heute angekommen ist. Abends hatte die Königin etwas mehr Ruhe, ich wollte wachen, aber konnte es nicht durchführen.

14. Juli.

Die Königin hat Gottlob gut geschlafen. Wir hatten den Prinz von Weimar und den von Braunschweig zu Tische; ich hatte schrecklich viel Visiten und war die übrige Zeit bei der Königin.

15. Juli.

Die Königin wohl. Viel Besuche, im Übrigen stets bei der Engels-Königin.

16. Juli.

Die Königin wohl. Die Schönhäuser und alle Prinzen zu Tische und zum Souper bei uns, und alles läuft immer hinein zu der armen Königin, die so matt ist; das bringt mich wahrhaft in Verzweiflung.

17. Juli.

Gottlob, sie ist wohl.

18. Juli.

Die Königin heute sehr frisch und munter.

19. Juli.

Die Königin recht wohl. Die Prinzen alle, auch die von Weimar, Braunschweig und Darmstadt, zu Tische, und auch sie durften nach Tische zur Königin hineingehen, was mir sehr mißfällt.

Der König von Sardinien hat Land an die Franzosen abgetreten, sie haben jetzt nur zu wünschen; auch die Insel Malta haben sie nun.

20. Juli.

Die Königin sehr wohl. Die Prinzen hier und für mich immer schrecklich; viel Besuche.

21. Juli.

Allein mit dem König, der jetzt immer unendlich heiter und guter Laune ist.

3. August.

Geburtstag des Königs und Taufe der kleinen Prinzessin. Die Königin schenkte dem König eine ganze Masse hübscher Sachen, ich gab ihm ein Schreibzeug und die Hofdamen gaben ihm zwei Kupferstiche. Großes Diner an zwei Tafeln. Da die Königin-Mutter das Fieber hatte, so wurde das Kind nicht in der Kirche getauft, sondern in dem Zimmer neben der Galerie. Ich trug es zu ihr, es erhielt die Namen »Friederike Louise Charlotte Wilhelmine«.

Den Herbst des Jahres 1798 brachte der Hof in Potsdam zu und ging dann zum Carneval nach Berlin zurück. Im Jahre 1799 wurde im Sommer eine Reise nach Westphalen unternommen und auf dem Rückwege von dort Darmstadt, Hildburghausen, Cassel, Wilhelmshöhe und Wilhelmsthal besucht. Die Obersthofmeisterin begleitete die Königin; die ganze Reise dauerte zwei Monate und machte der letzteren große Freude. Es waren zu jenen ersten zwei Hofdamen, den beiden Fräuleins von Viereck, noch drei andere hinzugefügt worden: die Gräfinnen von Tauenzien, von Hardenberg und von Moltke; die beiden Kammerherren der Königin waren Herr von Schilden und Herr von Buch, und die sogenannten Leibpagen von Hobe und von Meyeringk.

Am 14. October bekam die Königin in Potsdam eine Prinzessin, die den Namen Friederike erhielt, ihr fünftes Kind, das jedoch überaus zart war und am 30. März 1800 zum großen Schmerz der Königlichen Mutter wieder starb. In diesem Jahre 1800 erhob der König die Obersthofmeisterin von Voss für sich und ihre Descendenz in den erblichen Grafenstand und bescherte ihr das Patent dieser Standeserhöhung an ihrem Geburtstage, den 11. März, in einer scherzhaften Weise mit anderen Geschenken zusammen. Im Sommer dieses Jahres begleitete sie die Königin auf einer Reise in das schlesische Riesengebirge, nach Breslau und in das Lager bei Lissa, wo diese mit dem König den großen Herbstmanövern beiwohnten. Der gewöhnliche Spätherbstaufenthalt in Potsdam dauerte besonders lang in diesem Jahre; erst am 21. December kehrte der Hof nach Berlin zurück. Am 14. October hatte der damals noch nicht ganz ein und zwanzig Jahr alte Enkelsohn der Obersthofmeisterin, Graf August Voss, sich mit der Tochter des Kammerherrn von Berg, späterem Grafen von Berg-Schönfeld, vermählt. Ihre Mutter, eine geborne von Häseler, war jene durch die Freundschaft der Königin und ihre Hingebung für dieselbe nachmals so bekannt gewordene Frau von Berg. Die Obersthofmeisterin, welche den jungen Voss, ihren einzigen Enkel, so sehr liebte, war zufrieden mit seiner Wahl, freute sich seines Glückes und wohnte selbst der Hochzeit bei, die auf einem Gute der Frau von Berg, Barensdorf bei Beeskow, gefeiert ward. Im folgenden Jahre, am 15. August 1801, ward ihr aus dieser Ehe der erste Urenkel in Berlin selbst geboren, der noch jetzt Lebende Graf Felix Voss auf Groß-Giewietz; er blieb der einzige Sohn. Dieses Kind war fortan ihre ganze Freude und ihr ganzer Verzug, von ihr mit Liebe und Zärtlichkeit bis zu ihren letzten Lebenstagen überschüttet; und er war es auch, der bei ihrem Tode als dreizehnjähriger Knabe, der einzige ihrer Angehörigen, als Leidtragender ihrem Leichenzuge folgte.

Der Hof machte in dem Jahre 1801 keine längere Abwesenheit, sondern blieb ruhig den ganzen Sommer in Charlottenburg. Am 29. Juni bekam die Königin eben daselbst ihr sechstes Kind, einen Prinzen, welcher den Namen Carl erhielt.

Im Herbst begleitete sie den König auf acht Tage zu den bei Magdeburg stattfindenden Manövern, blieb wieder bis Weihnachten in Potsdam und kehrte zum Winter nach Berlin zurück. Im folgenden Sommer 1802 wurde eine Reise nach Ostpreußen unternommen. Der König wohnte den Manövern in dieser Provinz bei, kehrte über Warschau nach Berlin zurück und die ganze Abwesenheit dauerte etwa sechs Wochen. Während ihrer Anwesenheit in Memel empfingen er und die Königin den Besuch des Kaisers Alexander von Rußland. Im Gegensatz zu dem späteren Besuch desselben an jenem Orte ist diese erste heitere Begegnung beider Monarchen dort von eigentümlichem Interesse und wir wollen das Tagebuchblatt der Obersthofmeisterin, in dem dieselbe erwähnt ist, hier einschalten.

Memel, 10. Juni **1802**.

Der König ritt dem Kaiser um zehn Uhr früh bis eine Viertelmeile vor der Stadt entgegen. Sobald der Kaiser ihn kommen sah, verließ er sofort den Wagen und stieg zu Pferde, um den König so zu begrüßen. Von der Grenze an war er von Detachements Husaren und Dragonern escortirt worden und vom Stadtthore an, vor dem eine Ehrenpforte errichtet war, bildeten die Infanterieregimenter Spalier. Die Kaufmannschaft empfing den Kaiser ebenfalls am Thore zu Pferde. In allen Straßen waren Musikchöre aufgestellt. Freudenschüsse, Vivats und Hochrufe erfüllten die Luft mit einem festlichen Spektakel. Gräfin Moltke und ich empfingen den Kaiser am Fuße der Treppe und der König stellte mich ihm vor. Oben empfing ihn die Königin im ersten Zimmer; sie war heute schöner wie je. Der Kaiser ging mit den Majestäten in das zweite Zimmer und kam nach einigen Augenblicken wieder heraus, um auf eine sehr verbindliche und liebenswürdige Weise mit mir zu sprechen. Er ist ein schöner Mann, blond, mit einer sehr frappanten Physiognomie, aber die Gestalt ist nicht schön, oder vielmehr er hält sich nicht gut. Er scheint ein weiches, menschenfreundliches Gemüth zu haben; jedenfalls ist er überaus höflich und freundlich. Um zwei Uhr war Diner; unter dem Gefolge waren auch Graf Tolstoy, Kotschubey, Dolgorucki, Lieven, Wilkowsky, und Natisloff. Abends beim Thee waren die Herrschaften erst unter sich und unser Hofstaat im vorderen Zimmer mit den Russen; aber bald kamen die Majestäten zu uns heraus; es wurden Spieltische gebracht und die Leute daran verteilt, und der Kaiser setzte sich zu mir und sprach sehr lange mit mir. Um elf Uhr Souper an kleinen Tischen.

11. Juni.

Die Königin fuhr hinaus zum Manöver, dann kam der Kaiser, um bei ihr zu frühstücken. Diner wieder um zwei Uhr. Gegen Abend ritt die Königin mit dem Kaiser nach dem Lager hinaus, die Moltke und ich, Lehndorff und Schilden folgten ihr zu Wagen. Abends kam Alopäus an und man soupirte wie gestern. Die Königin sah wunderschön aus.

12. Juni.

Die Königin wieder zu Pferde bei dem Manöver. Zu Tische kam noch der portugiesische Gesandte in Petersburg, Chevalier Nizza, der ein sehr angenehmer Mann ist. Abends war ein Ball, den die Bürgerschaft gab, und wo eine solche Hitze und ein solches Gedränge war, daß man fast erstickte. Beim Souper saß ich neben dem Kaiser; er ist ausgesucht liebenswürdig für mich und ich muß sagen, er ist wirklich sehr angenehm und hat ein herzgewinnendes Wesen.

13. Juni.

Ich blieb den Vormittag bei der Königin, die wegen der Hitze nicht hinausgeritten war; der Kaiser kam bald zu ihr und war so gnädig und liebenswürdig als nur möglich. Großes Diner. Abends ein kleiner Ball beim König mit einigen vornehmen kurländischen und polnischen Damen, die dazu gekommen waren. Ich tanzte eine Polonaise mit dem Kaiser.

14. Juni.

Zum ersten Frühstück allein mit den Majestäten. Nach Tische bekam die Königin einen Anfall von Brustkrämpfen, die sie noch nie im Leben gehabt hat, ich glaube in Folge der großen Hitze. Der Prinz Alexander von Württemberg kam an. Abends ritten die beiden Majestäten; die Königin, die Prinzessin von Württemberg und ich fuhren zum Leuchtthurm hinaus.

15. Juni.

Die Königin Gottlob wieder wohl. Ich war allein mit den Majestäten den Morgen über und auch beim Diner, der übrige Hof aß mit den russischen Herren. Der Kaiser war unendlich liebenswürdig und gnädig und trank auf meine Gesundheit auf eine besonders freundliche Weise. Er ist der liebenswürdigste Mann, den man sich denken kann, und dabei durch und durch ein Ehrenmann in seinen Ansichten und Gesinnungen. Der Arme ist ganz begeistert und bezaubert von der Königin! – Nach Tisch schenkte er mir ein Paar sehr schöner Brillant-Ohrringe und der Moltke ein Perlenhalsband. Ich dankte ihm für seine große Freundlichkeit und Gnade. Später ritt die Königin wieder mit den beiden Majestäten spazieren; nach dem Thee wurden die russischen Herren hereinbefohlen, um Abschied zu nehmen. Ich war ganz betrübt, daß diese hübschen Tage schon zu Ende sein sollten.

16. Juni.

Bis um 10 Uhr war der Kaiser noch bei den Majestäten zum Frühstück, dann reiste er ab und Graf Kalkreuth begleitete ihn. Ich nahm mit Thränen Abschied von ihm und in der That, wir alle weinten! – Gleich darauf reisten wir auch ab, die beiden Majestäten zu Pferde, bis eine Meile vor Tilsit, wo die Königin sich in den Wagen setzte, nachdem sie vorher ganz durchgeregnet worden war. Der Einzug in Tilsit, wo wir sehr festlich empfangen wurden, war recht hübsch; die nächsten Tage hindurch waren Revuen und Manöver.

Am 23. Februar **1803** schenkte Gott der Königin ihr siebentes Kind, eine Prinzessin, welche den Namen Alexandrine erhielt. Sie war diesmal in den letzten Monaten vor ihrer Niederkunft sehr leidend gewesen und erholte sich, ganz gegen ihre sonstige Gewohnheit, nur langsam. Doch brachte die schöne Jahreszeit und das Leben im Freien, das sie so liebte, und das immer ihr bestes Heilmittel war, ihr nach und nach die verlorenen Kräfte wieder und sie war im Stande, den König auf einer längeren Reise ins Reich und nach den sogenannten neuen Provinzen, nach Erfurt und Mühlhausen, zu begleiten.

Die Obersthofmeisterin verlor in diesem Jahre ihren Schwiegersohn, den regierenden Grafen Castell-Rüdenhausen, dessen Wittwe vorerst ihren nunmehrigen Wittwensitz, Schloß Reutlingen bei Würzburg, bezog, aber auch öfter nach Berlin kam, um ihre Mutter zu besuchen.

Im Januar 1804 vermählte sich der Bruder des Königs, Prinz Wilhelm, mit der Prinzessin Marianne von Hessen-Homburg. Die Obersthofmeisterin sagt hierüber:

»Wir hatten die Prinzessin schon in Frankfurt a. M. gesehen, wohin sich der Hof zu diesem Zweck begeben hatte. Aber sie versprach beim ersten Eindruck mehr, als sie hielt; beide Verlobte waren Anfangs ein steifes und stummes Paar.«

Am 13. December desselben Jahres bekam die Königin ihr achtes Kind, einen Prinzen, der den Namen Ferdinand erhielt. Es war dies ein ganz besonders schönes und reizendes Kind und bildete das ganze Entzücken seiner Mutter; aber sie mußte dasselbe am 1. April 1806 wieder verlieren und die Trauer um seinen Tod erschütterte ihre bereits leidende Gesundheit sehr. Die Königin war lange Zeit ganz untröstlich über den Verlust dieses Kindes, und es schien fast, als ob sie von jenem Augenblick an, wo es in ihren Armen die Augen schloß, keinen Moment vollkommen heiteren Glückes mehr empfinden sollte.

Sie wurde im Juni dieses Jahres von den Ärzten nach Pyrmont geschickt und reiste diesmal ohne den König, nur von der Obersthofmeisterin und den anderen Personen ihres Hofstaates begleitet. Sie brauchte die dortige Heilquelle mit einer rührenden Gewissenhaftigkeit und Pünktlichkeit, um daß, wie sie sagte,

»der Zweck der ihr so schmerzlichen Trennung von dem König und ihren Kindern, zu der sie sich sehr schwer entschlossen hatte, nicht ungenügt vergehen sollte!«

Die Obersthofmeisterin erzählt von diesem Aufenthalte:

»Hier in dem ungezwungenen geselligen Kreise der Badegäste ward meine geliebte Königin wahrhaft angebetet von allen, allen, die sie sahen; – sie vergaß sich nie, auch nicht auf einen Augenblick; aber bei dieser rührend sanften und doch so erhabenen Würde, die sie nie verließ, war ihr Wesen doch heiter, ja fröhlich, und ihre immer gleiche freundliche Stimmung machte das Dasein allen leicht und beglückend, die mit ihr lebten. Vor allem, wenn sie Briefe vom König oder von ihren anderen Angehörigen erhielt, war sie von einer strahlenden Freude und beeilte ihre Rückkehr auch so viel als möglich, um nur zum Geburtstag des Königs wieder mit diesem vereint zu sein. Das Bad that ihr sichtlich gut. Ihre Freude bei dem endlichen Wiedersehen mit dem König, der ihr bis mehrere Meilen hinter Potsdam entgegen kam, war wahrhaft rührend«.

Kaum zurückgekehrt, mußte die Königin zu ihrem Schrecken erfahren, daß der Krieg gegen Frankreich beschlossen, daß auch schon die Rüstungen beinahe beendet und die Armee marschfertig sei. Allerdings hatte sie bereits in Pyrmont den Schmerz über die Abschließung des Rheinbundes und das Protectorat Napoleons über denselben erlebt, aber alles das, was sich im Laufe der letzten sechs Wochen im Preußischen Kabinett zugetragen hatte, war ihr auf den Wunsch des Königs verborgen geblieben, der ihr gerade während ihrer Abwesenheit jede Unruhe und Sorge hatte ersparen wollen. Die Majestäten blieben noch einige Wochen in Charlottenburg und gingen den 20. September über Magdeburg und Halle nach Naumburg an der Saale, wo sie etwa 14 Tage blieben und die letzten Zurüstungen des Heeres und den schließlichen Ausbruch der Feindseligkeiten erwarteten. Der König hoffte auf die Unterstützung der russischen Streitkräfte; denn seit jenem ersten Zusammentreffen und Kennenlernen 1802 in Memel war die Freundschaft des Kaisers für den König sich immer gleich geblieben. Alle politischen Scheingründe, Intrigen und Bemühungen der Preußen feindlichen Parteien hatten vergebens versucht, dieselbe zu erschüttern, und jetzt, im entscheidenden Augenblick, wo der Krieg gegen Napoleon eine Notwendigkeit geworden und mit seinem vollen Ernst immer näher trat, stand auch Alexander dem König als Freund und Verbündeter zur Seite.

Trotz dieser wohlthuenden Gewißheit war der Moment, wo in Wirklichkeit Russen und Preußen gemeinsam kämpfen sollten, leider doch noch fern und die Letzteren mußten vorerst allein und ohne den Beistand Verbündeter den Kampf beginnen. Die russischen Truppen, deren früheres Vorrücken die Niederlage bei Jena hätte verhüten oder deren Folgen hemmen und verhindern können, erschienen erst auf dem Kampfplatz, als die letzten Trümmer des preußischen Heeres schon nach Ostpreußen zurückgeworfen waren.

Die Königin war, wie bereits erwähnt worden, ihrem Gemahl ins Feld gefolgt. In ihrer Begleitung befanden sich nur die Obersthofmeisterin, Fräulein von Viereck, Gräfin Tauenzien und zwei Kammerfrauen. So unvollständig leider das Tagebuch der Obersthofmeisterin, nur in abgerissenen Notizen niedergeschrieben und zuweilen in der völligsten Unkenntnis der wirklichen Ereignisse, wie das im Rücken einer Armee leicht geschieht, die Schrecknisse jener Unglückstage wiedergiebt, ist es dennoch von schmerzlichem Interesse und läßt einigermaßen erkennen, was die unglückliche Königin damals durchlebte. Wir geben daher, trotz seiner Lückenhaftigkeit, einige Blätter desselben wieder, wie wir sie eben finden.

4. October 1806.

Die Königin reiste mit dem König von Naumburg nach Erfurt ab, wo sich das Hauptquartier befand; wir frühstückten in Weimar; die Majestäten fuhren zusammen im ersten Wagen, ich mit der Viereck und der Tauenzien im zweiten, Köckritz und Buch fuhren im dritten Wagen.

5. October.

In Erfurt großes Militärdiner, bei dem auch Prinz Hohenlohe und General Rüchel waren. Man hielt Kriegsrath, Haugwitz und Lucchesini waren dabei zugezogen; Gott gebe, daß er zu etwas

Erfolgreichem führen möge. Der Feldmarschall ist immer mit uns. Die Herzogin von Hildburghausen kam an. Man sagt, Napoleon sei in Schweinfurt.

6. October.

Hohenlohe und Rüchel zu Tisch, die nach Tisch weiter zum Heer gingen.

7. October.

Der Erbprinz von Weimar mit seiner Gemahlin kam an. Die Franzosen sollen noch immer bei Schweinfurt stehen. Die Truppen marschirten hier durch und sind im Vorrücken begriffen.

8. October.

Heute kamen auch die Jäger aus Weimar hier durch, um zu unseren Corps zu stoßen; sie sehen sehr gut aus. Die Weimaraner Herrschaften reisten ab.

9. October.

Vom frühen Morgen bis Mittag sahen wir zu, wie die Truppen durch die Stadt zogen, da die ganze Armee jetzt eilend vorwärts geht. Der Prinz von Oranien und der Prinz von Hessen-Cassel kamen beide an; es ist hier ein fürchterliches Durcheinander und Gewühl von Menschen.

10. October.

Um 6 Uhr früh von Erfurt abgereist. Auf entsetzlichen Wegen bis Blankenhain. Es scheint, die Franzosen sind schon überall. Wir blieben bis spät in der Nacht alle zusammen; von allen Seiten hörte man Geschützfeuer. Niemand von uns ging zu Bett, denn wir mußten bereit sein, im Nothfall augenblicklich abreisen zu können. Endlich früh 5 Uhr wurde aufgebrochen, die Wege waren grundlos; in Weimar stiegen wir aus, aber unsere Sachen blieben gepackt auf den Wagen. Hier erhielten wir die Schreckensnachricht, daß Prinz Louis Ferdinand gestern bei Saalfeld gefallen sei; er hatte sich zu sehr exponirt und sich allein vorgewagt! – Das Gefecht hat große Verluste gekostet, sehr viele Officiere sind todt und verwundet. Es soll ganz in der Nähe von Rudolstadt gewesen sein; die Unsern waren in der Minderzahl und hatten die Übermacht gegen sich. Die ganze Armee steht im Lager und in Bivouaks, die Prinzen von den verschiedenen Corps kamen heute auf eine Stunde hierher; wir aßen mit Prinz Carl, dem Prinzen von Coburg und dem von Cassel. Das Hauptquartier ist jetzt hier in Weimar; unsere Majestäten wohnen im Cavalierhause und wir Anderen im Forsthause.

12. October.

Heute aßen wir mit dem Weimaraner Hof und den Prinzen, die wieder vom Lager hereinkamen.

13. October.

Ein furchtbarer Tag. Wir erhielten die Nachricht, daß die Armee aufbreche, um dem Feind entgegen zu gehen. Die Königin, die Viereck, die Tauenzien und ich reisten ab auf der Straße nach Auerstädt zu. Plötzlich ließ der Herzog von Braunschweig uns sagen, wir müßten wieder umkehren, da in jener Richtung am folgenden Tage eine Schlacht erwartet werde. Das war ein furchtbarer Augenblick. Wir kehrten nach Weimar zurück; General Rüchel kam selbst, um zu sagen, nach welcher Richtung wir fahren sollten.

14. October.

Um 5 Uhr früh reisten wir zum zweiten Mal von Weimar ab in der tödtlichsten Angst und Unruhe um das Geschick des Heeres und der Unseren! – Bailloz, der Lieutenant Jagow und 60 Mann eskortirten uns bis Langensalza. In Erfurt sahen wir noch einen Moment Haugwitz und Lucchesini. Abends kamen wir nach Heiligenstadt; der geschlossene Wagen der Königin war unterwegs zerbrochen; sie fuhr in dem offenen Wagen von Buch und wir fuhren mit den Kammerfrauen. Spät in der Nacht kamen wir an und übernachteten bei einem Kammersecretair.

15. October.

Weiter gereist noch immer in demselben Wagen wie gestern, da der der Königin hier zurückbleiben mußte. Nicht die geringste Nachricht von den Truppen. Plötzlich kam ein Postsecretair geritten und schrie überlaut, die Schlacht sei gewonnen. Spät Abends trafen wir in Braunschweig ein.

16. October.

Um 5 Uhr früh weiter gefahren bis Tangermünde. Die Königin ist Gottlob wohl.

17. October.

Von Tangermünde nach Berlin. Ein Feldjäger kam und brachte die furchtbare Nachricht, daß die Schlacht verloren sei. Er sagte, die tödtliche Verwundung des Herzogs von Braunschweig habe das Unglück herbeigeführt. Graf Schulenburg erwartete die Königin schon im Palais, um ihr zu sagen, daß sie bereits am nächsten Morgen nach Stettin weiter gehen müsse.

18. October.

Die Königin reiste mit den beiden Hofdamen ab. Ich blieb hier, um einzupacken und zu ordnen, was noch möglich ist. Aber wie wenig kann man fortschicken; das Meiste muß doch hier bleiben. Man sagte, der König werde ankommen, aber er kam nicht.

19. October.

Früh 6 Uhr reiste auch ich ab. Man sagte mir, die wenigen noch hier stehenden Truppen müßten eilends fort, weil man die Franzosen bereits erwarte. Ich fuhr durch Bernau, Neustadt und Angermünde; in Schwedt mußte ich mich im Schloß einquartieren, da ich sonst nirgends unterkommen konnte. Hier fand ich die Prinzessin Wilhelm und die d'Orville.

20. October.

Ein Courier, der zur Königin nach Stettin sollte, sagte mir, er bringe ihr die Weisung, daß sie nach Küstrin weiter müsse, wo der arme König bereits eingetroffen sei; sonst hatte er keine Nachrichten. Ich fuhr durch Garz nach Stettin; die Königin war schon fort mit der Viereck und Herrn von Buch in einem offenen kleinen Wagen. Ich fand keine Nachricht von ihr, als die, daß ich direkt nach Danzig zu den Kindern gehen solle.

21. October.

Mit der jungem Viereck weiter nach Danzig. Furchtbare Wege, große Schwierigkeiten, um vorwärts zu kommen und Pferde zu erlangen.

25. October.

Endlich mit vielen Aufenthalten in Danzig angelangt; Prinz und Prinzessin Solms und die Königlichen Kinder sind hier, aber gar keine Nachrichten von den Majestäten; man glaubt, daß sie noch in Küstrin sind.

27. October.

Eine Stafette der Königin erhalten, welche sagt, daß sie nicht wisse, wann sie von Küstrin abreisen werde. Der Marschall und der Prinz von Oranien seien gefangen; der Graf Goltz habe sechs uns genommene Fahnen zurückerkämpft, die unter Bedeckung weggeschickt werden sollten. Das ist eine kleine Freude, aber im Übrigen bin ich fest überzeugt, daß alles für uns verloren ist.

28. October.

Ich sah einen Brief von Massow, der sagt, daß die Franzosen am 24. in Berlin eingerückt sind, aber bis jetzt Ordnung halten. Auch der Minister Graf Hardenberg kam heute hier an; er hat die Majestäten in Küstrin gesehen, aber sagt, der König habe kein Wort mit ihm gesprochen.

29. October.

Einen Brief des Ministers Schroetter erhalten, der mir sagt, daß die Majestäten heute in Graudenz eintreffen sollen. Die Franzosen haben Alt-Landsberg ganz ausgeplündert, Napoleon ist in Berlin. Gott wolle sich unserer annehmen und die Erde von diesem Elenden befreien, der die Geißel der Menschheit ist.

30. October.

Die Majestäten sind in Stargard und ihre Packwagen in Graudenz; man weiß nicht warum. Man sagt, der Prinz Hohenlohe habe ein siegreiches Gefecht gehabt, aber man weiß im Grunde nichts Anderes, als völlig haltlose Gerüchte. Die Unentschlossenheit, die Verblendung und die Unfähigkeit, die in den höchsten Stellen herrschen und selbst in der Umgebung des Königs, das ist unser größtes Unglück.

Die Reiche dieser Welt mit ihrer Größe und Macht steigen eine Zeit lang empor und sinken dann wieder und verschwinden in dem Strom der Weltereignisse. Scheint es nicht, als wäre die Monarchie auf dem Punkt in Trümmer zu zerschellen in diesem Sturm des Unglücks, wenn nicht ein Wunder kommt uns zu retten? Nur Gottes starke Hand kann uns von diesem Übermächtigen befreien, will er helfen, dann ist alles möglich, aber mit unserer Macht können wir nicht mehr siegen. Unsere Truppen sind gut, aber sie sind nicht wie die seinigen an den Krieg gewöhnt und im Kriege geschult, und er? Der Krieg ist sein Handwerk, er versteht ihn und wir nicht. Auch er wird eines Tages untergehen, aber vielleicht zu spät für uns, zu spät für unser geliebtes Deutschland.

31. October.

Ich schrieb Briefe, aber wer weiß, ob sie jemals ankommen werden. Ach, gar keine Nachrichten! – das ist schrecklich. Weder unsere Koffer aus Magdeburg, noch die aus Stettin kommen an. Ich habe hier große Mühe und Noth den Haushalt für die Königlichen Kinder einzurichten und eine gute Küche für sie in Gang zu bringen.

1. November.

Es heißt, daß der Prinz Hohenlohe bei Prenzlau geschlagen und gezwungen worden sei, zu kapituliren und mit allen seinen Truppen sich gefangen zu geben! Die Majestäten sind wieder in Graudenz. Die Prinzen reisen morgen nach Königsberg ab. Die Prinzessin Solms hat einen Feldjäger an die Königin abgeschickt, um zu fragen, ob wir auch abreisen sollen. Die Prinzessin Radziwill ist heute angekommen und sagt, da der König gar keine Truppen mehr habe, müsse er Frieden schließen. Der General Zastrow soll nach Berlin zu Napoleon geschickt worden sein. Als der letztere durch Potsdam kam, hat er den Einwohnern versichern lassen, das Andenken Friedrichs II. flöße ihm zu viel Achtung ein, um Gold von ihnen zu verlangen; sie sollten nur Lebensmittel für die Soldaten und Futter für die Pferde liefern. Die Franzosen müssen schon seit dem 30. in Stettin sein. Der Prinz und die Prinzessin von Oranien haben eben durch eine Stafette ihre bevorstehende Ankunft hier angemeldet. Alle Nachrichten sind entsetzlich; es scheint, die heilige Vorsehung hat beschlossen, uns vollkommen zu vernichten; ihre Wege sind nicht unsere Wege.

2. November.

Die Prinzessin Solms ist abgereist. Wir erwarten nur die Rückkehr des Feldjägers, um dasselbe zu thun. Eine Stafette der Königin kam, um zu sagen, daß sie nach Graudenz zurückkehre, daß Hohenlohe gefangen sei, daß die Franzosen die Oder überschritten hätten, mit einem Wort – sie schreibt trostlos! Ferner sagt sie, daß Jérome König von Preußen und Polen werden solle. Ich fürchte, Napoleon wird uns alles, auch das Letzte entreißen.

Der Baron Krüdener kam, um den König zu suchen, und reiste abends weiter nach Graudenz. Die kleine Prinzessin Alexandrine ist sehr krank, ich fürchte, es ist die Ruhr. Gott überhäuft uns mit Kummer! – Die Oranier und der Prinz Heinrich sind angekommen. Man sagt, Stettin habe sich ergeben.

3. November.

Ich schickte eine Stafette an die Königin, da die kleine Prinzessin wirklich die Ruhr bekommen hat und bereits sehr krank und schwach ist. Die anderen Königlichen Kinder reisten heute nach Königsberg ab. Die Prinzessin Wilhelm ist eben von einer Tochter entbunden worden. Arme Prinzessin, in welcher Lage! Gott häuft unsere Sünden auf unser Haupt und sucht uns heim mit großer Trübsal!

4. November.

Der Feldjäger kam aus Graudenz zurück; die theure, unglückliche Königin ist außer sich wegen der kleinen Prinzessin! Ich schrieb sogleich wieder an sie. Stettin hat sich ergeben und man sagt, Küstrin ebenfalls; das ist wahre Niederträchtigkeit. Man hört noch nichts von Frieden. Die Königin glaubt, daß der Kaiser Alexander kommt. Die Majestäten bleiben in Graudenz. Schulenburg, Stein und Voss sind hier. Ich sah die Prinzessin von Oranien, Prinz Heinrich, Pfuel, Hacke, Alle sind in Verzweiflung.

5. November.

Ganz früh erhielt ich ein Billet von Schulenburg, um mir mitzutheilen, daß der König befohlen habe, sämmtliche Höfe sollten von hier nach Königsberg abreisen. Ich schickte dies Billet an alle Prinzessinnen. Hufeland sagt, die kleine Prinzessin könne ohne Gefahr reisen und so werden auch wir morgen fort. Der Prinz Wilhelm kam heute an, die Prinzessin ist wohl, wenn man sie nur transportiren könnte. Die Brüder des Königs und die Minister sind heute Nacht nach Graudenz abgereist; es soll ein Staatsrath gehalten werden wegen der Friedensunterhandlungen. Die Königin schreibt an Prinzessin Solms: Fürst Hatzfeld habe an Hohenlohe geschrieben, man gehe damit um, ihn abzuschneiden.

Napoleon hat diesen Brief auffangen und wegnehmen lassen und wollte Hatzfeld in Folge desselben erschießen lassen. Nur auf das Bitten und Flehen seiner Frau hat er ihm endlich das Leben geschenkt, aber ihn wie einen Verbrecher bis auf seine Güter in Schlesien transportiren lassen.

6. November.

Wir fuhren mit der kleinen Prinzessin Alexandrine früh neun Uhr von hier fort und blieben die Nacht in Marienburg, wo ich recht krank ankam.

7. November.

Um acht Uhr weiter bis Elbing, wo wir um ein Uhr ankamen und die Nacht blieben.

8. November.

Um acht Uhr weiter; zu Mittag in Braunsberg, zur Nacht in H.

9. November.

Mittags zwölf Uhr in Königsberg, wo wir im Schloß abstiegen. Man weiß und hört hier von gar nichts, alles hofft auf Rußland, aber nichts ist sicher; die umlaufenden Nachrichten sind nur leere Gerüchte. Unsere Koffer sind endlich da und endlich auch meine Kammerfrauen, die Gott weiß wo waren.

Napoleon ist in Sanssouci.

10. November.

Ein Feldjäger kam aus Graudenz. Alle sind Gottlob gesund und der König ist noch immer ganz ruhig. Es ist wunderbar. Ich erhielt auch einen Brief von Buch, der sehr traurig schreibt. Sein Bruder ist verwundet, Pourtalès und Pannwitz sind todt, das Regiment Gendarmen rückte ohne Waffen als Gefangene in Berlin ein. Graf Schmettau ist seinen Wunden erlegen, ach, welches Unglück, welcher Jammer! Napoleon soll in Charlottenburg einen Brief gefunden haben, den die Königin dort gelassen oder der, wie man sagt, hinter ein Sophakissen geglitten und unbemerkt dort verborgen geblieben war und dieser Brief hat ihn ganz wüthend gemacht!

11. November.

Die Königlichen Kinder sind etwas wohler. Man sagt, die Russen nähern sich. Fürst Souboff ist hier durchgereist, um nach Petersburg zurück zu gehen.

12. November.

Ich hatte einen Brief der Viereck aus Graudenz, alles ist dort unverändert. Ich schrieb an den Kaiser Alexander.

13. November.

Mittags esse ich mit den Königlichen Kindern und Abends sind sie immer bei mir. Napoleon sucht in Polen eine Revolution zu erwecken, er ist ein Ungeheuer! Gott wolle ihn vernichten.

14. November.

Hardenberg und Major Bronikowsky kamen von Graudenz an; sie sollen alles sammeln und zusammenraffen, was noch von Truppen im Lande ist, um den Rest unserer Armee zu den Russen stoßen zu lassen. Gott wolle nur, daß wir hier bleiben können. In dieser Jahreszeit und bei diesem Wetter wäre es mit den armen kranken Kindern schrecklich, noch weiter zu müssen. Die Königin schrieb an die Prinzessin Solms einen furchtbar traurigen Brief.

15. November.

Man sagt, die Majestäten gehen nach Osterode. 62 000 Russen haben sich mit dem Rest unserer Truppen, der noch hier in der Provinz steht, vereinigt. Der kleine Prinz Carl ist kränker und macht mir große Sorge; er hat ein ernstes Nervenfieber.

16. November.

Ich hatte einen Brief der Königin, sie schreibt sehr gebeugt. Die Posener haben sich der Insurrektion angeschlossen, aber die Bromberger nicht. Die Majestäten haben Graudenz nicht verlassen. Man spricht von Frieden, was soll aus uns werden? Barmherziger Gott, hilf, ach hilf uns! Hufeland ist bei der Prinzessin Wilhelm in Danzig geblieben; ich schickte eine Stafette an ihn, um zu sagen, daß er für den kleinen Prinzen Carl herkommen müsse.

17. November.

Man sagt, die Majestäten hätten Graudenz verlassen müssen wegen der französischen Horden, und wären nun doch in Osterode. Meine arme, arme Königin!

18. November.

Der Kleine ist nicht gut, ich erwarte Hufeland mit großer Ungeduld. Die Minister sollen auch in Osterode sein, immer nur Beratungen! Die Russen rücken vor, wenn sie nur schlagen wollten.

19. November.

Das Gepäck der Prinzessin Wilhelm ist angekommen, ihre neugeborene kleine Prinzessin ist todt. Man sagt, daß Duroc nach Osterode geht. Gott weiß, was aus all diesen Verhandlungen werden wird. Der Kurfürst von Hessen soll nach Schleswig gegangen sein, alle seine Truppen sind entwaffnet. Der Herzog von Braunschweig ist abgesetzt und verbannt, es heißt, er geht nach England.

20. November.

Hufeland in der Nacht angekommen; er fand den Kleinen sehr krank, gab sogleich andere Mittel, ließ ihn in Wein baden; es wurde etwas besser, aber zur Nacht wieder schlimmer. Ich schickte wieder eine Stafette an die Königin. Napoleon macht entsetzliche Bedingungen. Mein Gott, welche Schreckenszeiten.

21. November.

Der kleine Prinz hatte eine schlechte Nacht, ich ließ Hufeland dicht neben ihm schlafen; gegen Morgen war er besser, doch ist er noch immer sehr in Gefahr. Die Königin schreibt mir, daß sie bald zu kommen hofft. Sie hat eine schreckliche Reise von Graudenz nach Osterode gehabt; ach, die arme, unglückliche Frau! Bronikowsky kam und sagte mir, Magdeburg habe sich am 11. ergeben. Gerechter Gott, welche Nachricht! Ich kann es nicht glauben! Radziwills sind angekommen und kamen zu mir. Der Kleine ist immer gegen Abend kränker, mir scheint die Gefahr noch nicht vorüber für ihn.

22. November.

Tolstoy ist hier durchgekommen. Man erwartet Duroc in Osterode.

23. November.

Graf Dönhoff kam aus Osterode; er sagt, die Königin sei sehr gebeugt. Alle Infamien, die Napoleon gegen sie drucken läßt, sind empörend und dazu kommt noch ihre Angst um das Kind. Ihr heutiger Brief an die Prinzessin Solms ist herzzerreißend. Duroc war angekommen, aber sie hatte ihn noch nicht gesehen.

24. November.

Die Königin schreibt, daß sie nach Ortelsburg gehen. Duroc ist sehr höflich gewesen. Man hofft alles von den Russen; Gott gebe, daß es keine Täuschung sei.

25. November.

Die Prinzeß Wilhelm ist angekommen, der Prinz kommt morgen. Der Prinz Solms ist auch da und ist immer derselbe, um nichts gebessert.

Der General Lestocq kommandirt unter Bennigsen: eine Masse Rekruten und versprengte Truppen werden hier zusammengebracht.

26. November.

General Knobelsdorf, Hacke und Schwerin kamen von Osterode an, sehr traurig und verzagt. Der König ruhig wie immer, die arme Königin sehr muthlos. Der Kleine ist wieder kränker, man hat ihn gebadet; Gott wolle geben, daß es ihm gut thut.

27. November.

Der General Kalkreuth, dem man das Kommando der Truppen genommen hat, ist wüthend und macht Sarkasmen und Spöttereien über Alles, was geschieht.

29. November.

Die Majestäten bleiben in Ortelsburg.

1. December.

Die arme Königin schreibt einen jammervollen Brief, voll von ihrer Angst um dies geliebte Kind. Gott wolle dem Kinde aufhelfen und den Russen beistehen! Sie haben einige Fortschritte gemacht und nicht weit von Warschau die Franzosen zurückgedrängt; auch der Erzherzog Carl von Österreich geht vorwärts. Die Vorsehung wird sich der gerechten Sache schon annehmen, wann sie es an der Zeit findet; wir müssen ausharren.

9. December.

Die Königin kam um 12 Uhr an, ich bin ganz außer mir vor Freude!

10. December.

Die arme Königin hatte furchtbare Kopfschmerzen, Rüchel und Hardenberg waren früh bei ihr und dann auch zu Tisch, ebenso der Minister Schulenburg, Solms und General Friesen, der heute abreist. Der König kam ganz unerwartet an. Die Bewegung meines Herzens, ihn so wieder zu sehen, war groß, voller Freude und voller Schmerz und mit Worten nicht auszusprechen! Er scheint wohl zu sein und sieht auch ziemlich wohl aus.

11. December.

Die Königin ist sehr leidend. Sie hatte starkes Fieber, stand aber dennoch auf und aß mit der Prinzessin Wilhelm. Der König aß mit uns Anderen und alle Vornehmsten der Behörden und des Adels waren zu Tisch besohlen. Der König hielt eine sehr gute Anrede an sie. Der Prinz von Coburg kam an und gegen Abend auch Prinz Heinrich. Alle Brüder des Königs haben Inspectionen bekommen, um sie zu beschäftigen.

12. December.

Die Königin war die Nacht recht krank und konnte nicht aufstehen. Der Kleine so leidlich. Zu Tische General Korff, Kalkreuth, der Commandant Kleist, Graf Dohna und Lindenau.

Es kam die Nachricht, daß die Franzosen mit 15 000 Mann in Thorn stehen, und man fürchtet, Bennigsen hat einen schlimmen Fehler gemacht. So ist es mit dem Vertrauen auf Menschenhülfe, Gott allein kann uns helfen und sonst keiner!

13. December.

Die Königin ist noch sehr leidend, immerfort Fieber und heftige Kopfschmerzen. Sie stand auf, aber konnte es nicht aushalten und mußte sich bald wieder legen. Die Unruhe der Kinder, die dicht neben ihr wohnen und den ganzen Tag lärmen, kann ihr nicht gut sein; aber sie will sich nicht von ihnen trennen. Zu Tisch hatten wir den Herzog von Holstein, die Solms und wie immer den Commandanten, die Adjutanten, Graf Dönhoff und Brunowsky.

14. December.

Zu Tische kamen die Prinzeß Wilhelm, Holstein, Knobelsdorf, Voss, Schroetter und Lord Gower.

Man hat schlechte Nachrichten; die Franzosen rücken immer weiter vor. Lestocq hat sich wieder zurückziehen müssen, Bennigsen hat es selbst gewollt.

15. December.

Zu Tische hatten wir den Präsidenten, Winterfeld, Groben und Rüchel, Lucchesini und Zastrow, die eben angekommen waren. Man sagt, Napoleon nehme auch die beiden Mecklenburgischen Herzogthümer in Besitz. Der König war sehr ergriffen von dieser Nachricht, die ihn sichtlich tief erschütterte.

16. December.

Man glaubt, daß die Franzosen bis hierher kommen werden, da die Russen vollkommen unthätig sind. In dem Fall soll die Königin trotz ihrer Krankheit dennoch fortgebracht werden und ich bleibe allein mit dem kleinen Prinzen hier, der nicht im Stande ist zu reisen.

17. December.

Zu Tische kamen Kalkreuth, der Commandant der Cadetten, Kotze und die Adjutanten. Abends kam die Solms; sie lachte, lärmte, sprach so laut und machte solchen Spektakel mit den beiden jüngeren Hofdamen in der Stube neben der armen Königin bis spät, daß ich recht böse darüber war.

18. December.

Die Königin ist heute noch kränker; sie war aufgeweckt worden durch das Lachen der Damen im Nebenzimmer; man gab ihr andere Mittel, sie war äußerst unruhig, weinte sehr viel; ach! es ist leider jetzt ausgesprochen – ein heftiges Nervenfieber.

19. December.

Schulenburg hat seinen Abschied; er gehört zu den Leuten, die nie wissen, was sie wollen. Die Russen thun gar nichts.

20. December.

Krusemark kam von Wehlau und soll nach Petersburg; das ist mir sehr lieb.

21. December.

Krüdener war bei mir, dann Schulenburg und Kalkreuth. Beide frondiren jetzt, was sie können; wie sind die Menschen ohne Selbstsucht so selten auf der Welt! Hardenberg ist abgereist, Zastrow hat das Portefeuille, aber es wird mit ihm auch nicht lange dauern.

22. December.

Die Königin sehr unruhig und ganz schlaflos, sie ist leider dabei sehr schwach, aber das Fieber etwas weniger heftig. Sie gefällt mir gar nicht. Gott wolle sie beschützen! – Ein russischer General kam heute an mit einem Brief des Kaisers und einem des

Marschalls Kaminskoi, der in Pultusk angekommen ist, und ich hoffe, er wird die Franzosen, die bis dorthin bereits vordringen, in die Flucht schlagen. Man sagt, daß leider überall Krankheiten herrschen; wenn Napoleon doch vor denselben erschrecken und abziehen wollte.

24. December.

Zu Tische: Lord Haddington, sein Bruder Wilson und noch ein anderer Engländer. Der Erstere hat sich in Egypten berühmt gemacht. Ich theilte am Abend Geschenke an die Kinder aus als Christbescherung.

25. December.

In der Schloßkirche, aber ach, keine gute Predigt. Die Königin hatte Gottlob weniger heftiges Fieber.

Der Lord geht zur Armee. Andere, die hingehen sollten, bleiben hier!

Der König wollte keine Christbescherung, weder für die Königlichen Kinder noch für sonst Jemand.

26. December.

Die Königin wurde heute gebadet, es that ihr etwas gut, aber man kann sich nicht mehr täuschen, es ist ein Nervenfieber.

27. December.

Der arme Lestocq hat sich zurückziehen müssen, die Franzosen haben ihn angegriffen und er hat viel Leute verloren. Unsere Feinde haben ein Glück, das jeden Muth niederschlägt.

28. December.

Schlechte Nachrichten, die Buch noch immer verschlimmert erzählt. Lestocq muß wirklich zurück, die Franzosen harsseliren ihn.

In dieser schweren Krankheitszeit habe ich den Muth und die Gelassenheit meiner theueren Königin und ihre völlige Ergebung in den Willen Gottes wieder recht erkannt. Ihr Leben ist ihr selbst nur von Werth um ihres Mannes und ihrer Kinder willen, und die vollständige Hingabe ihres Willens in den Rathschluß des Allerhöchsten giebt ihr diese große Geduld und diesen inneren Frieden!

29. December.

Die russischen Avantgarden sind von den Franzosen zurückgeworfen worden. Das ist recht schlimm, aber doch nicht, um schon allen Muth und alle Hoffnung zu verlieren, wie hier bei Hof die Leute es thun; ich ärgere mich, wenn ich diese übermäßige Furcht und Verzagtheit sehe.

Mittags und Abends waren wir unter uns; die guten Kinder machen einen furchtbaren Lärm.

30. December.

Große Freude; Bennigsen hat gegen die Franzosen am 26. bei Pultusk eine mörderische, aber siegreiche Schlacht geliefert.

Herr von Wrangel kam als Courier. Wir waren alle tief gerührt und der geliebte König sagte es auch auf eine so hübsche Weise, daß es uns doppelt ergriff! Dann sagte er es der theueren Königin und sie war so glücklich! Es heißt, es seien 6000 Todte auf dem Schlachtfelde geblieben, aber man hat die Feinde nicht verfolgen können. Wir hatten die Prinzen, Zastrow und Solms zu Tische und bekamen einen brennenden Pudding zu Ehren des Geburtstags des Prinzen Heinrich.

31. December.

Der Major Klür ging als Courier nach Petersburg, ich schrieb an den Kaiser. Die Königin ist Gottlob wohler. Die Russen haben von Neuem Vortheile errungen; aber da sie keine Lebensmittel haben, müssen sie sich dennoch zurückziehen. Endlich schlägt heut die letzte Stunde dieses traurigen Jahres. Wolle der Himmel, daß das nächste uns günstiger sei, und wolle er uns aus der Hand unserer Feinde erretten, vor allem von der Tücke jenes Unmenschen, der alles Unglück über uns gebracht hat.

1. Januar **1807**.

So hat Gottes Gnade mich denn noch dies Jahr erleben lassen. Ach! Seit dem Monat October haben uns nur Unheil und Schrecknisse aller Art verfolgt! Gott wolle sich unser erbarmen und die Feinde vernichten, die unser armes Land verheeren. Ich war in der Schloßkirche, wo der Feldgeistliche des Regiments Rüchel eine sehr gute Predigt hielt. Der König und die ganze Königliche Familie waren auch da. Der kleine Prinz Wilhelm hatte heut die Uniform und den großen Orden bekommen, das war eine *große* Freude für uns Alle! Zu Tisch hatten wir die Wilhelms, Solms, Radziwills und alle Generäle; Schroetter, Korff und Schlieffen und auch Kalnein ihm zu Ehren.

Man fürchtet für Lestocq: er hat nur wenig Truppen und die Feinde sollen ihn angegriffen haben. Der König ist sehr besorgt, die arme Königin ist es auch, was sie sehr angreift und ihr schadet.

2. Januar.

Die Königin etwas besser. Sehr unerfreuliche Nachrichten; General Lestocq hat viel Leute verloren und sich zurückziehen müssen.

Die Königlichen Kinder reisen morgen nach Memel und wir gehen nach, sobald es irgend geht. Die Engländer, die hier sind, gehen auch hin.

3. Januar.

Ich hatte viel Nöthe und Sorgen wegen unserer Abreise. Der Packwagen wurde fortgeschickt. Keine neueren Nachrichten von Lestocq. Man sagt, die Russen seien von den Franzosen umstellt und eingeschlossen; Alles jammert; ich kann mich nicht fürchten.

Die Königlichen Kinder sind abgereist, meine armen Ohren ruhen sich ein bißchen aus von dem Spektakel, und nur die beiden Kleinsten bleiben bei uns.

4. Januar.

Furchtbarstes Wetter. Unser Packwagen ist gestern über Tilsit nach Memel abgegangen. Die Engländer und die Wilhelms sind auch fort. Ich frug den König, ob ich auch fort müsse, er sagte ja, aber erst morgen. Man will auch die Königin durchaus fortbringen, wenn es nur irgend sein kann, denn leider rücken die Franzosen immer weiter vor, und sie ist bald hier nicht mehr sicher!

5. Januar.

Ich reiste mit meinen Kammerfrauen bei einem entsetzlichen Wetter ab. Bei der ersten Station mußte ich liegen bleiben, Sturm und Regen waren so toll, daß die Pferde nicht weiter konnten. Die Königin reiste um 12 Uhr Mittags ab mit der Viereck und ihrer Kammerfrau, der Schadow, und kam glücklich bis Kreuz.

Man sagte uns, die Franzosen seien schon bei Heilsberg.

6. Januar.

Um 4 Uhr früh stand ich auf, konnte aber erst gegen 6 Uhr fort und fuhr bis Rossitten, wo ich bleiben wollte. Die Herrschaften übernachteten auch dort; der König hatte ebenfalls Königsberg verlassen. Ich konnte im ganzen Ort kein Stübchen mehr finden und fuhr also weiter bis Nidden, und hier bekam ich endlich ein eiskaltes Stübchen. General Knobelsdorf und Minister Schroetter fuhren die Nacht durch, weil sie kein Obdach fanden; die Engländer waren auch hier geblieben, Lord Gower kam zu mir. Aber den nächsten Morgen konnten weder er noch ich Pferde bekommen und wir warteten an diesem unglücklichen

7. Januar

mit Schmerzen bis 9 Uhr, da uns endlich welche gebracht wurden. Es war ein toller Sturm mit dichtem Schneegestöber und der Weg dicht am Meere, ohne jeden Schutz gegen den Orkan, war überdies ganz abscheulich. Um 3 Uhr kam ich nach Schwart, wo ich nach vieler Mühe und langem Umherfahren endlich ein bescheidenes Unterkommen beim Schulmeister fand. Die Herrschaften kamen bald darauf auch an; der König schickte mir ein bißchen Bouillon, die Königin war trotz der großen Kälte Gottlob ziemlich wohl.

8. Januar.

Ich hatte auf der Erde geschlafen, da kein Bett zu haben war, aber ich schlief doch ganz gut. Der König fuhr früh weiter, ich konnte erst um 8 Uhr Pferde bekommen. Um 11 Uhr kamen wir am Haff an, stiegen in ein Boot und waren um 1 Uhr in Memel. Die Königin kam ganz zu Wagen und deshalb etwas später. Da kein Sessel da war, um sie aus dem Wagen die Treppen hinauf zu tragen, so trug sie ein Bedienter auf dem Arm, was mir wehthat mit anzusehen. Sie war leidlich wohl durch Gottes Gnade, und wir legten sie auf ein Sopha. Sie wohnt in denselben Stuben, in denen sie vor 5 Jahren wohnte. Ach! welch' ein Unterschied zu damals, als der Kaiser hier war und wir so heitere Tage mit ihm verlebten. Die Königlichen Kinder aßen mit uns und machten einen ganz furchtbaren Lärm; niemand sagt ihnen etwas. Napoleon hat den Prinzen August und den General Tauenzien nach Paris bringen lassen. Die beiden Generäle Bennigsen und Buxhövden haben Kaminskoi abgesetzt, da es entdeckt worden ist, daß er die ganze Zeit ein falsches Spiel gespielt hat. Die Franzosen sind noch nicht in Königsberg. Die Minister Stein und Voss sind beide entlassen, Geusau ebenfalls; Gott weiß, was hieraus werden soll. Ich wohne in einem andern Hause und muß viel hin- und hergehen durch den Schnee. Graf Moltke kam von Thorn an, aber brachte keine Nachrichten.

10. Januar.

Ich schrieb früh Morgens eine Masse Briefe, auch an die Prinzeß Solms, ging dann zur Königin und blieb bis zur Nacht bei ihr. Sie ist sehr elend, aber die Reise hat ihr wunderbarer Weise nichts geschadet.

Die Kleine der Prinzeß von Oranien ist in Freienwalde gestorben; darauf ist diese nach Berlin gegangen und der Prinz ist durch einen französischen Offizier von Freienwalde nach Stargard transportirt worden, wo er festgehalten wird.

12. Januar.

Zu Tische Knobelsdorf und Oberst Kleist. Dann kam Mr. Simpson zu mir und der Adjutant des Prinzen von Curland. Die Franzosen haben ein kleines Scharmützel mit dem Lieutenant Romberg und einem Detachement Garden gehabt, in dem diese das Feld behaupteten. Es will nicht viel sagen, aber ist doch eine Ermuthigung und eine Freude. Die Engländer kommen täglich zu mir; es ist eine ganze Anzahl derselben hier.

13. Januar.

Die Königin wohler. Der Oberstallmeister kam zu Tische; die Engländer brachten mir Käse, den ich dem König schickte. Endlich einen Brief von meiner Tochter; sie ist ruhig beim Fürst-Bischof in Johannisberg, aber hat keinen meiner Briefe bekommen. Immer bei der Königin den ganzen Tag.

14. Januar.

Zu Tische Lord Gower und Wilson, die auch einen Moment zur Königin hineingehen durften. Der Geheimrath Stägemann, der von Berlin ankam, sagt, Napoleon sei in Warschau, zeige sich aber gar nicht, und die Polen kämen von den Hoffnungen, die sie auf ihn gesetzt hatten, sehr zurück. Der Major Mathieux hat den Franzosen einen kleinen Vortheil abgewonnen.

15. Januar.

Die Königin immer besser. Krüdener ist angekommen, kam zu Tische mit Prittwitz und Rittberg. Der König erhielt die

Nachricht, daß General Burhövden abberufen sei, was ihm sehr leid war. Bennigsen hat jetzt allein den Oberbefehl. Lestocq hat ein kleines Gefecht gehabt und sich gut mit ihnen herumgeschlagen. Die Engländer zum Thee bei uns.

16. Januar.

Ich habe sehr viel zu thun, für alles zu sorgen und dabei ist es stürmisch und sehr kalt. Die Engländer kommen täglich zu mir, um persönlich zu fragen, wie es der Königin geht. Gottlob, sie erholt sich sichtlich.

17. Januar.

Die Königin zum ersten Mal etwas an der Luft; mit ihr spazieren gefahren. Es that ihr gut, die Treppen wird sie aber natürlich noch hinauf getragen. Der König war Schlitten gefahren und umgeworfen worden.

18. Januar.

Der König ging in die Kirche. Ich fuhr mit der Königin und Prinzeß Charlottchen spazieren, trotz des schlechten Wetters. Zu Tische General Köhler und Major Pirch. Oberst Wilson war bei der Königin, ihr das Buch zu überreichen, das er über Egypten geschrieben hat, wo er mit Lord Gower zusammen war. Bennigsen schreibt heute an den König: da die ganze Armee beisammen sei, könne er nunmehr vorrücken und hoffe bald den Feind anzugreifen. Gott wolle es.

19. Januar.

Mit der Königin ausgefahren. Der König war aufgeregt und erzürnt über den General Goltz, der ein Kommando bekommen sollte, aber solche Ansprüche macht, daß man sich über ihn ärgern muß.

20. Januar.

Oberst Wilson brachte mir eine Copir-Maschine für die Königin, die sehr hübsch und nützlich ist. Er ist sehr preußisch gesinnt. Wir bekamen die Nachricht, daß der General Colbert eine Unterredung mit dem König bei Königsberg verlange und daß man eine Amnestie anbiete. Die Sache ist gewiß nicht wahr, die Nachricht kommt nicht auf direktem Wege und der König ist mit Recht sehr erzürnt über dies Gerücht.

Ein Feldjäger, der aus Schlesien kommt, brachte mir zu meiner großen Freude einen Brief meiner Tochter. Schlesien ist gebrandschatzt und Breslau belagert worden und hat sich nach vier Wochen des Widerstandes ergeben. Der gute General Thile hatte dort den Oberbefehl.

Ich fuhr mit der Königin spazieren, sie gewinnt doch etwas an Kräften. Die Prinzeß Wilhelm kam heute an mit ihren Damen, der Prinz kam nicht mit, er ist bei seinem Kommando geblieben.

21. Januar.

Die Königin ist sehr in Sorge um die Schadow, ihre Kammerfrau, die schon seit einiger Zeit krank ist und wohl auch das Nervenfieber hat. Ein dänisches Schiff sollte heute auslaufen; die Königin fuhr mit der Prinzeß Wilhelm und mir hin, um es zu sehen; wir mußten aussteigen und einige Schritte bis zum Leuchtthurm zu Fuß gehen. Es war eine furchtbare Kälte; das Schiff stieß vom Lande, aber blieb bald darauf auf einer Sandbank sitzen. Als wir nach Hause kamen, wollte der König, die Königin solle versuchen die Treppen selbst hinauf zu steigen; ich blieb aber fest gegen ihn, denn ich kann das nicht zugeben, sie ist noch viel zu schwach dazu und muß hinauf getragen werden. Die französischen Kriegsgefangenen kamen an, darunter zwei Officiere. Man glaubt, daß am 19. ein Gefecht stattgefunden hat, man hat den ganzen Tag über die Kanonen hier gehört. Am Abend kamen schlechte Nachrichten, er hat die gehoffte Amnestie nicht gegeben. Die arme Schadow ist sehr krank; die Königin ist sehr besorgt um sie.

22. Januar.

Die Schadow ist hoffnungslos, die arme Königin in Folge dessen sehr angegriffen und hat gar nicht geschlafen. Heute Abend starb die gute treue Schadow! – Das ist ein rechter Verlust.

23. Januar.

Beide Majestäten kamen zum Frühstück zu mir, die Königin sehr traurig über den Tod der armen guten Schadow. Die drei Engländer Lord Gower, Wilson und der Gesandte Mr. Jackson kamen, um mich zu einer Schlittenfahrt abzuholen, in einem großen geschlossenen Schlitten, der mir gar nicht gefiel. Die Kälte ist so groß und der Schnee so tief, wie man nie etwas Ähnliches erlebt hat. Ach, wenn die Russen sich doch endlich schlagen wollten und dem Feinde zu Leibe gehen; aber man hört noch immer nichts von irgendeiner Aktion.

24. Januar.

Zu Schlitten gefahren. General Burhövden war angekommen und aß bei uns. Er geht in sein Gouvernement nach Riga und von da nach Petersburg zurück. Kammerherr von Türck und General Zastrow waren ebenfalls zu Tisch, die Königin sah die Herren einen Moment nach dem Essen in ihrem Zimmer. Der Thee wird jetzt immer in den Zimmern des Königs genommen. Ich bin gar nicht erbaut von dem Ton der beiden jüngsten Hofdamen jetzt, wo sie so ihren eigenen Weg gehen können und die Königin sie nicht sieht.

25. Januar.

Man konnte nicht in die Kirche, die Kälte war zu groß. Gräfin Moltke fuhr mit Wilson Schlitten, die zwei jüngsten Hofdamen wollten nicht mit und zierten sich; der König ist zu gut und die jetzige Ungeniertheit bekommt ihnen nicht. Ich fuhr mit der Königin spazieren. Zu Tisch kamen die Prinzeß Wilhelm, Graf Lottum und Saurma. Ich sagte der Gräfin Tauenzien meine Meinung; aber diese Art Unterredungen sind kein Vergnügen für mich. Den Rest des Tages war ich bei der Königin.

26. Januar.

Die Königin leidend. Der Bruder von Lord Gower und Oberst Wilson, die beide morgen zur russischen Armee abgehen, kommen heute noch zu Tische. Wir hatten bessere Nachrichten, die Franzosen gehen zurück, man hofft auf ein entscheidendes Zusammentreffen. Der liebe Gott wolle die Russen segnen und ihnen beistehen.

28. Januar.

Thauwetter und schöner milder Sonnenschein. Mit der Königin ausgefahren und den Einmarsch eines neu formirten pommerschen Bataillons mit angesehen. Es heißt, die Russen sind in Vortheil, sie haben 300 französische Gefangene gemacht, darunter 20 Officiere.

Zum Thee immer allein mit der Prinzeß Wilhelm und der Königin in deren Zimmer.

29. Januar.

Zu Tisch drei Kurländer, die heute angekommen sind und Jackson, der morgen nach London geht.

Die Russen sind angegriffen worden und haben den Feind zurückgeworfen; aber sie haben viel Leute verloren. Ein russischer General ist geblieben, ein französischer General zu den Russen desertirt; man wird sich seiner sofort entledigen, da man fürchtet, er könne ein Spion sein. Es heißt, Napoleon sei krank, ich glaube es nicht. Graf Lehndorff hat einen französischen General gefangen genommen und unsere schwarzen Husaren haben mehrere Kanonen erbeutet; dagegen hat Brieg in Schlesien kapitulirt und die Bayern und Württemberger sollen furchtbar plündern, brandschatzen und Alles verwüsten, wo sie hinkommen. Es scheint, als wolle die Vorsehung uns ganz verlassen; aber der gerechte Gott wird diesem Unwesen doch noch ein Ziel setzen!

30. Januar.

Ich fuhr mit der Königin spazieren. Es geht ihr leidlich und wie liebenswürdig ist sie! Sie ist ein Engel, aber ach! sie ist unaussprechlich traurig und unglücklich; Gott allein weiß, was sie leidet! Abends war ich, wie immer, mit der Prinzeß Wilhelm bei der Königin. Der König und alle Übrigen trinken unten im Salon Thee.

31. Januar.

Wir hatten Nachrichten von Lestocq, daß die Franzosen zurückgehen. Der Hauptmann von Alvensleben hat einen französischen General, seine zwei Adjutanten und 30 Soldaten gefangen genommen. Man sagt jetzt wieder, Napoleon sei krank; wenn er stürbe, das wäre ein Glück für die Welt!

Abends hatte ich einen Thee bei mir, die Majestäten kamen, die Königlichen Kinder, die Hofdamen, die Engländer von der Gesandtschaft, die Russen, die Offenbergs, Schladen, Jagow, Zastrow und Buch; es dauerte bis 9 Uhr.

1. Februar.

Furchtbares Wetter. Das Mittagsessen ist jetzt etwas Schreckliches wegen des unglaublichen Lärms, den die guten Kinder dabei machen. Der König erlaubt Alles; er ist zu gut und bringt mich mit seiner zu großen Nachsicht in Verzweiflung. Abends waren wir zum Thee bei einem Kaufmann Argelander, in dessen Haus die Prinzen wohnen. Die Prinzeß Wilhelm, Offenbergs und viele Leute waren da, und die Langeweile herrschte in einem bis jetzt noch unerreichten Grade.

2. Februar.

Lestocq macht kleine Fortschritte, aber was kann uns Armen das helfen; wir bedürfen einer großen Schlacht, um die Franzosen zu vernichten, die sich jetzt mehr und mehr konzentriren. Gott wolle uns von ihnen befreien. Herr von Klür kam mit Briefen vom Kaiser Alexander zurück. Er ist entzückt von ihm, aber leider sind nicht alle Russen so für uns gesinnt wie der Kaiser es ist.

3. Februar.

Ich schrieb an die Meinigen nach Groß-Giewitz; auch sie schreiben mir gewiß; aber leider habe ich längst keine Nachricht mehr von ihnen, die Briefe kommen nicht an. Heute war großer Thee bei der Königin für die Engländer und Russen, der bis 8 Uhr dauerte.

4. Februar.

Bennigsen hat einen französischen Offizier gefangen, der Briefe Napoleons an Bernadotte trug, in denen es heißt, er werde die Weichsel mit zwei Armeen überschreiten und am 3. eine Schlacht liefern. Aber vielleicht ist der ganze Brief nur eine List! Gott wolle unser Beistand sein gegen diesen Bösewicht! Das Schweriner Land ist gebrandschatzt, der Herzog in Altona, mein Enkelsohn, hat viel verloren.

5. Februar.

Heute war der Geburtstag der Gräfin Tauenzien, man gab ihr ein kleines Déjeuner und sie wurde sehr verzogen. Zu Tisch Radziwills, einige Officiere und Krusemark. Klür ist Flügeladjutant geworden. Keine Nachrichten von Lestocq.

6. Februar.

Die Königin fuhr ein bißchen Schlitten, der Oberstallmeister fuhr sie und Prinzeß Wilhelm. In einem kleinen Gefecht sind die Russen geschlagen worden. Napoleon hat sich zwischen ihre beiden Armeen gedrängt und steht bereits 7 Meilen von Königsberg. Ist die Führung der Russen nicht unglaublich? Fürst

Radziwill hat die Königin gezeichnet, aber ich finde es nicht ähnlich.

7. Februar.

Der König wünschte, daß ich den Offenbergs ein Déjeuner geben sollte; ich lud sie ein und ebenfalls beide Majestäten, die Engländer u.s.w..

Ein Schiff aus Kopenhagen brachte Lord Gower, Depeschen und einen Brief seiner Königin an unsere Königin.

Den 3. hat ein Gefecht mit den Russen stattgefunden; erst hieß es, sie hätten gesiegt, jetzt aber, sie hätten zurückgehen müssen und wären nach Wehlau um eine bessere Stellung zu nehmen. Unsere hiesigen Russen von der Gesandtschaft sagen, es müsse durchaus eine Schlacht geliefert werden, die Franzosen zehrten alle unsere Magazine auf, kurz, es gehe so nicht länger. Und dazu noch alle die Dummheiten, die so viele der Unsrigen begehen. Was in all den Festungen vorgegangen ist, die sich ergeben haben, das Alles ist gradezu unglaublich.

Die Königin fuhr ein bißchen Schlitten und nahm die schöne Sächsin Lindenau mit, die auch nach Tisch zu mir kam, sowie der junge Hardenberg, der eintreten will, der Bruder der Gräfin Hardenberg, die an Hof war.

8. Februar.

Sonntag. Wir gingen Alle zur Kirche, trotz der Kälte; beide Majestäten, die Königlichen Kinder und der ganze Hof, um dem Ewigen Dank zu sagen für die Genesung der Königin. Nach der Kirche mit der Königin spazieren gefahren; nach Tische fuhr ich in einem kleinen litthauischen Schlitten, was Alle sehr amüsirte. Zum Thee bei Prinzeß Wilhelm.

Die Russen stehen dicht bei Königsberg, man hofft täglich auf eine Schlacht.

9. Februar.

Mit der Königin an den Hafen gefahren, um ein Schiff absegeln zu sehen, das einem Kaufmann Rupert gehört und über Kopenhagen nach England geht. Wir stiegen beim Leuchtthurm aus, und es war sehr kalt. Zwar waren wir in einem geheizten Zimmer, aber es dauerte doch sehr lange. Der König fuhr mit mir allein zurück, die Königin mit Prinzeß Wilhelm. Er ist doch *sehr* unruhig und in Sorgen und fürchtet die nächsten Nachrichten.

Lestocq schreibt: seine Truppen seien von den Märschen furchtbar erschöpft! – Gott der Herr allein kann uns beistehen. Der G. war in einer Laune wie ein Bulldog; ich ging ihm aus dem Wege und setzte mich nicht neben ihn bei Tische.

Die Königin aß zum ersten Mal mit uns, aber blieb nicht zum Souper auf.

10. Februar.

Am 7. und 8. ist denn wirklich eine sehr blutige Schlacht gewesen, in der Nähe von Eylau, aber die Russen haben sich wieder zurückziehen müssen; es heißt allerdings geordnet und ohne Niederlage. Ein Offizier brachte die Nachricht und sagte, die Franken hätten 12 000 Mann verloren und die Russen nur 8000. Die alliirte Armee hat Wunder der Tapferkeit gethan und 12 Adler genommen. Abends kam ein zweiter Offizier, der diese Adler nach Petersburg bringt, und einer derselben wurde der Königin gebracht. Das ist sehr schön und ehrenvoll, aber es ist doch kein Sieg! – Auch dieser zweite Offizier sagte, die Franzosen zögen sich zurück, und ihre Garde sei fast ganz aufgerieben worden. Der böse Feind habe sie verblendet, sich mitten zwischen die Russen hineinzudrängen. Ich erhielt einen Brief von Wilson, und dieser nennt die Schlacht einen vollständigen Sieg. Ich war außer mir vor Freude und wir Alle, nur der König blieb trübe und ungläubig. Die Königin war zum ersten Mal zu Fuß ausgegangen, aber nur bis zur Prinzeß Wilhelm.

Radziwills kamen aus Königsberg an in großer Sorge, Königsberg werde in allernächster Zeit schon in die Hände des Feindes gerathen.

11. Februar.

Die Königin kam zu mir und fand bei mir Lord Gower, Graf Henckel und Tauenzien, mit denen sie sich eine Weile unterhielt; dann fuhr sie mit der Lindenau Schlitten und wir hatten Leute zu Tische. Ein Bericht von Lestocq kam an den König, der die Schlacht als gewonnen schildert, aber immerhin ziehen sich doch die Russen zurück. – Der Adjutant des Generals B., ein Baron Benckendorf, der nach Petersburg geschickt wird, kam hier durch und sagte ebenfalls, sie hätten sehr viel Leute verloren. Er war befangen und verschlossen, und was er sagte, gefiel mir nicht. Der König und die Prinzen, Zastrow und Benckendorf tranken Thee bei der Königin; die Übrigen alle unten im Salon, aber zum Souper kam die Königin nicht mehr.

12. Februar.

Die Königin kam früh zu Fuß zu mir; ich stellte ihr Madame Hellmuth vor. Dann kamen Lord Gower und Baron Schönberg. Der gute Major Voss ist bei dem Gefecht von Narew geblieben; das thut mir sehr leid. Es heißt, General Bennigsen stehe bereits vor den Thoren von Königsberg, die Franzosen rücken aber auch vor; man erwartet jetzt eine Schlacht. Warum dieser General sich immerfort zurück zieht und nun gar auf Königsberg, begreife ich nicht; die arme Stadt ist ja geliefert, wenn er geschlagen wird.

13. Februar.

Ich hatte einen Brief vom Major Bombelles aus Königsberg, der einige Gefangene gemacht und dabei von seinen Leuten nicht einen Mann verloren hat. Er sagt, daß die Russen dicht vor der Stadt stehen und man stündlich dem Angriff der Franzosen entgegen sieht.

Ich fuhr mit der Königin zu dem kranken Herzog von Coburg; er weiß jetzt den Tod seines Vaters, sein Befinden scheint besser zu werden. Die Königin brachte mich nach Hause und ging noch ein bißchen mit Prinzeß Wilhelm spazieren. Die beiden jüngsten Hofdamen kamen zum ersten Mal, seit wir hier sind, heute zu mir.

Ich hatte ihnen mein Erstaunen wohl nicht verhehlt, daß sie noch nicht bei mir waren; aber ich hatte leider heute noch mehr Grund, mich zu ärgern über ihren Ton, und nach Tische frug mich die Tauenzien, ob ich böse auf sie sei, und ich sagte ihr ganz ernstlich meine Meinung.

14. Februar.

Die Königin kam früh zu mir; ich stellte ihr den Geistlichen vor, der am Sonntag gepredigt hatte; dann ging ich mit ihr und Prinzeß Wilhelm spazieren. Zu Tisch kam der General Korff von den Russen, der wegen seiner Wunde hierher geschickt worden ist und mir sehr gefällt. Er scheint durchaus nicht einverstanden mit Bennigsen, der sich in die Stadt Königsberg zurückgezogen hat. Die erste Hälfte des Abends bin ich immer oben bei der Königin, bis sie schlafen geht, die zweite unten im Salon mit dem König und den Hofdamen, wo fleißig Charpie gezupft wird.

15. Februar.

Furchtbares Wetter. Um 11 Uhr kam die Königin mit den zwei ältesten Prinzen zu mir, später auch der König. Zu Tisch kamen Krüdener und die Engländer. Le Brun steht in der Vorstadt von Königsberg. Ein französischer General ist hier angemeldet, den Napoleon herschickt; man weiß noch nicht warum; Schroetter meint mit Friedensanträgen. Welcher Gedanke, wie kann man jetzt an Frieden denken!

Abends kamen die Radziwills, General Korff und Prinz Schönburg von der Garde du Corps.

16. Februar.

Ein Brief von Wilson; er ist zufrieden mit den Russen, aber wir sind es hier durchaus nicht.

Ein ganz abscheulicher französischer General, mit Namen Bertrand, war heute angekommen; Klür brachte ihn her und er war einen Moment beim König vor dem Diner. Abends wollte er durchaus der Königin vorgestellt sein, die eben so empört über ihn war, als ich. Er hat ein widerwärtiges Gesicht und wagte, ihr zu sagen: »Napoleon hoffe, sie werde allen ihren Einfluß anwenden, den Friedensabschluß zu beschleunigen, und hoffe auch, daß sie kein ungerechtes Vorurtheil mehr gegen ihn nähre.« Die Königin antwortete ihm mit großer Milde und Würde: »Die Frauen hätten nicht über Krieg und Frieden mitzusprechen.« Wir waren entsetzt über sein Wesen und sein ganzes Auftreten. Später kam ein Graf Narischkin an, der Trophäen nach Petersburg bringt, welche die Kosaken täglich erbeuten. Wenn Bennigsen sie nur erbeutete, das wäre besser; aber der ist noch immer ruhig in Königsberg. Ich höre, die Prinzeß Solms ist nach Holstein abgereist. Die Königin kam zu mir und ich stellte ihr die Schrader vor und ging dann spazieren mit ihr. Abends kam der Franzose zum Souper, bei dem auch die Königin erschien.

17. Februar.

Zu Mittag Köhler und Kalkreuth. Die Kosaken erringen täglich kleine Erfolge und machen Beute. Der König hat den Oberst Kleist zu Napoleon geschickt; das hätte ich nicht gethan.

19. Februar.

Der König hatte nach Rüchel geschickt und hatte eine Berathung mit diesem, Zastrow und Hardenberg wegen der Vorschläge dieses Bertrand. Gott gebe, daß man Napoleon nicht entgegen kommt und nur jetzt im Unglück nicht nachgiebt. – Rüchel sagte mir, Bennigsen sei ganz gut, aber er habe ganz furchtbare Verluste bei Eylau gehabt und könne jetzt nichts mehr thun; die Franzosen seien übrigens auch arg mitgenommen.

20. Februar.

Nochmals Berathungen. Die Königin sagte mir, sie habe den König auf das Innigste gebeten, fest zu bleiben und nur jetzt nicht Frieden zu schließen. Sie war sehr zufrieden mit Hardenberg, aber die beiden Andern sind sehr schwankend.

21. Februar.

Die Franzosen ziehen sich zurück, unsere guten braven Truppen und die Kosaken thun fortwährend wahre Wunder von Kühnheit und Tapferkeit! Die Franzosen haben über 1000 Blessirte allein in Eylau zurückgelassen.

Gottlob, daß unser König allen Vorschlägen Napoleons, die nur das völlige Verderben des Landes herbeiführen würden, mit einer Standfestigkeit widersteht, die um so schöner und bewunderungswürdiger ist, da Alles zum Unglück ausschlägt und unser bitteres Mißgeschick kein Ende zu nehmen scheint.

22. Februar.

Die Königin kam mit den zwei kleinen Prinzessinnen zu mir und sah bei mir Lord Gower, Hardenberg und Schladen. Dann gingen wir mit den beiden Prinzessinnen spazieren. Abends war Thee bei mir; die Majestäten kamen, sechs russische Officiere, Krüdener, die Engländer, Mirbachs, meine Wirthin mit ihrem Mann, alle Prinzen, Hufeland, Schönburg, Hardenberg, Zastrow, Schladen u.s.w.

23. Februar.

Geburtstag der lieben kleinen Prinzeß Alexandrine, die vier Jahre alt geworden ist. Ich schenkte ihr ein Halsband von Bernstein.

Bennigsen verläßt Königsberg, um den Franzosen zu folgen, die immer weiter zurückgehen.

24. Februar.

Die Königin kam heute, wie sie es jetzt an jedem Morgen thut, zu mir, blieb ein Stündchen und dann ging ich mit ihr spazieren. Die Russen haben Königsberg wirklich verlassen und verfolgen den Feind; könnten sie ihn nur erreichen und in die Weichsel werfen.

Der arme Prinz Wilhelm hat nun auch das Nervenfieber.

Zum Thee kamen der Major Goltz, Lindenau und die Knoblauchs.

25. Februar.

Benckendorf brachte die Nachricht aus Petersburg mit, daß eine Menge Truppen, auch die Garden, bereits im Anmarsch seien; die Pferde des Kaisers seien schon abgegangen. Gott gebe, daß er bald kommt.

26. Februar.

Immer Schneegestöber. Die Herrschaften fuhren zum Strand, um ein großes englisches Schiff zu sehen, das in den Hafen einlief. Abends kamen die Radziwills, der Herzog von Coburg und Prinzeß Wilhelm. Wassiltschikow kam von Petersburg an, sprach lange allein mit dem König und reiste sogleich wieder ab.

27. Februar.

Lord Gower kam heute Morgen und brachte mir 12 Paar sehr schöner englischer seidener Strümpfe. Ich schenkte vier Paar davon der Königin und zwei Paar der Prinzeß Wilhelm. Der Adjutant des Kaisers, Uwaroff, reiste hier durch zur Armee und kam zu mir; ich hatte eine große Freude, ihn wieder zu sehen.

28. Februar.

Der Prinz Wilhelm ist besser, es hat keine Gefahr mit ihm.

1. März.

Die Königin und wir Alle gingen trotz der harten Kälte zur Kirche. Es war das Dankfest für den Sieg bei Preußisch-Eylau.

Die Predigt war leidlich, die Gebete sehr schön; der Geistliche soll nach Potsdam versetzt werden. Abends kamen 400 Gefangene an, von Russen escortirt, und die man über Nacht in der reformirten Kirche unterbrachte und andern Morgens weiter führte.

Mit der Königin und den kleinen Prinzessinnen spazieren gegangen. Der Prinz Wilhelm ist viel besser.

3. März.

Der Prinz Bagration kam aus Petersburg an, kam sogleich zu mir und war zu Tisch bei der Königin. Der König war unwohl und zu Bett. Dieser Bagration ist nicht schön, aber sieht männlich und martialisch und recht wie ein Feldherr aus. Er erhielt den schwarzen Adler und reiste Abends weiter zur Armee. Die Franzosen stehen in der Nähe von Elbing und unsere Truppen sind nicht mehr weit von ihnen.

4. März.

Die Franzosen haben unsere Avantgarden zurückgeworfen; es war keine bedeutende Affaire, aber dennoch ist es sehr traurig. Die Königin bringt jetzt immer den Nachmittag bei dem Prinzen Wilhelm zu. Kalkreuth reiste nach Danzig ab, weil der General Manstein sich den Fuß gebrochen hat.

5. März.

Es kamen drei französische Deserteure hier an, die wir sahen. Die Nachrichten von der Armee sind schlecht; die russische Avantgarde hat einen Echec erlitten, der Feind hat Verstärkungen erhalten, man fürchtet jetzt sehr, daß es zu einer Schlacht kommt. Der Oberst Kleist hat Napoleon in Osterode gesehen, wo auf seinen eigenen Befehl die Stadt vollständig geplündert wurde. Welch ein Ungeheuer ist dieser Mensch!

6. März.

Ich schreibe Briefe an meine Tochter und meine Freunde und weiß doch, daß ich keine Antwort bekommen kann; sie werden nicht durchgelassen, die Feinde hindern jede Verbindung und man erfährt nichts mehr von den geliebtesten Menschen! – Chazot kam aus Danzig, auch zwei Russinnen kamen zu Tische, beide sehr liebenswürdig und die eine, die Uwaroff, auch bildhübsch. Briefe von der Armee sagen, die Unsrigen und die Russen hätten kleine Vorteile errungen, aber nichts von wirklicher Bedeutung. Der arme König ist wieder sehr schwankend und unentschlossen, vor allem ängstlich und ganz entmuthigt.

7. März.

Wassiltschikow kam von der Armee, um nach Petersburg zurückzugehen; er kam auf eine Stunde zu mir und scheint unser Freund zu sein. Er hasst Napoleon, versichert, Rußland werde alles für uns thun, was es nur könne, aber auf die Österreicher dürften wir nicht zählen, sie würden nie etwas für uns thun.

Unsere Truppen haben eine kleine Affaire in Pommern siegreich durchgeführt, aber an anderen Orten haben wir einzelne Truppen-Detachements verloren. Gott wolle unser Schutz sein, sonst sind wir doch verloren!

Der alte Kalkreuth ist auf dem Wege nach Danzig, aber die Franzosen liegen rings um die Stadt herum und man weiß nicht, wie er es möglich machen soll, hinein zu gelangen.

8. März.

Die Herzogin von Württemberg, Schwester des Herzogs von Coburg, kam heute an, um ihn zu sehen. Wir hatten sie, die Russinnen, und alle Anderen zum Thee; es wurde Commers gespielt.

9. März.

Der Minister Voss ist angekommen, der mir versichert, die Sachen ständen nicht so schlimm, als wir dächten. Wenn Gott es wollte und unser guter Engel, dieser treue Kaiser, uns beistände, so könnte uns ja vielleicht noch geholfen werden! –

Ich hatte einen Brief meiner Tochter vom 16. Februar; ganz Schlesien ist verloren, die Commandanten übergeben die Festungen, es ist entsetzlich.

10. März.

Geburtstag meiner geliebten Engels-Königin! Sie ist nun 31 Jahre alt geworden, war heute recht matt, aber doch wohler als gestern. Großes Déjeuner mit allen Prinzen und allen Offizieren. Zu Tische wurde an zwei großen Tafeln gespeist, die Württembergerin, Coburg, die Russinnen, die Minister und Generäle, alles war da. Nach Tisch wurden fünf Damen des Bataillons vorgestellt. Ich hatte zum Geschenk für die Königin aus Petersburg durch die

Gräfin Grote mir den berühmten Mecca-Balsam kommen lassen und ein Paar sehr hübsche Ohrringe von lapis lazuli. Abends war großer Thee; man spielte Commers. Die Stadt war illuminirt.

11. März.

Mein alter Geburtstag, den Gottes Wille mich noch einmal erleben läßt, es ist der 78. Gott wolle mir die Kraft geben, alle Trübsal willig und geduldig zu ertragen und vor allem mir die Gnade geben, mich allezeit daran zu erinnern, wie nahe mir mein Ende ist und täglich näher kommt, und daß, so lange ich noch hienieden in dieser Welt bin, ich trachte, allen Menschen recht nützlich und hülfreich zu sein! Die Majestäten gaben ein Déjeuner bei mir, zu dem alle Welt eingeladen war. Ich erhielt eine Menge Geschenke und Aufmerksamkeiten aller Art. Es waren viele Menschen zum Diner und zum Thee mir zu Ehren, und man überschüttete mich mit Gnade und Güte.

12. März.

Geburtstag der Gräfin Moltke; ich schenkte ihr eine schwarze Spitzen-Garnitur. Die Herzogin von Württemberg ist eine liebenswürdige Frau und ihre Dame, Frau von Buffy, ist es ebenfalls sehr.

13. März.

Fürst Trubetzkoi kam aus Petersburg an und versicherte mir, der gute, geliebte Kaiser werde binnen Kurzem kommen und dann werde bei der Armee alles besser gehen. Einen sehr liebenswürdigen Brief erhielt ich von Bagration. Die Lestocq meldet die Niederkunft der Prinzeß Solms, sie hat einen Sohn.

14. März.

Ich ging mit den Majestäten zum Leuchtthurm; es waren eine Menge englischer Schiffe eingetroffen, aber der Sturm war so heftig und die See ging so hoch, daß zwei derselben nicht in den Hafen einlaufen konnten.

Zu Tisch Trubetzkoi, Krusemark und Lottum. Der Erstere ging dann weiter zur Armee. Die Franzosen belagern Danzig.

15. März.

Abends großer Thee bei der Königin, wo auch alle königlichen Kinder waren; man machte Musik und die guten Kinder tanzten ein Weilchen. Dann spielte man des jeux d'esprit. Lord Gower ist zur Armee gegangen, um Uwaroff zu sprechen.

16. März.

Die Sachsen, Württemberger und Franzosen concentriren sich alle um Danzig; man fürchtet sehr für die Stadt.

17. März.

Uwaroff kam aus Petersburg, um zur Armee zu gehen, sagte, der Großfürst sei im Anmarsch mit den Garden und allen Truppen, die der gute treue Kaiser nur irgend habe mobil machen können. Welche Armee! Abends wieder die Württemberg, Coburg, Radziwills und Prinzeß Wilhelm; immer diese ewigen jeux d'esprit, die ich durchaus nicht liebe und bei denen wirklich wenig esprit herrscht.

18. März.

Trotz des Schneegestöbers fuhren beide Majestäten an den Hafen und bestiegen ein englisches Schiff, um es zu besehen. Zu Tische Uwaroff, Krusemark und General Korff, der furchtbarer Laune war. Keine Nachrichten, als daß die Feinde immer weiter vorrücken.

19. März.

Der arme König war unwohl und sah sehr übel aus.

Abends Thee bei den Radziwills zu Ehren des ältesten Prinzen, dessen Geburtstag heute ist.

20. März.

Herr von Hugo kam zu mir, ich mag ihn nicht leiden. Der König immer unwohl und schrecklich traurig und verstimmt; konnte nicht zu Tisch kommen.

Der Prinz von Oranien kam von Danzig an; man fürchtet, die Franzosen wollen es blockiren. Er sah furchtbar übel aus und wurde vom König nicht sehr gnädig empfangen. Ein russischer Courier kam hier durch, der nach Petersburg geht; man hat einen Adjutanten Bernadottes aufgefangen, der Briefe für Mortier hatte, mit dem Befehl, die Belagerung von Stralsund aufzugeben und nach Colberg zu gehen. 300 Sachsen sind vor Danzig desertirt.

21. März.

Wie immer, die Königin des Morgens bei mir, dann mit ihr spazieren gegangen. Sie sprach von dem guten Hardenberg, der, wie mir scheint, wohl möchte, daß man ihn gehen ließe. Es ist sicher, daß er nicht durchdringen kann und sein Rath nicht recht gehört wird. Seit zehn Tagen kommt er jeden Morgen mit Voss und Schroetter, es sind immer Beratungen, aber ich fürchte, es kommt wenig dabei heraus.

22. März.

Geburtstag des kleinen Prinzen Wilhelm; König und Königin gingen früh schon zu ihm in seine Wohnung; ich schenkte ihm einen großen Krug. Wir aßen ihm zu Ehren im großen Saal mit Radziwills, der Herzogin von Württemberg, Coburg, allen Prinzen, den Offizieren der Gardes du Corps, dem Prinzen von Oranien und allen Herrschaften.

23. März.

Die Königin sagte mir, sie werde wohl nach Tilsit oder Georgenburg gehen müssen, um die russischen Garden vorbeimarschiren zu sehen, aber sie fürchte, es sei bei diesem Wetter für mich nicht vernünftig, sie dahin zu begleiten. Ich wollte nichts davon hören, zurück zu bleiben; wenn der Kaiser mit den Garden kommt, dann will ich entschieden auch mitgehen.

24. März.

Hünerbein kam an, der nach Schweden geschickt wird, um Waffen zu holen. Die Russen sind noch immer auf derselben Stelle. General Roquette hat durch Zurücksendung der Kosaken, die ihm in der Vertheidigung der Nehrung beistehen sollten, es verschuldet, daß diese verloren gegangen ist, und das ist schlimm für Danzig.

Der Prinz von Oranien thut mir leid! –

Die Königin macht jetzt Abends viel Musik. Der König braucht eine Kur und darf nicht mit essen, geht aber täglich mit der Königin spazieren.

26. März.

Wir waren alle still bei uns, um uns auf morgen vorzubereiten. Keine Nachrichten vom Kriegsschauplatz.

27. März.

Wir verrichteten unsere Andacht, die Königin, die Hofdamen und ich; erst war die Vorbereitung, dann die heilige Communion.

Die Herzogin von Württemberg kam, um von mir Abschied zu nehmen, sie geht nach Prag zurück; der Herzog von Coburg hat den schwarzen Adler bekommen und geht wieder nach Riga. Brief von Wittgenstein, der in Homburg ist.

29. März.

Erster Osterfeiertag. Wir gingen in die Kirche bei einer ganz entsetzlichen Kälte. Es kamen einige Bataillone hier durch, die neu formirt worden sind, und wir gingen, sie einschiffen zu sehen; sie gehen zu Wasser zur Armee.

Graf Chazot sagt, der Kaiser käme in einigen Tagen, aber der König will es durchaus nicht glauben. Durch einen Feldjäger hatte ich einen Brief von meiner Tochter, sie ist noch immer mit ihrem treuen Freund, dem Fürst-Bischof von Breslau, Hohenlohe, bald in Johannisberg, bald in Freienwalde, wo sie billiger leben können, als dort in dem großen Schloß. Sollte der Kaiser kommen, so werden die Moltke und ich ihm unsere Wohnung geben.

31. März.

Die Majestäten sahen die neu formirten Truppen einschiffen, die nach Danzig geschickt werden.

Der Kaiser kommt wirklich den 2., ich ziehe aus, um ihm das Haus zu überlassen, wo ich wohne. Abends bei der Soltikoff.

1. April.

Der König reiste nach Polangen, jenseits der Grenze, dem Kaiser entgegen. Gegen 5 Uhr kam er zurück, er hatte den Kaiser schon in Polangen gefunden, und dieser kommt morgen hierher. Die Moltke und ich zogen aus.

2. April.

Wir machten eine Morgen-Toilette, gingen zu den Majestäten und erwarteten den Kaiser, der um 11 Uhr ankam. Immer derselbe unvergleichlich liebenswürdige Mensch, voller Güte und Herzlichkeit! Er umarmte mich mit warmem Gefühl und voller Rührung. Ja, er ist ein Mensch, wie kein Anderer! Die Grafen Tolstoy, Wassiltschikow und Dr. Well sind mit ihm. Er blieb eine Stunde mit uns, dann zog man sich zurück; um 2 Uhr war Diner mit allen Prinzen, den Ministern, Krüdener u.s.w. Von uns hat den Dienst beim Kaiser General Köhler, Oberst Kruse, Bollberg und Major Schöler. Nach Tisch ging der Kaiser zu Hardenberg, Abends tranken die Herrschaften den Thee unter sich. Die Stadt war illuminirt, die Majestäten fuhren umher, es anzusehen. Dann waren wieder die Prinzen und Fürstlichkeiten, Oranien und die Höfe, kurz alle beisammen zum Souper; es dauerte bis Mitternacht.

3. April.

Der Kaiser kam um 11 Uhr und frühstückte mit der Königin und dem König. Das Diner war ungefähr wie gestern. Der Kaiser ist wirklich noch ganz derselbe, wie früher: unverändert im Wesen und Ausdruck und in der Herzlichkeit, nur vielleicht ein bißchen mehr artificiell und ein bißchen mehr mit den jungen Damen beschäftigt; aber er ist doch sehr weich und angenehm. Er hatte viele Menschen zu sprechen, ging nach dem Diner um 5 Uhr deshalb zu sich und kam erst nach 8 Uhr wieder. Um 9 Uhr wurde soupirt, um 10 Uhr nahm er Abschied und reiste in der Nacht weiter. Er gab den vier Herren, die bei ihm den Dienst gehabt hatten, schöne Geschenke, und mir gab er die Hoffnung, ihn bald wieder zu sehen. Die Majestäten gehen nach A., um die russischen Garden zu sehen. Nun ich den Kaiser gesehen habe, gehe ich nicht mit.

4. April.

Der Kaiser war doch erst früh um 4 Uhr abgereist, die Majestäten reisten um 7 Uhr ab mit der Moltke und der Truchseß. Ich zog in mein früheres Haus zurück. Eine Masse Equipagen und Pferde des Kaisers kamen durch und Leute und Gefolge ohne Ende. Die Tauenzien war sehr unglücklich, nicht mit bei der Reise zu sein, und kam zum Essen und Souper zu mir, um sich zu trösten.

7. April.

Ich bekam einen Brief von Buch. Bei der Ankunft der Majestäten hat der Kaiser ihnen die Garden vorführen lassen; es war Militärmusik da und alles sehr hübsch und festlich. Ich bin doch ganz traurig, nicht dort gewesen zu sein, aber wegen der Königlichen Kinder ging es nicht. Den Abend war ich bei Prinzeß Wilhelm, die gut und liebenswürdig ist.

9. April.

Wir hatten Briefe von Jagow, daß die Truppen wunderschön beim Vorbeimarsch gewesen seien und daß die Majestäten sehr zufrieden gewesen wären. Sie haben täglich Diners von 90 Couverts, zwei Generäle haben den Dienst beim König.

Am 11. werden sie weiter gehen und die Königin bei der Durchreise sich einige Tage in Königsberg aufhalten.

13. April.

Die Königin ist am 10. von Quidullen abgereist nach Königsberg. Der Kaiser und der König sind zusammen nach Bartenstein, in die Mitte der Kantonnirungen. Napoleon soll sich zurückziehen und wieder über die Weichsel gehen, aber ich fürchte sehr für Danzig.

18. April.

Briefe der Hofdamen aus Königsberg sagen, die geliebte Königin sei wohl, sie wohnt bei der Prinzeß Solms, die Andern im Schloß; Alle sind glücklich über die Erfolge der Schweden; man athmet auf, einmal wieder etwas Glückliches zu hören! – Die tapfern Schweden marschiren jetzt auf Stettin. Zwei englische Kriegsschiffe sind vor Danzig angekommen. Rüchel hat Schiffe in Pillau armiren lassen, um sie auf der Nehrung hinzuschicken, und alles ist geglückt.

Krüdener sagte mir, Hardenberg sei erster Minister geworden, was mich sehr freut.

15. Mai.

Die kleine Prinzeß Alexandrine ist nicht wohl; Hufeland sagt, es sind die Masern. Der kleine Prinz Carl muß von ihr getrennt werden.

16. Mai.

Das arme Kind ist sehr krank. Hufeland und ich schrieben es beide der Königin.

17. Mai.

Das Kind ist heute ein bißchen ruhiger. Die Masern sind noch nicht heraus.

19. Mai.

Die kleine Kranke ist besser. Ich esse täglich mit den Königlichen Kindern und bin fast den ganzen Tag bei ihnen.

25. Mai.

Meine liebe kleine Prinzeß ist Gottlob besser. Lestocq hat den schwarzen Adler. Jede Compagnie, die bei Preußisch-Eylau war, hat einen Monat Löhnung extra erhalten und die Leute, die sich ausgezeichnet haben, Medaillen. Das ist schön vom König.

30. Mai.

Es kam die Schreckensnachricht von der Übergabe von Danzig! Kalkreuth hat capitulirt am 24., die Truppen sind mit Waffen und Gepäck abgezogen, die Einwohner sollen frei von Contributionen bleiben; aber die Versprechungen dieses Freundes sind falsch, er hält keinen Vertrag. Man glaubt, Kalkreuth hätte sich noch länger halten können!

4. Juni.

Der König ist noch in Königsberg; er will dort die Danziger Truppen abwarten, um sie noch zu sehen und ihnen zu danken. Der Kaiser ist in Tilsit. 50 unserer gefangenen Soldaten sind in einem holländischen Regiment eingeteilt worden; sie haben einen Bauern nach Colberg geschickt. um zu bitten, man möchte sie angreifen, was man auch that, und die Unverletzten konnten nun die Waffen fortwerfen und sich gefangen geben. Sie sind in ihren französischen Uniformen nach Königsberg geschickt worden und mit Jubel empfangen!

7. Juni.

Prinzeß Alexandrinchen zum ersten Mal wieder aufgestanden.

8. Juni.

Bennigsen hat den 5. die Franzosen angegriffen, Ney geschlagen und 1000 Gefangene gemacht. Gott sei ewig gepriesen! Er wolle die gerechte Sache segnen!

10. Juni.

Meine geliebte Königin kam heute Abend um 7 Uhr glücklich wieder hier an; ich fand sie ein bißchen magerer geworden, aber übrigens leidlich wohl.

Die Russen haben zwei Siege erfochten, aber leider ist das noch lange nicht hinreichend, um uns zu helfen. Die arme Königin ist voller Sorgen; sie sah Lord Gower und Pembroke noch heute Abend.

11. Juni.

Ich blieb den ganzen Morgen bei der Königin; ach, sie ist immer dieselbe Unvergleichliche, sie ist einzig gut und vortrefflich!

Abends ritt die Königin mit Lindenau, Prinz Wilhelm und Radziwill etwas spazieren.

12. Juni.

Bennigsen hat die Franzosen bei Heilsberg besiegt und unsere Truppen haben sich herrlich geschlagen. Die Königin war ganz außer sich vor Freude; der König schreibt sehr glücklich über diesen Sieg.

13. Juni.

Meine theure Königin ist so glücklich! Sie ging mit den Königlichen Kindern eine englische Fregatte besehen, der Capitän führte sie in einer Schaluppe hin, das Wetter war sehr schön, aber schwül; man empfing sie mit einem Déjeuner auf dem Schiffe.

Bennigsen zieht sich wieder auf Königsberg zurück; fürchtet er eine zweite Schlacht? Er verfolgt nie einen Sieg, verfolgt nie den geschlagenen Feind und die errungenen Vorteile – oder täuscht man uns und war dies kein Sieg, sondern eine neue Niederlage?

14. Juni.

Die Königin kam früh zu mir in großer Unruhe und Besorgnis; der König schreibt sehr unzufrieden mit Bennigsen, der jeden Vortheil dieses sogenannten Sieges durch seinen Rückzug wieder verloren hat.

Beim Thee waren eine Menge neue Engländer da; es wurde wie immer Ringelspiel gespielt.

15. Juni.

Die arme Königin ist in großer Angst; sie kam schon früh zu mir und später bekamen wir die Nachricht, daß Bennigsen sich auf Wehlau und Lestocq auf Königsberg zurückziehen. Ach, dies alles klingt sehr schlecht, nur Gott der Herr allein kann uns noch helfen! Der König kam um 3 Uhr an, die Majestäten aßen allein mit den Kindern. Ein Courier aus Königsberg kam nach Tische und sagte, daß es schlecht stehe. Der König war sehr herzlich und gnädig mit mir; er sieht wohl aus, aber er ist niedergeschlagen und traurig und glaubt jetzt Alles verloren.

16. Juni.

Heute war ein schrecklicher Tag. Wir erfuhren, daß die Franzosen auf Königsberg marschiren, und daß Lestocq gezwungen worden ist, zurück zu weichen, und nach Tische traf Major von Rauch ein und brachte die furchtbare Nachricht, daß die Feinde bereits in Königsberg eingerückt seien. Bennigsen hat die Schlacht bei Friedland am 14. verloren, Lestocq hat sich auf Labiau zurückgezogen. Die Königin war in Verzweiflung, der König ganz gebrochen, Hardenberg allein ruhig, aber auch sehr gebeugt. Die Majestäten blieben den Mittag und Abend allein mit den Königlichen Kindern; der Hofstaat blieb für sich.

17. Juni.

Wir waren in angstvoller Erwartung weiterer Nachrichten, aber es kamen keine anderen als die, daß Bennigsen sich auf Tilsit zurückzieht. Rüchel kam noch gestern ganz spät an; die Königin kam dann zu mir und sprach sich mit großer Bewegung aus, aber wie immer, ganz ohne jede Bitterkeit. Der König kam später auch und beklagte sich über Hardenberg; ich vertheidigte ihn, was den König jedoch nur noch mehr erregte. Hufeland war dabei, aber schwieg.

18. Juni.

Immer noch ohne nähere Nachrichten vom Heer. Zu Tisch kam Rüchel; er ist so vehement, daß man ihm nicht sorgfältig genug aus dem Wege gehen kann. Die Majestäten kamen am Morgen zu mir. Auch die Engländer kamen und ebenfalls Buch, der immer treu zu mir hält. Zu Tisch hatten wir eine Menge Officiere, die gefangen gewesen, und ausgewechselt worden waren: Oppen, Witzleben, Oberst York und Orgow. Die armen Russen, welche krank und verwundet in Königsberg zurückgeblieben waren, kamen auch an; wir gingen, um sie ausschiffen zu sehen. Ihr Anblick ging mir durchs Herz. Brinkmann, der Gesandte des Königs von Schweden, hatte eine Audienz. Der Prinz Wilhelm, Prinz Heinrich und General Lestocq kamen Abends auch an.

19. Juni.

Endlich Nachrichten vom Kaiser, der sehr unzufrieden mit Bennigsen ist. Er geht nach Szawadoff in Russisch-Litthauen, wo der König morgen auch hin will, um ihn zu sehen, aber ganz empört darüber ist, daß die Zusammenkunft statt in Preußen in Polen sein soll. Die Majestäten und eine Masse Menschen waren den Morgen über bei mir. Henrici kam von der Armee; auch er ist sehr unzufrieden mit Bennigsen.

Ich erhielt einen Brief von Wilson, der ebenfalls wüthend über ihn ist, aber dieser Brief ist noch vor den letzten Fehlern des Generals geschrieben.

Wir waren in der Citadelle; man sieht nur kranke und blessirte Russen, welche durchtransportirt werden und hier übernachten. Noch trennt die Memel die beiden Armeen, und wir bleiben hier, so lange es geht, bis zum letzten Moment der Möglichkeit.

Ich nahm Abschied vom König, der Abends abreiste. Hardenberg hat sich mit der Person namens Schönemann trauen lassen, mit der er seit Jahren lebte. Ich finde das ganz recht von ihm, wenigstens besser, als den bisherigen Zustand.

Er allein, Kleist und Jagow gehen mit dem König, alle Anderen bleiben hier.

20. Juni.

Die Königin war den ganzen Morgen bei mir und sprach alle Menschen, die nach und nach zu mir kamen, Radziwills, die Engländer, die Petersburger Goltzens und Senfft, der aus Konstantinopel gekommen war. Kalkreuth reiste ebenfalls zum Kaiser ab; ich bat ihn flehentlich, ihm zu sagen: nur um Gottes Willen jetzt keinen Frieden zu schließen. Man spricht von einem Waffenstillstand, aber noch erscheint es mir nicht wahrscheinlich. Zu Tisch und zum Thee kamen die Prinzen, die Engländer und Lestocq. Mein geliebter Wilson kam an, er ist ganz indignirt über Bennigsen und auch er ist vor allem gegen den Frieden. Schladen geht zur Armee.

21. Juni.

Man lebt so weiter mit gepreßtem Herzen. Keine Nachricht; nur das Gerücht einer Waffenruhe, an der ich fast nicht mehr zweifle. Ohne Ende ziehen russische Truppen hier durch, und außer ihnen noch immer die langen Transporte der Kranken und Verwundeten, die in ihre Heimath zurückgebracht werden. Ach, wenn nur jetzt nicht Frieden geschlossen wird in diesem Augenblick tiefster Niederlage! Den Vormittag über war wieder die Königin bei mir, auch Prinzeß Wilhelm, die Radziwills, die Engländer und die Officiere der Garde du Corps. Es gehört viel dazu, diese alle immer aufzurichten und zu ermuthigen. Auch die Prinzen Pletz und Hohenzollern waren heute bei mir.

22. Juni.

Der König schreibt an die Königin ganz trostlose Briefe. Der Kaiser ist wüthend auf Bennigsen, aber nimmt ihm doch das Commando nicht. Man hat eine Waffenruhe angeboten, zur Sicherheit aber verlangt Napoleon: Graudenz, Colberg und Pillau. Gott allein weiß, was daraus werden soll, Kaiser und König sind an einen andern Ort gegangen, dessen Namen ich nicht weiß. Die Königin ist unwohl, war aber doch den Vormittag bei mir. Zu Tisch kamen Rüchel, die Prinzen, Praschma, Kiesewetter, die schöne Lindenau und Herzog und Herzogin von Holstein.

23. Juni.

Gräßliches Wetter, immerfort Regen und Sturm. Trotz dessen kam die Königin wie immer zu mir, und ich ging mit ihr dann wieder zu ihr hinüber. Bennigsen hat einen Waffenstillstand auf vier Wochen abgeschlossen; der Kaiser hat ihn bestätigt, die Königin und wir Alle sind in Verzweiflung darüber! Welch ein Schmerz, – nun noch dieser letzte Schlag! – Gott, barmherziger Gott, wirst Du unserem Elend durch diesen Unmenschen kein Ziel setzen?

24. Juni.

Es kam ein Brief des Königs; er ist noch beim Kaiser und läßt alles über sich ergehen in völliger Entmuthigung.

25. Juni.

Immer noch furchtbarer Regen und Sturm. Eine Masse Menschen, Generäle und Officiere bei Tafel. Abends dies alles bei mir. Es kamen Leute ohne Ende zum Thee, man spielte Boston und Ringelspiel; auch alle Prinzen, Fremden und Officiere kamen und es war furchtbar voll.

Man fürchtet, daß eine Zusammenkunft der Monarchen mit Napoleon im Werke sei.

26. Juni.

Heute war ein sehr trauriger Tag für die arme Königin, aber auch für mich und für alle, die ihr Vaterland lieben. Es hat eine Zusammenkunft der drei Monarchen stattgefunden. Der Ort, wo sie sich trafen, ist ein kleines Haus auf der Brücke vor Tilsit. Die arme Königin weinte lange. Die Engländer waren ganz außer sich; – ach, wie unglücklich bin ich über dies Ende aller Hoffnungen!

27. Juni.

Die Königin hatte Briefe vom gestrigen Tage, an dem die Zusammenkunft stattfinden sollte. Am 25. hatte bereits eine von Napoleon mit dem Kaiser Alexander allein stattgehabt. Der König schreibt ganz außer sich! Napoleon hat von ihm verlangt, daß Hardenberg und Rüchel fortgeschickt würden, und daraus allein kann man sehen, was zu erwarten steht. Rüchel, der Kanzler, Goltz und Schuler von Senden kamen zu mir. Ein Küchenmeister und Köche wurden nach Tilsit geschickt.

23. Juni.

Heute kam ein Brief des Königs an die Königin über die Zusammenkunft am 26. Dieser elende Napoleon hat den König mit gesuchter Gleichgültigkeit und Kälte behandelt, und er schreibt jetzt aufgeregt und entrüstet. Es waren zwei kleine Häuschen auf der Brücke über die Memel errichtet, in dem einen waren die beiden Kaiser, in dem andern der König. Welche Insolenz gegen ihn! Auch aßen die beiden Kaiser dann zusammen in Tilsit, unser König mußte allein in einem Dorfe, eine Meile von der Stadt, bleiben. Welch entsetzliche Friedensbedingungen werden wir bekommen nach einem Vorspiel von so ausgesuchter Feindseligkeit und solchem Übermuth.

29. Juni.

Die Königin ist heute wohler. Der König hat bei Napoleon gegessen, wohnt aber noch immer in dem Dorfe Picktupönen. Er läßt Regimenter dorthin kommen, weil jeder der Souveräne eine Anzahl Truppen um sich haben soll. Die Königin hat jeden Mittag die Prinzen, Generäle und Fremden bei sich und ist den Abend immer bei Radziwills.

1. Juli.

Die Königin hatte zwei Briefe hintereinander vom König. Er ißt jeden Mittag mit dem Kaiser bei Napoleon, der jetzt etwas höflicher ist, aber im Übrigen ist er wenig zufrieden mit ihm. Man hat daran gedacht, ob die Königin nicht gut thäte, hin zu gehen; aber ich hoffe, das wird nicht geschehen! – Abends fuhr die Königin mit den Kindern und dem Gefolge nach der Fregatte, ich blieb allein zu Hause, was mir eine große Wohlthat war.

2. Juli.

Den ganzen Vormittag, wie immer, eine Unmasse Menschen bei mir; zuweilen macht mich das sehr schwindlich. Die Königin hatte Briefe, die nicht eben tröstlich waren. Die Vorsehung will uns ganz in den Staub legen! Nach Tisch kamen Mameluken, Baschtiren und Kosaken, die Platow schickte, um daß die Königin sie sehen sollte.

3. Juli.

Wir erhielten den Befehl des Königs, nach Tilsit zu kommen, und das bereits morgen. Alle in wahrer Verzweiflung! Die Tauenzien, ich und Buch sollen mit.

4. Juli.

Um 8 Uhr früh abgereist, das Herz voll Kummer. Auf der Hälfte des Weges nahmen wir etwas Bouillon, und trafen dort den Oberst Podewils und Major Pirch. Mit den Relais erhielt die Königin einen Brief des Königs, der ihr sagte, daß er Hardenberg entlassen müsse, weil Napoleon es peremptorisch verlange. Wie schändlich und schmachvoll ist das allein schon! Endlich kamen wir in dem Dorfe Picktupönen an; wir wohnen sehr gut bei dem Geistlichen des Orts; Oberst Kleist empfing uns, auch Hardenberg kam gleich herbei, aber er ist ganz trostlos. Der liebe Gott wird uns dennoch nicht verlassen!! – Der König war in Tilsit, und kam erst abends 11 Uhr von dort zurück; er wohnt in einem anderen Häuschen, ich sah ihn nicht mehr. Graf Goltz übernimmt vorläufig die Geschäfte Hardenbergs. Baum soll ankommen. Der Kaiser Alexander benimmt sich mehr als schwach; es ist ein Schmerz, es zu sagen.

5. Juli.

Die Königin war Gottlob ziemlich wohl. Das Häuschen des Königs liegt dem unsrigen grade gegenüber. Am Morgen kamen Bennigsen, Uwaroff und einige unserer Generäle zur Königin. Ich gestehe, daß die Begegnung mit dem Ersteren mir sehr unangenehm war. Er erhielt Einlaß bei der Königin, doch sah sie ihn nur einen Augenblick und entließ ihn sogleich wieder. Kalkreuth hatte geschrieben, daß, wenn die Königin nach Tilsit käme, Napoleon ihr dort seinen Besuch machen werde, und daß sie zum Diner bei ihm eingeladen sei, das gegen 9 Uhr Abends stattfände, und ferner: daß ich sie dahin begleiten solle. Der Kaiser Alexander kam im Laufe des Vormittags und hatte eine lange Unterredung mit der Königin, bei der auch der gute Hardenberg zugegen war. Er aß mit uns beim König, ebenso Hardenberg, Uwaroff und unsere Generäle und Herren. Während des Essens kam der Oberstallmeister Caulaincourt, von Napoleon geschickt, um die Königin zu begrüßen. Ich stand von Tische auf, ihn zu empfangen; etwas später kam auch die Königin und war sehr höflich gegen ihn. Er hatte nur Empfehlungen Napoleons und Fragen nach ihrem Befinden auszurichten. Als er fort war, gingen die Königin und ich zu den Majestäten zurück, und es wurde beschlossen heute noch nicht nach Tilsit zu fahren, was mir sehr lieb war, weil es zu viel Eifer gezeigt hätte. Der König kehrte gegen Abend mit dem Kaiser dahin zurück. Wir tranken Thee mit den Herren und dem Herzog und der Herzogin von Holstein, die noch hier sind, weil sie keine Pferde zu ihrer Weiterreise bekommen können. Herr von Buch wurde im Namen der Königin zu Napoleon geschickt; als er zurück kam, sagte er, zwar sei dieser sehr höflich gegen ihn gewesen, war aber dennoch mit seiner Aufnahme nicht zufrieden.

6. Juli.

Um 12 Uhr wurde zu Mittag gegessen. Uwaroff, Bennigsen und Manteuffel kamen dann zur Königin und sie behielt sie lange bei sich. Um 4 Uhr fuhren wir fort, mit einer Eskorte der Garde du Corps über die fliegenden Brücken, waren um 5 Uhr in Tilsit und stiegen in dem Quartier des Königs ab. Eine Viertelstunde später kam Napoleon; ich empfing ihn mit der Gräfin Tauenzien am Fuße der Treppe. Er ist auffallend häßlich, ein dickes, aufgedunsenes, braunes Gesicht, dabei ist er korpulent, klein und ganz ohne Figur, seine großen runden Augen rollen unheimlich umher, der Ausdruck seiner Züge ist Härte, er sieht aus wie die Inkarnation des Erfolges. Nur der Mund ist schön geschnitten und auch die Zähne sind schön. Er war äußerst höflich, sprach sehr lange Zeit allein mit der Königin und dann fuhr er fort. Gegen 8 Uhr begaben wir uns zu ihm, da er aus Rücksicht für die Königin sein Diner früher bestellt hatte. Während der Tafel war er sehr guter Laune und sprach sehr viel mit mir. Nach Tische hatte er eine lange Conversation mit der Königin, die auch ziemlich zufrieden mit dem Ergebnis derselben war. Gott wolle geben, daß es zu Etwas hilft. Wir kamen um Mitternacht nach Picktupönen zurück, dann kam noch der Großfürst Constantin mit seinen Adjutanten zur Königin. Es war eine schreckliche Unruhe und Durcheinander; Hardenberg reiste ab, und wir kamen erst gegen Morgen in unsere Zimmer.

7. Juli.

Ich schrieb Briefe nach Memel, dann kam der Herzog von Holstein; er ist unerträglich. Zu Tische kam der Hetman der Kosaken, Platow, mit seinem Adjutanten, der zugleich sein Dragoman ist. Er ist ein ungemein großer schwarzer Mensch mit einem grundguten Gesicht, sehr verbindlich und manierirt; er versprach schließlich, mir sein Portrait zu schicken. Auch Brinkmann, Schladen und Holstein waren zu Tische da. Um vier Uhr fuhren wir nach dem Lager der Kosaken, Kalmücken und Baschkiren, die wie Chinesen aussehen, und die Kosaken sangen uns sehr hübsch vor. Da es stürmisch war, konnten wir nur sehr langsam über die fliegende Brücke fahren; als wir beim König abgestiegen waren, erfuhren wir von diesem, daß Napoleon Alles, was er am gestrigen Tage der Königin versprochen, bereits widerrufen habe und selbst in der Härte seiner Forderungen noch weiter gegangen sei, als er es vor der Zusammenkunft mit ihr gethan hatte. Man sagte, Herr von Talleyrand sei schuld daran. Napoleon kam nicht zur Königin, obgleich er zweimal an ihrem Hause vorüber fuhr und wir jedesmal umsonst hinuntergehen mußten, in der Erwartung, er werde aussteigen. Später kam der General Barbier, der die Königin zum Diner einlud. Wir fuhren sogleich hin und Barbier begleitete die Königin. Napoleon sah verlegen und zugleich tückisch und boshaft aus; ich versuchte, mich von ihm entfernt zu halten und es gelang mir. Der Großherzog von Berg sprach meist mit mir und machte mir einen guten Eindruck. Man setzte sich bald zu Tische; ich sprach während des ganzen Essens kein Wort und die Conversation war allgemein sehr gezwungen und einsilbig. Nach Tische sprach die Königin noch einmal allein mit Napoleon; beim Fortgehen sagte sie ihm, sie werde abreisen und empfinde es tief, daß er sie getäuscht habe. Meine arme Königin, sie ist ganz in Verzweiflung! Duroc war sehr traurig; sie wiederholte ihm dasselbe, was sie Napoleon beim Abschied gesagt hatte.

Ich sagte dem Großherzog von Berg, die Tage folgten sich zwar, aber sie glichen sich nicht, und er erwiederte: »Leider ist das hier so«, und so kehrten wir zurück!

Der Kaiser Alexander kam noch einen Augenblick zur Königin und um Mitternacht waren wir wieder zu Hause.

8. Juli.

Ich hatte den Vormittag die Holsteiner, die mich quälen und langweilen; dann kamen Korff und Pahlen, zuletzt der Kaiser Alexander, der auch zum Diner blieb. Prinz Wilhelm war angekommen, auch er, Brinkmann und Schladen kamen zu Tische. Der Elende nimmt uns ganz Westphalen, Magdeburg, die Altmark, Halberstadt und Posen, kurz mit einem Wort, dem König bleibt fast nichts übrig! Barmherziger Gott, setze dem Leben dieses entsetzlichen Menschen doch endlich ein Ziel!

Nach Tische kam Duroc, um der Königin die Abschiedscomplimente und Empfehlungen Napoleons zu bringen; sie sagte auch ihm, sie habe nicht geglaubt, daß es möglich sei, so getäuscht zu werden.

Der König und Prinz Wilhelm fuhren nach Tilsit, Buch wurde im Namen der Königin ebenfalls hingeschickt, die Höflichkeiten des Kaisers zu erwiedern. Er erhielt von Napoleon eine schöne Dose mit dessen Portrait, aber wofür er sie erhielt, weiß ich wirklich nicht. Der König kam um neun Uhr zurück, Alles war kurz und eilig vor sich gegangen; man hatte früher als sonst bei Napoleon gegessen und dieser nachher nicht einmal Abschied vom König genommen. Ich habe noch vergessen zu sagen, daß ein Marschall und der General Barbier die Königin beide Tage zu Napoleon hin und zurück eskortirten. Heute Abend wurden noch alle russischen Generäle der Königin vorgestellt und um zehn Uhr fuhren alle nach Tilsit zurück.

Man sagt, Napoleon reise morgen früh ab, aber ich glaube es nicht.

9. Juli.

Der König aß allein mit den Prinzen, seinen Brüdern, und fuhr dann um drei Uhr nach Tilsit, weil Napoleon, der heute Abend nach Königsberg abreisen will, ihn noch einmal sehen wollte. Als der König zu ihm kam, machte jener ihm erst ein paar höfliche Phrasen, fiel aber bald wieder in seinen alten unartigen Ton zurück und sagte dem König mit großer Härte die allerempfindlichsten und verletzendsten Dinge. Nach drei Uhr kam Kaiser Alexander zur Königin mit Tolstoy und seinen Herren und dinirte bei ihr; auch der Großfürst Constantin kam, und um sieben Uhr fuhren Alle wieder fort. Ich nahm traurigen Herzens vom Kaiser Abschied, denn ich werde ihn wohl nicht wieder sehen.

10. Juli.

Man wußte nicht, ob wir fort sollten oder nicht, endlich um elf Uhr faßte der König den Entschluß abzureisen. Die Holsteiner kamen zur Königin, wir aßen früh und um ein Uhr reisten wir ab. Die Königin fuhr mit dem König und ich mit der Tauenzien, und um neun Uhr waren wir wieder in Memel.

11. Juli.

Ich kann jetzt gar nicht mehr schlafen; es grämt mich zu tief, Alles was über uns gekommen ist, und nun noch diese furchtbaren Verluste! Heute früh kamen Lord Gower und der Prinz von Oranien zu mir, dann Oberst Engelbrecht und noch ein paar Schweden, die recht angenehm sind. Der König von Schweden beginnt jetzt von Neuem die Feindseligkeiten und wir, wir müssen nun Frieden halten! Das hat allein der Kaiser Alexander über uns gebracht! Rüchel nimmt den Abschied, Hardenberg ist entlassen – ach, nun ist wirklich Alles verloren!

Zu Tische kamen die schwedischen Herren und zwei russische Generäle, Dresen und Abrakoff, von den Unseren Arnim und Rüchel und ein Oberst Hamilton.

Abends waren wir allein. Ich bin wie betäubt und kann mich gar nicht ermannen – unser Schicksal ist zu furchtbar.

Der Banquier Lewy aus Berlin ist hier und kam zu mir und ich gab ihm Briefe mit zurück.

12. Juli.

Mit der Königin zur Kirche. Vor Tische Gower und viele Officiere bei mir, zum Diner Prinz und Prinzeß Wilhelm, Prinz Heinrich, eine Menge Generäle, die Prinzen von Hohenzollern, Fürst Pleß, General Abrakoff, der heute abreist, der Prinz von Oranien und Goltz. Ich kann nicht aussprechen, welcher Gram und Kummer mich erfüllt; ich weiß es noch nicht zu ertragen und kann nur täglich von Neuem den König bewundern, wie gefaßt er ist. Die arme Königin dagegen ist furchtbar traurig und gebeugt. Man sagt, Napoleon verläßt morgen Königsberg. Ach, wenn Gott ihn von der Erde wegnehmen wollte, dann wäre uns geholfen.

13. Juli.

Geburtstag der Prinzeß Charlotte. Man war den ganzen Morgen bei ihr. Ich hatte viel zu schreiben; ein Feldjäger wurde nach Glatz geschickt und ich schickte meiner armen Tochter durch ihn dreißig Louisd'or. Das Diner wurde im Garten von Argelander eingenommen. Abends fuhren wir nach Tauerlauken, wo der König für die Prinzeß Charlotte und die Kinder einen Thee gab.

14. Juli.

Die Königin geht jetzt jeden Morgen und jeden Abend mit dem König allein spazieren und ist so viel als möglich immer mit ihm, um ihn zu trösten, und so bin ich jetzt viel allein! Zu Tisch kamen die Schweden, die Russen, die Engländer und die Prinzen. Das Souper ist jetzt immer im Freien. Die besten russischen Generäle wollen ihren Abschied nehmen, da sie die Art, wie man gehandelt hat, unehrenhaft finden. Napoleon hat erklärt, daß seine Armeen bis zum 1. November im Lande stehen bleiben. Ich hoffe noch immer, daß die Russen den Krieg von Neuem beginnen werden! –

15. Juli.

Der Hetman Platow kam an, einzig nur, um der Königin seine Aufwartung zu machen. Er kam zum Diner und kam auch zu mir mit seinem Dragoman. Ferner der Bruder des Fürsten Bagration, Stroganoff, Graf Potemkin, und diese Alle kamen auch zur Tafel. Der alte Platow ist recht ehrwürdig in seiner Erscheinung und ist auch sehr unglücklich über diesen gräßlichen Frieden, wie alle Anständigen unter den Russen; ihr Kaiser hat sich selbst durch denselben mit Schande bedeckt; aber der Großfürst trägt die meiste Schuld in dieser Sache.

Man sagt, Napoleon sei beinahe umgekommen zwischen Königsberg und einem Ort, nach welchem er unerkannt zu Schiff hinfahren wollte. Ein unglücklicher Matrose hat ihn gerettet – die göttliche Vorsehung will ihn noch länger am Leben erhalten.

Der Erbprinz von Schwerin kam heute hier an, er reist nach Petersburg, um sich beim Kaiser Alexander zu bedanken, daß man ihm sein Land zurückgiebt; er war mittags und abends bei uns. Napoleon ist bereits in Dresden, Knobelsdorf wird zu ihm geschickt, um zu bitten, daß man mit den Contributionen wenigstens etwas milder verfährt. General Savary reiste heute mit großem Gefolge hier durch, Napoleon schickt ihn als Gesandten nach Petersburg. Er hat ganz recht, alle möglichen Artigkeiten für Rußland zu haben, da der Kaiser ja mehr als gefällig für ihn gewesen ist und das einzig auf unsere Kosten.

17. Juli.

Lord Hattington, sein Bruder und noch ein paar andere Engländer kamen zu Tische, sie gehen nach Petersburg.

Kaminskoi ist mit einem seiner Regimenter hier durchmarschirt und kam zu mir, er ist ein sehr angenehmer Mensch. Stroganoff und all die anderen Russen sind ganz verzweifelt und außer sich über den Frieden und jetzt reisen sie Alle ab. Die Königin ging das Bataillon der Garde, das hier steht, exerzieren zu sehen, und dann gingen wir Alle am Abend unter den Bäumen spazieren.

18. Juli.

Zu Tische kamen Wilson, Gustus, General York, der Gouverneur von Memel geworden ist, Tresckow und Zawadzky, Rüchel, die Russen und die Schweden; heut Abend ist das Alles abgereist.

19. Juli.

Noch immer durchreisende Russen und Engländer zu Tische, die alle von hier aus nach Petersburg weiter gehen.

Abends wie immer in Tauerlauken im Freien soupirt und unter den Bäumen bis spät spazieren gegangen.

20. Juli.

Auch Wilson nahm Abschied. Zu Tische viele Officiere der russischen Regimenter, welche hier durchmarschiren oder übernachten und morgen weiter gehen; Abends wurde ein wenig auf dem Wasser gefahren.

21. Juli.

Wundervolles Wetter; es ist hier im Sommer fast heißer als in Berlin und die Umgegend ist recht hübsch. Die russischen Regimenter Paulowsky und Popolsky marschirten durch die Stadt und defilirten vorher bei dem Hause des Königs vorbei. Wir fuhren mit den Prinzen und den russischen Generälen nach Althof; der Garten ist wunderhübsch; der König gab dort eine große Collation für die Officiere. Das alles ist nur deshalb so schrecklich traurig, weil der Zweck dieser Waffenverbrüderung nicht erreicht worden ist, sondern nur das Gegentheil desselben, Schmach und Verachtung! Abends soupirten wir vor der Thüre.

22. Juli.

Noch immer Russen zur Tafel; das Wetter ist sehr schön; es wurde im Freien, im Garten des Zuckerbäckers gegessen.

23. Juli.

Die Majestäten waren den ganzen Morgen bei mir, ziemlich viel Menschen kamen und gingen, auch Jackson, der mir Briefe aus Berlin brachte. Im Garten dinirt. Die Königin hat die Gnade gehabt, eine Markise vor meiner Thüre machen zu lassen, so daß ich im Freien sitzen kann, und das ist mir eine Wohlthat. Sie hat mir heute auch eine sehr schöne goldene Tabatière geschenkt. Ach, die arme Königin, wie unglücklich ist *sie* vor Allen!! – Abends wurde bei Dohnas Thee getrunken.

24. Juli.

Den Morgen über sind die Majestäten immer bei mir und es kommen auch einige Menschen ab und zu. Das Diner wird wie immer im Garten eingenommen; heute waren Radziwills und noch immer russische Officiere bei Tafel, die hier durchkamen. Die Königin ritt spazieren, das Souper war vor der Thüre. Man hat gar keine Nachrichten mehr von nirgends her.

25. Juli.

Meine theure, geliebte Königin trinkt Pyrmonter, Gott wolle, daß es sie kräftigt. Die Majestäten vor Tische wie immer ein paar Stunden bei mir, und ebenso kommen auch die hier anwesenden und die durchreisenden Officiere und die Engländer an jedem Morgen zu mir. Ich verstauchte mir den Fuß und konnte nicht ausgehen. Die Franzosen verlassen endlich Königsberg.

26. Juli.

Ich kann gar nicht gehen und sitze nur vor meiner Thüre. Die Majestäten kamen vor und nach Tafel zu mir, fuhren nach Tauerlauken und kehrten zu Wasser zurück. Hitroff, Senff und Palmer kamen, um Abschied zu nehmen. Eine Proklamation des Kaisers Alexander, die in der Petersburger Zeitung veröffentlicht worden ist, macht ihm leider wenig Ehre. Er sagt darin, daß der Friede ihm den Gewinn gebracht habe, ein Stück von Preußen zu erwerben. Der König von Schweden verläßt Pommern und geht nach Stockholm zurück.

27. Juli.

Ich kann noch nicht gehen, aber Alle sind gut und freundlich und kommen viel zu mir. Dohnas reisen nach Königsberg ab. Hufeland aß bei mir. Den Abend kamen die Majestäten.

28. Juli.

Alles saß bei mir vor der Thüre, die Majestäten, Radziwills und Prinz und Prinzeß Wilhelm.

29. Juli.

Die Majestäten waren dreimal während des heutigen Tages bei mir. Abends blieb der König noch lange allein da, als die Königin fort war. Ach, wie traurig ist er, wie gebeugt! Wenn er sich einmal vertraulich ausspricht, so geht es Einem durchs Herz und ich konnte ihm nur mit heißen Thränen zuhören. Kalkreuth ist Gouverneur von Königsberg geworden; ich mag ihn nicht recht.

30. Juli.

Die Majestäten fuhren nach Tauerlauken, kamen aber vorher und nachher zu mir, sie überhäufen mich wahrhaft mit Gnade und Freundlichkeit.

31. Juli.

Große Hitze. Keine Nachrichten!

1. August.

Ich konnte wieder zur Königin fahren. Die Deputation aus Königsberg hatte Audienz. Diese armen Leute haben furchtbar gelitten! –

Die Majestäten tranken den Thee bei dem Kronprinz, das heißt, ihm zu Ehren in dem Hause, wo die Prinzen wohnen.

3. August.

Geburtstag unseres vielgeliebten Königs. Es war Déjeuner bei der Königin im Garten. Ich schenkte ihm ein Couvrepied, das ich gearbeitet hatte, einige Cokarden und Rosetten für sein Pferd, englische Glas-Krüge mit Gläsern dazu, ein hübsches chinesisches Theebrett und einen chinesischen Kuchenkorb zum Thee. Wir hatten ein Diner von 70 Personen, die alle an einer langen Tafel saßen in dem Garten des Hauses, in dem ich wohne. Alle Chargés d'Affaires und viele Russen waren eingeladen, und Abends gab die Königin in Tauerlauken einen Thee mit Musik; die Kanonen wurden gelöst und alles war sehr hübsch. Zuletzt war noch Souper beim Kronprinzen, unsere Häuser waren so schön als möglich illuminirt und der ganze Tag recht gelungen.

4. August.

Der König nimmt jetzt Seebäder. Viele Menschen reisen nach Berlin zurück. Die Goltzens gaben einen Thee für die Majestäten im Freien und dann ein Souper bei sich.

5. August.

Zu Tisch Dohna, der Präsident geworden ist, und eine Menge Officiere. Die Königin war den Morgen über bei mir, gleich nach Tische kam sie noch einmal und nach dem Souper wieder. Man schreibt mir aus Petersburg, daß der Kaiser sehr verstimmt sei und sich sehr wenig sehen ließe. Das ist in der That ganz natürlich. Man spricht von den Erfolgen der Schweden gegen die Franken, aber ach, sie kommen zu spät. – Marschall Berthier wohnt in den Zimmern der Königin in Berlin; das ist doch zu stark! –

6. August.

Nein, es ist nicht wahr, er wohnt in meinen Zimmern. Zu Tische wieder Officiere, Abends Thee bei Radziwills.

7. August.

Furchtbare Hitze. Des Morgens, wie immer, die Majestäten bei mir, auch Prinzeß Wilhelm und Prinzeß Radziwill. Dann wieder ein Militair-Diner, Abends in Tauerlauken. Ich hatte Ärger mit den jüngeren Hofdamen.

Zweiundzwanzig englische Schiffe haben den Sund passirt; man sagt, sie wollen mit den Russen anbinden. Die ganze Welt wird sich schließlich noch bekriegen.

8. August.

Ich habe noch nie eine solche Hitze erlebt. Wie immer, früh alles bei mir, dann Militär-Diner und Abends spazieren gefahren.

9. August.

Man kann gar nicht mehr in die Kirche gehen, denn beide Kirchen, die lutherische wie die reformirte, sind ganz für die Blessirten und Kranken in Beschlag genommen.

10. August.

Noch immer viele Officiere zu Tische, das Diner ist jetzt immer im Garten des Königs. Abends ritten die Majestäten spazieren. Man sagt jetzt, es wären 40 englische Schiffe unterwegs. Im Übrigen hört man nichts, als von der Insolenz der Franzosen allenthalben.

Abends soupirten die Prinzen im Garten, wo sie sich Kartoffeln in der Asche rösteten.

12. August.

Zu Ehren des Geburtstages des Prinzen Georg von Strelitz war Diner und Thee in Tauerlauken, den die Radziwills gaben. Der Erbprinz von Schwerin kam von Petersburg an, und kam gleich zu mir, um mir zu erzählen von dort.

13. August.

Es sind noch immer Russen hier wegen der Geld-Liquidationen. Abends reiste der Prinz nach Schwerin weiter. Er und Officiere kamen zu Tische, Abends Alles in Tauerlauken.

14. August.

Ich ging mit der Königin und den Prinzen auf den Jahrmarkt; die Königin kaufte für mich ein Zeug zu einem Kleide und seidene Bänder dazu. Ich gab den Hofdamen Bänder zum Geschenk. Der Tag verging wie gewöhnlich, und wie immer kam die Königin nach dem Souper noch auf eine Stunde zu mir, um in Ruhe sich auszusprechen. Ach, barmherziger Gott, wie ist sie zu beklagen! –

16. August.

Napoleon ist am 28. in Paris angekommen und mit großem Jubel empfangen worden. Die Vermählung des Prinzen Jérome hat am 15. stattgefunden. Was diese Menschen Alles möglich machen und erreichen, ist unglaublich.

17. August.

Die Berliner Zeitungen kommen immer grade zum Thee an und geben Stoff genug, sich krank zu ärgern. In Breslau hat man den Geburtstag des Königs gefeiert, in Berlin hat man es nicht gewagt; das ist doch mehr als feige.

18. August.

Den ganzen Vormittag, wie immer, die Herrschaften bei mir, heute auch den Abend. Wir sitzen vor der Thüre, der König geht auf und ab. Voss übernimmt das Ministerium wieder, das betrübt mich sehr, er ist nicht der Mann, den wir brauchen, er hat zu wenig erlebt und von der Welt gesehen. Ich sagte es dem König; er wurde böse und schalt auf Hardenberg; aber ach! wenn das so fortgeht, so gehen wir vollends ganz zu Grunde!

23. August.

Wir bekommen eben die Nachricht von dem Bombardement Kopenhagens. Die Dänen wollten neutral bleiben und die Engländer wollten das nicht leiden; jetzt glaubt man, daß die Franzosen in Holstein einrücken werden.

24. August.

Es kam eine Deputation der Bürgerschaft aus Berlin und ich sah sie bei Tafel. Es ist entsetzlich, wenn man hört, was jene Gegenden gelitten haben, und nun sollen sie noch die unerschwinglichen Kontributionen zahlen und wenn sie es nicht können, die Franken fort und fort im Lande behalten; das ist eine wahrhaft teuflische Härte und Grausamkeit. Die Königin hat sich sehr innig mit der Prinzeß Radziwill befreundet und sie sind viel zusammen. Graf Henckel und Brinkmann kamen zum Thee zu mir, letzterer sagte mir, Voss ginge wieder ab und Stein werde statt seiner Minister, das wäre ein großes Glück.

27. August.

Die Berliner Deputirten waren bei der Königin, sie behielt sie sehr lange und was sie zu ihnen sprach, war überaus schön und rührend. Später zog eine Hand voll Cavallerie vorbei; der König sagte mir, das sei der Überrest von vier Cavallerie-Regimentern; aber da die Provinzen, aus denen sie wären, ihm nicht mehr angehörten, könne er sie auch nicht zu sich kommen lassen und sie sehen, er habe kein Recht mehr dazu. Ich ging fort, um mich auszuweinen.

28. August.

Die arme Prinzeß Wilhelm hat eine fausse Couche gemacht und ist sehr krank.

3. September.

Heute kam eine Deputation der Schlesier, Graf Maltzahn, Vengersky, Bethusy, Thun, Dyherrn und Tschirsky. Sie waren bei Tische und die Majestäten waren sehr freundlich und herzlich gegen sie.

5. September.

Alle Häfen sind gesperrt; man hat fast gar keine Nachrichten mehr.

6. September.

Der arme König war ganz außer sich über das Benehmen des Generals Soult, der durchaus nicht fort will, trotz der feierlich gegebenen Versprechungen, und überdem schreibt er noch die insolentesten Briefe. Gott wolle dem armen König die Kraft geben, so viel Kummer zu ertragen.

8. September.

Der arme geliebte König war heute recht krank; man gab ihm ein Brechmittel, um den gefährlichen Einfluß dieser Gemüthsbewegungen und Aufregungen womöglich abzuwenden.

10. September.

Man schreibt mir aus Berlin, daß der General Vitry und St. Hilaire sich sehr schlecht benehmen. Der Erstere wohnt in dem Voss'schen Hause und macht darin allen möglichen Unfug. Alle Abend fährt er nach Charlottenburg ins Schloß und benimmt sich, als ob es ihm gehöre. Man fürchtet, daß Beide und die sämmtlichen Truppen den ganzen Winter noch bleiben werden. Ich war schon elend, aber diese Nachricht gab mir den letzten Stoß.

11. September.

Die Königin ist schrecklich unglücklich, daß an allen Orten, wo der Convention zufolge die Franzosen abmarschieren sollen, sie fort und fort bleiben und die Einwohner vollends an den Bettelstab bringen. Wir sahen heute vom Leuchtthurme aus ein unglückliches Schiff scheitern; ein Boot rettete 13 Mann und dann schlug es um, und wir sahen sie alle vor unseren Augen umkommen, es war entsetzlich! Abends allein mit dem Hof; der 30jährige Krieg von Schiller wird vorgelesen, wenn wir allein sind.

Die Herrschaften sind beide recht leidend, all dieser Kummer muß ihre Kräfte erschöpfen. Wie sollen sie dies Maaß von Leid ertragen. – Die arme Königin weint zu viel! –

21. September.

Die Engländer haben den 5. Kopenhagen im Ernst bombardirt, den 7. Stadt und Flotte genommen und letztere verbrannt.

22. September.

In Königsberg ist auf dem Theater ein Schauspieler in französischer Uniform erschienen; sofort haben die anwesenden Officiere gerufen, sie wollten diese Uniform nicht sehen, und man hat den Vorhang fallen lassen müssen.

Soult hat diesen Vorfall erfahren und an Napoleon nach Paris berichtet; dieser ist wüthend darüber und verlangt die Bestrafung der betreffenden Officiere. Welche Knechtschaft! – Wollte Gott uns doch endlich von diesem Tyrannen befreien! –

23. September.

Nein, es ist nicht Soult, sondern Daru, der die Geschichte in Berlin erfahren und an Napoleon geschrieben hat. Der König ist ganz außer sich darüber. Ich weiß wohl, daß ich an seiner Stelle nichts gegen die Officiere thäte, es möchte mir kosten, was es wolle.

24. September.

Der König will die Geschichte in Königsberg vorerst untersuchen lassen.

2. Oktober.

Der Minister von Stein ist angekommen; Gottlob, daß er da ist. Der König hat ihn sehr gut empfangen, Gott gebe, daß es so bleibt. Er hat eine große Aufgabe vor sich und große Hindernisse zu bekämpfen. Heute erhielt er den Adler-Orden.

3. Oktober.

Die drei jungen Prinzen hielten heute zum ersten Mal die Special-Revue ab; es war so interessant als möglich, dies mit anzusehen. Ich ging mit den Hofdamen hin, und ich weinte vor Rührung! Die Königin kam später auch mit der Radziwill hin; die arme Königin! Sie war schrecklich ergriffen und bewegt.

10. Oktober.

Die ärmste d'Orville, die Hofdame der Prinzessin Wilhelm, ist heute gestorben; das ist schrecklich traurig für die Prinzessin.

11. Oktober.

Schlechte Nachrichten aus Berlin. Die Franzosen verkaufen die ganzen Bestände der Königlichen Porzellanfabrik; der General Soult ist insolenter und unverschämter als je. General Victor hat durchaus im Palais wohnen wollen; der Castellan hat Alles, was er konnte, ausgeräumt und weggepackt in der Hoffnung, ihn abzuschrecken, wenn die Zimmer leer und öde wären. Man sagt, vielleicht würde er ins Palais Radziwill ziehen.

3. November.

Noch schlechtere Nachrichten, als wir sie schon täglich bekommen! Diese abscheulichen Franzosen wollen alle Festungen demoliren und Alles, was darin dem Staat gehört, verkaufen. Sie werden uns nichts übrig lassen. Beide Majestäten waren ganz trostlos: ach, ich war es nicht weniger!

4. November.

Ich fand die Königin heute früh so erschüttert und verzweifelt über die letzten Nachrichten, daß ich den Entschluß faßte, für sie an Napoleon zu schreiben. Ich frug Stein um Rath, der mir sagte, ich solle es versuchen. Ich zeigte ihm meinen Brief, er war zufrieden mit demselben. Die Franzosen wollen nun wirklich alle Festungen behalten und wollen aus Berlin nicht wieder fort. In diesem Falle müßte die unglückliche Königin den ganzen Winter hier oder in Königsberg bleiben, und das wäre zu hart für sie.

11. November.

Ich erhielt das Verzeichnis von allem, was die Franzosen theils offiziell aus Berlin nach Paris fortgeschafft, theils einfach geraubt haben, ebenso aus den Königlichen Schlössern wie aus Potsdam; meistens Statuen, Bilder, Porzellan, Vasen, Kostbarkeiten und Kunstwerke aller Art; es ist eine unglaubliche Liste.

25. November.

Ein Courier kam heute aus Paris und brachte die Antwort Napoleons. Er verspricht, daß die Truppen diese Provinzen verlassen sollten, die Königin könne alsdann ihre Wochen in Königsberg halten; nach Berlin brauche sie deshalb gar nicht zu gehen, das sei nicht nöthig.

Er ist ein gewissenloser Bösewicht. Ach, und diese Geißel; dieser niederträchtige Mensch darf uns für und für unterdrücken und quälen!

16. December.

Immer dieselben trostlosen und qualvollen Zustände. Man schreibt mir, daß Napoleon sich scheiden läßt, daß Josephine Kaiserin von Italien wird und er die Großfürstin Catherine heirathen will; ich glaube es nicht.

1. Januar **1808**.

Die Vorsehung hat es also gewollt, daß ich auch noch dies Jahr erleben und alles Unglück überstehen und überdauern sollte, das mich getroffen hat, auch noch dies Letzte und Schwerste, das über uns gekommen ist und unter dem kein Anderer so leidet, als meine armen unglücklichen Majestäten! Die Hälfte ihres Reiches haben sie verloren und wo bleibt eine Hoffnung, die besetzten Provinzen und vor allem die Hauptstadt von diesem Feinde je wieder geräumt zu sehen? Aus Ostpreußen wenigstens sind die unseligen Franzosen nun fort, nur noch ein kleines Corps haben sie in Marienburg stehen lassen. Sobald es irgend möglich ist, gehen wir nach Königsberg, und Gott wolle meiner armen Königin dort eine leichte Stunde schenken und ihr beistehen!

Rückblick auf mein Leben.

Memel, im Januar **1808**.

Diejenige, welche hier ein Wort der Erinnerung und des Rückblickes auf ihr vergangenes Leben aufzeichnet, ist eine alte, alte Frau, die bald ihr achtzigstes Jahr erreichen wird. Ihr Herz ist erfüllt von dem Gefühl innigsten Dankes gegen Alle, die während der Zeit ihrer Pilgerfahrt auf Erden die Empfindungen der Liebe und Zärtlichkeit in ihr erweckt haben, welche noch heute ihr Herz erfüllen und nie in ihr erlöschen werden!

Es hat Gott gefallen, sie lange am Leben zu erhalten; Ihm bringt sie in Demuth ihren Dank dar, und segnet und preist auch die schweren Wege, die Sein heiliger Wille sie geführt hat. Zuweilen waren es sehr bittere und dunkle Wege, aber sie waren der Seele heilsam und heilbringend! Das eine Glück aber ward ihr zu Theil, geliebte Kinder zu besitzen, deren Liebe alles Gute, das ihr geworden, verdoppelt, alle Leiden, die sie erfahren, für sie gelindert hat.

In der ersten Jugend schon an den Hof gekommen, dem sie noch heute angehört, der damals ein überaus stattlicher und glänzender war, ist sie dem Königlichen Hause durch ihr ganzes langes Leben hindurch stets auf das Innigste und Treueste ergeben geblieben. Sie hat die Regierung und die Großthaten eines Königs gesehen, der die gefahrvollsten Kriege siegreich bestand, obgleich die Menge und die Übermacht der Feinde, die seinen Untergang geschworen hatten, so groß war, daß es schien, als müsse sein Reich unwiederbringlich untergehen. Aber seine Größe war nicht bloß, daß er sich ihrer erwehrte und ganz allein und unverzagt gegen eine Welt voll Feinden stand, auch was er verlor, erkämpfte er zurück und ward mächtiger als er gewesen war. Unbeugsam fest war er und standhaft, und in einzelnen Augenblicken sogar erhaben und bewunderungswürdig. Und neben alle dem baute er noch Paläste und häufte einen Schatz auf. Der gute, unvergeßliche Fürst, der ihm folgte, schien geschaffen, um seine Völker glücklich zu machen, ein Charakter voller Milde und warmen herzlichen Wohlwollens; es war auch Energie in ihm, und er hätte sie wohl bewiesen, wenn nicht das Unglück gewollt hätte, daß böse niedere Einflüsse sich an ihn gedrängt und sich seiner bemächtigt, und er alle Herrschaft über seine eigenen Leidenschaften verloren hätte. Dies war auch der Grund seines frühen Todes, – vor der Zeit ward er hinweg genommen, und ach – lange nicht so beweint, wie er es wohl verdient hätte! Und doch war er so gütig, ein so treuer Freund in der Noth, und wenn man sich den schlichten Ausdruck erlauben darf: ein so ehrlicher, redlicher Mann! –

Nun kam sein Sohn, der es sehr wohl verstand König zu sein, und graden, ernsten Sinnes, wie es ihm eigen war, seiner eigenen Eingebung überlassen, groß dastehen würde in der Geschichte. Aber die ihn erzogen, die ihn umgaben und die ihm dienten, Alle waren sie schwach und lähmten, hinderten und entmuthigten ihn. Sie vermochten ihm ruhig zuzusehen, da er hätte handeln sollen, und dann im falschen Augenblick den Krieg zu beginnen, erst ganz allein und auch später nur schlecht unterstützt von einem Verbündeten, dessen Soldaten wohl tapfer, aber dessen Generäle sämmtlich unbrauchbar oder käuflich waren. Und diesem Verbündeten dankte er einen entehrenden Frieden, der eben deshalb noch mehr als unglücklich war. –

Von all dem Glanz und der vergangenen Größe, was ist uns geblieben als eine schmerzliche Erinnerung? – Werden wir uns je wieder aus diesem Elend emporreißen? – Wo ist Willenskraft, wo Energie, wo Vertrauen in die eigene Kraft? – Alles, Alles fehlt, und so kann es nie zu entschlossenem, unerschrockenem Handeln kommen. Giebt es für ein Herz, dem dies Königreich in Trümmer fallen zu sehen ein Schmerz ist, dem alle Worte sich versagen, etwas Trostloseres, als den Anblick dieser hoffnungslosen, unseligen Entmuthigung! –

Und meine Königin!! – deren große Eigenschaften von einem ganzen Volke mit wahrer Anbetung verehrt werden, – umgeben von Kindern, die es schon jetzt zeigen, wie ausgezeichnet sie zu werden versprechen, wenn es uns nur gelingt, uns wieder zu erheben! –

O mein Gott, einzige Zuflucht, zu der ich mich in meinem Kummer wende, ich flehe Dich an, errette doch dies Königliche

Haus aus dem furchtbaren Unglück, das über ihm zusammenschlägt wie ein wildes Meer, gieb dem neuen Muth, neue Hoffnung und Entschlossenheit ins Herz, auf dem Alles ruht, und laß mich alte Frau, ehe ich sterbe, noch die Erhörung meines Flehens für die erleben, denen mein ganzes Leben angehört.

14. Januar.

Heute fuhren die Majestäten nach Tauerlauken und gaben dort der Kaufmannschaft und Argelander vor allem ein Diner; auch die Prinzessinnen und Simpson waren dabei. Ich reiste gleich nach der Tafel ab und kam glücklich über das Wasser, und gegen 7 Uhr war ich in Schwarzort, wo ich übernachtete, und wo auch die Compagnie der Garde die Nacht blieb.

15. Januar.

Ich fuhr früh aus und kam glücklich spät Abends bis Rossitten, wo ich in der Post ein Unterkommen fand.

Später kamen auch die Majestäten an und wohnten beim Geistlichen. Der König kam noch auf eine Stunde zu mir.

16. Januar.

Um 6 Uhr früh weiter. Ich aß in Kreutz beim Pächter Leo zu Mittag. Man findet überall die Ruinen der von den Franzosen niedergebrannten Dörfer! Ach lieber Gott, wie ist das alles traurig. Um 1 Uhr war ich in Königsberg, die Herrschaften trafen erst um 4 Uhr ein und um 6 Uhr wurde gegessen. Abends hatten wir noch etwas kalten Braten und Punsch zur Feier unserer Rückkehr. Die Königin war Gottlob wohl und nicht zu angegriffen.

17. Januar.

Eine Deputation aus der Stadt kam, um die Majestäten zu begrüßen, und brachte ein wunderschönes Gedicht. Dann war großes Civil- und Militair-Diner. Die Königlichen Kinder kamen erst Abends an. Die ganze Stadt war schön erleuchtet und die Königin erhielt als Geschenk von ihrer Bürgerschaft eine Chaise longue von grünem Sammet.

18. Januar.

Abends brachten die Studenten dem König Glückwünsche und Gedichte; es war der Jahrestag der Krönung, und zum Schluß war eine sehr schöne Abend-Musik.

19. Januar.

Die Officiere vom Regiment Ziethen zum Diner. Die Königin sehr erkältet, aber doch bei Allem zugegen.

20. Januar.

Die Prinzessin Wilhelm kam an; die verabschiedeten Officiere waren zur Tafel befohlen, dann kam die Garde an, und auch Wittgenstein kam an zu meiner großen Freude.

22. Januar.

Die Königin hatte einige der ersten Damen bei sich zur Chocolade, die junge Dönhoff, die Dohna, die Kalkreuth und die Schorlemer. Die Officiere der Artillerie zum Diner.

23. Januar.

Um 1 Uhr die alte Dönhoff, die Lehndorff, Larisch, Dalwigk, Schroetter, Kalnein und die Goltz bei der Königin. Sie ist entsetzlich erkältet, aber schont sich nicht. Zum Diner Stein, Wittgenstein, Götz, der kleine Brandenburg, der jetzt bei den Gardes du Corps steht, und viele Officiere.

24. Januar.

Die Deputation des Adels früh bei der Königin. Zum Diner Dankelmann, Winterfeld, Schroetter, Korff und Köhler. Der König spricht sehr viel zu all diesen Deputationen und er spricht jetzt ergreifend und vortrefflich.

25. Januar.

Ich habe eine ganz große kalte Stube, die immer raucht, und habe so viel Visiten zu empfangen, daß ich oft recht müde und elend bin. Die Königin geht noch immer aus, aber ist nicht wohl. Zu Tische Domhart, den Marschall und viele Officiere.

26. Januar.

Wieder eine Menge Damen bei der Königin zur Chocolade. Die Majestäten kamen ein wenig zu mir. K. gab mir einen Brief von Brockhausen, der ihm schreibt, er habe meinen Brief nicht an Napoleon gegeben, denn ich stünde bei diesem nicht in gutem Geruch. Ich war sehr empört über Brockhausen, das ist zu stark. Die Herrschaften gingen Abends zum Prinzen Heinrich.

27. Januar.

Ich hatte eine solche Unmasse Menschen bei mir den ganzen Morgen, daß ich es kaum aushalten konnte. Zu Tische

G. v. Stutterheim, York, Graf Gröben und Dohna-Lauk, welcher Letztere ein sehr liebenswürdiger Mann ist. Stein war auch da; ich theilte ihm das Benehmen Brockhausens wegen des Briefes mit, was er gradezu insolent nannte. Ich theilte es auch dem König und der Königin mit, und beide waren sehr unzufrieden mit seiner Handlungsweise. Abends war ein Picknick-Ball in der Stadt, dem der König beiwohnte.

30. Januar.

Noch immer furchtbar viel Besuche, wieder Damen bei der Königin; Abends ein Ball der Studenten, zu dem der König hinging.

31. Januar.

Sonntag. Die Majestäten gingen zur Kirche, wo einige Candidaten eingeführt und geweiht wurden. Sie gingen dann noch zu Fuß spazieren; zu Tische viele Officiere, Graf Dohna, Schlieffen, Auerswald, Prinz Heinrich und Prinz Wilhelm.

1. Februar.

Die Königin ist, Gottlob, wieder wohler, doch kann es nicht mehr lange dauern. Zu Tische Goltz, Stein, Dohna und viele Officiere. Nach Tisch waren die Majestäten ein wenig bei mir. Abends blieb ich allein in meinem Zimmer; um 10 Uhr wurde ich rasch zur Königin gerufen und um 11 Uhr genas sie einer kleinen Prinzessin. Sie hat Gottlob nicht sehr gelitten und der gute König war ganz außer sich vor Freude!

Ich blieb bis nach Mitternacht und konnte dann beruhigt in mein Zimmer gehen, Gott sei gelobt, daß sie wohl ist.

2. Februar.

Ich konnte nicht schlafen; früh schrieb ich 18 Briefe und war am Tage viel bei der Königin; sie und das Kind sind Gottlob wohl.

4. Februar.

Die Frau von Berg kam diese Nacht an und ward heute früh zur Königin gerufen, die sich sehr freute, sie zu sehen. Der König war nicht wohl.

Zu Tisch Krusemark, Holstein, Stackelberg, Wittgenstein, Kalkreuth und Schladen.

5. Februar.

Der König ist ernstlich leidend. Die Berg war früh und nach Tisch bei der Königin und soupirte bei mir.

6. Februar.

Der König wieder besser. Der theuren Königin geht es Gottlob herrlich. Die Berg ist sehr viel bei ihr und ich bin überlästigt von der erdrückenden Masse der Besuche, die ich den ganzen Morgen und nach Tische wieder bis zum Abend empfangen muß; aber so viel ich kann, bin ich doch bei der Königin.

10. Februar.

Die geliebte Königin wohl. Die Prinzen und die Königlichen Kinder dürfen schon zu ihr; die Berg und ich sind viel bei ihr. Das Kind ist gesund und hübsch, die Amme gut, Gott sei gepriesen, der uns beigestanden! Wollte Er uns nur auch von diesem Bösewicht erretten, der uns verfolgt und uns vernichten möchte! Ich ging heute ein bißchen mit der Berg spazieren; Abends ist jetzt Alles bei mir.

23. Februar.

Geburtstag der lieben kleinen Prinzeß Alexandrine; wir legten die Trauer ab, welche wir 14 Tage für die Äbtissin von Herford getragen hatten. Zu Tische Dohna, Schroetter und viele Officiere. Ich schenkte dem Prinzeßchen verschiedenes Spielzeug von Porzellan. Sie aß mit bei Tafel und auch die Königin aß heute zum ersten Mal wieder mit dem Hof. Ich ging ein wenig mit der Berg spazieren. Abends war Thee bei den kleinen Prinzessinnen und Musik bis nach 9 Uhr.

26. Februar.

Die Königin ißt jetzt immer allein mit dem König, nur zuweilen einige der Königlichen Kinder mit ihnen. Sie ist wohl und, ach, so gut und so rührend traurig, aber nie gereizt! – Ach, wäre unser theurer König nur nicht so muthlos und schwankend; ich fürchte, er wird nie mehr an die Möglichkeit einer Wendung der Dinge glauben.

27. Februar.

Der König will nicht, daß Schleppen bei der Taufe der kleinen Prinzeß getragen werden, und sie kann nicht in der Kirche sein, wegen der strengen Kälte. Die Königin kam in mein Zimmer und brachte mir einen hübschen kleinen Schmuck – mit tausend Thränen! – Auch mich erstickte beinah Schmerz und Rührung zugleich; ich ging zum König, ihm zu danken, und weinte bitterlich. Ach, muß Einem nicht das Herz brechen, bei so viel Unglück – sie thun mir Beide zu leid. Und wie engelsgut sie sind! –

28. Februar.

Großes Diner, die Generäle, Minister und Deputationen der Stände und der Bürgerschaft, welche auch mit Pathen standen, ebenso wie Dohna-Schlobitten und Korff für den Adel. Der Geheimrath Buchholtz, Frei, Greim, Krause, Alle aßen mit an dem ersten Tische. Nach der Tafel wurde mir im Zimmer der Königin das Kind übergeben und ich brachte es der Prinzeß Wilhelm, die es hielt, auch Prinz Heinrich und Radziwill waren Pathen; die kleine Prinzeß heißt: Louise Auguste Wilhelmine Amelie.

Wir waren in runden Kleidern und Tunikas – zu meinem Bedauern. Am ersten Tisch waren von den Hofchargen nur ich und die Hofdame vom Dienst. Die Prinzeß Wilhelm bekam eine Anwandlung von Ohnmacht, die jedoch rasch vorüber ging. Die Berg aß allein mit der Königin. Am Abend reiste Stein mit Stägemann nach Berlin ab.

22. März.

Geburtstag des lieben jungen Prinzen Wilhelm. Ihm zu Ehren Abends Soirée bei den jungen Prinzen. Die Königin geht täglich mit dem König spazieren, und ich mit der Berg. Wittgenstein reiste heute leider nach Berlin zurück; er war seither so viel bei mir, ich werde ihn recht vermissen. Alle Nachrichten sind traurig und werden immer trauriger; es hängt ja Alles von der Willkür Napoleons ab – das ist zu hart. – Was ihn erbittert, ist, daß die Großfürstin Catherine ihn nicht heirathen will. Das ist eine Prinzeß, die man achten muß und die fest zu sein versteht; ach, verstände ihr Bruder es nur auch so gut. – Wenn die Vorsehung nur dem verbrecherischen Leben dieses Corsen ein Ziel setzen wollte, so wäre Alles gut, und wir würden alles Verlorene uns wieder erringen. Er ist zu schlecht, um ein anderes Motiv zu kennen, als das der Habgier und der Grausamkeit, und hat nur den einen Durst, alles niederzuwerfen und zu unterjochen. –

Frau von Berg, Wittgenstein und ich waren den Nachmittag über allein bei der Königin, und ich blieb dann den Abend noch bis spät bei ihr.

1. April.

Von heute an hört der Tisch der Officiere bei uns auf; ich ging heute noch zu ihnen hinein, um Abschied zu nehmen, es that mir weh. Leider werden von Tag zu Tag mehr Einschränkungen im Königlichen Haushalte notwendig; auch ich verzichte auf einen Theil meines Gehaltes; ach, es ist ja nicht anders möglich! – Ich schickte dem König als poisson d'Avril ein Kistchen mit Liqueur-Flaschen. Die jüngeren Hofdamen und die beiden kleinen Prinzessinnen verkleideten sich; dann kam Prinz August an. Der arme König ist sehr hypochonder und düster, und das ist wohl natürlich.

3. April.

Alle die armen Officiere, die hier durchkommen, sind jetzt auf halben Sold gesetzt und es giebt viele, die auch nicht das Allergeringste von Sold mehr nehmen. Man weiß, daß manche dieser treuen armen Officiere Holz hauen, um ihr Brod zu verdienen, Andere bei den Bauern in der Wirthschaft und auf dem Felde arbeiten, nur um Leben zu können; ist das nicht ein grausames hartes Geschick? –

1. Juni.

Heute fuhr der Prinz August, um die Schlachtfelder von Preußisch-Eylau und Friedland zu sehen, – ach, diese Schlacht von Eylau wäre unsere Rettung gewesen, wenn der abscheuliche falsche Bennigsen es nicht anders gewollt hätte.

7. Juni.

Die Herrschaften bezogen heute ein kleines Gartenhaus vor der Stadt.

25. Juli.

Zu Tische hatten wir einen Major v. G., welcher früher bei dem Regiment des Königs stand und nun auf halben Sold ist, wie die Meisten; ach! und er sah aus, wie der verkörperte Hunger – es ging mir durchs Herz! –

29. Juli.

Marschall Victor hat Iffland sagen lassen, daß man das Stück, welches für den Geburtstag des Königs bestimmt war, zu geben erlaube, und daß auch illuminirt werden dürfe; – »Napoleon wisse den König zu achten« – eine schöne Phrase! –

13. September.

Der Kaiser Alexander kommt endlich. Ein Courier langte heute aus Paris hier an, der die Nachricht brachte, Napoleon sei entschlossen, unsere Festungen nicht herauszugeben, trotz Verträgen und Zusagen. Nein, es ist zu viel, – kann man das Alles fort und fort ertragen?

14. September.

General Lestocq und Diericke, der General-Lieutenant geworden ist, sind zur Dienstleistung beim Kaiser befohlen, ferner Oberst Massenbach, Stutterheim, Scharnhorst und Gneisenau, und beim Großfürsten der General York und Borstell. Lestocq geht ihm bis zur Grenze entgegen, in Memel geben die Stände ihm ein Diner; bis Rossitten, wo Graf Dohna im Namen der Stände ihn empfangen und bewirthen wird, will auch der König ihm entgegen gehen.

Alles, was hoffähig ist, wird sich hier zu seinem Empfang im Schloß versammeln; die Prinzen reiten ihm entgegen und eskortiren beide Majestäten, die Königlichen Kinder und Generäle empfangen ihn an den Stufen der Thüre.

18. September.

Der Großfürst kam gestern und reiste schon heute weiter, der Kaiser traf um 7 Uhr Abends ein. Alle Truppen, die wir hier noch haben, bilden Spalier, die Kürassiere bilden die Eskorte; der König selbst, Prinz Heinrich und Prinz August ritten ihm entgegen, auch er kam zu Pferde. Gut und liebenswürdig wie immer, ganz der Alte, aber ach, so schwach und unentschlossen und ohne jede Energie! Beim Souper waren auch die Minister und Stackelberg; der Kaiser war unendlich gnädig und freundlich für Alle.

19. September.

Früh ritt der Kaiser mit dem König hinaus, um die Umgegend zu sehen und die früheren Gefechtsterrains; dann machte er Besuche bei allen Prinzen. Wir aßen um 3 Uhr; die ersten Damen, die Minister, die Generäle, die Excellenzen und Jacobi am ersten Tisch, alle Übrigen an der Marschallstafel. Der Kaiser besuchte mich und blieb lange bei mir; ich legte ihm alle unsere Leiden ans Herz und er sagte wiederholt: »Glauben Sie mir, ich werde alles thun, was ich kann.« – Abends ritten die Majestäten hinaus nach dem Gartenhaus des Königs; ich hatte den Hof und die Herren des Kaisers bei mir zum Thee und zum Souper.

20. September.

Großes Diner an zwei Tafeln, aber heute keine Damen dabei, nur die Stackelberg. Der Kaiser war vor Tisch einen Augenblick bei den Hofdamen gewesen; um 6 Uhr reiste er weiter, die Majestäten begleiteten ihn bis Spandienen. Man hofft jetzt Alles von ihm, – Gott wolle geben, daß diese Hoffnung nicht umsonst sei.

21. September.

Der Kaiser schickte einen Courier, der für ihn aus Paris gekommen war und ihn unterwegs getroffen hatte, an den König, und dieser brachte die Nachricht, daß Prinz Wilhelm alles nachgegeben und sich allen Bedingungen Napoleons unterworfen hat! Ferner hatte Stein einen Brief an Wittgenstein in sehr starken, oder doch wenigstens unbesonnenen Ausdrücken gerichtet und ihn Koppe mitgegeben; diesem ist der Brief von den Franzosen abgenommen worden, er selbst nach Spandau auf die Festung geschickt, und Steins Brief befindet sich jetzt unter den französischen Acten, die den neuen Verhandlungen zu Grunde gelegt werden sollen, mit den schärfsten Randbemerkungen Napoleons versehen; das ist die letzte Staffel unseres Unglücks. Goltz ist dem Kaiser Alexander gefolgt. Die Königin ist trostlos, der arme König wüthend über dies neue Mißgeschick; er selbst sprach mit Stein darüber, aber es ist zu bezweifeln, ob er nach dem Vorgefallenen ihn wird behalten dürfen. Alles ist gegen uns; ach Gott!

22. September.

Ich sah Steins Brief; er hat in der That sehr unvorsichtig gehandelt, so zu schreiben, aber Wittgenstein selbst ist durch den Brief nicht kompromittirt.

28. September.

Die Königin erhielt ein Schreiben von Napoleon; es ist äußerst höflich stylisirt, das ist Alles.

3. October.

Die Zusammenkunft der beiden Kaiser hat am 27. stattgefunden vor Erfurt. Beide waren zu Fuß, alles ging mit anscheinender Herrlichkeit und großer Artigkeit vor sich; man hofft das Beste.

8. October.

Die Königin ist sehr in Sorgen. Es wäre doch möglich, daß diese Komödien in Erfurt schließlich keinen guten Einfluß auf unseren schwachen Freund hätten?

9. October.

Ich fürchte mehr und mehr, das schmeichelhafte Benehmen Napoleons und das unterhaltende Leben und Treiben werden nicht günstig auf das Gemüth des armen Kaisers Alexander einwirken und für unsere unglückliche Sache sehr nachtheilig sein.

13. October.

Wir bekommen gar keine Nachrichten mehr aus Erfurt; ich glaube gewiß, Napoleon hat es untersagt, daß man uns schreibt – wäre das nicht mehr als abscheulich?

14. October.

Nagler kam an und brachte mir die Nachricht, daß Prinzeß Heinrich am 8. in Berlin gestorben sei; es war mir ein großer Schmerz.

20. October.

Der Großfürst, der dem Kaiser vorausgereist war, kam heute an. Er spricht sehr viel, liebt die Franzosen nicht, aber schwärmt für das französische Theater; – ich *traue* ihm nicht.

Man glaubt, der Kaiser werde morgen kommen; die Herrschaften blieben mit dem Großfürsten unter sich. Um 4 Uhr kam ein Courier, um zu melden, daß der Kaiser ankomme. Alles war wie im hitzigen Fieber vor Aufregung, um sich eilends anzuziehen und die nötigen Vorbereitungen zu seinem Empfang zu treffen, und wirklich kamen einige Damen noch zur rechten Zeit an. Man hatte dem Kaiser zu Ehren die Trauer abgelegt. Er kam sehr bald und war vortrefflich, gut und liebenswürdig wie immer. Er hat wirklich das Unmögliche für uns gethan und sich sehr treu bewiesen! –

Ich hatte noch spät einen Brief des Herzogs von Vicenza, das heißt von Caulaincourt, der auch morgen ankommt.

21. October.

Der Kaiser und meine Herrschaften waren den ganzen Tag zusammen und schrecklich glücklich, sich wieder zu sehen. Es war großes Diner mit den Ministern und vielen Damen, auch

Caulaincourt; ich saß neben ihm, den Majestäten gegenüber; er ist sehr artig und gesprächig. Abends war der Kaiser lange bei mir und war sehr guter Laune.

22. October.

Wieder großes Diner. Stackelberg und Schuwaloff waren den Abend bei mir, die Herrschaften unter sich.

23. October.

Heute große Parade, Kaiser und König dabei; dann war Déjeuner en famille, später großes Militär-Diner und Abends Ball im deutschen Hause für die ganze Stadt. Alles, was man sich nur denken kann, war da. Diese Art Feste haben gar nicht meine Billigung. Ich tanzte meine pflichtschuldigen Polonaisen mit dem Kaiser, den Königlichen Kindern und den andern Prinzen; dann setzte ich mich ruhig in eine Nebenstube mit den Russen, um gemüthlich zu plaudern, Galitzin gefällt mir sehr.

Heute kam auch Prinz Wilhelm endlich wieder. Große Freude und mit Recht. Es ist eben doch der unglücklichen Sache ein Ende gemacht; wir müssen freilich schwer darunter leiden, aber dennoch ist es ein Aufathmen. Wir kamen um 1 Uhr vom Ball zurück und ich nahm noch besonders Abschied vom Kaiser, der um 3 Uhr abreiste.

10. November.

Unser geliebter Hardenberg kam heute hier durch, er wohnt nicht in der Stadt, aber hält sich ganz in der Nähe auf. Als er beim Haus der Majestäten vorbei fuhr und nach den Fenstern hinauf sah, weinte er, und der König, der ihm vom Fenster aus erblickte, weinte auch noch lange in seinem Zimmer. Die Königin schrieb an ihn einige Worte und er soll morgen empfangen werden. Abends sprach ich viel mit meinem guten, geliebten theuren König – ach, er ist so vortrefflich! Lestocq ist zum Gouverneur von Berlin ernannt und Chazot zum Kommandanten; ich meine, Beide wären eine gute Wahl.

9. December.

Die Franzosen sind den 5. aus Berlin fort; sie haben mit vieler Feierlichkeit dem Prinzen Ferdinand die Schlüssel der Stadt übergeben und Alles ist jetzt in der Stadt wieder richtig und frei!

20. December.

Früh von Königsberg abgereist und nach einer langen und ermüdenden Reise am

7. Januar **1809**

in Petersburg angekommen.

Wir hatten in Strelna übernachtet, wo wir die Equipagen des Kaisers fanden und in diesen fuhren wir um 11 Uhr Vormittags weiter, der König mit der Königin im ersten, Gräfin Moltke und ich im zweiten Wagen. Es ist schwer, die Schönheit dieser Anfahrt zu schildern, der ganze Weg und die prächtigen Landhäuser rings umher, und doch ließ sich alles wegen des tiefen Schnees, der die Gegend bedeckte, gewissermaßen nur errathen. Vor dem Thor stiegen wir einen Augenblick in dem Hause eines reichen Kaufmanns ab, um von hier aus in den Kaiserlichen Gala-Wagen, die hier warteten, weiter zu fahren. In dem ersten derselben fuhr die Königin mit uns beiden Damen. Wir fuhren ein Spalier von 45 000 Mann Infanterie entlang, lauter wunderschöne große Leute. Vor dem Schloß erst standen die Garde-Regimenter. Der Kaiser Alexander mit unserm König und dem Großfürsten ritten Schritt vor Schritt neben dem Wagen der Königin her, trotz der wahrhaft entsetzlichen Kälte. Der Isaaksplatz mit der Statue Peters des Großen süperb, und die ganze Stadt, soweit wir sie sehen konnten, überaus großartig. Die Paläste sind weit schöner und imposanter als die in Berlin, aber die Straßen sind es doch nicht; denen gebe ich bei uns den Vorzug. Überall empfing uns eine Unmasse Menschen, die ganze Bevölkerung schien in den Straßen und auf den Plätzen versammelt.

Wir wohnen im Winterpalast, wo wir von allen Höfen empfangen wurden. Die Kaiserinnen erwarteten die Majestäten in dem ersten Zimmer; die junge Kaiserin hat etwas rührend Sanftes, aber leider hat sie eine ganz verdorbene Haut- und Gesichtsfarbe. Die alte Kaiserin ist sehr gut konservirt; der Kaiser stellte der Königin die drei Großfürstinnen vor, die in Wahrheit reizend sind. Abends war Theater im Palast der Eremitage, das Diner war um 5 Uhr und die Herrschaften aßen unter sich und ich an der Marschalls-Tafel.

8. Januar.

Ich stand um 9 Uhr auf, ging um 10 Uhr zur Königin und fand sie leider nicht wohl; ich fürchte, sie ist wieder in der Hoffnung, sie hat gar keine Kräfte und ist beängstigend matt. Wir gingen zu den beiden Kaiserinnen, überall war eine Masse Menschen, und meine Füße sind ganz müde von dem langen Stehen. Großes Diner beim Kaiser. Die Zimmer der Kaiserin sind von einer unglaublichen Pracht und zugleich doch in vollendet gutem Geschmack eingerichtet; man weiß nicht, was man am meisten bewundern soll. Die ganze kaiserliche Familie ist von einer Güte ohne Gleichen. Die russischen Damen, die im Grunde doch so hochmüthig sind, haben im Wesen eine große Zuvorkommenheit und ihr Entgegenkommen für mich ist unglaublich liebenswürdig. Nach Tisch bei den Großfürstinnen; die Großfürstin Catherine ist sehr anziehend, sie heiratet den Herzog von Oldenburg, der nicht schön ist, aber ein achtungswerther Mann zu sein scheint. Die jüngere Großfürstin ist schön und anmuthig; sie ist dem Herzog von Coburg bestimmt, soll aber erst in zwei Jahren vermählt werden. Abends wurde das Trauerspiel Cinna im französischen Theater gegeben und Madame Georges spielte zum Entzücken. Das hiesige Ballet ist ausgezeichnet, Dupont tanzt wie ein Zephyr.

9. Januar.

Früh kam die Gräfin Lieven mit dem Schneider der Kaiserin-Mutter, der mir Maaß nehmen sollte für das russische Kleid, was sie mir schenken will. Um 1 Uhr ging ich zur Königin, es wurden ihr sämmtliche Officiere vorgestellt, dann alle Dekorirten vom Feldzug her, und viele Damen durch die Fürstin Wolkonsky, während der Kaiser ihr selbst alle Herren vorstellte. Es war eine ganz immense Präsentation und dauerte über zwei Stunden. Um 2 Uhr großes Diner bei der Königin. Sie hatte schon ihr russisches Kleid von blauem Sammet an. Abends Hof-Conzert, was ziemlich hübsch war, und nachher wieder Souper bei der Königin.

10. Januar.

Ich war bei der Fürstin Lieven; es sind so viel Leute zu besuchen und so viel Pflichten zu erfüllen, daß man sich tummeln muß wie ein armes Postpferd. Die Lieven ist eine Frau von sehr guten Grundsätzen; die Erziehung der Großfürstinnen macht ihr alle Ehre, aber sie paßt dennoch nicht für die Welt. Heute war Familien-Diner bei der Kaiserin-Mutter, zu dem außer den Herrschaften nur ich befohlen war. Es war alles sehr schön und gut; dann Theater in der Eremitage, zwei komische Operetten.

11. Januar.

Die Kaiserin-Mutter kam früh zu mir, sie hat eine Gnade und Güte für mich, die sich gar nicht beschreiben läßt; dann war wieder Familien-Diner um 7 Uhr bei der Königin, die aber noch vorher das diplomatische Corps bei sich empfangen sollte. Erst sah sie Caulaincourt allein und dann die Andern, zuletzt auch noch Gräfin Bray. Um 8 Uhr fuhren wir zum Ball, der süperb war; aber eine Masse Menschen. Ich hatte meine Polonaisen erst mit dem Kaiser, dann mit dem Großfürsten und dann machte ich Bekanntschaft mit den Damen. Das Souper war an kleinen Tischen, deren es unzählbare gab; das Ganze war überaus prachtvoll.

12. Januar.

Heute ging ich zum ersten Mal ein bißchen in der Stadt umher mit der jungen Gräfin Lieven und hatte den Eindruck, daß sie immens groß und weitläufig ist. Ich sah die schönen Paläste der Narischkin, das Marmorpalais, wo Großfürst Constantin wohnt, und von fern über der Newa thronend das Michailowski'sche Palais, wo Kaiser Paul ermordet wurde, sodann die Festung mit der Alexander-Newski-Kirche, wo die Kaiser begraben werden. Die Häuser sehen alle aus wie Paläste, so schön und stattlich sind sie, und so gleichmäßig gebaut, und von einer Sauberkeit, als wären sie eben erst fertig geworden. Die Quais, die Promenaden, alles ist mit tiefem, tiefem Schnee bedeckt und leuchtet blendend weiß in der Sonne. Wieder Familien-Diner bei der Kaiserin-Mutter. Es war heute der hiesige Sylvester-Abend und zugleich der Vorabend der Verlobung der jungen Großfürstin. Der Kaiser schenkte mir auf eine sehr liebenswürdige Art zwei türkische Shawls. Abends war kleines Souper bei der Kaiserin.

13. Januar.

Um 11 Uhr fand in der Schloßkirche die große Ceremonie der Verlobung der Großfürstin Catherine statt. Die Verlobten standen auf einer mit rothem Sammet beschlagenen Estrade, mit den brennenden Kerzen in der Hand; der Groß-Almosenier in seinem bischöflichen Ornat vollzog die Ceremonie, natürlich Alles in russischer Sprache. Er segnete die Kerzen der Brautleute, und Beide küßten das Krucifix und die Hand des Priesters; dann wechselte die Kaiserin-Mutter die Ringe. Es war schön und feierlich und alle Menschen in der Kirche wohnten die ganze Zeit über stehend der Handlung bei; dann kam die heilige Messe; alle Herrschaften schienen mir sehr fromm und andächtig zu sein. Wir trugen Alle die russische Hoftracht, welche der Kaiser uns gegeben hatte. Nachher großes Diner, Dienst der Hofchargen, Kanonendonner. Abends großer Ball, der süperb und höchst elegant war, aber ich war ganz todt vor Müdigkeit.

14. Januar.

Früh 10 Uhr hatten wir Gratulations-Cour bei der Großfürstin Catherine, in Schleppen; sie empfing uns, d.h. die Moltke und mich, ehe es anfing zuerst in ihrem Schlafzimmer, was eine große Auszeichnung und Artigkeit für uns war. Es war wieder Familien-Diner bei der Kaiserin-Mutter, und ich wie immer dazu befohlen. Der Kaiser kam nur auf einen Moment zum Diner, weil das schöne Haus des Prinzen Gagarin brannte, und er beim Löschen sein wollte; aber man konnte es leider nicht retten. Abends war große Oper, aber ich dispensirte mich davon und blieb zu Hause.

15. Januar.

Die Vormittage bin ich immer bei der Kaiserin-Mutter befohlen; wenn ich nach Hause komme und es ist noch Zeit, muß ich Besuche annehmen; heute waren die Narischkin und Fürstin Suwaroff mit ihrer Tochter bei mir, dann Gräfin Benckendorf und Fürstin Kurakin. Familien-Diner bei der jungen Kaiserin. Abends großer Ball bei der Kaiserin-Mutter im weißen Saal. Es war wirklich wundervoll. Ich tanzte wieder eine Polonaise mit dem Kaiser, der an Güte und Gnade für mich immer derselbe bleibt. Die junge Kaiserin hat etwas reizend Anmuthiges und Sanftes im Wesen und hat leider eine unglückliche Leidenschaft für ihren Gemahl den Kaiser, deren er nicht werth ist, und was wehmüthig und rührend zugleich mit anzusehen ist!

16. Januar.

Ich hatte heute endlich einmal einen ziemlich ruhigen Morgen. Der Kaiser und der König besichtigen jetzt jeden Tag Truppen ohne Ende und dabei ist die Kälte so groß, daß man es kaum aushalten kann. Das Diner in der Eremitage. – Alle Diners und Feste sind hier immer fabelhaft zahlreich und massenhaft, die Gefolge der Höfe betrugen heute bei Tafel allein 400 Personen. Abends wurde die Tragödie Semiramis gegeben, die Georges spielte wieder vortrefflich. Ich saß zwischen Caulaincourt, der überaus artig und höflich mit mir war, und der Gräfin Litta, die eine allerliebste Frau ist.

17. Januar.

Heute ist ein Fasttag bei den Russen. Wir hatten Familien-Diner bei der Kaiserin-Mutter. Vormittags besah ich die Zimmer, wo eine Sammlung der schönsten Pelze zu Ehren-Geschenken aufbewahrt wird, darunter einer von schwarzem Fuchs für meine Königin, und wo ebenfalls die Geschenke an Diamanten, Tabatièren, Ringen und anderweitigem Schmuck sich befinden, aus denen der Kaiser selbst auswählt, was er den Bevorzugten giebt. Dann war ich in einigen russischen Kaufläden und in einem englischen Gewölbe, kaufte Allerlei und war schließlich todtmüde.

18. Januar.

Heute fand die große Feierlichkeit der Fahnen-Weihe auf der Newa statt, aber die Kälte war dermaßen groß, daß es unmöglich war, die armen Truppen im Parade-Anzug ausrücken zu lassen, und deshalb konnte auch die große Ceremonie der Einsegnung nicht ganz statthaben. Es wurde nur eine kurze Feier veranstaltet mit einer geringeren Anzahl von Truppen als gewöhnlich, die aber doch sehr schön und großartig war. Ein Tempel war mitten auf dem Eisspiegel der Newa errichtet worden, in welchem der Oberste Bischof die Einsegnung der Fahnen vornahm; inmitten desselben hatte man ein Loch in das Eis gehauen, aus dem er selbst das Wasser schöpfte, mit welchem er die Fahnen besprengte. Man schickte dann von diesem heiligen gesegneten Wasser den beiden Kaiserinnen und allen Russen, die sich damit segnen. Der Kaiser starb fast vor Kälte, und dennoch hielt er dabei aus und das ganze Volk war da in dichtgedrängten unabsehbaren Schaaren von Menschen; das Ganze war in der That großartig und feierlich; die Geistlichen in ihren Fest-Gewändern sehen sehr gut aus. Zum Schluß wurde eine Messe auf der Newa gelesen und dann zog dieser unzählige Haufen von Geistlichen in großem Pomp mit brennenden Kerzen in einer langen Prozession an uns vorbei, die Truppen und alles Volk hinter ihnen her über die ganze Newa hinweg in einem weiten Kreise und eben so wieder zurück. Nachher war Déjeuner bei der Kaiserin Elisabeth; sie ist doch wirklich reizend, aber ach, wie schrecklich unglücklich ist sie! Das Familien-Diner war bei der Königin. Abends Theater: »Der Verschwender«; das Stück wurde sehr gut gegeben und während der Zwischenacte wurden sehr hübsche russische National-Tänze vom Corps de Ballet aufgeführt; es dauerte bis nach 11 Uhr.

19. Januar.

Das Diner war heute wieder bei der Königin, nachdem wir vorher die Wohlthätigkeits-Anstalten der Kaiserin besehen hatten, die sehr großartig sind; vor- und nachher viele Besuche und Kaufleute empfangen, die hier immerfort mit ihren Waaren kommen, um sie vorzulegen. Abends war großes Feuerwerk vor dem Taurischen Palast, der von Potemkin erbaut und immens groß ist. Das Feuerwerk begann ganz magisch schnell. Eine Taube flog aus dem Gefolge der Majestäten plötzlich empor und entzündete es wie mit einem Zauberschlag! Ich habe nie in meinem Leben etwas so Wundervolles gesehen. Wahrhaft prachtvoll war zum Schluß der Fusillard durch die grandiose unzählbare Menge der emporsteigenden Leuchtkugeln, Schwärmer und Raketen; das Ganze dauerte über eine Stunde. Nachher war ein Ball in einem zwei Werft langen, ganz ungeheuer großen Saal, in dem allein 22 000 Kerzen und 6000 Lampen brannten, um den unermeßlichen Raum zu erleuchten, und es läßt sich denken, wie imposant der Anblick dieses lichtstrahlenden Saales war. Man tanzte viele Polonaisen und das Fest dauerte bis nach 3 Uhr. Die Kaiserin-Mutter macht bei diesen Bällen immer ruhig ihre Parthie.

20. Januar.

Die Königin war heute sehr heiser, es war deshalb nur Familien-Diner in ihrem Zimmer und Abends Theater in der Eremitage. Das Stück war recht hübsch und dann kam noch ein Ballet in fünf Akten: »Psyche und Amor«, was allein drei Stunden dauerte, so daß es erst nach Mitternacht schloß; es war freilich sehr hübsch, aber sehr lang.

Die Kaiserin-Mutter hat wirklich große Verdienste in jeder Beziehung; aber sie hört sich gern sprechen und will auch immer und jederzeit die große Rolle spielen in Allem und Allem! Die junge Kaiserin ist doch gar zu unglücklich, man kann sie nur von ganzer Seele beklagen! Das einzig Schlimme für uns hier ist die Kälte, sie ist entsetzlich und immer an jedem Ort dieselbe.

21. Januar.

Die Königin hat heute heftiges Fieber und gar keine Stimme und mußte den ganzen Tag zu Bett bleiben. Ich aß allein bei der Kaiserin-Mutter und unterhielt mich sehr gut mit ihr; sie erzählte mir unglaublich viel und ist für mich von einer merkwürdigen Gnade und Freundlichkeit. Abends war Familien-Soirée bei meiner Königin.

22. Januar.

Die arme Königin ist ein bißchen wohler, aber sehr matt. Wieder Familien-Diner in ihren Zimmern. Abends war eine geistliche Musik von den berühmten griechischen Kirchensängern, ebenfalls in ihren Zimmern, die überaus herrlich war. Alles ist schön hier, man kann es nicht anders sagen, nur die so sehr späten Stunden sind sehr ermüdend und die Kälte ist zu furchtbar. Tolstoy und seine Familie waren heute lange bei mir, was mich freute.

23. Januar.

Wieder Familien-Diner bei uns, was nicht eben sehr unterhaltend ist. Abends ein sehr elegantes Fest beim Grafen Stroganoff, dessen Haus entzückend hübsch eingerichtet ist; auch er ist zwar ein alter Herr, aber sehr heiter und liebenswürdig, und seine Schwiegertochter, geborene Fürstin Lapuchin, ist eine angenehme Frau. Der Kaiser ärgerte mich heute; er traf dort seine Flamme und tanzte viel mit ihr, was ich nicht billigen kann.

24. Januar.

Da die Königin noch immer nicht wohl ist, wurde wieder in ihren Zimmern gegessen. Abends war Concert; ich fand die Sängerinnen nicht besonders, doch fanden sie bei den Herrschaften großen Beifall.

25. Januar.

Großes Fest zu Ehren der lieben Kaiserin Elisabeth an ihrem heutigen Namenstage. Vormittags feierliche Messe und Beglückwünschungs-Cour in Schleppen, dann Familien-Diner. Abends ein kostümirter Ball in unserem, dem sogenannten Winter-Palais; das heißt, der Ball war dem Namen nach bei der Königin, wo 16 000 Personen waren, alle verkleidet, aber ohne Masken. Mir scheint, dies war das Schönste, was ich jemals in der Art gesehen habe, und trotz der ungeheuren Menschenmenge herschte eine merkwürdige Ordnung.

Die Königin und beide Kaiserinnen erschienen in der russischen Nationaltracht; man tanzte in allen Sälen des ganzen Schlosses; das Souper der Majestäten war im Theatersaal des Eremitage-Flügels servirt, alles war überaus prachtvoll und glänzend.

26. Januar.

Wir waren in K., dem Sommerschlößchen des Kaisers, das auf einer Newa-Insel erbaut und sehr hübsch ist. Zu Wagen fuhren wir über den Strom, der Kaiser, der König und die Großfürsten fuhren in Schlitten. Abends war ein Concert im Erziehungs-Institut der Kaiserin-Mutter, wo 300 adlige junge Mädchen erzogen werden. Alle waren weiß gekleidet, was allerliebst aussah; sie spielten Klavier, sangen Loblieder zu Ehren der Majestäten, tanzten Charaktertänze mit Kastagnetten und Blumenguirlanden und zuletzt auch den Shawltanz. Vom Concertsaal ging man in den Tanzsaal, wo die Kaiserin Elisabeth unter Rosenzweigen empfangen wurde, die man ihr dann zu Füßen legte; die Königin war ebenso im ersten Saal empfangen worden. Die Kaiserin-Mutter setzte sich nicht mit zum Souper, sondern ging umher und machte die Wirthin; es dauerte bis Mitternacht.

27. Januar.

Man steht hier so spät auf, daß man am Vormittag gar nichts Vernünftiges thun kann. Ich ging heute mit der Königin zur

Großfürstin Catherine; Abends war ein großes Fest beim französischen Gesandten Caulaincourt, dem jetzigen Herzog von Vicenza. Er bewohnt ein sehr stattliches Haus, was ganz auf Kosten des Kaisers eingerichtet ist. Der Tisch war sehr geschmackvoll und gut servirt; selbst die Gläser mit der Chiffre der Majestäten, – der Gesandte äußerst artig und aufmerksam. In einem Kabinett hing das Portrait Napoleons, sehr gut gemalt; das ganze Haus war dermaßen mit Blumen und blühenden Gesträuchen kunstvoll dekorirt, daß es vollkommen aussah, wie ein Garten. Das Fest dauerte bis zwei Uhr früh.

28. Januar.

Die Königin besah alle Wohlthätigkeitsanstalten der Kaiserin-Mutter, dann war Diner in ihren Zimmern, Abends wurde im Theater der Kaiserin-Mutter gespielt.

29. Januar.

Heute war eine großmächtige und recht schöne Parade; nachher fuhr man nach Zarskoie-Selo, wo dinirt wurde, und war Abends wieder im kleinen Theater.

Die Königin schenkte der Gräfin Lieven ihr Portrait. Die russischen Herrschaften überhäufen uns wahrhaft mit Güte und Gnade.

30. Januar.

Wir fuhren heute in der Stadt umher, alle öffentlichen Anstalten zu besehen; dann war ein großes Diner bei unserer Königin und wir erhielten überaus schöne Geschenke; ich bekam vom Kaiser ein kostbares Halsband von Diamanten und Smaragden, von der Kaiserin Elisabeth eine Agraffe, die genau dazu paßte, und auch von der Kaiserin-Mutter ein Diamant-Halsband von sehr schönen Steinen. Alle drei Gegenstände sind ganz wundervoll und machten mir wirklich große Freude. Gräfin Moltke bekam vom Kaiser einen Pfeil von Amethysten und Brillanten und von der jungen Kaiserin ein dazu passendes Fermoir. Abends war Gala-Oper, dann ein Ball, den der russische Adel der Königin gab.

31. Januar.

Heute war leider schon der traurige Abschiedstag von diesem schönen Ort, an dem ich vollauf zu thun hatte, nur allen

Menschen Adieu zu sagen und bei den Kaiserinnen und im ganzen Palast Abschied zu nehmen! – Wir reisten um zehn Uhr Morgens ab, mit der großen Eskorte und in den Galawagen, ganz ebenso wie wir angekommen waren; die Königin, die Kaiserin Elisabeth, die Prinzeß von Baden und ich fuhren zusammen in dem ersten Wagen bis vor das Thor, wo wir damals auch ausgestiegen waren, und von da aus fuhr ich mit der Prinzessin Amelie, den Prinzen August und Wilhelm bis Strelna, wo die Kaiserin-Mutter uns mit den Großfürstinnen, den Prinzen von Weimar und von Oldenburg und der Gräfin Lieven erwartete, und als Überraschung war auch der Kaiser mit dem König zusammen hingekommen. Hier wurde dinirt, dann Abschied von den Kaiserinnen genommen, welche nach Petersburg zurückkehrten, während unsere Majestäten, begleitet von dem Kaiser und den Großfürsten, weiter reisten. Ich blieb in Strelna über Nacht und that den ganzen Rest des Tages nichts als weinen, so schwer wurde mir das Fortgehen von so vielen lieben, theuren, vortrefflichen Menschen. Nie, nie werde ich dies Petersburg vergessen, wie glücklich wir dort gewesen sind, wie Alles uns mit Güte und Liebe wahrhaft überschüttet hat! – Ja, es war eine schöne, heitere Zeit; wäre nur meine geliebte Königin nicht fast immer leidend gewesen! – In ihrem Zustande war diese weite Reise und die große Ermüdung der fortdauernden Feste fast zu viel für sie und ich fürchte, sie strengte sich über ihre Kräfte an. Ich fürchte mich ein bißchen vor der Rückreise für sie, denn man sagt, daß es überall thaut. Der Großfürst soupirte noch mit mir und fuhr dann auch zur Stadt zurück, nur Uselwieff blieb den Abend bei mir und am nächsten Morgen, den 1. Februar, fuhr auch ich weiter, der Heimath zu, und kam glücklich den 12. in Königsberg wieder an.

13. Februar.

Die Königin war zur Taufe bei Prinzeß Radziwill, die während unserer Abwesenheit von einem Sohne entbunden worden war.

23. Februar.

Geburtstag von Prinzeß Alexandrinchen, die heute sechs Jahre alt wird! – Die Königin ist recht leidend, war aber Gottlob heute doch so wohl, daß sie den Abend bei den kleinen Prinzessinnen zubringen konnte.

10. März.

Ich ging ganz früh schon zur Königin und schenkte ihr ein hübsches Schreibzeug und eine Nuß mit goldenen Nähutensilien darin. Wir hatten ein ganz großes Diner an zwei Tafeln, Abends gab die Stadt einen sehr schönen Ball im Saale der Börse; auch war die ganze Stadt illuminirt.

11. März.

Mein alter Geburtstag. Heute bin ich achtzig Jahre alt geworden, die der barmherzige Gott mich hat aus Gnaden erleben lassen! Wenn ich denke, wie dies Leben uns wie ein Traum vergeht und doch auch alles Unglücks und aller Traurigkeit gedenke, die ich durchlebt habe, kann ich mir nicht genug sagen, daß alles, was Gott uns schickt, nur für unser wahres, das heißt für unser zukünftiges und ewiges Heil so geordnet ist! –

Seit den drei Jahren, daß unsere armen theuren Herrschaften durch diesen verabscheuungswürdigen Corsen das Unglaublichste leiden, ist mein Herz sehr kummervoll und gebeugt. Wenn nur noch *eine* Hoffnung, *ein* Lichtstrahl uns bliebe, daß es wieder anders werden kann – aber so lange dieser Elende zum Verderben der Menschheit lebt, ist nichts für uns zu hoffen! –

Es heißt immer, die Österreicher wollten sich schlagen, aber sie thun es nicht, und ach, bei uns ist eine solche Entmuthigung, wir fassen nicht einmal den Entschluß, endlich doch wieder in die Hauptstadt zurückzukehren!

Man überhäufte und beschämte mich heute wahrhaft mit Liebe und Freundlichkeit, bei Tisch war Musik, ich saß zwischen beiden Majestäten, man trank auf meine Gesundheit und erwies mir den ganzen Tag über nur Ehre und Güte. Eine Masse Menschen kamen mir zu gratuliren und Alles überschüttete mich mit kleinen Geschenken und Attentionen.

21. März.

Wir leben täglich in der Hoffnung, abzureisen und nach Berlin zurück zu gehen, was in jeder Beziehung *richtig* und *nöthig* wäre, und doch bleiben wir immer wieder hier! So vergehen die Tage, die Wochen, die Monate und die Jahre des Unglücks! –

24. März.

Godet kam zu mir wegen der Steuer auf das Silberzeug oder vielmehr des nothwendig gewordenen Verkaufs alles Silberzeugs und fast aller Diamanten. Man muß die großen Contributionen zahlen; also was ist zu thun, man muß Alles hingeben.

4. April.

Ich lese mit Interesse eine Spezialgeschichte von Rußland; ich schreibe viele Briefe und arbeite, und die Zeit vergeht eben doch trotz aller Traurigkeit und Schmerzen.

6. April.

Der Kaiser von Rußland hat Helme für das Regiment Gardes du Corps geschickt; sie kamen heute an und es war doch eine kleine Zerstreuung.

13. April.

Es wurde gestern beim König eine Broschüre von Kotzebue vorgelesen, worin er den sogenannten »großen Mann« wunderschön zu drapiren versteht. Die Majestäten trinken jetzt immer abends den Thee bei mir und wir soupiren dann bei der Königin. Aber trotz alles Bemühens, uns gegenseitig aufzurichten, ist unser Leben unaussprechlich traurig und einförmig; der arme, theure König ist so muthlos und sieht Alles schwarz und hoffnungslos an!

17. April.

Die Proklamation des Kaisers von Österreich, die er erlassen hat, als er zur Armee abging, kam heute an; sie ist ganz wundervoll; er spricht zu seinem Volke wie ein rechter Vater und ein rechter Monarch! Ich war ganz außer mir vor Freude, daß sie doch endlich vorrücken, aber der arme König wandte sich ab und sagte: »Sie werden doch geschlagen werden und dann wird Alles aus sein!«

Ich glaube das gar nicht und bleibe bei meiner Hoffnung! Mit Nachgiebigkeit ist kein Feind in Schranken zu halten und auch kein Frieden mit diesem übermüthigen Corsen zu erlangen; das ist eine Täuschung, und die, welche es noch können, müssen versuchen, ihn zu vernichten; einen anderen Weg, sich vor ihm zu retten, giebt es nicht. Kaiser Alexander benimmt sich nicht gut; er ist in Finnland und möchte gerne auch noch König von Schweden werden.

19. April.

Keine anderen Nachrichten, als daß die Österreicher vorrükken; der Erzherzog hat noch zwei Proklamationen erlassen, eine an die deutschen Völker, die andere an die ganze Nation; beide sind sehr gut. Gott wolle ihm beistehen und seine Waffen segnen! Rußland handelt schlecht und treulos; es heißt, man werde von dort aus in Galizien einrücken, das wäre mehr als frevelhaft und ich kann es nicht glauben.

24. April.

Tauenzien hat Hünerbein aus Berlin hierher geschickt; in Berlin soll eine unglaubliche Begeisterung und Erregung herrschen, die Berliner möchten alle ausrücken und mit den Österreichern ins Feld ziehen, aber es ist leider noch nicht der Augenblick gekommen, wo es für uns möglich ist, uns zu erheben; wir würden jetzt nur ein neues Unglück über uns heraufbeschwören.

3. Mai.

In Cassel ist unter einem Oberst Dörnberg eine Erhebung versucht worden; man hatte sie verrathen, und so haben sie leider zu früh losschlagen müssen, ehe sie mit ihren Vorbereitungen fertig waren; Gott wolle ihnen helfen! –

Baron Moltke kam heute aus Petersburg hier an und sagt, es sei unwahr, daß Rußland sich gegen Österreich erklären werde; man dürfe so Etwas von dem Kaiser nicht glauben, auch das russische Volk würde es einfach nicht leiden.

4. Mai.

Keine Nachrichten! Es heißt, Jérome sei in Cassel eingesperrt durch die Aufständischen; Schill ist aus Berlin mit seinem Husarenregiment verschwunden; man fürchtet, um irgendeine große Unbesonnenheit zu begehen. Gott gebe, daß er wenigstens nicht seinen König dabei compromittirt, der von dem Allen nichts geahnt hat.

5. Mai.

Dieser Teufel von Clairambault, der französische Gesandte hier, schrieb mir heute ein Billet, um zu melden: Die Franzosen hätten vier Tage hintereinander die Österreicher geschlagen, in Regensburg wären 100 Kanonen und 50 000 Gefangene genommen worden, kurz, alles Entsetzlichste und Gräßlichste, wovon ich *wette*, daß nicht einmal der vierte Theil wahr ist. Ich zeigte den Brief den Majestäten, die Königin war ganz vernichtet vor Schreck; ach, und der arme König glaubt ja immer alles Schlimme! Ich mußte dem Gräuel von einem Manne auch noch antworten, aber ich machte es kurz und bündig. Der König schalt uns bei Tische, weil wir Alle die Nachrichten nicht glauben wollten. Ach Gott! Ach Gott! – Wir bleiben elend und vernichtet im Abgrund des Unglücks!

6. Mai.

Chazot kam an und brachte ganz entgegengesetzte Nachrichten, Napoleon hätte eine Contusion erhalten, die Österreicher hätten am 25. gesiegt. St. Marsan sagte an Goltz, es sei wahr, der Kaiser habe eine matte Kugel bekommen.

7. Mai.

Wieder schlechte Nachrichten; es heißt nun doch, daß unsere armen Österreicher geschlagen worden sind.

Romberg kam an und sagte mir, mein Enkelsohn Voss sei auch plötzlich aus Berlin fort, um in Mecklenburg Rekruten für Schill zu werben. Das ist mir sehr leid; es ist doch umsonst! –

8. Mai.

Erzherzog Carl hat sich bis an die böhmische Grenze zurückziehen müssen. In Berlin ist noch eine Compagnie Schill nachgezogen, die armen Kerle, sie gehen hin wie die Verrückten, und nur zu ihrem eigenen und zu unserem Unglück! Der König war sehr böse und ist nun gezwungen, seine Generäle, selbst Lestocq und Tauenzien, zu bestrafen, weil sie nicht wachsam genug gewesen sind, diese unselige Tollheit zu verhindern. General Kleist soll, wie es heißt, aus Frankfurt mit einem Regiment nach Berlin rücken und vorläufig zum Commandanten ernannt werden; Chazot ist im Arrest; es ist eine schlimme Sache und, wenn Gott uns nicht beisteht, kann es sehr traurige Folgen für unser armes Land haben.

12. Mai.

Heute kam die Nachricht, daß Rußland nun wirklich den Krieg an Österreich erklärt habe; ich bin in Verzweiflung! – Kann man so Etwas begreifen? –

14. Mai.

Es heißt, Schill habe einen kleinen Vortheil in der Nähe von Magdeburg erkämpft; der König von Westphalen hat einen Preis auf seinen Kopf gesetzt.

17. Mai.

Clairambault hat mir schon wieder ein Bulletin ihrer erlogenen Heldenthaten geschickt, es ist um das hitzige Fieber vor Ärger zu bekommen; es heißt darin, sie ständen schon vor Wien.

21. Mai.

Ach Gott, es heißt nun wirklich, daß Napoleon bereits vor Wien steht; man hoffte noch, der Erzherzog Carl und General Hiller würden sich vereinigen können, aber es ist zu fürchten, daß Wien sich nicht lange halten kann! Wenn Gott nur wollte, daß dieser elende Usurpator dort seinen Tod fände. Der arme Erzherzog Ludwig ist schuld an der ersten Niederlage, er hat sich zu weit vor gewagt.

Schill ist in Dömitz, einer kleinen Festung an der Elbe, wo er sich leicht zu Wasser retten kann, wenn er bedrängt wird. Man sagt, er soll viel Zulauf und auch ziemlich viel Soldaten haben.

24. Mai.

Ach, welche furchtbare Nachrichten, Wien hat am 13. capitulirt! Erzherzog Max hat den Oberbefehl niedergelegt und General Orelli die Stadt übergeben. Auch davon erhielt ich die Nachricht zuerst durch diesen abscheulichen Clairambault, der sein Haus des Unglücks von Wien zu Ehren illuminirt hat.

26. Mai.

Ein russischer Oberst, der direct aus Petersburg kam und mich durchaus sprechen sollte, kam, ehe ich noch aufstehen konnte, an mein Bett und sagte mir, er sei nach Paris geschickt, der Kaiser Alexander ließe mir sagen: »Er sei so sehr wie immer unser treuer Freund!« Und während er dies sagen läßt, müssen die Russen bereits in Galizien stehen! Ich sagte dem Obersten meine Meinung hierüber. Er sah auch den König und die Königin, frühstückte dann bei mir und reiste weiter.

1. Juni.

Die glücklichen Nachrichten von der gewonnenen Schlacht bei Aspern!! – Napoleon hat *viel* verloren und wird Mühe haben, vorbei und über die Donau zurück zu kommen. Man spricht von 40 000 Todten und Verwundeten.

3. Juni.

Schill ist in Stralsund, hat eine beträchtliche Schaar gesammelt; Gott weiß, was daraus werden soll. Abends hatte ich wieder ein Sieges-Bulletin von Clairambault, das mich doch frappirte, aber es war vom 20., also vor der Schlacht datirt, und das ist eine Beruhigung. Später schickte er mir ein zweites aus Berlin von St. Marsan an ihn gesandtes, augenscheinlich ganz voller Lügen und so insolent wie immer.

6. Juni.

Die Majestäten sind seit zwei Tagen aus ihrem kleinen Gartenhaus nach den Hufen hinaus gezogen.

7. Juni.

Der arme Schill ist mit 14 Offizieren in einem kleinen Gefecht gegen die Dänen geblieben. Wie leid ist mir um ihn! – Sein Wille war so gut und sein Patriotismus allein hat ihn doch so fortgerissen! –

Es heißt, die französische Armee hätte sich mit der italienischen vereinigt – und doch schickte Clairambault mir kein Siegesgeschrei? Dann ist es unwahrscheinlich.

26. Juni.

Die Oberhofmeisterin Gräfin Henckel schreibt mir aus Weimar, die Herrschaften fürchteten sehr, die Franzosen dahin zu bekommen und seien entschlossen, in dem Fall nach Rußland zu gehen.

24. Juli.

Der Waffenstillstand ist in Znaym unter den schrecklichsten Bedingungen abgeschlossen worden; es ist furchtbar, was die armen Österreicher alles verlieren. Die Königin ist bei all den schrecklichen Nachrichten wirklich wie ein Engel, ihre Ergebung in den Willen Gottes und ihre Frömmigkeit lassen sie Alles mit solcher Kraft und Sanftmuth ertragen, daß es Einem das Herz ergreift und erhebt!

Ich bin überzeugt, daß Napoleon damit schließen wird, uns Alles zu nehmen, und wir machen auch wahrhaftig keinen Versuch, irgend etwas mit starker Hand festzuhalten. Wenn Gott nur geben wollte, daß dieser arme Kaiser Alexander nicht so schwach wäre, so könnte man wohl manches wagen, aber wir stehen allein; was hilft seine Freundschaft, auch er ist schwankend und zaghaft.

3. August.

Ich stand ganz früh auf und fuhr nach den Hufen, um meinem theuren König zu gratuliren; ich schenkte ihm einen schönen Farbenkasten zu seinen Malereien. Die Königin hatte ihm einen sehr hübschen Stuhl aus Petersburg kommen lassen mit rothem Juchten überzogen. Wir machten eine Landparthie an einen reizend gelegenen Ort, der aber drei starke Meilen von der Stadt entfernt lag, und bei dem argen Wind und Regenwetter war die Fahrt nicht angenehm. Dort angelangt, wurde ganz en famille Mittag gegessen und dann fuhr ich etwas früher mit der kleinen Prinzeß Louischen zurück und war um 8 Uhr Abends wieder hier. Die Anderen kamen viel später, hatten noch ein gewaltiges Gewitter und die beiden älteren Prinzeßchen wurden umgeworfen, doch nahm zum Glück niemand Schaden. Früh waren wir natürlich Alle in der Schloßkirche, der König wollte durchaus keine Feier des Tages gestatten, und das dafür bestimmte Geld wurde an die Armen vertheilt. Dennoch wollten die Bürger den Kanal und den Schloßteich illuminiren; aber beides und ebenso das beabsichtigte Feuerwerk ward unbarmherzig vom Regen ausgelöscht.

4. October.

Seit vielen Wochen habe ich krank gelegen, und kaum von einem langen Nervenfieber oder Schleimfieber genesen, hatte ich heute zum ersten Mal eine ruhige Nacht. Beim Aufwachen frug ich nach der Königin und man sagte mir, es ginge ihr gut, während sie doch seit 5 Uhr früh bereits in heftigen Schmerzen war! Die Königin hatte verboten, es mir zu sagen, um mich nicht zu ängstigen, und ich ahnte nichts, als um 10 Uhr der arme König plötzlich ganz außer Athem vor meinem Bette stand, um mir zu sagen, daß die Königin von einem Prinzen entbunden sei! Ich hätte fast den Tod vor Schreck gehabt und konnte mich zuerst gar nicht fassen, stand gleich auf und eilte zu meiner geliebten Königin, die ich leider sehr schwach fand, aber das Kind ist groß und stark. Gottlob, daß sie Alles gut überstanden hat! –

Nach einer Viertelstunde ging ich wieder in mein Zimmer; ich konnte aber doch die nöthigsten Briefe schreiben und auch an die beiden Kaiserinnen.

7. November.

Nach der Tafel führte die Königin die kleine Prinzeß Charlotte zu mir, die mich bat, ihr das Vorrecht abzutreten, bei der morgenden Taufe das Kind zu den Pathen zu tragen. Natürlich sagte ich ja, obgleich es im Grunde nicht richtig ist; mit 11 Jahren, ohne Schleppe, in einem Kinderkleid ist das noch zu früh, aber man muß eben denken, daß wir noch in Königsberg sind, und es nicht so genau mit der Etiquette nehmen! – Herr von Rauch kam aus Berlin und kann den allgemeinen Rausch und Jubel nicht genug schildern, den die endliche Gewißheit der Rückkehr der Majestäten hervorgerufen hat.

8. November.

Tauftag des kleinen Prinzen. Die Minister, Generäle und geheimen Staatsräthe waren geladen, auch die Vornehmsten aus dem Adel, und die Feier war sehr schön und festlich. Der kleine Prinz wird Albrecht genannt werden. Wir waren in Schleppen; nach der Taufe war Herren-Cour; ich war dabei, aber zog mich bald zurück, denn ich kann noch nichts aushalten. Die Majestäten gaben mir ein sehr schönes Perlen-Collier, ein Medaillon von Brillanten und dazu Smaragd-Ohrringe; die Gräfin Truchseß bekam eine goldene Kette und Gräfin Tauenzien zwei Armbänder.

22. December.

Endlich, endlich reisten wir den 11. von Königsberg ab und nach 11tägiger Reise kam ich heute, am 22. Nachmittags, in Weißensee an und stieg bei Schenkendorfs ab. Meine Enkel und Urenkel-Kinder waren aus Berlin hierher gekommen, um mich zu begrüßen, was mich sehr erfreute, und Frau von Berg war uns schon bis Freienwalde entgegen gekommen. Wittgenstein, Raabe und Goltz, Alles kam von Berlin an, um mit mir die Königin hier zu erwarten, die morgen kommen soll. Welche Freude!

23. December.

Man hatte eine Art Altar in einem Garten errichtet und eine Masse grüne Orangen-Blätter an die Bäume gebunden; dort wurden die Majestäten hingeführt, um die Deputationen der Stadt zu empfangen, die nun ihre Glückwünsche darbrachten. Die Majestäten waren sehr gnädig und Alles war so gerührt und bewegt, wie man es gar nicht aussprechen kann. Es wurde namens der Stadt ein Déjeuner servirt; dann setzte der König sich zu Pferde und die Königin bestieg den Wagen, den ihr die Stadt Berlin geschenkt hatte, mit ihrer Lieblingsfarbe Lila-Sammt ausgeschlagen und reich mit Silber verziert. Zuerst bildeten die Schlächter- und Schneider-Innungen das Spalier; trotz der unabsehbaren Menschenmenge herrschte die größte Ordnung, die Truppen sahen wundervoll aus, 101 Kanonenschüsse donnerten, überall empfing uns ein Jauchzen und Freudenrufen, das so begeistert und herzlich war, wie es wohl nirgends anders auf der Welt sein kann, und unter tausend Hochrufen und dem Jubelgeschrei des guten Volks gelangten die geliebten Majestäten endlich bis zum Palais, wo alle Prinzen und Prinzessinnen zu ihrem Empfang versammelt waren! –

Das Diner war beim Prinzen Ferdinand, und Abends war große Illumination. Die Majestäten fuhren überall umher durch die ganze Stadt, um diesen schönen Anblick zu genießen und sich an dem Jubel und dem Enthusiasmus der Bevölkerung zu erfreuen.

24. December.

Früh morgens fuhren wir zum Dank-Gottesdienst in den Dom im Gala-Wagen, dann war ein großes Diner im weißen Saal. Mir scheint, die ganze Stadt kam zu mir, meine Stuben wurden von Visiten wahrhaft im Sturm genommen, alles voller Glück und Freude, unsere geliebten Majestäten wieder endlich zurück zu haben, aber unter all den frohen Menschen konnte keiner gewiß sich mehr freuen und Gott inniger danken als ich!

18. Januar **1810**.

Also heute das erste Mal das Fest des hohen Ordens gefeiert am Jahrestag des Königreiches. Am frühen Morgen schon mußte man sich mit Schleppen anziehen, um 11 Uhr fuhren wir Alle aufs Schloß und man versammelte sich in den Zimmern neben dem Rittersaal. Die Majestäten, alle Prinzen und Prinzessinnen kamen um 12 Uhr, die Majestäten standen unter dem Thronhimmel, der Hofstaat hinter ihnen, die Prinzen rechts; erst der Kronprinz, dann Prinz Wilhelm, Prinz Friedrich, Prinz Heinrich, Onkel Ferdinand, Prinz Wilhelm der Ältere, Prinz August, die Prinzen von Oranien, von Hessen und von Mecklenburg; Prinz Solms kam nicht in diese Categorie. Links vom Thron zunächst die Prinzeß Charlotte neben der Königin, dann die beiden Schwestern des Königs, dann die Tante, dann Prinzeß Louise, Prinzeß Solms, Prinzeß Friederike, ihre Tochter, und die Prinzeß von Braunschweig. Alle Ritter des Ordens standen den Herrschaften gegenüber; der General Diericke las eine Rede vor, um zu sagen, daß der König diesen Orden einsetze. Es ist ein weißes Kreuz, in der Mitte der rothe Adler an einem weiß und orange farbenen Band zu tragen und hat zwei Klassen für Officiere und für Civilbeamte. Der König, sein Sohn und sein Neffe trugen denselben; Nagler las die Statuten vor, dann traten die Dekorirten vor und gingen, sich bei den Majestäten zu bedanken, und damit schloß die Feierlichkeit. Abends war große Cour, Ball und Souper auf dem Schloß; es war eine Unmasse Menschen da; ich tanzte eine lange Reihe von Polonaisen und spielte dann mit der alten Prinzeß von Oranien. Alles war sehr schön, festlich und imposant und mit großer Ordnung ausgeführt.

21. Januar.

Um 11 Uhr fuhr ich mit den Majestäten nach dem Dom, wo alle Ritter des Ordens versammelt waren, die alten und die neuen, die zusammen im Schiff auf abgesonderten Plätzen beisammen saßen; die Höfe auf einer Estrade, die Damen in Schleppen, von jedem Hofe aber nur eine Hofdame. Nach der Predigt ging der König zu Fuß, gefolgt von sämmtlichen Rittern, nach dem Schloß. Wir versammelten uns in den Gemächern Friedrich I., um uns zu erwärmen, denn es war sehr kalt, und dann zum Diner. In der Galerie war eine Tafel von 200 Gedecken, auch hier war es ganz furchtbar kalt; ich saß zum Glück dicht an dem Kamin neben dem Prinzen Karl. Hier aßen alle neu Dekorirten, sogar 20 gemeine Soldaten, die Kreuze und Medaillen bekommen hatten; das Ganze war doch sehr schön und ergreifend.

Nach Tisch ging man in den weißen Saal, wo die dekorirten Soldaten und Officiere von sämmtlichen Regimentern aßen, über 600 Personen. Als die Majestäten hereinkamen, wurde ihre

Gesundheit ausgebracht und der ganze Saal rief: »Es lebe der König und die Königin!« wie mit einer einzigen Donnerstimme; mit einem Wort, es war ein wunderschönes Fest und alle Menschen waren ganz entzückt und ergriffen und ich vor Allem in der Erinnerung an die lange Vergangenheit und im Vergleich derselben mit der Gegenwart!

20. Februar.

Nach langer Spannung erhielt man heute endlich die officielle Nachricht von der bevorstehenden Heirath Napoleons mit einer Tochter des Kaisers von Österreich. Ich gestehe, dies ist noch mehr als bedauernswerth oder nur betrübend! Welche Erniedrigung! Die ewige Allmacht hat ihre allweisen Absichten, die wir nicht ergründen und ahnen können; wir müssen standhaft das ertragen, was sie auferlegt, wie das, was sie zuläßt.

22. Februar.

Die Heirath Napoleons ist wirklich definitiv abgemacht, Marschall Berthier geht nach Wien, die Erzherzogin wird durch Prokuration getraut, – nein es ist wirklich zu schrecklich!

23. Februar.

Geburtstag der Prinzeß Alexandrine. Ich schenkte ihr eine hübsche Puppe und eine Schärpe und sämmtliche Königlichen und prinzlichen Kinder aßen mit bei Tafel und vergnügten sich dann sehr heiter.

10. März.

Große Geburtstagsfeier unserer theuren Engelskönigin. Ich ging schon früh hinauf in ihr Zimmer und legte ein Medaillon mit den Monatssteinen des Königs und aller Königlichen Kinder auf ihren Tisch. Die ganze Familie kam zum Déjeuner, dann war großes Diner und abends Cour und Ball im weißen Saal, der überaus schön und glänzend war. Man soupirte an kleinen Tischen in der Bildergalerie und ich spielte mit der Prinzeß von Oranien, St. Marsan und Wittgenstein.

22. März.

Geburtstag des jungen Prinzen Wilhelm. Ich schenkte ihm ein Damenbrett; alle Königlichen Kinder und noch eine Masse Menschen waren zur Tafel befohlen; abends war Ball bei Beyme, dem Prinzen zu Ehren.

25. Juni.

Wir reisten um 6 Uhr früh ab, die Königin und ich im ersten Wagen, hatten sieben Relais von Königlichen Pferden, eins von der Post und zwei von Pferden des Herzogs von Mecklenburg-Strelitz. Den Morgen über war die Königin sehr heiter; aber als wir uns der Grenze näherten, überkam sie plötzlich eine räthselhafte Traurigkeit. Einige Augenblicke war sie ganz von derselben übermannt und fast beängstigt, aber sie faßte sich rasch wieder und es ging vorüber.

Um 12 Uhr Mittags waren wir in Fürstenberg, wo die ganze Herzogliche Familie, außer der Frau Großmutter, zum Empfang der Königin versammelt war und das Wiedersehen war sehr herzlich und sehr rührend. Wir ruhten uns ein wenig aus, die Truchseß und die Berg, die wir in Gransee fanden, fuhren von hier an mit mir, die Fürstlichkeiten fuhren zusammen. Mit viel Zeit und Muße, ohne daß die Pferde sich übernahmen, kamen wir endlich in Strelitz an, die Herren und Damen des Hofes waren zum Empfang versammelt; Alle wurden vorgestellt, dann ging Jedes in sein Zimmer. Meine Enkeltochter, die Gräfin Voss, war aus Groß-Giewietz gekommen, mich zu begrüßen; das freute mich.

28. Juni.

Ich hatte viele Visiten, es wurde früh gegessen, dann kam der König mit dem jungen Prinzen Friedrich und Luck an. Er schien mir heiter und zufrieden zu sein und Alle waren glücklich. Etwas später fuhr ich mit meinem Enkelsohn Voss nach Groß-Giewietz.

1. Juli.

Ich wurde in Groß-Giewietz ganz früh durch eine Stafette mit einem Brief von Schilden geweckt, der mir im Namen des Königs schrieb, die Königin sei krank geworden und ich müßte augenblicklich zurückkommen. Ich fuhr sofort mit meinem Enkelsohn, so rasch ich konnte, nach Hohenzieritz, wo sich der Hof befand, und fand die Königin zu meinem Schrecken sehr verändert und nach meiner Ansicht sehr bedenklich krank. Es war eine Lungenentzündung; das Fieber sehr stark; man hatte ihr zur Ader gelassen; nicht bloß ich, auch der König war sehr erschrocken und besorgt. Eine Menge Menschen kamen fortgesetzt aus Strelitz, um Nachrichten von der Königin zu haben; ich ging ab und zu in dem Krankenzimmer, hatte eine unglaublich schlechte, kleine Stube, in der eine entsetzliche Hitze war, und fand die Einrichtungen in dem wenig bewohnten Haus überhaupt sehr unvollommen und ungenügend.

2. Juli.

Die Königin hatte noch immer sehr viel Fieber, dennoch war sie so sanft und geduldig wie immer. Frau von Berg fuhr nach Groß-Giewietz, auch mein Enkelsohn Voss ging gegen Abend dahin zurück. Der Strelitzer Hofarzt Hieronymi hofft das Beste und ist nicht besorgt.

3. Juli.

Der König fuhr ganz früh Morgens über Rheinsberg nach Charlottenburg zurück. Die Königin ist nicht schlechter wie gestern, aber auch nicht besser. Man überhäuft mich mit Güte und Aufmerksamkeiten hier, aber ich bin betrübt und kann nicht Muth fassen; ich fürchte, diese Krankheit ist recht ernst und wird nicht rasch vorübergehen. Nachmittags schickte ich eine Stafette mit dem Bulletin an den König.

4. Juli.

Die Königin ist sehr leidend, hat diese Nacht gar nicht geschlafen und heute gegen Abend wurden die Kopfschmerzen sehr heftig, sie war sogar einen Augenblick nervös sehr aufgeregt. Die Herzogliche Familie und die Prinzeß Solms waren etwas bei ihr, aber nur kurz. Man führt hier ein schreckliches Leben, die Leute beschäftigen sich mit gar nichts, sie laufen hin und her und langweilen sich. Ich bin immer im Krankenzimmer oder in dem meinigen und lebe ganz für mich; jeden Abend schicke ich eine Stafette an den König mit dem Bericht des Arztes und er behauptet immer, der Verlauf der Krankheit sei, wie er sein müsse. Die Prinzeß Solms wachte heute Nacht.

5. Juli.

Diese Nacht war *sehr* schlecht, aber der Tag war dagegen besser als der gestrige. Der König schickte mir eine Stafette und schrieb, daß er mit dem kalten Fieber in Charlottenburg angekommen sei. Ich wollte es der Königin sagen, der Arzt war auch meiner Meinung, aber die Andern mischten sich hinein, selbst Schilden, und machten ein großes Geschrei, es könne ihr schaden; ich ärgerte mich und schwieg stille.

Ach wie sehnlich wünschte ich, daß meine arme Königin besser würde; ich kann es gar nicht aushalten, sie so leiden zu sehen!

6. Juli.

Die Königin hatte eine etwas bessere Nacht, das Fieber ist heute ganz unbedeutend aber, sie ist sehr schwach. Eine Stafette aus Charlottenburg brachte das Bulletin von Wiebel und Briefe von Köckritz, der sagt, der König habe das Fieber, man wisse aber noch nicht, was für ein Fieber. Ich ließ den Arzt rufen und ging mit ihm zur Königin, um daß er ihr selbst den Brief und das Bulletin über den König vorlese, und sie beunruhigte sich durchaus nicht darüber. Meine Enkeltochter Voss und Frau von Berg kamen von Groß-Giewitz an. Ich blieb den Tag über nicht im Zimmer der Königin, sondern ging nur öfters hinein, weil die Herzogliche Familie ohnedem sehr viel bei ihr war. Man führt leider hier ein so müßiges unbeschäftigtes Leben, niemand nimmt etwas Rechtes vor, und ich kann es wegen der Pflege auch nicht, aber ich werde Gott danken, wenn wir hier wieder fort können.

7. Juli.

Der Arzt sagte mir, die Königin habe heute in der Nacht weniger gehustet, sie hatte am Morgen gar kein Fieber und war nur sehr schwach. Ich sah sie wiederholt, aber wagte nicht mit ihr zu sprechen, da sie ohnehin nicht genug Stille und Ruhe hat. Aber was soll ich thun? Niemals bin ich so behandelt worden wie hier; weder in den Wochenbetten noch bei Erkrankungen der Königin hat man mich jemals so entfernt. Ich fürchte, es wird sehr lange dauern, bis die Königin diese Krankheit und ihre Folgen überwindet! Nach den Briefen von Köckritz geht es dem König besser. Da die Stafette während der Abwesenheit des Arztes ankam, so gab ich den Brief des Königs der Königin nicht, und leider sah ich sie überhaupt diesen Tag fast gar nicht. Ich schickte eine Stafette nach Charlottenburg und schrieb, um den Koch Schrader kommen zu lassen. Die Schulz kam auch endlich heute früh an.

8. Juli.

Sonntag. Ich ging nicht in die Kirche, um mich keinen Augenblick zu entfernen, denn meine Angst um die Königin ist trotz der augenblicklichen Besserung noch sehr groß. Ich sah sie über eine Viertelstunde lang, um ihr im Beisein des Arztes die Nachrichten über den König mittheilen zu können. Der Husten und die Schwäche sind wahrhaft erschreckend, doch schlief sie heute ruhiger. Die Schwester ist immer bei ihr. Der allmächtige Gott wolle sich unser erbarmen! Abends war die Königin nicht gut; das Fieber kam wieder, dabei heftiger Husten, Schweiß und große Schwäche; der Arzt sagt, das alles sei in der Ordnung und müsse so sein. Ich kann nicht eingreifen und nichts thun und habe unter diesen Umständen hier ein sehr schweres Leben. Der König hat leider noch immer das Fieber, die Stafette kam heute wie immer und ich antwortete durch dieselbe. Ich schickte nach Groß-Giewietz um ein Roßhaarkopfkissen für die Königin, und sie schickten mir das des kleinen Felix, daß ich der Königin brachte.

9. Juli.

Die Königin hatte schlecht geschlafen, viel Hitze und Fieber und trotzdem versichert der Arzt mir immer, daß Alles gut steht! – Ich sah sie nur wenig und fand sie über alle Begriffe matt und schwach. Der Herzog ist ungeduldig und krittlich über Alles. Die Stafette brachte ein gutes Bulletin vom König, es geht ihm Gottlob besser. Seit zwei Tagen soupire ich allein mit dem Prinzen George. Die Berg reiste nach Berlin ab.

10. Juli.

Die Königin hat wenig geschlafen, ist sehr schwach, der Husten und der Auswurf sind stärker, nach meiner Meinung hat sie auch wieder Fieber. Die Solms ist immer bei ihr und ich konnte sie leider nur einen Moment sehen. Nach Tisch kam endlich Dr. Heim, den der König schickt; er sah die Königin, meinte, es wäre vielleicht besser gewesen, ihr noch einmal zur Ader zu lassen, im Übrigen sei sie ganz richtig behandelt worden. Aber immer noch hat sie Fieber; heute ist der erste Tag, und Heim glaubt auch nicht, daß die Krankheit so bald nachläßt. Das ist eine schwere Zeit, Gott weiß *wie* schwer! – Ich erhielt eine

Stafette von Wittgenstein, der um Nachrichten von der Königin bat, und dann die vom König, schrieb viele Briefe mit beiden Stafetten und war dann ganz allein, auch beim Souper.

11. Juli.

Heim findet heute wieder mehr Fieber, auch hat die arme geliebte Königin gar nicht geschlafen und dennoch hat er die beste Hoffnung, verlangt nur große Vorsicht und Schonung; denn er sagt, die Lunge habe gelitten! Er dinirte mit dem Herzog, spielte abends mit ihm Whist und war sehr guter Laune. Die Stafette kam und ging wie an jedem Tage, ich gab der Königin einen Brief des Königs und schrieb dann wie gewöhnlich an denselben. Mir scheint, daß er der Königin ein Wort über mich geschrieben haben muß, wenigstens sagte sie es mir und war sehr gnädig und herzlich gegen mich.

12. Juli.

Heim reiste leider heute Abend wieder ab; im Grunde findet er den Zustand der Königin doch nicht gut, Fieber, Husten und Schwäche immer unverändert, und sagt, daß sie nicht nur eine Lungenentzündung, sondern in Folge derselben eine Art Absceß in der Lunge gehabt habe, der nun aufgegangen sei und daher käme der Husten. Das ist es auch, was bedenklich werden kann. Wenn nicht große Vorsicht obwaltet; Hieronymi sagt auch, er habe dies Alles gleich erkannt, aber ich zweifle daran, denn Heim hat es ihm erst klar gemacht. Der liebe Gott wolle uns helfen! Ich leide das Unaussprechlichste in der Bekümmernis meines Herzens.

Die Herrschaften fuhren spazieren, ich verließ mein Zimmer nicht und schrieb die Briefe, die Heim mitnehmen sollte, die Antworten auf unzählbare Anfragen.

13. Juli.

Die arme Königin hat nur wenig geschlafen und hat immer noch Fieber; man setzte ihr Blutigel und sie verlor sehr viel Blut; das dauerte fast 6 Stunden, dann legte man warme Schwämme, um das Blut fortrinnen zu lassen und damit dauerte es den ganzen Tag. Man hatte mich nicht einmal zu Kenntnis davon gesetzt oder mich dazu rufen lassen, und die Weise, wie man mich behandelt und mich von meiner Königin fern hält, ist für mein Gefühl *furchtbar*, Gott wolle nur geben, daß die Königin gerettet wird, ich will nicht an mich denken. Abends schrieb ich an den König und des Morgens schickte ich eine zweite Stafette ab, um die Reinbrecht kommen zu lassen, da die ältere Kammerfrau krank geworden war. Es fand eine heftige Scene zwischen dem Arzt und dem Koch statt; der Erstere hat eine sehr große Meinung von sich selbst.

14. Juli.

Die Nacht war etwas besser; Frau von Berg kam an, war etwas bei der Königin, erzählte ihr viel von Charlottenburg, wo sie eben war, und will auch bei ihr wachen. Ich sah die geliebte Königin leider nur wenig, sie ist jetzt nie mehr ganz ohne Fieber; der Arzt ist wüthend über die unvernünftigen Einrichtungen, die im Krankenzimmer getroffen werden, ich kann nichts ändern – ach, es ist ein schrecklicher Zustand hier und eine schreckliche Angst und Sorge, dies zu sehen! – Ich ging erst sehr spät auf ein paar Stunden zur Ruhe, ach, ich habe ja keine Ruhe mehr!

15. Juli.

Sonntag. Ich ging natürlich nicht zur Kirche, die Berg hatte gewacht, die arme geliebte Königin wieder sehr viel Fieber gehabt, viel gehustet und wenig geschlafen. Der Athem ist jetzt sehr kurz und der Husten viel andauernder als früher. Ich sah die Königin heute öfters und etwas mehr, die jüngere Reinbrecht war angekommen und hatte der Königin einen Brief des Königs gebracht, der ihr große Freude machte und in Folge dessen sie auch öfters nach mir verlangte und mir wieder die rührendste Freundlichkeit und Gnade bewies. Ach, ich weiß es ja auch ohne daß sie es mir so liebevoll sagt, daß es nicht ihre Schuld ist!

Ein Fest, das der Fürst Schwarzenberg in Paris gegeben, hat schrecklich geendet; das Feuer ist im Tanzsaal ausgebrochen und die unglückliche Fürstin ist darin umgekommen, indem sie ihre Tochter suchte.

16. Juli.

Die Königin hatte heute Gottlob eine viel ruhigere Nacht; als ich sie zuerst des Morgens sah, fand ich sie entschieden besser als gestern, aber doch noch immer sehr kurzathmig. Da sie ohnehin zu viel umgeben ist, so bleibe ich aus Vorsicht und Sorge für sie nur wenig im Krankenzimmer, so schwer es mir wird, sie nicht zu sehen! – Um 12 Uhr rief mich Herr von Buch, als ich gerade in mein Zimmer gegangen war; die arme Königin hatte einen entsetzlichen Brustkrampf bekommen! – Ich flog zu ihr, die ganze Familie war im Zimmer, auch der Arzt; die Königin sah entstellt aus und schien zu ersticken, ich bebte vor Schrecken und begriff nicht, wie dies neue Unglück so plötzlich hatte kommen können! Der Anfall dauerte leider ziemlich lange; ich schickte den Feldjäger Müller an den König, dem ich Alles schrieb; auch der Arzt schrieb an Heim, er möchte sogleich kommen und noch einen Chirurgen mitbringen. Gott gebe, daß sie alle bald kommen. Ich fürchte Alles für sie! – Der übrige Tag verging ziemlich leidensfrei, der Abend ebenfalls. Ich hatte eine Stafette von Wittgenstein. Ach welche Angst, welcher Kummer!

17. Juli.

Die Königin hatte heute früh wiederholte Brustkrämpfe; der Athem ist sehr kurz – ich finde sie *sehr* schlecht! Nach Tisch kamen Heim, Gehrke und Schmidt hier an und fanden sie in großer Gefahr; sie glauben, daß die Lungen ergriffen sind und halten jetzt eine Rettung für beinahe unmöglich. Gott allein weiß, welcher Schmerz mir das Herz zerreißt, indem ich dies schreibe! Ich gab der Königin einen Brief des Königs, den sie anfangs nicht lesen konnte; aber etwas später konnte sie es doch und hatte eine unbeschreibliche Freude über denselben!

Die Prinzeß Solms und Frau von Berg sind beide seit einigen Tagen immerfort im Zimmer der Königin und wachen auch immer beide zusammen.

Ich schickte Büchner als Stafette an den König mit einem Brief von Heim; dann kam mein Enkel Voss aus Berlin an; er war auch beim König gewesen und brachte mir einen rührend guten gnädigen Brief von ihm. Mein Enkel reiste Abends wieder ab, Dr. Gerke wachte und ich ging nur von Zeit zu Zeit hinein wie in jeder Nacht.

18. Juli.

Meine arme Königin ist heute sehr krank; jedesmal, daß ich zu ihr kam, fand ich sie schlechter und mehr verändert. Heim hatte schon früh dem König eine Stafette geschickt, ich schickte etwas später Hoffmann als Stafette an ihn und schrieb ihm nochmals, daß die Königin immer schlechter werde. Bis um Mitternacht saß ich an ihrem Bett – ach, meine arme Königin – sie war entsetzlich krank.

19. Juli.

Ach, welch unglückseliger fürchterlicher Tag. Ich hoffte die ganze Nacht vergebens, der König werde ankommen; um 1 Uhr ging ich auf einen Augenblick in mein Zimmer; man rief mich eilend zurück, da der Zustand der Königin jeden Moment schlimmer wurde; sie hatte gar keinen Athem mehr, dann kamen Erbrechen und wiederholte Ohnmachten. Endlich gegen 5 Uhr kam der König, aber die Königin hatte bereits den Tod auf der Stirn geschrieben! – Und doch, wie empfing sie ihn? – Mit welcher Freude umarmte und küßte sie ihn und er weinte bitterlich! – Der Kronprinz und Prinz Wilhelm waren mit ihm gekommen; so viel die arme Königin es nur vermochte, versuchte sie noch immer zu sprechen; sie wollte so gern immer noch zum König reden, ach, und sie konnte es nicht mehr! So ging es fort und sie wurde immer schwächer. Der König saß auf dem Rand des Bettes und ich kniete davor; er suchte die erkalteten Hände der Königin zu erwärmen, dann hielt er die eine und legte die andere in meine Hände, um daß ich sie warm reiben sollte. Es war etwa neun Uhr; die Königin hatte ihren Kopf sanft auf die Seite geneigt und die Augen fest gen Himmel gerichtet. Ihre großen Augen weit geöffnet und aufwärts blickend, sagte sie: »Ich sterbe, o Jesu mach' es leicht!« – Ach, das war ein Augenblick wie niemand ihn je vergißt! Ich bat den König, ihr die Augen zuzudrücken, denn der letzte Athem war entflohen! – Ach, das Schluchzen und Weinen des unglücklichen Königs, der Kinder und Aller, die umher knieten, war schrecklich. Die Wege Gottes sind unerforschlich und heilig, aber sie sind furchtbar zu gehen. – Der König, die Kinder, der Staat, der Hof, *Alle*, ja *Alle* haben *Alles* auf der Welt mit ihr verloren. Ich spreche nicht von mir – aber ach, mein Unglück ist groß. –

Der König trug mir und Schilden auf, alles zu besorgen und zu überwachen, was in Bezug auf das Zimmer der Königin, die Wachen bei ihr und in jeder anderen Beziehung zu thun sei.

Der Oberhofmeister und Gräfin Truchseß wachten die erste Nacht in dem Zimmer, wo unser Aller Schutzengel, unsere entschlafene Königin lag; in der zweiten Nacht wachten die Officiere, und die Kammerdiener in der dritten, wie auch auf dem Vorplatz, Officiere, und bei der Hofdame immer noch eine Kammerfrau. Herr von Buch reiste sogleich ab, um die Nachricht nach Berlin zu bringen, bald darauf kamen der Prinz und die Prinzeß von Oranien, die Prinzeß von Hessen und die Gräfin Brandenburg an; dann die Tauenzien, Gaudy und Wrangel, die theilweise weiter nach Neustrelitz gehen mußten, um im dortigen Schloß Wohnung zu finden.

20. Juli.

Ich lebe noch trotz meines Grams! Sie ist fast gar nicht verändert; sie wurde geöffnet und man fand einen Polypen im Herzen, die rechte Lunge fast zerstört – sie hätte in jedem Fall nur noch kurz und unter Leiden leben können. Die Ärzte sagen, der Polyp am Herzen sei eine Folge zu großen und anhaltenden Kummers, – dessen hat sie viel, viel gehabt! – der arme König ist in einer dumpfen Verzweiflung, ich saß lange bei ihm, immer von Neuem geht er zu ihr hinein, – ich fasse es nicht, wie er sich jemals beruhigen und fassen und es ertragen soll.

Mein Enkel Voss kam an und er und der Oberst Bork übernahmen den Dienst beim König. Die Fürstlichkeiten, die gestern von Berlin gekommen waren und in Strelitz übernachtet hatten, kamen heute Alle von dort noch einmal hierher zurück und reisten dann um 4 Uhr nach Berlin weiter.

Der König reiste mit seinen Kindern um 6 Uhr Abends ab, auch die arme junge Prinzeß Charlotte und Prinz Carl, welche zu ihrem Schmerz einige Stunden nach dem Tode eingetroffen waren. Die Tauenzien blieb hier und wachte diese Nacht. Abends wurde noch die Wachsmaske der Königin abgenommen, um ihre Büste danach zu machen.

25. Juli.

Wir verließen Hohen-Zieritz um 4 Uhr Morgens; ich fuhr dicht hinter dem Trauerwagen her, Schritt vor Schritt bis Gransee. Das Militär, die Strelitzer Minister und Hofdamen begleiteten den Sarg nur bis Dannenwalde, dort empfingen ihn 120 Mann der Gardes du Corps. In Gransee war ein Haus aus Holz gebaut, in das der Sarg während der Nacht gestellt wurde, drei Officiere hatten die Wache dabei noch außer den anderen Wachen.

26. Juli.

Den folgenden Morgen fuhren wir um 7 Uhr früh weiter und blieben die nächste Nacht in Oranienburg. Der Prinz Carl von Mecklenburg und der Provinzialrath v. Ziethen begleiteten mit uns Anderen vom Hofstaate den Sarg.

27. Juli.

Wieder um 7 Uhr von Oranienburg weiter, immer Schritt vor Schritt, und Abends nach 8 Uhr kamen wir in Berlin vor dem Schlosse an. Was ich in diesen drei Tagen gelitten habe, kann kein menschliches Wort sagen. Man setzte den Sarg in den Thronsaal. Der König war ergreifend gut und gnädig gegen mich.

28. Juli.

Unser heimgegangener Engel fängt seit heute an sich zu verändern; wir können ihn nicht mehr zeigen. Unterwegs wurde der Sarg täglich geöffnet, um nachzusehen, auch gestern sah ich meine Engelskönigin noch, aber heute ist sie zuerst nicht mehr dieselbe. Natürlich muß ich täglich mehrere Stunden am Katafalk zubringen, das heißt die Stunden, in denen die Menschen kommen dürfen. Ich höre, daß man für den Tag der Beisetzung drei Regimenter herkommen läßt. Heute blieb der arme unglückliche König über eine Stunde in meinem Zimmer, ach, wie ist er zu beklagen.

30. Juli.

Heute war der unglückselige Tag der Beisetzung!

Der König kam früh am Morgen zu mir und blieb ein wenig; Mittags ging ich wie jeden Tag aufs Schloß, um meinen Dienst zu thun. Abends 6 Uhr wurde der Sarg noch einmal geöffnet im Beisein der Minister, die ein Protokoll aufnahmen. Ach, sie war so verändert! Der König kam auch, aber er sah sie nicht mehr; um halb acht Uhr fing die Trauerfeierlichkeit an – ach, ich kann nicht weiter schreiben!

31. Juli.

Der König kam so wie jeden Morgen auf eine halbe Stunde zu mir, und sagte mir, daß Alles ganz genau bleiben sollte wie es bisher gewesen, und daß er mir die Oberaufsicht über die drei Prinzessinnen übergebe. Er aß bei mir, fuhr Nachmittags nach Charlottenburg und soupirte dann wieder in meinen Zimmern.

1. August.

Zu Tische waren wir in Charlottenburg; nach Tische erhielt ich von meinem König einen unbeschreiblich rührenden und ergreifenden Brief im Hinblick auf die Vergangenheit, und überträgt er mir darin noch einmal die Aufsicht über die Prinzessinnen und den kleinen Prinzen Albrecht mit Worten, die mich tief erschütterten. Alle Prinzen und Prinzessinnen tranken bei mir Thee, der König blieb allein in seinem Zimmer.

2. August.

Wir sind ganz in Charlottenburg etablirt.

3. August.

Geburtstag unseres armen, armen Königs. Er hatte jeden Glückwunsch verbeten. Wir fuhren nach der Pfauen-Insel; der Bruder, die Schwester und die Kinder des Königs waren allein mit ihm und brachten ihm auch ihre Geschenke dorthin. Ich gab ihm eine Marmortafel für einen Tisch, sieben Marmorfiguren und eine Flora von Marmor mit einer Blumen-Vase. Der König hat den drei Hofdamen ihren Dienst eingetheilt; die Truchseß kommt zu Prinzessin Charlotte, die Tauenzien zu Prinzessin Alexandrine und die Curowska zu Prinzessin Louise. Alles bleibt im Übrigen genau so, wie es bisher war.

29. August.

Der König schickte mir das tägliche Frühstücks-Sevice und die große silberne Toilette der Königin und befahl, dieselbe in meinem Schlafzimmer aufzustellen, und dann kam er selbst zu mir, – ach, mit welchem Schmerz! –

31. August.

Der König kam Abends zu mir und brachte mir sein Portrait und das Portrait der Königin in Brillanten gefaßt. Beide am Bande und mit der Schleife des schwarzen Adler-Ordens zu tragen. Ich weinte sehr und er weinte auch. Er ist ganz einzig gut für mich und überhäuft mich täglich mit neuen Geschenken und Gaben-Bezeugungen – aber ach!! –

2. September.

Der König wollte die Prinzen zu sich nach Potsdam haben; ich antwortete, daß sie erkältet wären, und ich nicht vernünftig fände, sie zu schicken; und darauf erhielt ich ein reizendes Billet von ihm, so gut und freundlich wie immer. Er ist ein Engel von Gemüth.

23. September.

Ach, welch ein Tag! Ich stand früh um 7 Uhr auf und fuhr mit den beiden Viercks nach Charlottenburg. Es war entsetzliches Wetter; der König und die Prinzen waren schon vor uns fort. Morgens 4 Uhr hatte man die theure Leiche aus dem Dom nach Charlottenburg gebracht mit einer Eskorte der Garden und dem Gefolge der Herren vom Hofe. Nach 10 Uhr ging man in das Mausoleum, wo Ribbeck eine Rede hielt; man sagt, sie sei sehr schön gewesen; ich weiß es nicht, denn meine Thränen erstickten mich beinahe. Der König war mit seinen Kindern zu Fuß dem Sarge gefolgt und nach ihm alle Anderen, nur Massow und ich fuhren. Der König und die Königlichen Kinder befanden sich in einem saalartigen Raum oberhalb des Grabgewölbes, wir Anderen im Peristyl. Nach der Rede und den Gebeten ging der König mit seinen Kindern hinab zum Sarge und weinte ganz herzzerreißend. Als er fortgegangen war, ging auch ich hinab mit den anderen Allen, mir war zu Muthe, als reiße man meine Seele aus meinem Leibe, es war zu furchtbar. Als ich zum Schloß zurückkam, ging ich sogleich zum König, der in einem Zustand von unbeschreiblichem Jammer war; es war mehr als erschütternd, ihn zu sehen. Er fuhr mit seinen beiden ältesten Söhnen nach Potsdam zurück, ich blieb mit den kleineren Kindern hier.

1. Januar **1811**.

Der Allmächtige hat gewollt, daß ich auch dies Jahr noch erleben sollte, nunmehr 81 Jahre alt und nahe dem zweiundachtzigsten.

7. Januar.

Alle Morgen gehe ich ein wenig hinauf zum König; Mittags ißt er mit uns, Nachmittags kommt er zu mir und bleibt zum Thee und den Abend hindurch bis nach dem Souper bei mir.

Der Graf Henckel liest dann gewöhnlich vor; jetzt liest er Anekdoten aus der russischen Geschichte, die interessant sind.

15. Januar.

Abends wurde wie immer vorgelesen; Henckel liest jetzt das Leben des Prinzen Eugen von Savoyen vor, das sehr gut geschrieben ist.

21. Januar.

Jeder Tag gleicht dem anderen; früh gehe ich zum König hinauf, nach Tische kommt er in meine Zimmer und bleibt den Abend; es wird immer vorgelesen, und das ist angenehm und eine Erleichterung.

29. Januar.

Heute zum ersten Male ging der König auf einen Augenblick in die Oper; man gab die Vestalin; dann soupirte er bei mir.

21. Februar.

Der König kommt noch immer wie bisher jeden Nachmittag und bleibt zum Thee in meinem Zimmer; die älteren der Königlichen Kinder sind auch immer da; es wird vorgelesen bis zum Souper; jetzt liest Henckel die Geschichte des großen Kurfürsten von Erman, es ist ein Manuscript, was schwer zu lesen ist, aber es ist recht gut.

23. Februar.

Geburtstag der lieben Prinzessin Alexandrine. Ihr zu Ehren war ein kleines Déjeuner in ihren Zimmern; der König war auch da, und ich ging hinüber, aber ich weinte so schrecklich, daß ich weggehen mußte. Zu Tische aßen alle Königlichen Kinder mit, außer den kranken, dann tranken sie Alle bei mir Thee. Die Prinzessin von Oranien gab einen kleinen Ball, auch der König und Prinzessin Charlotte gingen auf eine Stunde hin und kamen dann zum Souper wieder zu mir.

10. März.

Der König ging zur Kirche, wo Ribbeck eine sehr schöne Predigt hielt. Welch' glückseliger Tag war dies einstmals – und jetzt welch' unglückseliger Tag. Der König blieb den ganzen Tag allein, aß in seinen Zimmern und kam nur den Abend allein zu mir; sonst sah ich niemand.

11. März.

Mein trauriger Geburtstag, den ich doch noch einmal erlebe nach so viel Gram!

19. März.

Der König hatte in meinem Zimmer eine Conferenz mit Fürst Wittgenstein und Herrn von Buch. Der verewigte Prinz Ferdinand ist von Saalfeld nach Bellevue gebracht worden und sollte in aller Stille im Dom beigesetzt werden. Der König will jedoch, daß dies nicht ohne eine Feierlichkeit geschehe. Die Minister fürchten die Empfindlichkeit Napoleons; diese Rücksicht erbitterte und empörte das Gefühl des Königs und er hat vollkommen Recht, in dieser Sache nicht auf sie zu hören. Er befahl schließlich, daß die Kinder des Prinzen den Sarg im Dom empfangen, und daß ein Theil der Garnison, alle Personen des Hofes und die Minister dem Sarge folgen sollten; das Ganze wird am 21. Abends stattfinden.

20. März.

Ich war heute leider genöthigt, dem König zu widersprechen wegen der Art, wie die jüngeren Hofdamen ihre Trauer tragen und hatte eine Scene mit ihm.

21. März.

Früh Morgens brachte man mir einen kleinen Brief des Königs, in dem er mich auf eine sehr rührende Weise um Entschuldigung bittet, falls er mich gestern geärgert haben sollte. Ich antwortete sogleich und sagte ihm, ich sei natürlich sehr betrübt gewesen, aber daß er meine innige Anhänglichkeit an ihn wohl kenne und daß ich ihn in allen Dingen um nichts Anderes bäte, als einzig um Entschiedenheit. Später ging ich zu ihm hinauf zu meiner gewohnten Stunde und er war sehr gnädig wie immer! – Der König und die Königlichen Prinzen gingen in den Dom, um die Leiche des Prinzen Louis zu erwarten; alle Anderen folgten zu Wagen dem Sarge, der von Bellevue aus kam. Der Zug war sehr schön und feierlich, doch nur eine mäßige Anzahl von Truppen dabei, um das Ganze nicht als eine Demonstration erscheinen zu lassen. Ich blieb in meinem Kabinett allein; diese Erinnerungen bewegen mir das Herz zu tief. Die Hofdamen u.s.w. sahen dem Zuge von den Fenstern im ersten Stock aus zu;

der schöne Gala-Wagen, den der hochselige König in Straßburg machen ließ, folgte dem Sarge zunächst, der Marschall und der Prinz August saßen darin.

22. März.

Die Franzosen sind 4000 Mann stark über die Elbe nach Stettin gegangen, um die Garnison von Danzig abzulösen, die nach Spanien gehen soll. Man war allgemein äußerst aufgeregt über diese Bewegung; auch der arme, arme König war es sehr. Heute war der Geburtstag des lieben jungen Prinzen Wilhelm. Die Kinder aßen alle mit bei Tafel und waren dann zum Thee und Souper bei mir, wo sie einen furchtbaren Spektakel machten. Der arme König war sehr still und traurig den ganzen Abend.

1. April.

Der König schickte mir einen großmächtigen poisson d'Avril, den er selbst gezeichnet hatte.

10. April.

Heute schickte mir der König eine Tasse mit dem Bild der hochseligen Königin.

12. April.

Ich verrichtete meine Andacht und ging zur heiligen Communion in St. Nicolai. Ich mußte bitterlich weinen im Andenken an alles, was ich früher empfunden hatte an dieser selben Stelle, wenn ich mit meiner geliebten Königin zum Tische des Herrn ging. Als ich zu Hause kam, erhielt ich einen herzbewegenden, rührenden Brief des armen, theuren Königs.

August.

Napoleon geht nach Hamburg, wenigstens heißt es so; man weiß nie, wie man mit ihm daran ist. Die Hin- und Hermärsche seiner Truppen nehmen kein Ende. In Spanien geht es ihm nicht nach Wunsch, aber es ist zu weit von hier, um daß man jemals die ganze Wahrheit von dort erfahren könnte.

Die Fürsten vom Rheinbund benehmen sich erbärmlich wie die nassen Hühner, es ist kläglich mit anzusehen.

Vom Jahre 1812 finden sich nur wenige Aufzeichnungen; eine schwere Krankheit der Gräfin Voss hatte dieselbe lange Zeit schwach und schreibunfähig gemacht.

20. Januar **1813**.

Heute fand die feierliche Confirmation des Kronprinzen statt; aber ich war zu elend und konnte nicht mit in die Kirche gehen, was mich sehr schmerzte. Ich schrieb einige Verse nieder, die ich dem Kronprinzen gab. Die sämmtlichen Höfe und ihr Gefolge waren in der Kirche und ich hörte, daß die heilige Handlung sehr schön und feierlich gewesen ist. Der König wird morgen mit dem Kronprinzen zum heiligen Abendmahle gehen.

21. Januar.

Dieser Tag kostete mir viele Thränen. Der König ging mit dem Kronprinzen zur Communion; dann erhielt ich ein Billet von Ersterem, das seine große Gnade für mich, aber zugleich die schmerzlichsten und rührendsten Empfindungen ausdrückte; auch vom Kronprinzen erhielt ich einen wunderhübschen Brief. Alle Königlichen Kinder reisen den 24. mit dem König nach Breslau ab. Die Franzosen kommen und gehen wieder; die Russen rücken in Pommern ein; der König selbst geht schon morgen fort, das betrübt und ergreift mich sehr; es wird mir so schwer, mich von den Königlichen Kindern zu trennen und daß ich meiner Schwäche wegen nicht mit ihnen nach Breslau gehen kann!

22. Januar.

Der König gab mir zum Abschied eine Tabatière mit dem Bild der theuren Königin, und begleitet von einem so schönen, wahrhaft erhebenden, wundervollen Briefe! Die Prinzessin Charlotte selbst brachte mir Beides in seinem Auftrag.

Heute ganz früh schon war der König abgereist, nur Natzmer ist mit ihm. Ich war sehr unglücklich. Gott wolle ihn führen und geleiten und ihn beschützen!

23. Januar.

Ein trauriger Tag; ich mußte Abschied von meinen geliebten Prinzessinnen nehmen und blieb ganz allein! Im Laufe des Tages erhielt ich zwei Stafetten vom König und schrieb ihm nach Beeskow.

24. Januar.

Ach, das war ein harter Abschied für mich, alle Königlichen Kinder reisten heute wirklich ab. Ich war sehr gebeugt. Der König ist die Nacht in Sagan geblieben. St. Marsan geht auch nach Breslau.

29. Januar.

Von den Armeen sieht man nur die Franzosen, welche hier alle halb todt ankommen und gefangene Russen mit sich nach Frankreich transportiren.

3. Februar.

Ich hatte heute einen allerliebsten Brief der Charlotte. Die Nachrichten sind so ungewiß von den Armeen, daß niemand weiß, was er glauben soll.

10. Februar.

Die Russen sind bereits in Warschau. Alle jungen Leute gehen von hier nach Breslau, um bei den freiwilligen Jägern einzutreten.

11. Februar.

Kaum weiß man, ob wir französisch oder russisch sein werden, das Geschick steht noch immer so drohend und dunkel über uns! Alles, was nur kann, strömt nach Breslau zu den Jäger-Bataillonen, die der König errichtet.

12. Februar.

Alexander ist in Warschau. Augereau hat durchaus nicht wollen unsere Garde ausrücken lassen, aber Gottlob, ihm zum Trotz ist sie heute früh um sechs Uhr abmarschirt.

15. Februar.

Man sagt, die Russen gehen vorwärts; ach, wenn man nur bei uns den Entschluß wagte, jetzt auf die rechte Seite überzugehen!

17. Februar.

Die Russen schlagen überall die Franzosen, auch die eben erst von hier ausmarschirten sind gleich darauf geschlagen worden. Ich wollte nur, sie wären erst alle aus der Stadt hinaus und daß endlich die Russen einrückten. Aber ach, wenn man denkt, daß man noch immer nicht weiß, auf welcher Seite wir fechten werden!

18. Februar.

Es heißt, daß ein Gefecht bei Blumberg stattgefunden hat und daß die Russen gesiegt haben. Ach, wenn sie doch kämen!

19. Februar.

Die Russen kommen näher, aber die Franzosen wollen durchaus nicht die Stadt verlassen; sie wollen sie hier erwarten und sich hier vertheidigen.

20. Februar.

Die Kosaken sind vor sämmtlichen Thoren der Stadt, sie waren sogar im Thiergarten; die Franzosen stellten die Kanonen am Brandenburger Thore auf und rings um das Schloß herum, entschlossen, die Stadt zu halten; doch kam es zu nichts, nur ein paar Leute wurden verwundet. Alles kam zu mir gelaufen, man beschwor mich, in den ersten Stock hinauf zu gehen, des möglichen Straßenkampfes halber. Die Franzosen concentrirten sich dicht um das Palais herum und man dachte, es werde zu einem ernsthaften Kampfe kommen; aber plötzlich zogen sich die Kosaken wieder zurück und waren verschwunden. Den ganzen Tag war ein Lärm und eine Aufstörung ohne Ende; ich schrieb an Augereau, um ihn zu bitten, die Stadt nicht unnütz zum Schauplatz eines Zusammenstoßes zu machen; er schickte mir Mr. Lefevre, um mir zu sagen, er könne nicht anders handeln, als er es bisher gethan. Ich schrieb dem König; aber der Brief konnte nicht abgehen, weil keine Stafette durch die Feinde durchgelassen wurde; dann setzte ich mich ruhig zu meiner Parthie mit Buch, Böttcher und Lottum, und als sie aus war, legte ich mich zu Bett; Gott wird uns schon beistehen.

21. Februar.

Sonntag. Kein Gottesdienst; alle Kirchen waren auf Augereaus Befehl geschlossen und keine Glocke durfte läuten. Endlich ging mein Brief an den König doch ab; aber es war ein entsetzlicher Tumult und Spektakel auf den Straßen, den die Franzosen mit ihren kriegerischen Vorbereitungen anrichteten. Es heißt, das Gros der Russen rücke heran und man sei entschlossen, sich nur in der Stadt selbst zu schlagen. Abends war ein solcher Lärm vor den Fenstern, daß man nicht einmal Whist spielen konnte.

22. Februar.

Der Vice-König von Neapel kam mit einer großen Menge Truppen an; schon während der Nacht war der General St. Cyr gekommen und Kanonen wurden allenthalben, auch auf dem Wilhelmsplatz, aufgefahren.

Der Vice-König ritt dicht an meinem Fenster vorbei, ich sah nur sein Gesicht. Die Truppen liegen rund um die Stadt herum. Der Durchmarsch der Franzosen dauerte den ganzen Tag hindurch, Abends endlich rückten auch die ab, die um das Palais kampirt hatten.

Was mich betrifft, so hatte ich meine gewohnten Herren zur Parthie, soupirte mit ihnen und ging dann ruhig schlafen; die Nacht verlief ganz ruhig.

Der hiesige Tugendbund hat gegen den König intrigirt und versucht, einen Aufstand in der Stadt zu Stande zu bringen; der Prinz Heinrich ließ sich von ihnen überreden, auch Brockhausen, Stägemann und Kühlwetter waren dabei, sie versuchten, selbst Goltz für ihren Plan zu gewinnen, der ihnen aber tüchtig ins Gewissen redete und ihnen begreiflich machte, daß ein Aufstand jetzt das Allerthörichtste und Verderblichste sein würde, und so ist diese Unvernunft für diesmal noch ohne Schaden anzurichten vorübergegangen; aber alle diese, gegen den Willen des Königs gerichteten Umtriebe sind empörend und geradezu verbrecherisch. Man sagt, die Franzosen würden schließlich die Russen gar nicht abwarten, sondern das Weite suchen, ehe diese kommen, und das glaube ich auch.

23. Februar.

Geburtstag der lieben Prinzeß Alexandrine; ich schickte ihr eine Schärpe und ein Halsband! – Die französische Kavallerie war früh Morgens ausgerückt und hatte sich draußen vor der Stadt mit den Kosaken herumgeschlagen. Der Vice-König steht in Köpenick, die Kosaken in Oranienburg, Pankow und Schönhausen. Abends hatte ich meine gewohnten Herren zur Parthie.

24. Februar.

Die Stadt ist ruhig; man hofft, daß die Franzosen freiwillig abziehen werden. Ich höre, daß man mit den Stafetten vorsichtig sein muß; General Benckendorf soll in Müncheberg, wo er sich befindet, alle Briefe öffnen, die er auffangen kann. Goltz war beim Prinzen Heinrich und hat ihm ernstlich vorgestellt, daß er sich nicht an die Spitze dieser thörichten Kopf-Verlorenen vom

Tugendbund stellen solle, der König würde ihm das nie verzeihen.

25. Februar.

Augereau ist plötzlich fort, aber die französischen Truppen sind noch sämmtlich hier; den ganzen Tag über dauern die ewigen Hin- und Hermärsche, draußen vor den Thoren fallen kleine Plänkeleien vor, aber kein ernster Angriff.

Kaiser Alexander soll in Breslau sein; hierher dringt leider kein Brief durch. Ich erwarte ruhig, was kommen wird. Wir haben schauderhaftes Wetter. Abends meine Parthie wie gewöhnlich.

26. Februar.

Man sagt hier, die Russen könnten nicht herankommen, weil die Brücke bei Frankfurt a. O. von den Franzosen verbrannt worden sei und erst eine neue geschlagen werden müßte; aber niemand weiß noch ahnt, was draußen vorgeht, wie es eigentlich steht, noch was uns zunächst hier bevorstehen mag.

27. Februar.

Alles unverändert; immer dieselbe Ungewißheit. Der Vice-König läßt Barrikaden von großen Balken vor den Thoren errichten, um sie zu vertheidigen; Oudinot und einige Andere, die während der Nacht hinaus wollten, sind von den Kosaken gefangen genommen worden, die rings um die Stadt umher schwärmen. In Potsdam sind neue französische Truppen eingerückt und man hört nichts mehr von dem russischen Heere.

28. Februar.

Ganz derselbe Zustand wie bisher; es wäre schon zu wünschen, daß er bald ein Ende nähme. Ach, und immer nichts aus Breslau!

1. März.

Gottlob, endlich Nachrichten vom König. Er ist ganz entschlossen und will den Krieg. Hier wird fort und fort geschossen, geplänkelt, vor den Thoren herum scharmützelt; Verwundete werden zahlreich herein transportirt, aber das ist Alles.

2. März.

Jetzt heißt es, die Russen könnten wegen der schlechten Wege nicht vorwärts kommen; man erwartet sie hier mit Schmerzen, aber vergebens. Um die Stadt herum immer derselbe kleine

Krieg fort; man behauptet, die Russen ständen acht Meilen von Dresden, der Hof sei geflohen, der König nach Plauen, die Brüder des Königs nach Baireuth. Dieser Hof ist nicht mein Liebling, ich kann ihn nicht bewundern.

3. März.

Die Franzosen marschirten heute denn endlich und wirklich ab! Der Vice-König von Neapel ließ aus Charlottenburg dem Prinzen Heinrich zum Abschied einige Höflichkeiten sagen und dieser schickte den Grafen Brühl zu ihm, um dieselben zu erwiedern, und dann schloß sich der Vice-König den abrückenden Truppen an.

4. März.

Heute zogen die Kosaken und einige andere Cavallerie-Regimenter in die Stadt ein, das Volk war wie toll vor Jubel und empfing sie mit einem nie enden wollenden Freudengeschrei! Es war mit einem Male auch jede Spur von dem abziehenden französischen Militär verschwunden, und so entstand nicht der geringste Zusammenstoß und Alles ging in größter Ruhe und Ordnung vor sich. Nur einige Nachzügler und Marodeure, die sich noch in der Stadt herumtrieben, wurden von den Russen aufgegriffen. Es war Ende März des vorigen Jahres, als die Franzosen einzogen, und fast ein Jahr lang sind sie hier gewesen; Gott gebe, daß sie nie wiederkehren!

Fürst Repnin und Mussin-Puschkin kamen schon früh Morgens zu mir, wie ich eben aufstand, und ich hatte eine große Freude, sie wieder zu sehen. Dann schrieb ich dem König; es war ein arges Hin- und Herlaufen bei mir, alles kam und ging; ein ganzes Regiment Russen bivouakirte vor meinen Fenstern und soll morgen früh weiter zur Verfolgung des Feindes. Abends brannten die Vorstädte von Spandau ab, weil die Franzosen die Festung halten wollten, obgleich Jedermann überzeugt war, der Vice-König sei viel zu eilig, weiter zu kommen, um dies im Ernste zu thun.

5. März.

Gottlob, Briefe aus Breslau! Überall ist der Krieg in vollem Gange. Repnin und Kutusoff kamen zu mit, und blieben den Abend; der Erstere sieht sehr gut aus und ist mir lieb um alter Freundschaft willen. Sobald das Corps von York hier ankommt, gehen sie weiter. Gott wolle jetzt unsere Sachen zum Besten wenden! – Man sagt, Kaiser Alexander sei in Breslau und hofft, der König werde sich von ihm fortreißen lassen und nicht länger zögern.

6. März.

Alle Nachrichten sind so voll Widerspruch und Unsicherheit und so viel falsche werden absichtlich verbreitet, daß man nichts mit Sicherheit weiß, auch nichts von den Franzosen, weder wo sie stehen, noch ob sie die Russen erwarten, um ihnen Stand zu halten, oder sich zurückziehen. Man glaubt, die Österreicher würden sich nicht rasch entschließen und fürs Erste noch unthätig bleiben; ich hoffe, das ist nicht wahr, es wäre auch unklug von ihnen.

7. März.

Der Prinz von Oranien kam heute an. Die Kosaken haben die Franzosen bei Berlin eingeholt und ihnen große Verluste beigebracht. Diese armen Soldaten jammern mich unbeschreiblich, die so elend umkommen und nutzlos geopfert werden, alle nur für den Ehrgeiz dieses unseligen Bösewichts, der während dessen sich damit unterhält, seine Gemahlin in Paris krönen zu lassen, wie man uns sagt.

10. März.

Tag der schmerzlichsten Erinnerungen an meine angebetete Königin! Man erwartet jetzt sehnlichst und mit Schmerzen die Nachricht, daß ein Bündnis mit Rußland geschlossen werde.

11. März.

Die Vorsehung hat mich auch noch dies Jahr erleben lassen, es ist nun das vier und achtzigste; ich beginne es mit Danksagung, aber ich bin auch täglich bereit zum letzten Abschied. Von früh bis Abends war ein Gedränge von Menschen in meinen Stuben; der Fürst Wittgenstein brachte mir ein Geschenk des Königs; um zwölf Uhr zog der russische General Graf Wittgenstein in Fiocchi mit den sämmtlichen Truppen in die Stadt ein; man gab ein großes Déjeuner und dann ein großes Diner im Schloß für die Generäle und Officiere. Graf und Gräfin Wittgenstein kamen am Abend zu mir; beide sind angenehm und liebenswürdig.

12. März.

Ich schrieb an den König. Man glaubt, er werde selbst den Oberbefehl der Armee übernehmen.

Auch jener General Dörnberg, der den mißglückten Erhebungsversuch in Cassel machte, kam heute an und kam zu mir.

13. März.

Großer Subscriptionsball im Saale des Schauspielhauses den Russen zu Ehren. Alle Prinzessinnen waren da und auch viele russische Damen, die mit den Truppen gekommen waren und sämmtlich präsentirt wurden.

14. März.

General Blücher hat den Befehl über ein starkes Armeecorps erhalten, das in Sachsen einrücken soll; Prinz Wilhelm sollte Gouverneur von Berlin werden, aber er will nicht, sondern will lieber mit Blücher ins Feld ziehen; Prinz Heinrich will mit den Russen, das heißt mit Graf Wittgenstein gehen.

15. März.

Großes Diner bei Prinz Heinrich. Ich schrieb an den König und schrieb auch an den Kaiser nach Breslau; Gott wolle dem theuren Könige helfen, bald den rechten Entschluß zu fassen. Tauenzien soll nach Pommern und ist trostlos darüber.

17. März.

Unsere Truppen unter York zogen heute hier ein, sie sahen süperb aus! Großes Déjeuner bei Prinz Heinrich für alle preußischen und russischen höheren Officiere; nach Tische große Taufe bei Radziwills, wo alle Welt war, Abends die Stadt illuminirt, im Opernhaus und in allen Theatern Hochrufe, Vivats und Jubelgeschrei!

24. März.

Der König, der schon seit einigen Tagen in Potsdam ist, kam heute zu Pferde von dort herein, Graf Wittgenstein ritt ihm entgegen und ließ im Thiergarten ihm zu Ehren einige Kanonensalven geben. Der König besichtigte seine Truppen, die auf beiden Seiten unter den Linden entlang aufgestellt waren, und ritt dann die Aufstellung der Russen entlang, die gegenüber vom Palais und im Luftgarten standen. Die Hurrahs und das Geschrei: »Es lebe der König!« hatten kein Ende. Ach, ich freute mich! Er sah mich am Fenster stehen und winkte mir zu. Auch Alopäus und seine Tochter Alexandrine sahen mit mir von meinen Zimmern aus alles mit an. Als der König ins Palais kam, ging ich zu ihm hinauf und aß mit ihm trotz meines Hustens und meiner Mattigkeit; nur Knesebeck, Wrangel und Natzmer waren mit bei Tische; Nachmittags sprach der König lange mit mir und erzählte mir Alles, wie es gekommen war. Abends ging er in die Oper, man gab Armide; er zeigte sich in der großen Loge und wurde enthusiastisch empfangen. Dann ging er in seine kleine Loge und nach dem Theater kam er allein zu mir zum Souper; er war sehr guter Laune und ich war ganz glücklich!

25. März.

Großes Diner im Schloß in der Bildergalerie.

27. März.

Heute war ganz früh Morgens Feldgottesdienst für die Truppen hier dicht unten vor dem Palais; dann rückte das ganze Corps von York aus; Gott wolle mit ihnen sein!

29. März.

Der König war sehr beschäftigt, er kam erst Abends herunter und soupirte bei mir; das war ein sehr trauriger Abschied für mich. Er geht nach Breslau zurück und der Kronprinz zur Armee, das heißt zu Blücher.

1. April.

Der König ist glücklich in Breslau angekommen und geht von da nach Kalisch zum Kaiser. Man fängt an, Spandau zu bombardiren; die arme Stadt, das ist schrecklich!

25. April.

So lange Zeit, seit ich das vorgehende niederschrieb, habe ich wieder krank gelegen und war an des Todes Thür, und nun bin ich doch wieder durch Gottes Willen genesen, so daß ich schon eine Stunde jeden Tag auf sein kann.

Seitdem ist viel geschehen; gestern hat das arme Spandau, das viel gelitten hat, endlich kapitulirt. Die Franzosen haben es verlassen und ziehen nun ab, es waren 2000 Mann.

Der König ist seit dem 24. in der Nähe von Dresden.

29. April.

Mein König und der Kaiser sind in Dresden; man weiß nicht, ob Napoleon in Erfurt ist oder in Paris. Goltz geht nach Stralsund, um den Kronprinzen von Schweden zu empfangen. Übrigens hat man gar keine Nachrichten, man hört nichts als falsche Gerüchte oder Lügen.

2. Mai.

Dank-Gottesdienst für die Übergabe von Thorn und Spandau.

5. Mai.

Heute die Glücksbotschaft eines Sieges! Die Schlacht war am 2. und dauerte bis zum 3., dem König wurden zwei Pferde unter dem Leibe erschossen, Prinz Leopold von Homburg ist gefallen. Gott wolle uns weiter helfen!

6. Mai.

Eine offizielle Stafette aus Dresden, wo der König ist, kam an mich und eine zweite an Alopäus, während er bei mir war. Gott sei gepriesen und hoch gelobt! – Wir waren Alle ganz außer uns vor Entzücken. Wittgenstein hat am 4. den Angriff wiederholt und die Franzosen sind gut geschlagen und zurückgedrängt worden. Den ganzen Tag über war ein solches Gedränge von Menschen in meinen Zimmern, daß ich ganz schwach wurde; Alles wollte Nachrichten haben, die Wonne und die Aufregung zugleich waren unbeschreiblich. Aber leider sind auch die Verluste groß, schrecklich viel Verwundete. Der König und der Kaiser sind sehr glücklich und die Stadt Dresden hat illuminirt.

9. Mai.

Heute sang man das Tedeum für unseren Sieg und schoß Victoria! – Der König ist in Bautzen.

12. Mai.

Man glaubt, daß die Franzosen über die Elbe gehen und sich wieder auf Berlin werfen werden. Alles verläßt bereits die Stadt, die Prinzessinnen gehen sämmtlich nach Stargard, und nun zwingt man auch mich abzureisen, obgleich ich durchaus nicht will und überdem so krank bin, daß ich nicht stehen kann. Nun will man mich in den Wagen tragen; es ist wirklich sehr ungerecht, daß sie mich nicht in meiner Ruhe hier lassen.

20. Mai.

Nach einer langen, mühsamen Reise bin ich heute in Stargard angekommen, wo ich die Höfe und halb Berlin fand. Ich bin wohler, aber stehen kann ich noch nicht. Napoleon soll in

Dresden sein und hat dem König von Sachsen sagen lassen, wenn er nicht in 24 Stunden in die Stadt zurückkäme, würde er einen Anderen zum König machen.

14. September.

Unser geliebter König wird der rettende Engel Böhmens genannt, und der Kaiser Franz hat ihm seinen Maria-Theresien-Orden gegeben.

22. October.

General Stutterheim kam heute ganz früh vor mein Bett, um mir den Sieg ohne Gleichen zu melden, den unsere verbündeten Heere bei Leipzig erfochten haben! Die Stadt ist mit Sturm genommen worden, der König von Sachsen und vier französische Generäle gefangen genommen. Napoleon saß den ganzen Tag vorher unter dem Thor der Stadt auf einem Scharlach-Teppich, auf dem alle seine Karten ausgebreitet lagen, und machte die Schlachtpläne für seine Truppen, die alle zerstört und mißlungen sind durch die große Gnade Gottes! 500 000 Mann haben sich dort geschlagen, und uns hat die ewige Vorsehung beigestanden und hat uns den Sieg gegeben! Man hat auch eine große Beute gemacht, alle 186 Kanonen. Außerdem 35 000 Gefangene und der Bösewicht ist bis nach Erfurt geflohen. Der Sachse hat sich unter den Schutz der verbündeten Monarchen gestellt; eine große Anzahl seiner Truppen und auch der Württemberger haben von selbst sich zur guten Sache geschlagen und schon während der Schlacht auf der deutschen Seite gefochten; die Baiern hatten sich auch schon mit den Österreichern vereinigt. Das Städtchen illuminirte und alle Postillone bliesen zusammen das Victoria.

23. October.

Immer gute Nachrichten! – Napoleon läuft was er kann und hat schon Friedens-Vorschläge gemacht, die man jedoch abgeschlagen; und hierzu hat unser guter König am meisten beigetragen. Der Prinz Poniatowsky hat sich aus Verzweiflung in die Elster gestürzt.

24. October.

Wittgenstein schreibt mir, Gottlob, daß ich endlich nach Berlin zurück soll. Der König kommt schon heute oder morgen dort an und mir ist schrecklich leid, ihn nicht empfangen zu können.

Aber elend, wie ich bin, werde ich gewiß sieben Tage zur Reise brauchen. Unser Sieg ist vollständig; Napoleon flieht und der König wird mehr wie je im ganzen Lande angebetet!

25. October.

Um 2 Uhr bei strömendem Regen abgereist.

27. October.

Heute kam ich in Schwedt an. Der König ist am 23. in Potsdam eingetroffen, wohnte dem Tedeum bei und war Abends im Theater. Das Freudengeschrei und Hochrufen bei seinem Erscheinen soll ganz unbeschreiblich gewesen sein. Montag war großes Diner in Charlottenburg und Dienstag ist er wieder fort. Wittgenstein, der es immer verhindert hat, daß ich nach Berlin zurück käme, ist allein daran schuld, daß ich das Alles nicht erlebt habe; ich wollte, er wäre mit seiner dummen Ängstlichkeit in Mesopotamien. Der König von Sachsen mit der Königin und Prinzessin ist am Montag in Berlin angekommen; man sagt, er werde vorläufig hier im Schloß von Schwedt wohnen.

30. October.

Heute Mittag kam ich endlich wieder in diesem alten geliebten Berlin an voller Freude im Herzen!

31. October.

Fürst Galitzin hat den König von Sachsen hergebracht und Prinz Carl von Mecklenburg ist heut verwundet hier angekommen.

1. November.

Der übermüthige Fürst Wittgenstein ließ ein Extrablatt der Vossischen Zeitung zu meiner Ankunft drucken, was höchst amüsant und lustig war!

3. November.

Mein verehrungswürdiger, theurer König kommt morgen an und ich bin ganz glücklich.

5. November.

Abends gegen 9 Uhr kam der geliebte König zu meiner allergrößten Freude. Ich fand ihn sehr wohl aussehend und sonst ganz wie immer, nur ein bißchen übler Laune, weil er keine Nachrichten von der Armee hatte! Er kam direct von Breslau, soupirte mit dem ganzen Hof bei mir, und am meisten freute mich der

Prinz Wilhelm, der unglaublich gewachsen ist, sehr gut aussieht und sehr nett ist!

6. November.

Der König kam früh zu mir, blieb über zwei Stunden und sprach mir von all seinen Angelegenheiten, auch von dem Gedanken einer russischen Heirath für Prinzeß Charlottchen. Als er fort war, ließ ich den Hofprediger Sack kommen, der mir sagte: da sie noch nicht eingesegnet sei, so könne sie sich noch für die griechische Kirche entscheiden und in dieselbe eintreten, wenn sie es wolle. Der König aß in Charlottenburg. Abends soupirte er mit den Prinzen und dem Hofstaat bei mir und das Souper war sehr heiter und animirt.

7. November.

Mein geliebter König blieb früh eine Stunde lang gemüthlich bei mir sitzen; aber zu meinem Kummer aß er nicht hier, sondern fuhr zum Diner nach Charlottenburg, von dort aus Abends nach Potsdam und reist dann wieder zum Hauptquartier zurück, was augenblicklich in Weimar ist. Er sprach mir von Allem, und wie sprach er davon! Ach, mit einem Wort, er ist ein König, ein Vater und ein Freund, wie es keinen zweiten auf dieser Welt geben kann!

23. November.

Diese ganze Zeit über war ich elend, aber heute mußte es sein und so ließ ich mich in einer Porte-Chaise aufs Schloß tragen, um dem König, der Königin und der Prinzessin von Sachsen meine Aufwartung zu machen. Der König sieht sehr beschränkt aus, die Königin scheint eine ungemein gute Frau zu sein, die Prinzessin ist recht liebenswürdig und alle Dreie sehr höflich.

1. Januar **1814**.

So hat es dem lieben Gott gefallen, mich auch noch diesen Tag erleben zu lassen, trotz aller Körperleiden, die mir dieses Jahr neben so viel Kummer und so viel Angst und Unruhe gebracht hat. Aber die ewige Gnade hält mein Herz aufrecht und getrost, und mein größtes Glück ist der theure König und die gute Tochter, die mir geblieben ist!

Die ganze Stadt kam heute früh zu mir, zuletzt auch die ganze Geistlichkeit und die Prinzeß Radziwill. Endlich sollen die geliebten königlichen Kinder auch am 6. wieder hierher zurückkehren.

6. Januar.

Heute ganz früh kam schon Prinz Carl an und Abends kamen die Prinzessinnen mit den Damen. Große Freude! Prinzeß Charlotte ist sehr gewachsen, die Andern ein bißchen, die Kleinsten sind reizend.

7. Januar.

Ich gab den Königlichen Kindern ein Fest mit dem Dreikönigskuchen als Bohnenfest und gab Allen kleine Geschenke. Sie waren sehr vergnügt, doch sollen sie in Zukunft nicht jeden Abend bei mir soupiren wie sonst.

8. Januar.

Ich ging zu den Sächsischen Majestäten, um ihnen die Königlichen Kinder vorzustellen.

9. Januar.

Die Sächsischen Herrschaften erwiederten den Besuch der Prinzessinnen, was mich sehr fatigirte und angriff.

22. Januar.

Die Kaiserin Elisabeth von Rußland kam heute um 5 Uhr Nachmittags an, die Herren vom Hofe waren ihr bis Freienwalde entgegengefahren. Die Damen vom Dienst empfingen sie hier im Schloß, wo die Prinzeß Wilhelm sie vorstellte und die Gräfin Goltz stellte die übrigen Damen vor; alles in Schleppen; dann war Familiendiner.

23. Januar.

Die Kaiserin erwiederte heute alle ihre Visiten, kam dann um 3 Uhr zu mir und war reizend wie immer, sehr huldreich für mich und sehr bewegt im Andenken an unsere Königin. Es war großes Galadiner am Hof, dann Galaoper, die Vestalin.

Lord Grove ist wieder hier und kommt täglich zu mir, was mir Freude macht.

Die Kaiserin ging auch zu der kleinen Prinzeß Louise und zu Prinz Albrecht, die älteren Prinzessinnen fuhren mit ihr nach dem Schloß zurück. Prinzeß Charlotte sah sehr gut aus und benahm sich vortrefflich, und Prinzeß Alexandrine ist überhaupt immer artig und liebenswürdig.

24. Januar.

Es war heute der Geburtstag der Kaiserin, der auf alle Weise gefeiert wurde mit Gratulationscour, Diner und Oper; die Universität selbst kam in corpore ihr gratuliren und die ganze Stadt illuminirte.

25. Januar.

Die gute geliebte Kaiserin kam heute zum Abschied nehmen und reiste dann weiter. Ich bat sie, in Potsdam zu übernachten, weil das Wetter entsetzlich ist, und sie that es schließlich auch. Sie gab 3000 Dukaten, ein sehr schönes Brillantcollier der Gräfin und Brillantfermoirs an die Tauenzien und die Bischoffswerder.

Ich schenkte ihr eine Fußbank, die ich für sie gestickt hatte, und kleine Andenken an ihre Hofdamen. Auch die Abschiedscour war in Schleppen.

Um Alles werde ich gefragt und doch folgt mir niemand, Alles wollen sie von mir wissen, wie es sein muß, und dann wissen sie Alles besser. Die Herren bekamen übrigens auch alle schöne Dosen und Brillantringe.

31. Januar.

Der König schickte mir heute Kleider, die ich an die Prinzessinnen vertheilen soll, und auch für mich und die Damen sind welche dabei.

1. Februar.

Die Prinzessinnen bekamen heute vom König eine kleine Sendung Taschentücher, und mir schickte er eine goldene Dose mit einer Spieluhr, die er in der Schweiz gekauft hat; sie ist sehr schön und spielt wie eine Flöte. Ist es nicht unglaublich, daß er immer auch an mich noch denkt! –

Wir feierten den Geburtstag der Prinzeß Louischen, der zu Ehren ich einen Thee gab und ihr ein Déjeunerservice schenkte. Die Jugend war vergnügt und schien sich ganz gut zu unterhalten.

2. Februar.

Niemand weiß jetzt mehr Bescheid in der Welt, um jede Kleinigkeit kommen sie mich fragen. Ich bewundere diese neue Generation und denke an die vergangenen Zeiten zurück, denen die jetzigen in der That wenig gleichen.

5. Februar.

Die Großfürsten Nicolaus und Michael kamen heute an, Alopäus fuhr ihnen bis Müncheberg entgegen, sie wohnen auch bei ihm.

6. Februar.

Obgleich ich so lange krank war und noch elend bin, stand ich doch heute auf, um die beiden Großfürsten zu sehen, und ließ mich auf meine Chaise longue legen. Sie kamen um 1 Uhr und sind beide sehr große und sehr schöne Leute geworden und sehr leutselig und artig.

Ich hatte die kleinsten der Königlichen Kinder bei mir, um sie ihnen zu zeigen; dann war für sie ein Diner von 60 Personen bei Radziwills. Sie reisen unter dem Namen Romanoff, kamen Abends nach der Oper noch einmal, um von den Prinzen und Prinzessinnen Abschied zu nehmen, und reisten Nachts um 1 Uhr weiter. Sie hatten mir einen Brief der Kaiserin-Mutter gebracht und ich gab ihnen einen Brief an den König mit, um ihm zu sagen, daß mir der Ältere besonders sehr gefallen habe, in Gedanken an unsere Pläne.

10. März.

Einstmals, ach – was war dies für ein glücklicher Tag, und nun!! –

Ich war zu schwach, um Menschen zu sehen, aber bekam einen reizenden Brief meines geliebten Königs, der sehr besorgt um meine alte Gesundheit schreibt.

11. März.

Noch einmal heute mein alter Geburtstag. Ich versuchte aufzustehen; die lieben Prinzessinnen kamen und brachte mir ihre Geschenke, Prinzeß Charlotte ein Petschaft, Friederike einen Ring, die liebe Alexandrine eine Shawlnadel, Prinz Carl ein kleines Etui und auch die Damen und meine gute Tochter Castell überhäuften mich mit Freundlichkeit und Liebe und vor allem vom König kam ein sehr schönes Geschenk für mich!

5. April.

Eine große Nachricht: Schlacht bei La Fère Champenoise am 25. Februar, Napoleon ist so gut geschlagen worden, daß er in voller Eile fliehen mußte und in diesem Augenblick müssen die Unseren schon in Paris sein!! – *Neun* Generäle sind gefangen genommen, 40 Kanonen erbeutet, 10 000 Gefangene gemacht; man versichert, daß Napoleon überall abgeschnitten ist.

6. April.

Meine Tage sind leidensvoll wie immer; dabei habe ich so viel Noth mit den Gouvernanten und allen möglichen Arten von Leuten. Ich überdenke viel die Vergangenheit, die Gegenwart und die Zukunft, aber für mich wird die letztere nicht mehr lange auf Erden sein. Das Ewige bleibt doch das allein Wichtige! –

7. April.

Ich fuhr heute einmal wieder mit der kleinen Prinzeß Louise unter den Linden spazieren. Leider habe ich gar keine Nachrichten. Den Abend über ist immer Wittgenstein bei mir und ich mache meine Parthie.

8. April.

General Galitzin blieb heute lange bei mir: er kommt jetzt oft und ist mir angenehm. Ich habe immer gar zu viele Besuche, Anfragen und Menschen aller Art früh und spät bei mir.

9. April.

Man hofft täglich und stündlich vergebens auf die Nachricht, daß der König in Paris eingerückt sei! Gott wolle ihn beschützen und erhalten, und mir geben, daß ich ihn nur noch *einmal* wiedersehe, dann wäre ich glücklich!

10. April.

Heute beim Erwachen erhielt ich die herrliche Nachricht, daß der König und der Kaiser beide wirklich in Paris sind! Der Senat ist ihnen entgegen gegangen, man hat in allen Straßen »à bas Bonaparte!« und »Vivent les Alliés!« geschrieen; der Graf Schwerin kam als Siegesbote durchs Brandenburger Thor hereingeritten mit der Nationalgarde und einer Masse Postillonen hinter sich, und wurde mit Acclamationen und endlosem Jubel empfangen. Er kam auch zu mir, um mir einen Brief des geliebten Königs zu bringen, der mich nie vergißt. Wir waren Alle ganz außer uns vor Freude, Wonne und Entzücken; die lieben Prinzessinnen kamen zu mir herunter, Alles fiel sich um den Hals und weinte vor Freude! Abends war große Oper und große Illumination und meine Stuben wurden keinen Augenblick leer den ganzen Tag und Abend hindurch.

11. April.

Gestern war noch ein großer Ball, den ich aber durchaus nicht billigte. Man ist so glücklich, daß man nicht weiß, wie man genug Gott danken soll, und mir verdoppelte ein kleiner Brief des theuren Königs meine Freude!

13. April.

Der Herzog von Angoulême ist zum König proclamirt worden als Ludwig der Achtzehnte, was mir sehr gefällt. Welch schöne Rolle ist unsern beiden Herrschern zugefallen! Kaiser Alexander hat eine wundervolle Rede gehalten; man weiß nicht recht, wo Napoleon eigentlich ist.

15. April.

Ich bin so glücklich! – Heute sagt man, Napoleon sei in Melun und seine eignen Truppen hätten ihn gefangen genommen, aber das glaube ich nicht.

17. April.

Ein Courier des Königs ist gekommen, Napoleon hat abgedankt! – Endlich! – Nachdem er 20 Jahre lang die Geißel der Menschheit gewesen ist. Er soll mehr als kleinmüthig und verzagt sein.

21. April.

Leider kann ich noch immer nicht gehen. Der Herzog von Cumberland kam heute an; er ist mit der Prinzeß Solms verlobt, ist höflich und amüsant, aber leider hat er keinen guten Charakter. Es war heute sehr heiß, aber ich fuhr dennoch mit Felixchen lange spazieren.

23. April.

Wir hatten Alle eine große Freude; der König schickte für eine jede von uns ein Stück Seidenstoff zum Kleid und Bänder dazu, den drei Prinzessinnen, den Damen und mir. Es scheint, man ist sehr zufrieden in Paris.

24. April.

Ich habe noch immer den Cumberland hier; er ist ewig bei mir, aber ich liebe ihn nicht.

1. Mai.

Es kommen jetzt öfter Tage, wo ich nicht im Stande bin, Menschen zu sehen, und so bin ich auch oft des Abends jetzt allein; dann unterhalte ich mich mit meinen eigenen Gedanken; in meinem Alter hat man daran ein reiches Repertoire.

2. Mai.

Der König läßt mir schreiben, ob ich nicht wolle nach Monbijou ziehen, um den Garten zu haben; er ist so bedacht für mich! –

18. Mai.

Die Prinzessinnen sind mit ihren Damen auf ein paar Wochen hinaus nach Sanssouci gezogen, was sie entzückt.

23. Mai.

Die Giewietzer kleinen Mädchen kamen heute an und kamen gleich zu mir. Mathilde ist sehr gewachsen, Marie ist sehr hübsch geworden und Elisabeth allerliebst und drollig, aber sie hat rothe Haare. Ihre Gouvernante lobt sie alle Dreie sehr.

3. Juni.

Der König ist am 31. mit seinen Söhnen und Neffen nach London abgereist; Prinz August, Natzmer, Kleist, Bülow, York, Stolberg, Schwerin und Brauchitsch sind mit.

7. Juni.

Heute um 1 Uhr kam Graf Stolberg als Courier hier an mit 24 Postillonen voraus, um die Nachricht der Ratification des Friedens zu bringen.

9. Juni.

Man schickte mir den ausführlichen Friedensvertrag zur Durchsicht zu. Er ist in Allem und jedem Punkt einzig zum Vortheil Frankreichs abgeschlossen und hat mich wahrhaft entrüstet.

11. Juni.

Im Auftrag des Königs erhielt ich heute das Bild unserer seligen Engels-Königin in Stein gemeißelt, was mich mehr rührte und erschütterte, als ich sagen kann.

24. Juni.

Ich fuhr mit Hufeland nach Sanssouci. Die Prinzeß Charlotte und die kleinen Engelskinder freuten sich, mich zu sehen, und ich blieb bis zum Souper bei ihnen und fand Prinzeß Charlotte wirklich allerliebst, körperlich und geistig noch von Neuem zu ihrem Vortheil verändert, was ich ihr auch sagte. Spät am Abend fuhr ich dann nach Potsdam.

25. Juni.

Ich fuhr wieder nach Sanssouci, blieb den Tag über mit den lieben Prinzessinnen und fuhr Abends spät erst nach Berlin zurück.

5. Juli.

Die freiwilligen Jäger und die Landwehr kamen heute zurückmarschirt und zogen in Berlin ein, wo man sie am Thore schon mit Blumen und Eichenlaub bekränzte, die junge Mädchen ihnen brachten, und sie auf jede Weise feierte.

9. Juli.

Der Prinz Kurakine überbrachte mir zwei goldene Armbänder mit den Bildnissen des Kaisers Alexander und meines Königs.

12. Juli.

Ich fuhr heute wieder nach Sanssouci, um die Prinzessinnen zu besuchen und Prinzeß Charlotte zu ihrem Geburtstag zu gratuliren.

13. Juli.

War den ganzen Tag über bei den geliebten Königlichen Kindern und kam erst Abends spät nach Berlin zurück.

25. Juli.

Hardenberg kam an, was mir eine große Freude machte. Er ist ganz der Alte, brachte mir aus Paris ein Kleid und aus London ein Etui mit Näh-Geräthschaften mit. Der Kronprinz ist in Potsdam angekommen und ließ mich bitten, auf ein paar Tage hinüber zu kommen, um dort den König mit zu empfangen, was ich auch thun will.

28. Juli.

Nach Potsdam gefahren, dann nach Sanssouci, wo ich die Königlichen Kinder beisammen fand, den Kronprinzen sehr gewachsen, sehr liebenswürdig und anscheinend erfreut, mich wieder zu sehen.

29. Juli.

Es kam die Nachricht, daß der König erst am 4. eintreffen würde, und da ich mich schwach und krank fühlte, fuhr ich nach Berlin zurück. Die sächsischen Herrschaften sind für die heißen Monate nach dem Schloß Friedrichsfelde hinausgezogen.

1. August.

Fürst Blücher und Kalkreuth waren heute bei mir.

2. August.

Gegen Abend fuhr ich wieder nach Sanssouci. Die guten lieben Prinzeßchen hatten große Freude, mich zu sehen, was mich sehr rührte.

3. August.

Großes Déjeuner und dann großes Diner zu Ehren des Geburtstages des Königs. Ich sagte immer, er werde heute *doch* noch kommen, und wirklich kam er auch am Abend noch an; doch konnte er nicht mehr hier heraus fahren und so sah ich ihn nicht mehr. Es war ein Ball in der Stadt, den auch die Prinzessinnen besuchten.

4. August.

Gegen 9 Uhr fuhr ich nach Potsdam hinein, und sobald der Vortrag aus war, kam der König gleich zu mir. Ich gab ihm eine schöne Tasse mit dem Bild des Brandenburger Thores auf der Obertasse und der Victoria, die uns die Franzosen genommen hatten, und dem Bild von Culm auf der Untertasse, dazu einen Präsentirteller von Vermeil. Es war ein großes Diner in Potsdam. Der König ist wunderbarer Weise ein sehr viel schönerer Mann geworden! Wir aßen alle in Sanssouci; der König war sehr gnädig und heiter. Leider aber war er heimlich in Berlin gewesen, hatte alle Vorkehrungen zu seinem Empfang zu ostentatiös gefunden und Alles zu viel und zu schön; daß Zeughaus, was so besonders schön verziert war, hat er ganz abräumen und seines Schmuckes entkleiden lassen und sehr gescholten.

5. August.

Ich fuhr nach Berlin zurück und wurde wahrhaft von Menschen und Besuchen aller Art belagert.

6. August.

Prinzeß Solms kam an; man sagt, daß sie sehr bald den Herzog von Cumberland heirathen wird.

7. August.

Um 9 Uhr Morgens hielt der König seinen Einzug; alle Truppen, auch die russischen, bildeten Spalier. Dann war Gottesdienst.

Um 11 Uhr ließ ich mich aufs Schloß tragen, wo ein Diner von 300 Personen stattfand; um 3 Uhr war alles vorbei. Abends war eine ganz wundervolle Illumination der ganzen Stadt; der König und alle Fürstlichkeiten, Groß und Klein, Alles fuhr durch die funkelnden Straßen; der Jubel und das fröhliche Volksgedränge dauerten bis spät.

10. August.

Ich fuhr zum Diner nach Charlottenburg, wo der König jetzt wohnt. Er kam gleich in mein Zimmer wie sonst, und sprach mir von allem lange und gemüthlich. Die Truchseß wird Hofdame bei Prinzeß Friederike, die Curowska heirathet Herrn von Friedrichs.

12. August.

Geburtstag des Prinzen George von Strelitz. Diner in Charlottenburg mit allen Prinzen und Prinzessinnen.

13. August.

Der König fuhr mit Prinzeß Charlotte nach Potsdam, um die Russen einziehen zu sehen.

14. August.

Heute Morgen halb nach 8 Uhr zogen die Russen ein; am Vormittag kam der König auf ein Stündchen zu mir und fuhr dann nach dem Saale des Schauspielhauses, wo Buding ein Diner von 80 Personen gab.

15. August.

Die sämmtlichen Truppen, Russen und Preußen zusammen, wurden heute vom König festlich bewirthet; die Tafeln standen dicht gereiht über den ganzen Lustgarten und die Linden entlang bis an das Brandenburger Thor. Der König mit dem großen Militärgefolge ging überall selbst umher, an jedem Tisch die Leute zu sehen und zu begrüßen. Ich aß oben mit dem König in seinen Zimmern, dann zog ich das schöne gestickte Crêpe-de-Chine-Kleid der theuren Königin an, das er mir gegeben hatte. Es war großer Ball und Fest im Opernhause, und da der König es sehr wünschte, so ging ich mit ihm hin in die große Loge, blieb eine Stunde und fuhr dann wieder nach Hause. Als ich heim kam, fand ich meine Herren wie alle Abende bei mir und machte meine gewohnte Parthie noch in aller Ruhe.

16. August.

Heute war großes Gala-Diner im weißen Saal. Ich hatte eine schöne Schleppe von Silberstoff und ließ mich bei guter Zeit aufs Schloß tragen. Es waren 600 Personen eingeladen, sämmtliche russische Officiere. Die russischen Sänger sangen draußen unter den Fenstern des Saales, weil der König sie so gern hört. Die Prinzessinnen saßen in bunter Reihe, jede hatte einen russischen und einen preußischen General neben sich. Das Diner dauerte lange, weil man Toaste und Gesundheiten ohne Ende ausbrachte; Fürst Blücher hielt eine kleine Anrede an den König und erwähnte auch Hardenberg darin auf ehrenvolle Weise, und dieser antwortete ihm im Namen des Königs. Dann war große Fest-Oper mit freiem Eintritt für die Truppen, und nach der Oper kam der König zu mir und soupirte in meinem Zimmer, müde und trübe gestimmt.

17. August.

Die Hochzeit der Hofdame Fräulein von Curowska mit dem russischen Oberst von Friedrichs fand heute statt und wurde in Charlottenburg gefeiert.

16. September.

Der König ist immer abwechselnd mit den Königlichen Kindern in Paretz, auf der Pfauen-Insel oder in Charlottenburg; nur die kleinsten Beiden bleiben bei mir in der Stadt. Wenn er in Charlottenburg ist, fahre ich täglich hinaus zum Diner. Heute stellte ich ihm Fräulein von Alvensleben vor, eine sehr hübsche Person, die Hofdame bei Prinzeß Alexandrine werden soll. Es war großes Diner; der König gab mir den Louisen-Orden, der für die Frauen gestiftet worden ist, die sich der Kranken und Verwundeten besonders angenommen haben. Es ist wahr, ich habe viel gegeben und viel gethan, aber hauptsächlich doch im Stillen, und wollte nicht gern öffentlich darum gerühmt sein.

Abends nahm ich mit schwerem Herzen von meinem lieben König wieder Abschied, da er zum Congress nach Wien abreist. Ich hatte auch heute mit Prinzeß Charlotte über den Wunsch des Königs gesprochen, sie mit dem Groß-Fürsten Nicolaus zu vermählen. Sie sagte nicht nein, nur daß es ihr schwer werde, sich so weit von ihrem Vater zu trennen; sie weinte dann sehr!

Ich wiederholte dies Alles dem König später, der mir dafür sehr dankte.

18. September.

Der geliebte König reiste früh um 5 Uhr nach Wien ab.

19. September.

Trauriger Gedenktag für mich! Da die ältesten beiden Prinzessinnen vorläufig noch in Charlottenburg bleiben, so fahre ich täglich hinaus zum Diner und bleibe einige Stunden nachher noch dort.

20. September.

Das Wetter ist herrlich; wir aßen diese Tage über immer im Freien. Der russische Gesandte Alopäus war heute auch zum Diner da.

29. September.

Man schreibt mir aus Wien, daß der Kaiser Franz als Ehrenpforte zum Empfang unseres Königs das Brandenburger Thor ganz genau hat in Holz nachmachen lassen, was ein hübscher Gedanke war!

30. September.

Ich schickte der Prinzessin Friederike eine Masse Rosen zu ihrem heutigen Geburtstage. Es war Ball in den Zimmern der Prinzeß Alexandrine; ich wollte gerne hingehen, aber war zu müde und mußte nach dem Diner nach Berlin zurückfahren.

1. October.

Heute zogen die lieben Prinzessinnen wieder von Charlottenburg in die Stadt herein, was mich freute!

4. October.

Geburtstag des Prinzen Albrecht; es war ein Déjeuner bei ihm; dann gab ich ein großes Diner für die Königlichen Kinder und den ganzen Hof, und es war sehr hübsch und heiter, nur die Kindereien der Prinzen, die sich bei Tische noch immer wie die Kinder mit Brodkügelchen werfen, kann ich nicht gutheißen. Nach Tisch kam die Prinzeß Ferdinand und Abends gab ich einen kleinen Ball in den Stuben der Prinzeß Alexandrine, zu dem ich Kinder und auch erwachsene junge Leute hatte einladen lassen. Doch ging ich nicht viel hinüber, da ich sehr müde und angegriffen war, und soupirte allein in meinen Zimmern mit ein paar wenigen Personen.

5. October.

Der König ließ mir durch Päpken schreiben, er werde noch vor dem Eintreffen des Kaisers und der Kaiserin von Rußland hierher zurückkommen, und ließ mir viel Herzliches sagen.

6. October.

Des Morgens bin ich jetzt immer unwohl und elend; den ganzen Tag über habe ich Menschen bei mir ohne Ende und Aufhören, die mich ganz schwach machen. Abends kommen ein paar Herren zur Parthie, das ist mir angenehm und ruht mich aus. Es kommen viele Fremde durch, fast täglich habe ich welche der Prinzessin Charlotte vorzustellen.

8. October.

Der Sonntag ist jetzt mein schlimmster Tag, da kommen immer so viel Menschen zu mir, daß man keinen Platz mehr für sie in den Stuben hat; das ist ganz schrecklich für mich.

15. October.

Großer Festtag zu Ehren des Geburtstages unseres Kronprinzen. Ich putzte mich und wollte zu ihm gehen, aber ich konnte nicht, und erwartete also ihn in meinen Zimmern und er kam auch. Man versammelte sich dann bei Prinzessin Alexandrine, hernach war Diner in den Zimmern des Prinzen Louis und Abends gab Prinz Wilhelm einen hübschen Ball; beim Souper setzte ich den Orden von der Dankbarkeit ein und gab ihn den Großen und Kleinen von unserem Hofe! –

18. October.

Jahrestag der Schlacht von Leipzig! Im Thiergarten war um 10 Uhr früh Gottesdienst im Freien, ich fuhr hin, blieb aber in meinem Wagen sitzen.

20. October.

Meine Tochter Castell reiste ab; es ging mir sehr nahe, mich von ihr zu trennen! Nachmittags machte ich mein Testament, was mir viel Unruhe verursachte und mich sehr ermüdete. Prinzessin Charlotte ist fast jeden Tag allein bei mir zu meiner Freude! –

Immerfort kommen jetzt neue Regimenter der Unseren herein; die Rampe und meine Fenster werden gar nicht leer von Zuschauern. In Wien amüsirt man sich herrlich, aber was da geschieht, macht mir nur Ärger und Kummer, mehr als ich sagen kann und mag.

3. November.

Das war ein unglücklicher Tag für mich. Ich hatte die Königlichen Kinder zum Thee eingeladen, und statt dieser Freude traf mich das Unglück, daß ein Licht, das ich zu nahe an die Gardine gestellt hatte, durch einen Luftzug den Muslin ergriff und Alles stand in weniger als einem Augenblick in Flammen, ach, fast Alles verbrannte!

Ich ging in die Zimmer der Kleinen hinüber, wo ich bis zum 5. wohnen blieb, dann logirte man mich in das Louis'sche Palais in die Zimmer des Prinzen Carl von Strelitz, der ins Schloß zog, um sie mir zu geben. Ich bin hier gut aufgehoben, aber ich habe so viel Theures und Unersetzliches verloren! – Meine Diamanten und mein Silberzeug sind gerettet, im Übrigen ist jedoch kursiv Alles verbrannt!

7. November.

Eine Masse Menschen kommen täglich zu mir, aber sie trösten mich nicht; ich bin traurig, so viel theure, geliebte Gegenstände verloren zu haben, die nichts mir ersetzen kann! – Mein guter Felix kommt alle Tage zu mir.

11. November.

Heute kamen meine kleinen Engel den Abend zu mir und das war mir eine Freude.

29. November.

Ein trauriger Erinnerungstag. Ich aß bei Prinzessin Charlotte mit einigen russischen Damen.

3. December.

Noch immer keine Aussicht, daß der König wiederkommt. Die Nachrichten vom Kongreß sind täglich dieselben; wenn der König nur belohnt wird, so will ich zufrieden sein.

Immerfort entsetzlich viel Besuche den ganzen Tag. Ich kann leider noch nicht wieder ausgehen, und gehe in meinen Zimmern umher, um mir ein bißchen Bewegung zu machen. Abends kommen die gewohnten Herren für meine Parthie. Wittgenstein schreibt mir oft aus Wien, aber leider nichts von der Rückkehr des geliebten Königs.

9. December.

Keine guten Nachrichten vom Kongreß. Man zerbricht sich den Kopf wegen einer Neugestaltung Deutschlands und möchte, daß unser König Kaiser würde!

10. December.

Wittgenstein schreibt heute wieder, daß sie noch nicht zurückkommen. Ich schreibe die ganzen Morgenstunden; die lieben Prinzessinnen sind sehr viel bei mir.

11. December.

Vom Kongreß leider immer dieselben Nachrichten, es kommt nichts Vernünftiges zu Stande.

12. December.

Der König war krank, aber ist besser, Gottlob! Ich hatte wie immer sehr viel zu schreiben. Meine Tage sind recht einförmig, einer vergeht genau wie der andere; viele Briefe zu schreiben und so viele Besuche zu empfangen!

Ich denke viel an die Ewigkeit, die mich erwartet; ein armer sterblicher Geist kann sie nicht fassen. Ich bin ihr so nahe und begreife sie doch nicht, – kein Anfang, kein Ende! –

14. December.

Ich erhielt ein wunderhübsches Geschenk von dem lieben König, die Portraits sämmtlicher Souveraine, die beim Krieg waren, in eine silberne Kapsel eingelassen und diese an einer schönen Kette. Ich schrieb ihm, um ihm zu danken.

16. December.

Ich war heute besonders unwohl; mein Kopf ist dumpf und angegriffen, aber gegen Abend wurde es besser und ich hatte dieselben Leute wie immer zur Soirée und zur Parthie bei mir.

18. December.

Die geliebten Königlichen Kinder waren heute besonders viel bei mir!

In dieser heiligen Advents-Zeit ist man noch mehr und noch ernstlicher als sonst darauf hingewiesen, an den letzten Augenblick zu denken, der mir insbesondere ja so deutlich herannaht, und wie notwendig ist es, in der That immer fester und gesammelter an ihn zu denken!

19. December.

Keine guten Nachrichten. Frankreich will nicht, daß wir unsere Grenzen jenseits des Rheins haben sollen. Dabei nehmen die Quadrillen und Bälle in Wien kein Ende; das ist mehr als traurig, es ist zu arg.

20. December.

Immer dieselben betrübenden, verzweifelnden Briefe aus Wien. Ich schrieb an den Fürsten Kurakine. Abends Leute bei mir wie immer.

21. December.

Gott sei Dank, von Morgen an wachsen die Tage wieder! – Es geht mir besser; aber auch der heutige Brief von Wittgenstein sagt nichts Gutes.

23. December.

Ich bleibe jetzt den Morgen über allein, lese und schreibe und empfange erst nach dem Essen Besuche. Aus Wien nichts Erfreuliches; es scheint, dieser unselige Kongreß nimmt kein Ende.

24. December.

Heiliger Christ-Abend! Des Morgens gab ich meinen Leuten ihre Geschenke und gegen Abend bescherte ich meinen geliebten Enkeln bei mir ein. Dann ging ich hinüber zur Bescherung der Königlichen Kinder und schenkte den Prinzessinnen Medaillons und kleine Schmucksachen, den Prinzen Uhrbänder. Ich blieb ein Weilchen im großen Saale, wo der Aufbau war, aber ich war sehr müde und ging um 9 Uhr schon schlafen.

25. December.

Die Königlichen Kinder waren heute viel bei mir, sonst war ich den Tag über allein.

Galitzin hat Befehl abzureisen, wegen der Taktlosigkeiten, die er gemacht.

27. December.

Einen Brief von Wittgenstein. Dieselben traurigen Nachrichten wie immer! Ich hatte heute sehr viele Menschen nach Tisch und Abends, und mein Kopf war etwas besser als sonst, nicht so betäubt und benommen.

28. December.

Mein Kopf ist wie erstarrt, wie gelähmt. Ich schrieb an den geliebten König und schickte ihm eine hübsche Brieftasche. Nach Tische und Abends zum Souper Menschen wie immer.

29. December.

Hier endigen die eigenhändigen Aufzeichnungen der Gräfin Voss.

Am 29. December 1814 Abends, während sie wie gewöhnlich ihre Whistparthie machte, wurde sie von einem Schlaganfall so gelähmt, daß sie, auf ihrem Stuhl sitzend, von ihren Leuten in das Schlafzimmer getragen und dort zu Bette gebracht werden mußte. Ihre gute Laune verließ sie auch jetzt nicht; sie sagte lächelnd zu ihren Mitspielern, während man sie hinaustrug: »Ne me trichez pas!«

Die allgemeine Lähmung nahm rasch zu; sie verlor bald das Bewußtsein und am 31. December Morgens ging sie sanft und schmerzlos hinüber.

Noch am späten Abend dieses Tages wurde die Leiche aus dem Königlichen Palais nach der Wohnung ihres Enkels, des Grafen August von Voss und dessen Familie, Unter den Linden Nr. 2, getragen. Der Graf selbst war auf längere Zeit verreist, und so begleitete der Urenkel Graf Felix von Voss, damals 13½ Jahre alt, allein den Sarg der Urgroßmutter. Das feierliche Leichenbegängnis selbst fand am 5. Januar 1815 statt; es bewegte sich die Linden hinauf, rechts durch die Friedrichs-Straße nach dem Halleschen Kirchhofe, wo der Sarg in einer Begräbniskapelle neben dem Sarge der Fürstin Sacken beigesetzt wurde. Die Königlichen Galawagen und mehrere Hofequipagen folgten, in einer der letzteren fuhr der Obersthofmeister von Schilden mit dem Urenkel. Außerdem erschien eine große Anzahl von Equipagen und viele hochgestellte Personen folgten persönlich, unter Anderen auch der Herzog Carl von Mecklenburg-Strelitz, Schwager des Königs. Die Leichenrede hielt der Oberhofprediger Sack. Die Gräfin Voss hatte ihr Alter gebracht auf 85 Jahre, 9 Monate, 20 Tage.

Die Königlichen Kinder befanden sich an den Fenstern des dem Trauerhause gegenüber gelegenen, damals dem Oberjägermeister Grafen von Moltke gehörigen Hauses, Ecke der Linden und der Wilhelms-Straße, um den Zug abgehen zu sehen; sie waren tief bewegt und namentlich die Prinzessin Charlotte, später Kaiserin von Rußland, sah man ihren Thränen freien Lauf lassen.

Nicht lange Zeit darauf kam die Tochter, die verwittwete Reichsgräfin zu Castell-Rüdenhausen aus Franken nach Berlin und ordnete den leider durch die Feuersbrunst am 3. November 1814 sehr beschädigten und zerstörten Nachlaß, der um viele theure und werthvolle Andenken, namentlich auch Bilder, verringert worden war. Das Wenige, was an Briefen von den Majestäten und der übrigen Königlichen Familie, sowie an anderen Correspondenzen gerettet worden, wurde von ihr, so weit es noch anging, zurückgegeben, das Übrige verbrannt.

Wie durch ein Wunder war bei diesem Brande, der vom Schlafzimmer der Oberhofmeisterin ausgehend die Einrichtung aller daran stoßenden Gemächer und mit ihnen einen solchen Schatz interessanter Briefe, Kunstwerke und Kostbarkeiten aller Art vernichtete, einiges Wenige ihrer eigenen Papiere gerettet worden. Unter diesen befand sich ein Convolut mit Briefen und Aufzeichnungen aus frühester Zeit, denen für die vorgehenden Blätter Verschiedenes entnommen wurde; ferner jene tagebuchartigen Notizen, die vom Jahre 1760 bis zum letzten Lebenstage der Schreiberin vollständig erhalten sind. Sie pflegte die Ereignisse des vorhergehenden Tages am nächsten Morgen mit wenigen Worten zu verzeichnen, und so finden wir am 29. December die Notizen über den vorigen Tag noch mit ihrer eigenen Hand eingetragen und das Datum des 29. mit einem Gedankenstrich dahinter – das Letzte, was diese Hand schreiben sollte! Innerhalb jener Tagebuchhefte liegen hier und da einzelne Blätter verstreut, die zum Theil Bemerkungen über Personen enthalten, die in jenen genannt sind, zum Theil kurze Rückblicke auf eine theure Vergangenheit, die der Wehmuth schmerzlicher Erinnerungen Worte geben. Von den ersteren wollen wir noch einige hier beifügen, die kurz und skizzenhaft hingeworfen, sich an die Erwähnung irgendeines Ereignisses anschließen:

»Der General von Köckritz ist dem König im höchsten Grade ergeben, aber er befindet sich dennoch in einer Stellung, für die er nicht paßt. Er hat wenig Verstand und gar keine Kenntnisse, gar keine Erziehung, und ist deshalb oft unwirsch und unhöflich; aber vor allem hat er keine klaren, festen Grundsätze, und das macht ihn schwankend und unzuverlässig. Geistig zu beschränkt, um ein eigenes Urtheil zu haben, thut er, obgleich er redlich das Beste will, dennoch unaussprechlich viel Schaden, indem er das nachspricht, was Andere ihm vorsagen, sich von Anderen irre führen und gebrauchen läßt, und sogar ohne es zu wissen oft das Werkzeug derer wird, die ihm geschickt etwas einzureden und ihn zu ihren Zwecken zu gebrauchen wissen.«

»Herr von Buch [Kammerherr der Königin und später Ceremonien-Meister] ist ein Mann von vielen Kenntnissen und glaubt deren noch mehr zu besitzen, als er wirklich hat. Durch und durch ein Sanguiniker, hat er ein gutes Herz und ist gegen Jedermann zuvorkommend und freundlich; aber im Grunde ist er doch nicht ganz aufrichtig und weiß Alles am Besten!«

»Herr Delbrück [der Erzieher des Kronprinzen] ist ein Mensch von Verstand und von Kenntnissen, von dem Besitze beider aber auch im hohen Grade überzeugt. Er war in der That ganz für die Stellung eines Instructors geeignet, die er bisher bekleidet hat, aber er ist es durchaus nicht für die eines Gouverneurs, die man ihm jetzt zudenkt, welche vor allem einen Mann von guter Erziehung, von Kenntnis der Welt und von Charakterfestigkeit verlangt, Dinge, die ihm durchaus fehlen, und die bei der Erziehung des Kronprinzen doppelt nothwendig sind. Dieser reichbegabte Prinz ist in der ersten Kindheit durch seine Kinderfrau und seine Nonne verzogen worden und hat zu früh erfahren und begriffen, wer er sei. Dann hat sein Erzieher geglaubt, indem er ihm von klein auf die größte Freiheit ließ, Entschlossenheit und Willenskraft in ihm zu entwickeln, und hat auf diesem irrigen Wege nur seinen Eigenwillen geweckt, indem er ihm jede Laune gestattete. Das ist eine kurzsichtige Verwechselung dessen, was man bekämpfen sollte mit dem, was man hervorrufen und stärken muß!«

Auf einem Blatt, datirt vom 15. October 1811, dem Geburtstag des von der Oberhofmeisterin so innig geliebten und in seiner

Entwicklung so sorgsam beobachteten Kronprinzen, finden wir die folgenden Zeilen:

»Heute vor sechzehn Jahren war einer der schönsten Tage meines Lebens! Wie denke ich an jenen October 1795 zurück, wo der geliebte Kronprinz das Licht erblickte zur unbeschreiblichen Freude des Königs und der Königin, deren erstes Wort ein inniger Dank gegen Gott war! Er hatte ihr den Sohn geschenkt, den sie sich so sehnlich wünschte und der gewiß immer ihres Herzens größte Freude und Stolz gewesen wäre! – In dem Augenblick, da dieser geliebte Prinz zur Welt kam, vergaß ich auf einmal mein Alter; mir war, als wäre ich wieder jung geworden, so glücklich war ich! – Doppelt tief fühlte ich den Dank für die Gnade Gottes nach dem Unglück des vorhergehenden Jahres, wo die arme Königin so namenlos litt und die kleine Prinzessin dann doch todt geboren wurde.

Ich staunte damals über ihren Muth und ihre Standhaftigkeit, wie sie unter den größten Schmerzen voll frommer Hoffnung getrost zu Gott aufsah, und wie damals, so in den schwersten Tagen ihres späteren Lebens, beim Tode ihres Lieblings, des kleinen Prinzen Ferdinand, in den Drangsalen des Krieges, flüchtend von einem Orte zum andern, blieb ihre Ergebung in den göttlichen Rathschluß sich immer gleich; kein Unglück konnte den Frieden ihrer Seele und deren Zuversicht zur ewigen Vorsehung erschüttern! – Gleich ihrem Leben war auch ihr Tod. Sie ahnte nicht die Gefahr, die man ihr ängstlich verheimlicht hatte, ahnte nicht die furchtbare Nähe des Todes, und doch im Augenblick, als er sie erfaßte, wie fromm ergab sie sich in den Willen Gottes, – wie zärtlich drückte sie ihrem Gemahl die Hände noch, bis ihr letzter Athemzug entfloh, wie rührend sagte sie: »Ich sterbe – ach Jesus – mach' es leicht!« Ihr Gebet ward erhört!

Mein Gott, wie sind Deine Wege geheimnisvoll und unerforschlich, – wie ringt der Glaube mit dem Schmerz, um auch in Augenblicken wie jenen, es fest zu halten, daß alles, was du thust, Gnade und Barmherzigkeit ist! – Wie oft, wenn ich allein bin, weine ich um die geliebte Königin heiße Thränen! Wenn ich zurückdenke, was sie ihrem Gemahl, was sie ihren Kindern, was sie ihren Freunden war, – wie ganz Güte und Huld sie für mich war, mehr wie ich es sagen kann, – wie ihr größtes Glück darin bestand, Andere zu erfreuen, Andern zu helfen, und auf welch' unvergleichliche Weise sie das that, immer und überall, so viel sie nur vermochte, und wie untröstlich sie war, wenn eine Unmöglichkeit ihr entgegen trat und sie nur einmal ihrem edlen Gefühl nicht folgen konnte!«

Ein anderes Blatt, vom Herbst 1812 datirt, spricht zum ersten Mal vom Druck des zunehmenden Alters und seiner Leiden.

»Der geliebte König und die Königlichen Kinder, Alle überhäufen mich mit Güte, aber der Verlust meiner Königin hat doch allem Glück in meinem Herzen ein Ende gemacht! Meine Gesundheit hat seit jenen Tagen des Grams sehr gelitten und ich fühle mein Alter. Aber ich will nicht darüber klagen, ich stelle es Dem anheim, dem barmherzigen Gott, der mich bis hierher geführt hat! – Seit unserem Unglück hat sich in unserem Leben wenig geändert; den Sommer über ist der König in Charlottenburg, kommend und gehend; wenn meine Gesundheit es nur irgend erlaubt, bin auch ich immer dort. Der geliebte König bleibt sich immer gleich in seiner herzlichen Weise gegen mich; er hört nicht auf, mich mit Gnadenbezeugungen zu überhäufen; auch alle Andern sind rührend gut für mich, nur nicht die Damen der hochseligen Königin. Meine Stellung ihnen gegenüber ist schwer; sie wollen keine Autorität über sich dulden und dennoch muß ich meine Pflicht thun. Bei meinem Alter und meiner langjährigen Kenntnis aller Verhältnisse muß ich doch im Stande sein zu ermessen, was für die Erziehung der jungen Prinzessinnen geschehen muß, was in Betreff auf gute Sitten und Manieren das Richtige ist und auf was man mit besonderer Sorgfalt zu achten hat, und sie könnten hierin mir wohl folgen und vertrauen. Es ist ohnehin schwierig genug, bei dem Unterricht der Königlichen Kinder einen guten Erfolg zu gewinnen, wegen der vielen Unruhe und der immerwährenden Unterbrechungen!

»Bereits am 28. März dieses Jahres rückten in Folge der abgeschlossenen Convention die Franzosen in Berlin ein. Seitdem stehen bald mehr, bald weniger französische Truppen hier in Garnison, aber es ist ausgemacht, daß sie weder Potsdam noch Charlottenburg berühren dürfen. Darum kann der König auch jetzt nicht hier sein und hat seine Residenz abwechselnd an den vorerwähnten Orten. Kurz nach seinem Geburtstag schickten ihn die Ärzte dies Jahr nach Teplitz und im September kam er von da zurück. Er ist seitdem viel wohler, auch hat er sich in Teplitz gefallen und alle Welt war dort entzückt von seiner Leutseligkeit. Ach! noch setze ich alle meine Hoffnung auf Rußland! Wenn der Bösewicht, der unser Verderben ist, nur dort eine Niederlage fände, dann könnten die Russen auch unsere Fesseln zerreißen und wir mit ihnen vereint den gemeinsamen Feind bekämpfen; Gott wolle es geben.«

Das letzte dieser Blätter ist datirt aus Sanssouci vom 8. August 1814, also nur wenige Monate vor dem Tode der Schreiberin, und ist eigentlich nur ein Laut der Klage und der ungetrösteten Sehnsucht um die stets beweinte, unvergeßliche Königin. Damals stand die Obersthofmeisterin in ihrem sechs und achtzigsten Lebensjahre und in diesem Alter, wo das Gefühl kühl und ruhig zu werden pflegt, lieben und trauern wohl nur wenige mit einer Innigkeit und Wärme der Empfindung, wie sie aus diesen Zeilen spricht.

»Wenn ich zurückblicke auf mein vergangenes Leben, so zieht Bild auf Bild an meiner Seele vorüber. Wie jung war ich, da ich an Hof kam, – wie bald fing die unglückselige Neigung des Prinzen von Preußen an, wie lange, wie treu hat er mich geliebt! – wie unglücklich bin ich damals gewesen – wie traurig war meine Verheirathung! Von den geliebten Kindern, die Gott mir gab, mußte ich meine beiden Söhne ihm wieder zurückgeben, und meine arme Tochter, so weit von mir verheirathet, ward nach und nach all ihrer Kinder beraubt. Dann kam das Unglück meiner theuren Herrschaften, das Unglück meines Vaterlandes, das ich im Blute schwimmen sah, die Knechtschaft unter der grausamen Hand dieses Bösewichts, der zwanzig Jahre lang die Geißel der Menschheit gewesen ist. – Ach, und der Verlust meiner Königin! In der bittern Zeit mußte sie sterben, wo wir noch in der Erniedrigung seufzten und gezwungen die Verbündeten unseres Feindes sein mußten! Als dieser Engel von Königin uns entrissen wurde, wie ertrug ich nur meinen Schmerz? – Ach, sie war unvergleichlich, eine Frau wie keine Andere! – Nach und nach hatte sie sich durch eigenes Bemühen sehr schöne Kenntnisse erworben, sie beschäftigte sich viel und mit großem Ernst, und manche unhaltbare Träume und zu ideale Auffassungen ihrer ersten Jugend hatte sie überwunden und bei Seite gelegt, um mit klarem Blick die Forderungen der Wirklichkeit ins Auge zu fassen. Wer mit ihr lebte, mußte ihren seltenen Verstand, ihr grades sicheres Urtheil bewundern, aber noch weit, weit mehr die Reinheit ihres Herzens und die tiefe Frömmigkeit ihrer Seele. Dem König bleibt das Verdienst, *viel* zu ihrer ernsten inneren Entwickelung beigetragen zu haben, aber das unvergleichlichste Herz hatte ihr Gott gegeben! Wie hingebend, wie zärtlich liebte sie ihren Mann und ihre Kinder, und welch ein unersetzlicher namenloser Verlust ist ihr Tod für Beide und für das ganze Land; Ach, und was war sie mir Armen – könnte ich das je mit Worten sagen! Wie oft habe ich in den Zeiten, wo sie noch unser Glück und unser Trost war, im Stillen Gott gedankt, mich in meinem Alter an die Seite eines solchen Engels geführt zu haben!«

Die Stärke des Gefühls, mit dem die treue Dienerin ihrer Königin den Schmerz um sie im Herzen trug, gab ihren letzten Lebensjahren einen Hauch wehmütiger Trauer und ernster Weise. Aber dies war nur die Färbung ihres inneren Lebens, sie sprach nicht viel darüber.

Im Übrigen lag ihrer schlichten aufrichtigen Natur nichts so fern, als ein Nachgeben an selbstische Gefühle, und ihr Charakterbild würde ein schiefes und unrichtiges sein, wollte man ihm den leisesten Zug von Sentimentalität beifügen. Diese war ihr ebenso zuwider, wie jede Winselei oder Ängstlichkeit in schlimmen Augenblicken.

Als am 5. Januar 1807 der König und die noch schwer kranke Königin von Königsberg nach Memel flüchten mußten, folgte ihnen die Oberhofmeisterin, konnte jedoch wegen des Unwetters an diesem Tage nur bis zur ersten Station hinter Königsberg gelangen. Das Schneegestöber und der Sturm erschwerten die Fahrt; da man die Königlichen Kinder und das Gefolge am Abend zuvor vorausgeschickt hatte, waren in den Posthaltereien alle Ställe leer; die Pferde der Oberhofmeisterin konnten nicht weiter und frische waren nicht zu haben. Sie stieg in einer Dorfschenke ab, um sich zu erwärmen. Der Adjutant des Königs, General von Köckritz, war mit ihr gefahren und Beide waren die Letzten des Königlichen Gefolges. Es hieß, die Franzosen seien im Anmarsch begriffen und könnten jeden Augenblick in Königsberg eintreffen, und diese Nachricht allein hatte den König vermocht, trotz des wilden Wetters für die noch schwer gefährdete Königin die Reise zu wagen. Jetzt schienen alle vor dem nahenden Feind gerettet, außer den Zweien in der Dorfschenke. General von Köckritz verlor den Muth. Er begann zu jammern, die Franzosen würden schwerlich in Königsberg Halt machen; sie hätten den König abschneiden wollen, nun er fort sei, würden sie ihm nacheilen, würden sie beide finden, sie massakriren, oder im besten Fall sie gefangen nehmen. »Dann haben sie zwei alte Weiber gefangen!« sagte die Oberhofmeisterin ruhig, und damit hatte das Jammern ein Ende.

Im Jahre 1799 begleitete Gräfin Voss die Königin auf einer Reise nach Hildburghausen. Man besuchte zuerst den König in Magdeburg, wo Manöver stattfanden, ging dann nach Cassel und am 3. Juni von Cassel nach Weimar.

Heftige Gewitterregen hatten die Wege zerrissen, man gelangte nur mit Mühe vorwärts; der Herzog von Weimar war der Königin entgegen gekommen und begleitete mit einigen Herrn seines Gefolges den Königlichen Wagen zu Pferde. Von einem Berg, die hohe Sonne genannt, ging der Weg einen steilen Abhang im Zickzack hinab; diese Seite des Berges hieß die Schnecke und die Herabfahrt an derselben galt für gefährlich. An der schlimmsten Stelle bricht plötzlich der Hemmschuh, der Wagen schießt vorwärts, der Herzog zieht den Degen, sprengt auf das Handpferd los und sticht es nieder. Das zu Boden stürzende Thier hält den Wagen auf, die Königin ist gerettet. Der Herzog wirft sich vom Pferde, reißt den Schlag auf und hebt sie auf seinen Armen aus dem noch schwankenden Wagen. Das letztere war im Grunde nicht mehr nöthig, da die Gefahr vorbei war, in dem Entsetzen des Herzogs, der die Fürstin so gefährdet gesehen hatte, aber vielleicht begreiflich. Auf der andern Seite des Wagens ritt ein robuster Forstmeister, der zum Revier dieser Waldstrecke gehörte; kaum sieht er den Herzog vom Pferd springen, so thut er dasselbe, macht auch seinerseits den Schlag auf, ergreift die sich heftig sträubende Obersthofmeisterin und reißt sie aus dem Wagen. Aber jene war durchaus nicht ängstlich, und wenig gerührt von diesem Ritterdienste, sagt sie dem aufgeregten Forstmeister, der sie auf den Armen hält, ungeduldig: »Pfui, wie riecht er nach Tabak!« –

Das tägliche Leben in den Räumen der Oberhofmeisterin machte ein warmer Hauch von hausmütterlicher Gemüthlichkeit und heiterem Wohlwollen ganz besonders anziehend und unwillkürlich drängte sich Alles an sie heran, vereinigte sich um sie und machte sie zum Mittelpunkt in jeder Weise. Wenn ihre Urenkel einmal vom Lande herein kamen, war sie ganz Großmutter und konnte die Kinder nicht genug um sich haben. Oft kamen sie schon zu ihrem Frühstück, und zu der Stunde, wo sie täglich zum König hinaufging, seine Befehle einzuholen und ihm Bericht über die Prinzessinnen abzustatten, brachte sie den kleinen Felix und seine älteste Schwester zuweilen an der Hand in des Königs Zimmer mit den Worten: »Ich muß Majestät doch einmal wieder meine Enkel zeigen«, und der gute König fand dies ganz in der Ordnung und begegnete den Kindern mit seiner gewohnten Freundlichkeit und Güte.

Der König hatte mit dem Band des schwarzen Adlerordens der Gräfin einen besonderen Rang gegeben und die Wachen mußten für sie ins Gewehr treten, wie für die Königlichen Prinzessinnen. Das Hauptentzücken der Kinder war nun, mit der Großmutter spazieren zu fahren, vor allem zum Brandenburger Thor hinaus an der Wache vorbei, und lachend mahnte sie dann die Aufhorchenden: »Paßt auf, jetzt werden sie trommeln!« – Trotz der schlichten Einfachheit in ihrem Wesen hielt sie doch sehr streng auf Anstand, gute Manieren und das, was in den Sitten des Hofes hergebracht und passend war, und betrachtete die Wachsamkeit über dies Gebiet als eine Pflichtforderung ihres Amtes. Einstmals kam die bereits heranwachsende Prinzeß Charlotte jubelnd in ihr Zimmer, um zu sagen, der König habe erlaubt, daß sie allein mit ihrer Hofdame Schlitten fahren dürfe. »Es thut mir leid, Königliche Hoheit, aber das darf nicht sein«, entgegnete freundlich die alte Gräfin, schickte sofort nach den

Stallungen, der Schlitten solle nicht vorfahren, und ging dann hinauf zum König, ihm ehrerbietig vorzustellen, daß für die Prinzessin ein Schlitten, der nur einen Sitz für den Kutscher habe, nur dann passend und erlaubt sei, wenn einer der Prinzen oder der Oberstallmeister die Prinzessin selbst fahre, aber nicht der Kutscher; und der gute König dankte ihr und sagte begütigend, er habe das nicht bedacht. Auch wer in den Hofkreisen gegen die Sitte verstieß, konnte sicher sein, es bald zu erfahren; selbst einer fremden jungen Dame, die bei einem großen Souper an Hof beim Essen ihre Hand-Schuhe anbehalten hatte, ließ die Oberhofmeisterin einfach durch einen Lakaien sagen, sie bäte das Fräulein, ihre Hand-Schuhe auszuziehen! – Dem König gegenüber, der sie so gerne hatte und sie sehr verzog, überschritt ihr francparler und ihre Offenherzigkeit vielleicht zuweilen die Grenze des Erlaubten. Sie machte den wechselnden Moden nur geringe Concessionen, groß, schlank und von vornehmer Haltung, bis zuletzt ungebeugt und gerade wie eine Kerze, standen ihr die Schuhe mit hohen Absätzen, die Pochen und das gepuderte Haar nicht übel, die sie von Jugend auf zu tragen gewohnt war. Noch immer, während sie bei ihrer Toilette saß und man sie puderte und frisirte, empfing sie ihre Besuche, wie das im vorigen Jahrhundert Sitte gewesen, und der König pflegte gerade um diese Zeit, ehe er ausging, ziemlich regelmäßig bei ihr einzutreten und sich mit den Anwesenden zu unterhalten. Er machte sich dann den Spaß, im Vorzimmer ihren großen Papagei zu necken, und kam eines Tages sehr ärgerlich, sich beklagend, das Thier habe ihn ganz herzhaft gebissen, worauf er die unbekümmerte Antwort erhielt: »Majestät werden es wohl darnach gemacht haben!«

Eines Tages sollte ausgefahren werden zu irgendeiner feierlichen Gelegenheit, König und Königin saßen im Fond des Wagens, die Oberhofmeisterin und eine der Hofdamen ihnen gegenüber. Der König hatte einen kleinen Ärger gehabt, war verdrießlich und schalt, während die arme Königin, die an der Sache nicht ganz unbetheiligt war, schweigend und betrübt daneben saß. Ihre geliebte Königin betrübt, – das konnte die Oberhofmeisterin nicht mit ansehen. Eben begegneten sie einem Leichenzug, und den Sarg betrachtend, sagte sie halblaut vor sich hin: »Der Glückliche.« – »Warum denn glücklich?« unterbrach der König sie verwundert. »Er kann nicht hören«, war die lakonische Antwort, und der König schwieg.

Aber Antworten dieser Art waren nur etwas Ausnahmsweises und die immer gleich gute Laune, die heitere Freundlichkeit und Frische des Humors der alten Gräfin machten den Verkehr mit ihr, die nie einen Anflug von Schärfe oder Verstimmung kannte, ebenso anregend als wohlthuend. Sie erzählte gern aus ihrem vergangenen Leben, besonders von den Reisen mit der hochseligen Königin, unter Anderm eine Anekdote aus dem Jahre 1808, wo sie mit der Königin nach einem Städtchen in der Nähe von Königsberg gekommen war und Damen des Landadels aus der Umgegend sich gemeldet hatten, um vorgestellt zu werden. Eine derselben fragte, ob es gestattet sei, bei einer solchen Präsentation Diamanten zu tragen. »Ach gewiß, tragen sie nur alle Ihre Juwelen«, entgegnete die Oberhofmeisterin sehr erfreut, »es wird Ihrer Majestät ein Trost sein, daß noch jemand welche gerettet hat – wir haben lange keine mehr gesehen!« Allgemeine Spannung, man ist erwartungsvoll, die Brillanten der glücklichen Frau von N. zu sehen. Die Stunde des Déjeuners schlägt, die Dame erscheint, und zur allgemeinen Erheiterung trägt sie hoch auf dem Kopfe, inmitten ihres blonden Zopfes, einen mittelgroßen Storch von Porzellan mit zwei kleinen diamantenen Augen.

Stoff zu heiteren wie ernsten Erinnerungen bot freilich das bewegte Leben der Oberhofmeisterin, wie wenig andere, und ihr seltenes Gedächtnis hatte nichts verloren und hielt alles in frischester Lebendigkeit fest, was des Erinnerns werth war. So lebte diese merkwürdige und liebenswürdige Frau im Besitze all ihrer Geisteskräfte in einem Alter, wo Andere nur ein Gegenstand der Sorge und Pflege ihrer Angehörigen sind, noch in segensreicher Wirksamkeit und voll thätigen Wohlwollens der Erfüllung ihrer Pflichten, geschätzt und geehrt von ihrem Monarchen und seinem ganzen Hause, von Keinem beneidet, von Vielen bewundert und von Allen geliebt, bis ein sanfter, schöner Tod ohne Kampf oder Schmerz ihr schönes, reich gesegnetes Leben endete.

Zeittafel

1713–1740	**König Friedrich Wilhelm I. (»Soldatenkönig«)**
1729	Sophie Marie Pannwitz, spätere Gräfin von Voss, wird in Schönfließ bei Oranienburg am 11. März geboren. Friedrich Wilhelm I. regiert seit 1713 als König in Preußen. Er ist verheiratet mit Sophie Dorothea; von den 13 gemeinsamen Kindern erreichen das Erwachsenenalter die Söhne Friedrich, August Wilhelm, Heinrich und August Ferdinand sowie die Töchter Wilhelmine, Friederike Luise, Philippine Charlotte, Sophie und Amalie.
1730	Fluchtversuch des Kronprinzen Friedrich. Festnahme; Hinrichtung seines Freundes Leutnant Katte in Küstrin.
1732	Entlassung des Kronprinzen aus der Festungshaft.
1733	Verheiratung Friedrichs mit Elisabeth Christine von Braunschweig-Bevern.
1740–1786	**König Friedrich II. (»der Große«)**
1740	Tod des »Soldatenkönigs« Friedrich Wilhelm I. in Potsdam. Friedrich wird preußischer König. Im gleichen Jahr stirbt Kaiser Karl VI., seine Tochter Maria Theresia besteigt den österreichischen Thron. Friedrich läßt Truppen in Schlesien einmarschieren und beansprucht von Österreich dies Territorium. Beginn des Ersten Schlesischen Krieges.
1742	Kriegsende mit dem Frieden von Berlin. Schlesien gehört zu Preußen.
1744–1745	Zweiter Schlesischer Krieg. Friede von Dresden; Schlesien bleibt preußisch.

1745–1747 Errichtung von Schloß Sanssouci in Potsdam nach Plänen des Königs. Friedrich residiert vor allem hier und im Potsdamer Stadtschloß; seine Frau Elisabeth Christine hat ihren Hof in Schönhausen bei Berlin.

1756 Beginn des Siebenjährigen Krieges um Schlesien. Die preußischen Truppen stehen einer österreichisch-französisch-russischen Koalition gegenüber. Trotz verlustreicher Niederlagen (so in der Schlacht von Kunersdorf 1759) kann Preußen

1763 im Frieden von Hubertusburg Schlesien behaupten.

1765 Friedrich II. zwingt seinen Neffen und Thronfolger, Kronprinz Friedrich Wilhelm, Elisabeth von Braunschweig zu heiraten.

1769 Scheidung der Ehe, Friedrich Wilhelm heiratet Friederike Luise von Hessen-Darmstadt.

1772 Erste polnische Teilung: Westpreußen fällt an Preußen.

1781 Immanuel Kant veröffentlicht die »Kritik der reinen Vernunft«

1786 Tod Friedrichs des Großen am 17. August in Potsdam-Sanssouci.

1786–1797 **König Friedrich Wilhelm II.**

1786 Friedrich Wilhelm, Neffe Friedrichs des Großen (Sohn von dessen Bruder August Wilhelm), wird König von Preußen. Aus seiner Ehe mit Friederike Luise gehen sieben Kinder hervor (Friedrich Wilhelm, Wilhelmine, Ludwig, Wilhelmine, Auguste, Heinrich und Wilhelm).

1787 »Morganatische Ehe« (Ehe »zur linken Hand«) des Königs mit Julie von Voss, erhoben zur Gräfin von Ingenheim.

1789	Sturm auf die Bastille – Beginn der Französischen Revolution. Im gleichen Jahr erbaut Carl Gotthard Langhans im Auftrag des Königs (und unter Aufsicht von Wilhelmine Enke, der Geliebten Friedrich Wilhelms und späteren Gräfin Lichtenau) das Brandenburger Tor in Berlin.
1790	»Morganatische Ehe« des Königs mit Sophie Friederike Gräfin von Dönhoff.
1792	Frankreich erklärt Österreich den Krieg, Preußen tritt als Österreichs Verbündeter in die Kampfhandlungen ein und wird in der Schlacht von Valmy geschlagen.
1793	Zweite polnische Teilung; Preußen werden Danzig, Posen, Kalisch und Thorn zugesprochen.
1795	Dritte Teilung Polens; Preußen erweitert sein Staatsgebiet um Teile Litauens sowie um Warschau und dessen Umland. Friedensvertrag mit Frankreich. Preußen muß seine linksrheinischen Gebiete abtreten.
1797	Tod Friedrich Wilhelms II.
1797–1840	**König Friedrich Wilhelm III.**
1796	Friedrich Wilhelm III. wird König von Preußen. Unmittelbar nach Regierungsantritt läßt er die langjährige Geliebte des Vaters, die Gräfin Lichtenau, mit der dieser fünf Kinder hatte, im Marmorpalais verhaften und aus Berlin ausweisen. Friedrich Wilhelm III. ist verheiratet mit Luise Prinzessin von Mecklenburg-Strelitz. Als Königin Luise wird sie bald zum beliebtesten Mitglied des Herrscherhauses.

1806	Preußen erklärt Frankreich den Krieg. Nach den Niederlagen von Auerstedt und Jena zieht Napoleon am 27. Oktober mit seinen Truppen in Berlin ein. Das Königshaus hat die Stadt zuvor verlassen und sich nach Königsberg geflüchtet.
1807	Frieden von Tilsit: Preußen muß seine ehemals polnischen Territorien sowie westelbischen Besitzungen abgeben, die Hälfte seines Staatsgebiets und seiner Bevölkerung. Die Kriegsentschädigung an Frankreich wird auf 400 Millionen Taler festgelegt.
1810	Tod Königin Luises. Sie hinterläßt acht Kinder im Alter von einem bis 13 Jahren: Friedrich Wilhelm, Wilhelm, Charlotte, Friederike, Carl, Alexandrine, Luise und Albrecht.
1812	Napoleons Truppen werden in Russland geschlagen.
1813	Friedrich Wilhelm III. wendet sich am 17. März in einem Aufruf »An mein Volk«. Am 27. März wird Frankreich der Krieg erklärt, in der Völkerschlacht bei Leipzig vom 16.–19. Oktober der Sieg über die napoleonischen Truppen errungen. In der Neujahrsnacht 1813/14 überschreiten Preußens Truppen den Rhein.
1814	Preußische Truppen marschieren in Paris ein. Napoleons Herrschaft endet mit seiner Verbannung nach Elba; Ludwig XVIII. wird König von Frankreich. Beginn des Wiener Friedenskongresses.
1814	Sophie Gräfin von Voss stirbt am 31. Dezember.
1817	Charlotte, Tochter von Friedrich Wilhelm III. und Königin Luise, heiratet Nikolaus I. von Rußland und wird Zarin Alexandra Feodorowa.

1840 Friedrich Wilhelm III. stirbt am 7. Juni. Ihm folgt sein Sohn nach, Friedrich Wilhelm IV. Dessen Nachfolger auf dem Thron wird am 18. Oktober 1861 sein Bruder Wilhelm I., der am 18. Januar 1871 in Versailles zum Deutschen Kaiser gekrönt wird.

Stammbaum der Oberhofmeisterin Gräfin von Voss, geb. von Pannwitz

<table>
<tr>
<td>**Wolf Ernst von Pannwitz** auf Osnig, Gr. Gaglow und Döbbrick.</td>
<td>**Sophia von Oppern** aus dem Hause Kossenblatt.</td>
<td>**Caspar von Pannwitz** auf Kathlow.</td>
<td>**Sophia von Oppen** aus dem Hause Kathlow.</td>
<td>**Adam von Kiau** auf Kemnitz in der Ober-Lausitz.</td>
<td>**Martha von Minkwitz** Aus dem Hause Hennersdorff.</td>
<td>**Joachim Bernhard von Rohr** Domherr zu Magdeburg.</td>
<td>**Elisabeth von Schlieben** aus dem Hause Betschau.</td>
<td>**Adam von Jasmund** auf Cammin.</td>
<td>**Lucia von Trotten** aus dem Hause Badingen.</td>
<td>**Joachim von Staeding** auf Lenzkow.</td>
<td>**Anna Elisabeth von der Lancken** aus dem Hause Zückeritz.</td>
<td>**Joachim von Gloeden** auf Roggenhagen.</td>
<td>**Elisabeth von Warburg** aus dem Hause Quaden-Schönfeld.</td>
<td>**Hans von Graevening** auf Schilde und Dobow.</td>
<td>**Ingeborg von Kosseboth** aus dem Hause Torgelow.</td>
</tr>
<tr>
<td colspan="2">**Valentin Nicolaus von Pannwitz** auf Osnig, Gr. Gaglow und Döbbrick.</td>
<td colspan="2">**Barbara Sabina von Pannwitz** aus dem Hause Kathlow.</td>
<td colspan="2">**Heinrich Adolph von Kiau** auf Ober-Strohwalde i.d. Ober-Lausitz.</td>
<td colspan="2">**Dorothea von Rohr** aus dem Hause Elsterwerda im Meißenschen.</td>
<td colspan="2">**Christoph Friedrich von Jasmund** auf Cammin, Mecklenb. Landrath und Klosterhauptmann.</td>
<td colspan="2">**Helene Ilsalbe von Staeding** aus dem Hause Lentzkow in Pommern.</td>
<td colspan="2">**Hans Jürgen von Gloeden** auf Roggenhagen.</td>
<td colspan="2">**Anna Maria von Graevenitz** aus dem Hause Maschow.</td>
</tr>
<tr>
<td colspan="4">**Wolf Christoph von Pannwitz**
auf Gr. Gaglow.
geb. 1650 zu Döbbrick.
† 1715 zu Gr. Gaglow.</td>
<td colspan="4">**Maria Elisabeth von Kiau**
a. d. Hause Ober-Strohwalde.
geb. daselbst 1654.
† zu Gr. Gaglow 1729.</td>
<td colspan="4">**Adam Friedrich von Jasmund**
auf Trollenhagen.
geb. 1671 zu Cammin.
† 1734 zu Alt-Strelitz.</td>
<td colspan="4">**Eleonore Juliane von Gloeden**
aus dem Hause Roggenhagen.
geb. daselbst 1676.
† zu Alt-Strelitz 1734.</td>
</tr>
<tr>
<td colspan="8">**Wolf Adolph von Pannwitz**
auf Schönfließ.
geb. 1679 zu Gr. Gaglow in der Nieder-Lausitz.
† 1750 zu Berlin.</td>
<td colspan="8">**Johanna Maria Augusta von Jasmund**
aus dem Hause Trollenhagen in Mecklenburg-Strelitz.
geb. daselbst 1702
† zu Schönfließ 1771.</td>
</tr>
<tr>
<td colspan="16">**Sophie Wilhelmine Charlotte Marie von Pannwitz** aus dem Hause Schönfließ.
Geb. zu Berlin den 11. März 1729, † daselbst den 31. Dec. 1814, erste Gräfin Voss,
Oberhofmeisterin der Königin Luise von Preußen. Vermählt 1751 mit
Ernst Johann von Voss auf Giewitz, Schönau – Oberhofmeister.</td>
</tr>
</table>